SICHUAN DAXUE ZHEXUE SHEHUI KEXUE XUESHU ZHUZUO CHUBAN JIJIN CONGSHU

四川大学哲学社会科学学术著作出版基金丛书

四川大学中央高校基本科研业务费研究专项（哲学社会科学）项目资助（skcb201503）

国家社会科学基金项目资助

U0731998

重庆：
旧秩序中的精英
与城市管理

（1644—1911）

谯珊　著

四川大学出版社

责任编辑：何　静
责任校对：周　颖
封面设计：墨创文化
责任印制：王　炜

图书在版编目（CIP）数据

重庆：旧秩序中的精英与城市管理：1644—1911 /
谯珊著. —成都：四川大学出版社，2016.6
ISBN 978－7－5614－9595－7

Ⅰ.①重…　Ⅱ.①谯…　Ⅲ.①城市管理－城市史－重
庆市－1644—1911　Ⅳ.①F299.277.19

中国版本图书馆 CIP 数据核字（2016）第 134666 号

书名　　重庆：旧秩序中的精英与城市管理(1644—1911)

主　编　谯　珊
出　版　四川大学出版社
地　址　成都市一环路南一段24号 (610065)
发　行　四川大学出版社
书　号　ISBN 978－7－5614－9595－7
印　刷　四川五洲彩印有限责任公司
成品尺寸　170 mm×240 mm
印　张　19
字　数　442 千字
版　次　2018 年 4 月第 1 版
印　次　2018 年 4 月第 1 次印刷
定　价　76.00 元

◆读者邮购本书,请与本社发行科联系。
　电话:(028)85408408/(028)85401670/
　(028)85408023　邮政编码:610065
◆本社图书如有印装质量问题,请
　寄回出版社调换。
◆网址:http://www.scupress.net

丛书序

四川大学（以下简称川大）是中国近代创办的最早一批高等教育机构中的一个。近十余年来，川大又经两次"强强合并"，成为学科覆盖面较广、综合实力较强的综合性大学。一百多年来，川大的人文社会科学在学校日益壮大的过程中，从国学研究起步，接受现代科学的洗礼，不同的学术流派融合互动，共同成长，形成了今日既立足于中国传统，又积极面向世界的学术特征。

作为近代教育机构，四川大学的历史要从1896年设立的四川中西学堂算起。但具体到人文社会科学研究，则可以追溯到清同治十三年（1874）由张之洞等人创办的四川尊经书院。在短短二十几年的办学历史中，书院先后培养出经学家廖平、思想家吴虞等一大批在近代中国学术思想史上影响巨大的学者，也因此使四川成为国内研究经、史、文章等中国传统之学的重镇。此后，在20世纪相当长的一段时间里，以国学为主要研究对象的近代"蜀学"成为川大人文社会科学研究的主流，拥有张森楷、龚道耕、林思进、向楚、向宗鲁、庞俊、蒙文通、刘咸炘、李植、伍非百等一大批国内知名的学者。

近代蜀学在研究内容上以传统学术为主，在观念与方法上则立意求新。廖平经学思想曾经作为19世纪晚期变法维新的基本理论依据之一，其知识背景上也不乏西学色彩。20世纪20年代成长起来的一批学者如庞俊、刘咸炘等人，更是亲自参与了中国传统学术向现代学术的转变。其中，蒙文通由经向史，同时又广涉四部之学，在晚年更是力图从唯物史观的角度探索中国社会与思想的演进，最能代表这一学术传统的是其包容、开放并具有前瞻性的眼光。

自20世纪20年代开始，现代社会科学的深入研究也逐渐在川大开展。1922年至1924年，吴玉章在此教授经济学课程，鼓励学生通过对社会科学的研究，思考"中国将来前途怎样走"的问题。1924年，学校设立了10个系，在人文社会科学6个系中，除了延续着蜀学风格的中文系外，教育、英文、历史、政治、经济5个系均着力于新的社会科学研究。这一科系的设置格局一直持续到30年代初的国立四川大学时期。

　　川大的另一源头是私立华西协合大学（以下简称华大）。作为教会学校，华大文科自始即以"沟通中西文化与发扬中西学术"为宗旨，而尤擅长于西式学问。其中，边疆研究最具特色。1922 年创办的华西边疆研究学会（West China Border Research Society）及其会刊《华西边疆研究学会杂志》（*Journal of the West China Border Research Society*）在国际学术界享有盛誉。华大博物馆以"搜集中国西部出土古物、各种美术品，以及西南边疆民族文物，以供学生课余之参考，并做学术研究之材料"为目标，在美籍学者葛维汉（David Crockett Graham）的主持下，成为国内社会科学研究的另一基地。

　　华大社会科学研究的特点：一是具有较强的国际色彩；二是提倡跨学科的合作；三是注重实地踏勘；四是对边疆文化、底层文化和现实问题更为关注，与国立川大更注重"大传统"和经典研习的学术风格形成了鲜明对比。双方各有所长，其融合互补也成为 20 世纪三四十年代两校人文社会科学发展的趋向。从 20 世纪 30 年代中期开始，华大一方面延请了庞俊、李植等蜀学传人主持中文系，加强了其国学研究的力量；另一方面致力于学术研究的中国化。一批既经过现代社会科学的训练，又熟悉中国古典文化的中国学者如李安宅、郑德坤等成为新的学术领袖。

　　1935 年，任鸿隽就任国立四川大学校长后，积极推动现代科学的发展。1936 年 5 月，川大组建了西南社会科学调查研究处，在文科中首倡实地调研的风气，也代表了川大对西南区域跨学科综合性研究的发端。此后，经济学、社会学、民族学、考古学等领域的学者组织开展了大量的实地考察工作，掌握了西南地区社会文化的第一手资料。在历史学方面，较之传统史学而言更注重问题导向和新材料之扩充的"新史学"也得到了蓬勃发展，并迅速成为国内史学界的重镇。20 世纪 30 年代后期开始，川大校内名师云集。张颐（哲学）、朱光潜（美学）、萧公权（政治学）、赵人儁（经济学）、徐中舒（历史学）、蒙文通（历史学）、赵少咸（语言学）、冯汉骥（考古学、人类学）、闻宥（民族学、语言学）、任乃强（民族学）、胡鉴民（民族学）、彭迪先（经济学）、缪钺（历史学）、叶麐（文艺心理学）、杨明照（古典文学）等一批大师级学者均在此设帐，有的更任教终身，为川大文科赢得了巨大声誉。

　　在不同学术流派的融合中，川大人文社会科学形成了自己的特点：一方面具有传统学术通观明变之长，另一方面又具有鲜明的现代学术意识。1952 年，在院系调整中，随着华大文科的并入，川大人文社会科学进入了飞速发展的新时期。半个多世纪以来，在继续保持传统优势学科如古典文学、语言学、历史学、考古学、民族学发展的基础上，新的学科如宗教学、理论经济学、敦煌学、比较文学、城市史学等也成长起来，涌现出了一大批在国内外学术界受到极高赞誉的学者，为川大文科未来的进一步发展打下了良好的基础。

为了继续发扬深厚的学术传统，推动人文社会科学研究的新繁荣，2006年学校决定设立"四川大学哲学社会科学学术著作出版基金"，资助川大学者尤其是中青年学者原创性学术精品的出版。我们希望这套丛书的出版，有助于川大学术大师的不断涌现和学术流派的逐渐形成，为建设具有中国特色、中国风格、中国气派的哲学社会科学做出贡献。

目 录

导　论

被晚清知识人及当代不少研究者视为异族统治的清代，是中国历史上统治时间最长的少数民族统一的朝代。这个因袭中原君主专制政体，以满洲贵族统治为特色的王朝，以超常的能力治理了数倍于满人的汉人及其广阔领土，并在白莲教起义、太平天国起义等诸多反叛中一次次克服王朝危机，将统一事业延续了268年。

是什么样的秘诀使清朝统治者成功地治理了辽阔的疆域，达到帝制的最高峰？如果没有19世纪中叶"欧洲人的到来"，中国历史能否仍在既定的王朝体系中循环往复，毫无变革与突破的可能？中国传统政治秩序的恒常奥秘究系何处？种种疑问，确须从中国社会内部来寻求解答。清代经历中国"三千年未有之变局"，是寻找传统中国面对欧美列强的侵凌与世界变化潮流"如何因应"的极好样本。本书尝试从城市管理的角度观察帝制之下地方政治的具体运作，以寻找清代统治的秘密和中国传统政治体制长期稳固的内部因素。

一

对传统中国政治体制的观察，国内外学界有不同的视角和理论解释体系。马克斯·韦伯（Max Weber）认为，中国缺乏一种欧洲新教伦理基础之上的资本主义精神，导致社会停滞不前。韦伯的视角集中于官僚政治，认为资本主义在中国没有得到发展，源于中国官僚政治的理性，它限制了公民社会的成长，并构成中国政治体制的特性和稳定的社会结构。

韦伯还以同样的视角观察中国城市，以西方近代城市为典范，认为"只有西方有过在完整意义上的城市社区作为大规模的现象"。[①] 而中国城市没有市场、要塞以及城市中的部分自治诸要素，也没有出现西方城市特有的市民阶

---

① ［德］马克斯·韦伯：《经济与社会》（下卷），林荣远译，商务印书馆，1997年，第583页。

级，因而不可能产生西方社会的城市自治。韦伯将造成此种情况的原因归结为两点：一是政治体制的特性，二是社会结构。韦伯认为，中国城市基本上是"行政管理的理性产物"。①

与韦伯从"官僚政治"观察中国的视角不同，20 世纪二三十年代，中国思想界掀起了一场关于中国社会性质的论战，学者们试图在革命迷茫的情境中弄清当时中国社会"所处之历史阶段"，以便更好地认识和改造中国。在此背景下，对传统政治体制的思考以"中国封建社会为何长期延续"的特殊命题提出。一种相当流行的观点认为，中国封建社会自给自足的小农经济长期得不到必要的变更，商品经济没有获得充分的发展，造成了中国封建社会的长期延续。② 1939 年，毛泽东《中国革命和中国共产党》一文曰：中国历代的农民受经济和政治双重压迫，过着贫穷困苦的奴隶式生活。农民被束缚于封建制度之下，地主阶级的残酷剥削和压迫，是中国社会几千年在经济上和社会生活上停滞不前的基本原因。③ 从小农经济、土地制度、阶级矛盾、闭关自守等角度观察传统中国的延续，以及帝国主义造成的中国资本主义不发达，属于当时学界的主要关怀。

20 世纪 40 年代，费孝通第一次从士绅的角度深层次地探讨"读书人"在中国传统社会结构中的作用，提出著名的"双轨制"——任何政治制度，如果没有人民的积极支持，至少是他们的容忍，是不可能长期维持下去的。换句话说，政治体系是不可能在一根从上向下的单轨上发展起来的，而必须有某种从下而上的平行轨道。这一点不仅在现代民主制国家是很清楚的，即使是在君主专制的中国，也仍然有它的痕迹。费孝通发现：中国政治体系如果完全由上面的一个人所控制，下面的人是完全被动的话，这种独裁主义是难以坚持下去的。④

在同一时期，美国学者费正清（John King Fairbank）也注意到士绅在中国"旧秩序"中的作用。他将中国学者称呼的"封建社会"视作"旧秩序"⑤，

① ［德］马克斯·韦伯：《儒教与道教》，王容芬译，商务印书馆，1995 年，第 62 页。
② 金观涛、刘青峰：《兴盛与危机：论中国社会超稳定结构》，香港中文大学出版社，1992 年增订本，第 2 页。
③ 毛泽东：《中国革命和中国共产党》，《毛泽东选集》第 2 卷，人民出版社，1991 年，第 624 页。
④ 费孝通的"双轨制"最早见于《基层行政的僵化》（《大公报》，1947 年 9 月 25 日、26 日），《再论双轨政治》（《大公报》，1947 年 11 月 2 日），次年收入论文集《乡土重建》（上海观察社，1948 年）。
⑤ 费正清、邓嗣禹：《中国对西方之回应》（China's Response to the We A Documentary Survey, 1839 —1923 Harvard University Press, 1954），P. 1；［美］费正清、刘广京编《剑桥中国晚清史》（1800—1911 年），上卷，第一章"旧秩序"，中国社会科学出版社，1985 年。

认为中国前近代社会王朝循环往复，"文明的巨大发展就只不过隐藏在这种表面的人间诸事的循环运动之中，中国以后的历史成了一系列或多或少成功地重复西汉故事的努力"①。中国自身缺乏迈向现代化的动力因素，只能通过回应西方资本主义文明挑战的方式跨入现代化的门槛，除此别无他途。费正清在《美国与中国》一书中还借用马克·埃尔文（Mark Elvin）的观点指出：中国城市没有产生作为经营企业的城市住户的新阶级，即资产阶级，因为"统一的帝王政权结构继续存在，使中国城市的独立发展像欧洲真正封建政治和军事结构的发展一样，成为不可能的事。"中国的士绅阶级，是一个与西方资产阶级大不相同的新阶级。② 费正清从士绅角度观察中国政治体制的长期稳定，与韦伯的视角不同，但在"中国城市不可能获得独立发展"这一点上，他与韦伯的观点相类似。

20 世纪 70 年代，从士绅角度研究中国史的趋向在美国学界得到延续。孔飞力（Philip A. Kuhn）的《中华帝国晚期的叛乱及其敌人——1796—1864 年的军事化与社会结构》通过考察太平天国时期的地方团练认为，中国传统政治体制稳定延续的社会根源，在于王朝与地方名流——绅士间的协调，但 19 世纪中叶太平天国起义爆发后，士绅因控制基层武装而日益强大，这直接导致各地"绅权扩张"。咸丰朝以后，地方权力更是从官吏及其下属旁落到绅士之手，其影响直至 20 世纪前期中国的社会。孔飞力认为，士绅势力的凸显，是中国"传统国家崩溃"与"中国近代史开端"的显著标志。③ 孔飞力将"王朝的衰落"与"中华文明"的衰落区别开来，细致地呈现出晚清"绅权扩张"与"旧秩序崩溃"同步的现象，颇具新意。

20 世纪 80 年代以后，美国学者罗威廉（William T. Rowe）和玛丽·兰金（Mary Rankin）等，延续孔飞力开辟的思路，将"士绅社会"的讨论焦点从军事化转移到"地方管理的公共领域"。玛丽·兰金认为，晚清地方精英在公共领域扮演一种新的管理角色，"公"是一种制度化的、超越官僚的管理。④

---

① 费正清认为，中国人王朝循环的观念有正确的地方，至少作为凌驾于更重要的技术、经济、社会和文化发展之上的表层上的政治模式是这样。在各个王朝时期，诸如财政状况、行政效能以及军事力量这些方面，都表现出相当的一致性。参见费正清、赖肖尔主编《中国：传统与变革》，江苏人民出版社，2012 年，第 64 页。
② ［美］费正清：《美国与中国》，张理京译，世界知识出版社，1999 年，第 31 页。
③ ［美］孔飞力：《中华帝国晚期的叛乱及其敌人——1796—1864 年的军事化与社会结构》，谢亮生等译，中国社会科学出版社，1990 年，王庆成"前言"，第 2 页。
④ Mary Backus Rankin, Elite Activism and Political Trans formation in China: Zhejiang Province, 1865—1911. Stanford, Stanford University Press, 1986.

罗威廉在 1989 年后第一个将哈贝马斯的分析应用到中国历史中[①]，他在关于汉口的两本著作中展示了这样的观点："在清代，随着地方士绅或地方精英日益卷入公共事务以及市民社会团体的逐渐扩张，各种地方势力业已呈现出某种独立于国家而维护社会的自主性。"[②] 中华帝国晚期，已经出现如西方一样的城市共同体，商人集体自治的不断增加，明确的城市意识的兴起，以及自我觉醒的阶级意识等，共同构成了晚清中国的城市自治。罗威廉的研究挑战了一百年前韦伯"官僚政治"的观点，他将此举视为对韦伯神话的放弃。1989 年后，美国学界观察中国的旨趣已逐渐转移到"国家与社会"关系问题，"市民社会""公共领域"等概念一度成为学界讨论的热点。[③]

我国史学界也对 20 世纪 30 年代所提出的问题重新予以探讨。1984 年，金观涛、刘青峰的著作《兴盛与危机：论中国封建社会的超稳定结构》由湖南人民出版社出版，作者运用系统论、控制论的概念，尝试建立研究中国传统社会的一般性理论结构。1992 年，该书修订本在香港出版。作者认为，中国封建社会是宗法一体化结构，政治、经济和意识结构的高度一体化，共同构成封建社会的超稳定机制。国家用强大调解能力去控制一切领域，控制的结果是可悲的，"因为它在社会稳定时期有效地遏制了新因素的萌芽，而它在解体时又采取脆性崩溃的方式"[④]。

1988 年，傅衣凌先生的遗作《中国传统社会：多元的结构》一文以"中国传统社会"一词取代"封建社会"，指出：中国传统社会呈现一种多元结构的现象，包括经济结构、控制系统、财产所有形态和法权形态、司法权和思想文化的多元化。19 世纪中叶以后，尽管外力入侵，但传统中国多元的社会结构并未有根本的改变，相反，它很好地适应了变化的社会环境，表现出很强的生命力。而社会、政治生活中存在的专制主义、官僚主义、裙带关系、迷信活动和宗族势力等现象，仍然可以看到这一社会结构的残余。傅先生认为，对

① ［美］罗威廉：《现代中国的公共领域》，载《现代中国》（Modern China），第 16 卷第 3 期，1990 年，第 309～329 页。

② 邓正来、［美］杰弗里·亚历山大主编：《国家与市民社会：一种社会理论的研究路径》，上海人民出版社，2006 年，"导论"，第 9 页。

③ 参见魏斐德：《市民社会和公共领域问题的论争——西方人对当代中国政治文化的思考》，张小劲、常欣欣译，载邓正来、［美］杰弗里·亚历山大主编《国家与市民社会：一种社会理论的研究路径》，上海人民出版社，2006 年，第 363～364 页。

④ 金观涛、刘青峰：《兴盛与危机：论中国社会超稳定结构》，香港中文大学出版社，1992 年增订本，第 199 页。作者认为，中国封建社会组织解体方式是全面崩溃，调整时呈现完全无序状态，可称之为"脆性瓦解"；而西欧封建社会组织则是一部分一部分地解体，可称之为"柔性瓦解"。

"中国封建社会长期延续问题"的关注，很大程度上已成为中国几代史学工作者的学术价值追求，中国历史研究应该寻找解决历史遗留给中国现实社会生活的沉重包袱的钥匙，而回答这个问题的关键在于"如何认识中国传统社会的结构以及受该结构制约、规定的社会发展道路"①。

从社会结构的视角系统地观察传统中国无疑是极具洞察力的，因社会各系统之间原本就紧密勾连，共为一体，同进同退。但社会结构的主次之别，尤其是半个世纪前两位费先生所观察到的"士绅与中国政治体制关系"的问题却未在国内得到更多的关注和解答。桑兵在《庚子勤王与晚清政局》中注意到因盗匪势力膨胀，晚清官绅协调的地方控制秩序失调与晚清变革之间存在某种联系。② 学界以往的研究则主要着墨于士绅在地方舞台上的积极作用和官绅合作（或冲突）的现象，未将此现象置于中国绵长稳固的政治体制中加以考察。因而，本书尝试回到费孝通等前辈学者关注的地方，梳理"精英"与中国政治体制之间的关系，尝试在前人的基础上再次探寻导致中国旧秩序崩解的"内部因素"。本书并非刻意排斥西方影响等外部因素，只因中国的政治体制早于公元前221年即已创立，汉唐成型，明清达于顶峰，政治体制并未因19世纪中叶西方势力的逐步渗入而发生根本的变化，即使民国时期政党体制逐渐替代王朝体制，专制的特点仍然十分明显。21世纪，中国欲期完成辛亥革命以来重塑新的社会结构和政治体系的任务，尚须认真梳理旧秩序中的社会结构和政治体系。

二

"精英"（élite）一词源自法国，原意为"年收获中的最佳部分"，指用来酿造上等酒的葡萄，其转意是"经过挑选的合格者"。③ 19世纪末20世纪初，欧洲学者将"精英"一词导入政治学领域，极大地影响并促成了"精英理论"在西方政治学界的兴起。

1896年，意大利政治社会学家加塔诺·莫斯卡（Gaetano Mosca）提出"统治阶级"论。他认为，在所有社会中都会出现两个阶级——统治阶级与被统治阶级。对公共事务的管理权都掌握在少数有影响力的人即统治阶级手中，

① 傅衣凌：《中国传统社会：多元的结构》，《中国社会经济史研究》，1988年第3期。
② 桑兵：《庚子勤王与晚清政局》，北京大学出版社，2004年，第281页。
③ 张小劲、景跃进：《比较政治学导论》，中国人民大学出版社，2001年，第227页。

不论作为大多数的被统治阶级是否情愿，都要服从这种管理。[①] 20 世纪初，意大利经济学家、社会学家维尔弗雷多·帕累托（Vilfredo Pareto）首次将精英理论导入社会生活，提出"精英统治"论。他认为，"人民居统治阶级之首"是一种幻觉，各民族始终是被精英统治着。[②] 他对"精英"有如下定义：

> 这些阶层（"按势力和政治及社会权力而分出的一类人"或"所谓的上流社会"）构成一个精英集团，一个 aristocracy（贵族阶层；aristo 的词源学含义是"最优秀者"）。只要社会平衡是稳定的，这些阶层的多数成员便会具有某些突出的素质，无论这些素质是好是坏，都是权力的保证。[③]

帕累托的"精英"概念隐含"质量"（优秀）和"高度"（权力）两方面的意蕴。在他看来，精英是指"最强有力、最生气勃勃和最精明能干的人，而无论好人还是坏人"。帕累托还认为，精英不可能持久不变，因此，人类的历史乃是某些精英不断更替的历史：某些人上升了，另一些人则衰落了，历史的真相就是一种"精英的循环"。[④]

美国学者拉斯韦尔（H. D. Lasswell）稍后从政治学的角度重新阐释"精英"，他认为，政治研究是对权势与权势人物的研究。"权势人物是在可以取得的价值中获取最多的那些人们。可望获取的价值可以分为尊重、收入、安全等类。取得价值最多的人是精英（elite）；其余的人是群众。"[⑤] 拉斯韦尔以"高度"作为衡量精英的唯一标准，将政治精英与"高位"和"权力"紧密地联系在一起，缩小了帕累托关于"精英"的内涵。乔·萨托利（Giovanni Sartori）认为，"如果纯粹根据权力和高度来定义精英、特别是政治精英，这个定义就会阻止我们看清楚精英的素质（和标准）与权势地位（被不恰当地等同于精英地位）之间的差别。结果精英研究输掉了最关键的牌局——不是权势人物是否存在的问题，也不只是权力精英是一群还是数群的问题，而是权势人物是真正的精英还是赝品的问题。"[⑥]

精英的概念存在若干分歧，但这并不否认精英在政治和社会生活中的客观

① ［意］加塔诺·莫斯卡：《统治阶级》，贾鹤鹏译，译林出版社，2002 年，第 97 页。
② ［意］维尔弗雷多·帕累托：《精英的兴衰》，刘北成译，上海人民出版社，2003 年，第 58 页。
③ ［意］维尔弗雷多·帕累托：《论社会主义制度》，都灵出版社，1902 年。转引自［美］乔·萨托利：《民主新论》，冯克利、阎克文译，东方出版社，1998 年，第 161 页。
④ ［意］维尔弗雷多·帕累托：《精英的兴衰》，刘北成译，上海人民出版社，2003 年，第 13～14 页。
⑤ ［美］哈罗德·D. 拉斯韦尔：《政治学：谁得到什么？何时和如何得到？》，杨昌裕译，商务印书馆，2000 年，第 3 页。
⑥ ［美］乔·萨托利：《民主新论》，冯克利、阎克文译，东方出版社，1998 年，第 189 页。

存在。同时，这一术语所包含的排他性内涵也极为明显："精英是不同于大众的少数人。"① 精英理论的真正优越性，在于它提示了这一事实，即精英在一定程度上"可以决定不同民族的政治类型及文明程度"②。

20 世纪 60 年代以来，美国学界将"精英"概念引入中国史研究领域，力图展示中国社会的多元权力结构，以及精英在中国政治和社会中的作用。"精英"一词所面临的概念分歧，也随之在史学领域显现出来。

美国学者 R. M. 马尔什在《满大人：中国的精英轮替》中使用了"地方精英"（Local Elite）一词，他认为，地方精英是指"有功名而无官职者""地方儒士"，而具有官员身份的可称"帝国精英"，不归入"地方精英"。③ 瞿同祖在《清代地方政府》一书中详细梳理了清代士绅的构成，认为士绅属于地方精英，但士绅由"官员"和"有功名者"两个群体组成，即"官绅"和"学绅"。如果将官员排除在"士绅"概念之外，就是将地方精英的核心部分排除在历史画面之外。④

何炳棣主要研究精英的流动，他认为，传统中国社会虽然主要由统治阶级和被统治阶级两个互相对立的阶级组成，但事实上往往是多元阶级的社会。官员属于"劳心者"，但并非所有劳心者都属于统治官僚阶级，受教育而入仕途与受教育而不能入仕途者的界限，并不亚于劳心者与劳力者的鸿沟；并且，"在人数庞大的平民之中，有许多来自各种功能体系的精英（elite）被区分出来；传统中国社会阶层中，从未只有统治与被统治者两个极化的阶层"⑤。何炳棣还认为，近代学者对传统中国的社会阶层体系与"绅士"（gentry）阶级定义的解释相当混乱。他详细梳理出清代的官僚阶级成员包括现任、退休与候补官员及有资格任官者，吏员、进士、举人及正途与非正途贡生，但不包括监生。⑥

瞿同祖和何炳棣的著作直至 21 世纪才分别译介至中国大陆和台湾地区。此前国内的研究常常将官员与士绅相对立，将官员排斥出地方精英的群体。而美国的中国史研究，20 世纪 70 年代以后吸收华裔学者的研究成果，已逐渐避开士绅理论可能引发的混乱，开始朝精英理论方向发展。

孔飞力认为，名流（精英）必须理解为两个群体，"士子—绅士"和"官

---

① 张小劲、景跃进：《比较政治学导论》，中国人民大学出版社，2001 年，第 228 页。
② ［意］加塔诺·莫斯卡：《统治阶级》，贾鹤鹏译，译林出版社，2002 年，第 98～99 页。
③ 参见瞿同祖：《清代地方政府》，范忠信、晏锋译，法律出版社，2003 年，第 284～285 页。
④ 瞿同祖：《清代地方政府》，范忠信、晏锋译，法律出版社，2003 年，第 284～291 页。
⑤ 何炳棣：《明清社会史论》，徐泓译注，台北联经出版事业公司，2013 年，第 21～23 页。
⑥ 何炳棣：《明清社会史论》，徐泓译注，台北联经出版事业公司，2013 年，第 45 页。

僚—绅士"。他根据士绅在不同层次机构中的权力和特权，将清代精英分为"全国性名流（精英）""省区名流（精英）""地方名流（精英）"三个级别。① 詹姆斯·R. 汤森（James R. Townsend）和布兰特利·沃马克（Brantly Womack）也认为，"精英包括帝国官僚体制中的官员和持有功名的儒生，或叫'绅士'。"②

王笛认为精英是"民众的对应力量"，按照周锡瑞（Joseph W. Esherick）和玛丽·兰金的定义，他们可以是"任何在地方社会起主导地位的个人或家庭。他们不一定是富人，不一定是有权者，也不一定是受现代化或西化影响者，但他们试图在经济、社会、文化、政治或思想上对一般民众施加影响"③。周锡瑞还提出"城市改良精英"的概念，认为在清末最后十年里有一个可以识别的、主要集中在城市的改良势力，他们通常来自绅士家庭，广泛参与了与新型商业、工业、教育以及立宪运动有关的一系列活动，在政治和社会舞台上扮演了一个比较新的角色。应该抛弃"绅士"这个术语来描述这个新的阶层。但这一阶层没有充分地承担起发展工业、兴办自由企业以及实现经济的合理性这些资产阶级意图的任务，因而不能采用"资产阶级"这个术语来描述它。④

"士绅"一词不能涵盖所有的精英，但精英本身的定义却因政治学与社会学的差异，以及学者划分标准不同，在史学领域显得松散而不统一。如以"功名"为标准，科举是精英产生的渠道，士绅（包括官绅、学绅）属精英；如以"财产"为标准，行会会首、绅董等属精英。但上述标准比较单一，又都不能完全涵盖"平民中的精英"这一群体。加之精英的地域差异，一城与另一城的差别，城市与乡村的差别等，使得精英的面相更加复杂。

但精英仍然是具有共性，并且是可以辨析的。孔飞力所称的精英的"三个级别"，王笛所称的"民众的对应力量"，周锡瑞和玛丽·兰金所描绘的"试图对一般民众施加影响""广泛参与一系列活动"等，其实都显现出精英在不同舞台的活跃和影响力。"影响力"是精英区别于一般民众，并从民众中脱颖而出的主要因素和特质。

---

① ［美］孔飞力：《中华帝国晚期的叛乱及其敌人——1796—1864 年的军事化与社会结构》，谢亮生等译，中国社会科学出版社，1990 年，第 4～5 页。
② ［美］詹姆斯·R. 汤森、布兰特利·沃马克：《中国政治》，顾速、董方译，江苏人民出版社，2004 年，第 26 页。
③ 参考王笛：《街头文化：成都公共空间、下层民众与地方政治，1870—1930》，李德英等译，中国人民大学出版社，2006 年，第 28 页。
④ ［美］周锡瑞：《改良与革命：辛亥革命在两湖》，杨慎之译，江苏人民出版社，2007 年，"前言"第 5 页、第 83～84 页。

　　因而，本书在判别城市精英时，主要以"在城市公共事务中的影响力"作为精英划分的标准。清代城市精英以士绅为主体，同时包括商人等行业精英以及少数无功名、财产的社区能人。精英在城市社会中呈现出多元、多层次的面相，无论是统治阶级还是被统治阶级，都有各自的精英。清代的地方官员和士绅与"功名"相关联，但行业精英（如会首）、社区能人（如客长、坊厢长）等则常与财产、声望、能力有关。在清代城市管理中，无论缺少哪一种类型的精英，城市的正常秩序都难以维系。

　　还须辨明的是，清代有为数不多的"失去社会地位"或"堕落"的贱民集团，包括山陕的乐户（跳舞、唱歌及宴席上的演艺人员）、江苏与安徽的丐户（乞丐）、浙江的惰民（怠惰之民），广东的蜑户（水上人家）与安徽南部的世仆、伴当（世袭仆人），以及分布于全国各地的奴婢、妓女、戏子、耍把戏娱人的艺人及某些类的皂隶。他们没有普通平民应有的权力，处于平民之下。[①]雍正时下令解放贱民，三代后才可参加科考。因此，只有脱离了贱民身份，恢复为平民，乞丐、乐户等的生活才可能与他人平等。[②] 而当他们仍持此类身份并以此为生时，他们就处于常人之下。从精英的本意和延伸含义而言，精英都不包含上述群体。

三

　　19 世纪末以前，重庆还是尚未受到外国势力侵入的一座内陆城市。重庆保留着明初指挥戴鼎于宋代城址旧基之上砌筑的石城规模，城壁顺山势而筑，居高临深，孤峙江中，险厄天成，有"天生重庆"之称。[③]

　　给重庆带来益处的是其优越的地理位置。重庆位于长江与嘉陵江合流之处，为西南水运码头，也是四川运粮船"换船总运之所"，川省及滇、黔等地的货物皆仰此转口贩卖、转运。宋代商品经济发展，货物运转多，重庆区域商业中心的优势即凸显出来，"大江滔滔，自蜀通吴，商贾之往来，货泉之流行，

① 何炳棣：《明清社会史论》，徐泓译注，台北联经出版事业公司，2013 年，第 20 页。
② 孔飞力认为：贱民们在多大程度上真正"获得了自由？"如果贱民获得身份，而失去生计，自由的获得仍会遇到麻烦。孔飞力：《叫魂：1768 年中国妖术大恐慌》，陈兼、刘昶译，生活·读书·新知三联书店，1999 年，第 41~42 页。
③ 民国《巴县志》卷 23《文征》下篇，1939 年刻本，第 9 页。

沿溯而上下者，又不知几。"① 清代四川产米居全国之冠，而川米皆集中重庆水运，经夔关到汉口落脚，再转运到苏州枫桥，由各地商人运销至浙江、上海、福建等地。据估算，川省每年沿江东下的米粮有 150 万石左右。1831—1904 年，英国旅行家伊萨贝拉·伯德（Isabella Bird）考察长江流域及川藏地区时，对重庆的商业留下了深刻的印象：

> 无论从上游或下游走近重庆（海拔 1050 英尺），它都是最使人惊叹的城市。在 1500 英里的内地，有一个 40～50 万人口（包括 1500 个穆斯林）的城市，作为中国西部的商务首府，是帝国最忙碌的城市之一。它的开创者选择了没有拓展空间的地点，货栈、会馆、商行、店铺、穷人和富人的住所，塞满在陡峭的沙岩上，或者坐落在长江与其最大的北方支流嘉陵江之间的半岛上，这两条江可以从冬天的水面上爬升 100 至 400 英尺。②

伊萨贝拉注意到，19 世纪末，有 8 个省在这座商务大城市里建有行业协会，有漂亮的会馆和严格的协会章程，有充裕的兑换银庄，其中 17 家是在晋商手里，都拥有金融方面的专业才干；还有 20 多家大钱庄或本地银庄。因而，她对重庆"商业机构完善的印象比其他地方多"，并且认为"中国人的生意经的复杂状况在重庆骇人听闻。"③

与重庆商业有密切关系的八省会馆修建于清初，至 19 世纪末时，在重庆城内已存在了一百余年。会馆保护各省同乡或同业的利益，在一个小范围内形成自治，并受到官方的保护和支持，也有官员以同乡的身份加入会馆。因而，自会馆产生之日起，中国的行会就与官方保持着紧密的联系，官、商在一种互相认同的体系中共同维系城市秩序，彼此获益。八省会馆势力强大以后，将限于同乡的自治延及城市社区，举凡重庆城的积谷、赈灾、消防、慈善等，都离不开会馆的参与，八省会馆的势力达于一时，其领袖"八正"自然成为重庆的城市精英。

除了八省会馆，重庆城内还有一支以社区领袖为主导力量组建的基层组织，包括乡约、坊厢、保甲等。嘉庆白莲教起义后，新的社区组织——团练逐渐发展成为城市社区的重要力量，并且随着重庆城市人口增多、规模不断扩

---

① 冉木：《心舟亭碑刻》，嘉庆《四川通志》卷 50《舆地·古迹》，1816 年刻本，第 12 页。
② ［英］伊莎贝拉·伯德：《1898：一个英国女人眼中的中国》，卓廉士、黄刚译，湖北人民出版社，2007 年，第 343 页。
③ ［英］伊莎贝拉·伯德：《1898：一个英国女人眼中的中国》，卓廉士、黄刚译，湖北人民出版社，2007 年，第 348 页。

大，渐由同治年间的"五团"扩展至光绪年间的"七团"。团练兴办之初，本
以防范下层民变为主，只因清中后期长江上游战事较少，故重庆团练主要在城
市日常生活中发挥功效。团练的领袖人物"七团八正"皆由重庆城内的士绅名
流担任，他们得官府和民众信任，负责协调处理各类社区事务，且有向官府举
荐社区首领如坊厢长的职责，在重庆各城市社区中，也构成一定程度的自治。
19 世纪中晚期，重庆以"七团八正"为核心的士绅、商人群体，共同构成重
庆城市的地方精英。

　　值得注意的是，重庆城市内部源自民间的自治，它产生于太平天国运动爆
发以前，即 19 世纪中叶，西方势力渗入中国以前。也就是说，精英的活跃是
清初甚至更早以来就持续的一个传统。如西方人所观察到的：属于城内公共领
域的事务，其实是靠一种"非常习惯性的民主传统因素"来促成，"这种因素
让不同行业和不同阶层的人能够以集会的形式联合起来，共同组织防务，或结
成利益认同集团。在这样的集会或聚会上，他们可以讨论任何影响他们的人或
事。"① 精英对于城市公共领域的自治或讨论本身，并不构成对地方行政权力
的威胁，而恰好是相反。② 中国城市内部若干不断被整合的各类组织，将来自
民间的分散的权力和影响融为中国政治体制的一部分，它们与官府一道，共同
构成清代城市的权力网络。

　　"七团八正"以外，重庆的地方舞台还活跃着移民客长、乡约、坊厢长；
保甲组织中的保甲长；团练组织中的团正、监正；各类行会组织的行头、商会
中的绅董等等。他们或由士绅担任，如乡约、监正；或由商人担任，如会首、
行头；或仅仅是"某个地域空间"较为突出的人物，如坊厢长、保甲长等，地
方精英社会往往不似"士绅社会"般单一，而是呈现出多元复杂的面相。

　　此外，在清代城市管理中，地方官员人数虽少，却是一个非常重要的群
体。无论清初移民入川、重庆城市重建，以及清中后期防范民变、处理中外纠
纷等，川东道台、重庆知府、巴县知县均发挥出重要的作用，在地方公共事务
中，足见其影响。因此，地方官员（官绅）也是重庆的城市精英，他们与社会

---

① 《"四书五经"维系着清国灵魂》，《纽约时报》1876 年 2 月 20 日，载郑曦原编《帝国的回忆：〈纽
约时报〉晚清观察记》（1854—1911），当代中国出版社，2007 年，第 104 页。

② 在关于乡村的研究中，一种流行的观点认为：中国的乡村是一种"地方民主"，或是一种"自由自
治的社区"，理由是地方行政机构不能深入乡村之中。萧公权认为：村庄里展现出来的任何地方上
自发或社区性的生活，能够受到政府的包容，要么是因为它可以用来加强控制，要么是认为没有
必要去干涉。在政府眼里，村庄、宗族和其他乡村团体，正是能够把基层控制伸入到乡下地区的
切入点。萧公权：《中国乡村：论 19 世纪的帝国控制》，张皓、张升译，台北联经出版事业公司，
2014 年，第 7 页。

精英的区别不是体制内外的区别。各类精英同属帝国政治体系，只是所处系统不同，官员等政治精英的"位"是确定的，他们在官僚层级中有固定的、大小不一的权力，与政治体制之间相互依赖的关系比较明显，而士绅、商人等社会精英与政治体制的关系则显隐秘。

因此，如果从一个比较完整的时间单元里观察精英的行为，或能发现各类精英在帝国政治体制中的"不同位置"以及他们是如何加强和稳固这个体制的；如果从一个比较完整的时间单元里对地方政治进行系统考察，或能发现清代行政统治的一般模式、特征以及它们是否显示了连续性。当然，在各地的行政实践中，地域差异是存在的，但如同瞿同祖认为，"那些差异是次要的"，①清代地方政府的主要特征，是由其中央集权制所决定，具有一致性。除了国家对具有特别统治体制的满洲和某些由当地部落酋长（土司）统治的地区以外，中国各地方城市的运行，实际有惊人的一致性。

本书能够对清代重庆城市管理进行较长时段的研究，既源于以上思考，还得益于保存完好的巴县档案。1953 年，四川大学历史系冯汉骥教授在巴县一乡村破庙里发现了清代巴县县衙档案，乃设法保存。巴县档案辗转存于重庆西南博物院、四川大学历史系，1965 年转入四川省档案馆。巴县档案共 11.5 万卷，上至乾隆十七年，下迄宣统三年，是研究清代重庆的资料宝库。目前学界利用巴县档案对重庆进行研究的著述主要有隗瀛涛等著《近代重庆城市史》、周勇所著《重庆：一个内陆城市的崛起》等。本书在前人研究的基础上，利用与主题相关的档案二百余卷，希望通过对重庆的个案研究，深入剖析清代城市管理中的官府运作、精英面相，精英与政治体制的关系等，以加深对中国传统社会的了解。

---

① 瞿同祖：《清代地方政府》，范忠信、晏锋译，法律出版社，2003 年，第 3 页。

第一章　王朝更替与城市重建

第一节　蜀　乱

四川号称天府，田土肥美、物产丰盈。然因蜀道艰险，每值长期兵燹，妨及农事，则常以饥荒成浩劫，酿成大乱。有史以来，蜀乱至人烟稀少者，达三次：两晋间、宋元间、明清间。晋惠帝永宁元年（301），流民拥李特起事，李氏家族乱川中达 47 年，"三州倾坠，生民歼尽"[①]。宋理宗端平三年（1236），蒙古军长驱入蜀，沿途攻城略地，搜杀不遗，致四川人口在五十余年间从 600 万人减少至 50 余万人。[②] 元初四川地广人稀，不得已撤除许多州县，与陕西合为一省，成宗大德后才定陕西、四川各为一省。

明末清初之蜀乱，始于万历二十年（1592）播州土司杨应龙叛乱，[③] 止于康熙二十年（1681）吴三桂之孙吴世璠覆亡，兵祸延续近九十年，其间除十余年的安定外，蜀中大多时期皆处于战乱状态。死亡最惨烈者，又数顺治二年至七年，饥荒与兵祸相随，以至出现军队恃人肉为粮、民亦相掠为食之惨象。[④]

---

① 常璩撰、刘琳校注：《华阳国志校注》卷 12，序志，巴蜀书社，1984 年，第 894 页。
② 南宋嘉定十六年（1223），四川人口约 600 万人，元至元十九年（1282），仅 12 万户，约 54 万人。见李世平：《四川人口史》，四川大学出版社，1987 年，第 122 页、129 页。
③ 后人多以张献忠乱蜀为四川浩劫之始，清人欧阳直在《蜀乱》中指出，明之蜀乱，始于杨应龙叛乱。见欧阳直撰《蜀乱》，载《张献忠剿四川实录》，何锐等校点，巴蜀书社，2002 年，第 186 页。
④ 任乃强：《张献忠屠蜀辨》，载社会科学研究编辑部编《张献忠在四川》，四川省新华书店，1981年，第 111~113 页。任乃强先生的文章，1947 年最初发表于成都《社会月刊》，1981 年征得任先生同意，再次付梓。"人粮"问题，过去人多指为污蔑，惟任先生于此文中坚持为必有，在 1980年四川省社科院主持的"张献忠在四川"的学术会议上得到比较客观公允的评价。

清初，四川人口再次降至 50 万人左右①，田亩荒芜，鸡犬不闻。

蜀乱为地方之乱，由此可窥得四川社会之崩溃情形。广安州人欧阳直于明季迭遭张献忠军、摇黄军劫持，后脱离虎口，回忆流离之苦，痛定思痛，"不知泪落之何从也"，遂以蜀人思蜀事，置蜀乱于中国一治一乱中考察，以先民之言"天下未乱蜀先乱，天下既治蜀后治"验之当日，觉"语诚不诬"，更谓"事后追思，实不如事前猛省"。②

王朝更替之时，蜀乱常与各地乱象同时涌现，影响扩及全国。蜀乱预示着二百余年的明王朝行将凋零，如明日黄花。

一、土司叛乱

清军入关前，四川土司已叛。四川土司制源自元代，明"踵元故事"，恢复土司制，"洪武初，西南夷来归者，即用原官授之。"③ 明初以土官治土民，在少数民族地区行自治，尊重少数民族习俗，取得了较好效果。但元明两朝在边远地区行自治之策，皆因该地区本"大姓相擅，世积威约"，④ 中央无余力管控该地区，少数民族首领也愿臣服中央，接受一些限制和约束，自治遂使中央与地方保持暂时的平衡。但自治本身因与专制互相对立，当一方势力强大时，平衡极易被打破。

明万历元年（1573），杨应龙袭四川播州（今贵州遵义）宣抚使⑤，加封为骠骑将军。应龙骁勇善战，多次受到朝廷奖赏，但因居功自傲，酷杀树威，"所属五司七姓不堪其虐，走贵州告变。"⑥ 播州地介川黔之间，行政上归属四川，却与贵州犬牙交错，联系紧密。明廷令川黔两省督抚会勘杨应龙，然两省

---

① 李世平：《四川人口史》，四川大学出版社，1987 年，第 150～155 页。关于明末四川人口：万历《四川总志》记载万历六年（1578）四川人口为 310 万人，但这一数据明显偏低，与明末"黄册"成具文有关。参见李世平：《四川人口史》，第 137～146 页。任乃强先生认为应在 2000 万至 5000 万之间，参见任乃强：《张献忠屠蜀辨》，载社会科学研究编辑部编《张献忠在四川》，四川省新华书店，1981 年，第 112 页。曹树基先生亦认为明代四川户口调查不准确，估算出明末清初四川人口损失达 90%。曹树基：《中国人口史》第 4 卷，复旦大学出版社，2000 年，第 445 页。

② 欧阳直：《蜀乱》，载《张献忠剿四川实录》，何锐等校点，巴蜀书社，2002 年，第 183～203 页。

③ 《明史》卷 310《列传》198《土司》，中华书局，1974 年校勘本，第 7982 页。

④ 《明史》卷 310《列传》198《土司》，中华书局，1974 年校勘本，第 7981 页。

⑤ 播州杨氏源自四川泸叙边徼地区的少数民族中的酋豪，后裔渐次汉化。唐乾符三年，杨端讨播，此后遂以播州为其根据地，然泸、合发祥之地，亦仍世代保持。参见谭其骧：《播州杨保考》，《长水集》卷上，人民出版社，1987 年，第 261～299 页。

⑥ 《明史》卷 228《列传》116《李化龙》，中华书局，1974 年校勘本，第 5984 页。

在剿抚问题上各执一词，贵州主剿，四川主抚，互不相让。在此情形下，杨应龙表示愿在四川接受勘查。

但四川官员平素常勒索土司，贪污受贿、中饱私囊，此次见杨应龙身陷囹圄，更加有机可乘。设计于会勘之时，先约日期，应龙按期到达，但"委官故迁延不行，度应龙且去，则猝至，以跋扈不服罪之，必得重贿乃已。以故应龙每赴勘，若就刑戮。"① 四川官员于会勘时的故意刁难，恣意盘剥，使应龙反感。万历二十年（1592），杨应龙到重庆接受勘问，被囚于重庆狱中，愿以二万金赎罪。时倭寇犯朝鲜，应龙又上奏朝廷愿率五千播兵讨倭以赎，朝廷准奏并放了应龙。但应龙征倭未成，四川巡抚王继光要继续勘问应龙，应龙不服，拒不受命，于返播途中回至松坎，杀害押回官军，返回巢。

杨应龙的大胆举动激怒了四川官员，在奏准朝廷后，万历二十一年（1593），王继光以讨伐之名会兵进剿，抵达娄山关。杨应龙早有准备，四川官军大败，死伤过半，王继光被革职。二十三年，朝廷念杨应龙早有战功，杨又许以黄金四万两助朝廷采木，朝廷宽免杨应龙，以其长子杨朝栋代其职，次子杨可栋留重庆做人质。次年，杨可栋死于重庆，杨应龙大受刺激，起兵四川，经江津、南川、合江，直逼重庆。攻陷綦江时，"尽杀城中人，投尸蔽江"②。二十七年，朝廷以李化龙为四川总督，集中川、湖、贵三省兵力，进剿土司，杨应龙不敌，于二十八年兵败自杀。

历代官书将"播州之役""宁夏之役"和"抗倭朝鲜之役"并为万历年间的"三大征"，以载杨应龙之乱和明官军之英勇。但杨应龙起兵是否属"叛乱"性质，后世学者争议较大。从杨应龙之乱的缘由来看，土、流之间的关系最值得关注，四川官员平素对杨氏苛索，律法随意，二十四年应龙次子死于重庆使应龙"益感痛憾"③，致使形势骤变，终酿冲突。地方官员在播州问题上的处置失当，是该地区失去平衡的关键因素。杨应龙的反叛行为也主要局限于剿杀他的西南一隅，"反叛地方"之心强烈，其是否有明确的"叛明"之心尚需探究，或不能因官军持明廷令而镇压土司就将此次叛乱简单定性为反叛朝廷。

杨应龙之乱虽未对重庆造成大的影响，但却凸显出该地区土司自治与流官治理同存潜伏的危机。"土司自治"是一种建立在地方习俗上的治理，与官员按律法治理地方有很大差别，土流官员之间极有可能因习俗不同而观念有别，

---

① 申时行：《申文定公集二》，"杂记"，陈子龙《明经世文编》卷 381，中华书局，1962 年影印，第 4137 页。
② 《明史》卷 312《列传》200《四川土司二》，中华书局，1974 年校勘本，第 8048 页。
③ 民国《巴县志》卷 21 下《世纪》，第 13 页。

如再加以个人恩怨等偶然因素，则极易酿成地区冲突；地方官员在危机来临时如果处置不当，地区冲突又可能朝土司与朝廷对抗的方向演变，此一演变结果，已不为叛乱一方所能掌控，实由双方共同酿成。

杨应龙乱后二十年，四川永宁（今四川叙永）土司奢崇明和贵州水西土司安邦彦（今贵州毕节境）再叛，引发更大规模的地区冲突。地处川黔交界之地的重庆，在此次叛乱中成为土司军与明军交火的重镇，大受影响。

永宁是四川境内彝族聚居区之一，为通往云、贵两省之要冲。水西初隶四川，永乐十一年（1413）改属贵州，与永宁、乌撒等处壤地相接。奢、安两家，势力强大，既有矛盾，又互通婚姻，"世戚亲厚"[①]。且都野心勃勃，窥伺府卫州城，力图扩大地盘。万历二十六年（1598），水西安疆臣袭土司位，"不遵朝廷三尺，如贵竹长官司改县已多年，而疆臣犹欲取回为土司，天下岂有复改流为土者？"[②] 西南土司日渐坐大，对明王室构成严重威胁。

此时明王室已形腐败，卖官鬻爵，贪污成风。神宗朱翊钧为满足挥霍之用，"以金钱珠玉为命脉"，常在宫中拷问宦官，"有献则已，无则谴怒"。[③] 地方官员上行下效，与土司相处时公开勒索、接受贿赂，甚至明火执仗地进行抢劫。例如奢效忠死后，宣抚司印信藏匿于效忠之妾奢世续处，万历三十五年（1607），四川都司张神武以追印为名，"矫旨集兵，突将奢世续新旧二居所有尽掠之，得数十余万。"世续部为报复，"各起夷兵，烧劫杀掳永赤二卫，普摩二所"，[④] 地方官员的贪婪，加剧了土司对明王室反叛之心。

万历末，永宁土司职号由奢效忠侄儿奢崇明袭替。此时，辽东战役紧迫，明军屡败，辽阳总兵刘綖曾参加平播战役，因而极力主张征调彝族土兵驰援辽东。于是，天启元年（1621）九月，明廷征调永宁土司奢崇明派兵援救，奢氏趁机遣其婿樊龙、部将张彤率两万援辽部队进驻重庆，突然反叛。"时渝州主将不协，号令不行，汉土官兵一时大乱，放火延烧，满城庐舍，一夜尽成焦土。"[⑤] 9月17日，又趁校场演武之机，杀四川巡抚徐可求、重庆知府章文炳、巴县知县段高选等官二十余人，[⑥] "其余杀戮不可胜记，渝城遂陷"。[⑦] 樊龙占

---

① 《明史》卷 312《列传》200《四川土司二》，中华书局，1974 年校勘本，第 8052 页。

② 王士性：《广志绎》卷 5，吕景琳点校，中华书局，1981 年，第 134 页。

③ 《明史》卷 234《列传》122《雒于仁》，中华书局，1974 年校勘本，第 6101 页。

④ 《明神宗实录》卷 474，台湾"中央研究院"历史语言研究所，1962 年影印，第 62 册，第 8952 页。

⑤ 道光《綦江县志》卷 5《武备》，1863 年刻本，第 15 页。

⑥ 民国《巴县志》卷 21《事纪下·明》，第 16 页。

⑦ 朱燮元：《奢寅叛重庆纪略》，民国《巴县志》卷 23《叙录·文征下篇》，第 14 页。

据重庆达九月之久，奢崇明以重庆为东京，号大梁，"伪设丞相五府等官，招降募兵五万余，复募新兵，缚富室使助饷，攫金至六百余万。"① 又以其子奢寅率兵围成都，致全蜀震动。次年，水西土司安邦彦亦出兵围贵阳，与永宁军遥相呼应。

川东兵备徐如珂与垫江知县刘国藩及一二缙绅议曰"蜀事危及，欲保全局，莫如急攻重庆，以解成都之围，众皆曰然。"② 十月，石柱宣抚使女官秦良玉遣弟明屏发兵四千，"倍道兼行，潜渡重庆，营南平关扼贼归路，夜袭两河，焚其舟，以阻贼泛舟东下"。③ 次年五月，徐如珂与总兵秦良玉、杜文焕等合攻重庆，"连战白市驿、马庙，进据两岭，俘斩无算，夺二郎关，擒贼帅黑蓬头，进攻佛图关"，杀万余人，以计擒樊龙，并生擒龙子友邦及其党张国用、石永高等三十余人，遂复重庆。④

奢崇明叛乱持续三年，至天启三年（1623）十一月才得以平息。"蜀自奢酋之后，大半消耗，气息奄奄。"⑤ 重庆城因是两军交战之战场，人口死亡，受创极大。乾隆《巴县志》载："巴渝自奢、献频蹿，闾阎旧家存者盖寡。耰锄里氓，亦鲜土著。"⑥ 奢崇明乱后，四川巡抚朱燮元总督云、贵、川、湖、广西军务，进驻重庆，⑦ 重庆才为明军所据。

奢崇明叛乱是四川土、流矛盾引发的又一次冲突，也与西南土司日渐坐大、明政权自身衰微，中央与边远地区的平衡渐被打破有关。四川土司叛乱只是明万历天启年间"地方叛乱"之一种，但它已显出中央对地方控驭无力，地方以反叛的方式表达其独立于中央之外的意愿。大一统国家政权的不稳定，率先于地方秩序的混乱中表现出来。爆发于明万历天启年间的两次土司反叛，不仅加剧了西南地区的冲突，也使明廷在随后应付东北后金反叛时腹背受敌，不能集中兵力。蜀乱与明朝灭亡实有重大关联。

二、张献忠入重庆

明崇祯三年（1630），陕北连年旱荒，张献忠率米脂十八寨农民暴动，自

① 民国《江津县志》卷3《前事志·明》，1924年刻本，第5页。
② 徐如珂：《攻渝纪事》，民国《巴县志》卷21《事纪下·明》，第18页。
③ 民国《巴县志》卷21《事纪下·明》，第17页。
④ 民国《巴县志》卷21《事纪下·明》，第17页。
⑤ 倪斯蕙：《保蜀援黔疏》，民国《巴县志》卷23《叙录·文征上篇》，第5页。
⑥ 乾隆《巴县志》卷2《建置·乡里》，1761年刻本，第26～27页。
⑦ 民国《巴县志》卷21《事纪下·明》，第26页。

号"八大王"。六年（1633），张献忠首次入川作战，战火遍及川东、川东北。此后，张献忠又于崇祯七年（1634）、十年（1637）、十三年（1640）三次入川作战。

崇祯十六年（1643）岁末，张献忠率大西军第五次入川。次年五月，自忠州上犯重庆，六月十八日，据佛图关，攻打重庆城。四川巡抚陈士奇令副将卞显爵驻通远门转角楼，统兵固守。二十日，献忠派人到城内劝降，劝降之人被杀，人头被明军用长杆撑于朝天门上。献忠大怒，下令明日攻城，但重庆城墙全是石基连石墙，城险难攻，攻城之兵被城上矢石击伤甚多，诸将多主张弃重庆，直趋成都。属下江鼎镇力主攻城，认为"此城不破，则全川各州县皆恃有重庆为援，凭城拒守，要取成都非易。纵然取得成都，亦难固守。譬如击常山蛇，此为蛇首。破得此城，则全蜀人心瓦解。"鼎镇更献计道："大凡建造城墙，必用一段压在土上，方能通达地气，感应城隍祭享。此城的通远门附近，便有一丈之地，乃是土根。自此掘穴，可以打开缺口。"献忠大喜，令军士掘墓取棺材以挡矢石，驱逐百姓挖城下为洞，拣大木为炮，用铁皮包裹，抬入洞内，装火药千余斤，以土填埋，留引线于外。城内守军见城下敌人埋地雷，放箭发炮，投热粥沸水，火箭火弹，百方阻御，终不成。二十三日，献忠军以火药轰城，一声爆炸，烟雾冲天，木石飞舞，重庆城陷。[①]

张献忠攻打重庆是明末重庆城遭受的一次重创，清人彭遵泗所撰《蜀碧》对此次战争也有详细记载：

> （1644年）六月二十日，贼陷重庆，瑞王常浩及巡抚陈士奇以下各官死之。重庆下流四十里曰铜锣峡，上江要路，士奇宿重兵以守。六月八日，献忠入涪，分舟师溯流犯峡，而己则登山疾驰一百五十里，破江津，掠其船顺流而下。十七日夺佛图关，贼得关峡，反出其下，兵士惊扰不能支，遂溃。贼数十万至城下，士奇等日夜登陴，衣不解带，以火罐、滚炮击贼，死无数。于是贼发民墓凶具，负以穴城；而置大炮为火攻。至二十日夜，黑云四布，贼于城角藏火药数十桶。晨起，以火箭齐射药处。火发地裂，城遂陷。王与各官俱遇害[②]。

张献忠率军入重庆城，树"杀官救民"旗帜，沿街高呼"只杀贪官，不犯

---

① 参见任乃强：《张献忠屠蜀记》上册，成都中流印刷厂，1950年，第62～63页；民国《巴县志》卷21《事纪下·明》，第30页；李馥荣：《滟滪囊》卷2，载《张献忠剿四川实录》，何锐等校点，巴蜀书社，2002年，第55页。

② 彭遵泗：《蜀碧》卷2，载《张献忠剿四川实录》，何锐等校点，巴蜀书社，2002年，第142页。

顺民"。重庆百姓遂于门上贴写有"顺民"二字的纸条。张献忠军大破明军，擒获官兵四万六千余人，胥吏员役一千五百余人，分队羁押，分别审问。又造"降册""顺册""逆册""存疑"四簿，听候裁决。重庆城内当日便有各街保甲长，奉献牛酒劳军。① 六月二十日，张献忠于大校场演武厅首审瑞王及官吏。瑞王常浩，为明神宗第五子，自汉中逃蜀，陕西士大夫多携家人跟从，居于重庆，被绞杀；四川巡抚陈士奇、关南兵备副使陈曛、重庆知府王行俭、巴县知县王锡、指挥顾景均凌迟处死。是日天大雷电，昼晦。献忠怒，驾飞炮向天击之，云开雨止，军民骇异。②

六月二十五日，献忠再审衙中吏役及城内绅耆。吏役全部列入"民逆册"内，批"可杀"二字；豪绅愿报效军饷，自明心迹的，许其自新，一律列入"存疑册"内。明朝臣王应熊之弟王应熙愿认捐百万两，差吏石庆愿认款五十万两，其余认捐三十万两者五人，二十万两者十人，十万两者三十余人。献忠疑王、石二人独富，令民控告，"未到一刻，叫冤控告王应熙与石庆的，跪了一坪。献忠大怒，命将二人抄家，家口全数拘押追赃；其余认捐之人，分别依认追齐释放。恰在此时，王志贤查报回来，除十一人确系寒微、无力报捐外，余皆为富不仁、悭吝之徒。献忠命将假称贫穷的一齐杀了。围观民众，无不称快。"③

六月二十六日，献忠于演武厅三审所擒官兵，将兵士中有用者用作烧饭喂马之人，部分不愿降者斩首，部分不愿降但认为是"硬汉"者留下，愿投降但视作"软骨头"者则命各队分别押回，宰去右臂，放他活命。④ 二十七日，献忠留部将刘廷举守城，自己亲率主力"自重庆趋成都，一路州县望风瓦解，烽火数百里不绝。"⑤

张献忠在重庆杀人之数，各书记载不同。欧阳直《蜀乱》载张献忠在重庆"尽屠其城。闻有避匿得存者，查出复断其手。乡村山寨杀戮亦如之"⑥。《纪

① 参考任乃强：《张献忠屠蜀记》上册，成都中流印刷厂，1950年，第64页。该书"虽为小说，但作者参考正史、野史及方志百余种，详为厘定，务期正确。……虽云小说，实为一代信史"（见上册第8页）。故该书的说法可为一种佐证。民国《巴县志》卷21《事纪下·明》，第30页。
② 彭遵泗：《蜀碧》卷2，载《张献忠剿四川实录》，何锐等校点，巴蜀书社，2002年，第142～143页。
③ 张献忠入重庆城情形皆参考任乃强：《张献忠屠蜀记》上册，成都中流印刷厂，1950年，第67～68页。
④ 任乃强：《张献忠屠蜀记》上册，成都中流印刷厂，1950年，第68～69页。
⑤ 彭遵泗：《蜀碧》卷2，载《张献忠剿四川实录》，何锐等校点，巴蜀书社，2002年，第143页。
⑥ 欧阳直：《蜀乱》，载《张献忠剿四川实录》，何锐等校点，巴蜀书社，2002年，第187页。

事略》曰："其合城（按：指重庆）绅士军民男妇大小二三百万有奇，俱尽膏锋刃，抛尸江中，水为不流。"① 查继佐《罪惟录·张献忠传》记载："屠重庆，取丁壮万余，刭耳鼻，断一手，驱狗各州县。"② 彭遵泗《蜀碧》则详载："时重庆军士尚存三万七千人，贼尽断其臂而纵之。"③《五马先生纪年》载："六月，州城妇女逃净。七月，破重庆镇，远兵逃回，尽剁右手。"④ 五马先生系简州傅迪吉，被张献忠军掳获，为亲身经历，说法较为可信。张献忠在重庆屠杀二三百万属夸张之说，"尽屠其城"固不可信，"三万七千人"的说法也缺乏他证，但断人臂确有其事。

张献忠在重庆大校场杀人三日，打"杀贪官"之旗号，于是有"围观民众，无不称快"之象。但其在成都建立大西政权后，擅杀无辜，暴虐无比。成都一班官吏始以为明室气数已尽，又闻献忠有勇有为，能任国事，均效忠出为任事，岂知献忠狂怒无常，稍有不顺，或刑或杀，视人命为草芥，创"草杀"（挨户杀）、"天杀"（于朝会时，放犬于诸官之中，凡被犬闻者，即引出斩之）、"生剥人皮法"等多种杀戮之法，又杀僧道中人。献忠杀人无算，还屡自解云："吾杀若辈，实救若辈于世上诸苦。虽杀之，而实爱之也"。被献忠俘获之西洋传教士，利类思和安文思二司铎，屡屡亲见献忠杀人，惊惧不已，认为献忠虽智识宏深，决断过人，"然有神经病，残害生灵，不足以为人主"。⑤

《明史》载张献忠屠蜀，"共杀男女六万万有奇"⑥，万历六年四川人口共310万，明史载献忠竟杀人 6 亿，自不可信。任乃强先生估计，张献忠之杀蜀人，在顺治二三年间，历时约十七个月。据利、安两教士言，每日杀一二百人。则五百日中，不超过十万人。再合其军历次"屠城""洗剿""草杀"之数估计，"亦不能过五十万人"，且认为明末蜀人绝灭之原因，"盖死于饥馑者什七八，杀于献忠者什一二而已"。⑦ 献忠大肆屠杀川人之因，与其残暴性格有关，但都非"天煞星"下凡等离奇说法能够解释。明末富顺人杨鸿基尝言："西川人性憨愚，特明顺逆，不量势力，不肯被不义之名。故其（张献忠）所

① 阙名：《纪事略》，《晚明史料丛书》，中华书局，1959 年，第 40 页。
② 查继佐：《罪惟录》传 31《张献忠传》，浙江古籍出版社，1986 年，第 2726 页。
③ 彭遵泗：《蜀碧》卷 2，载《张献忠剿四川实录》，何锐等校点，巴蜀书社，2002 年，第 143 页。
④ 傅迪吉：《五马先生纪年》卷上，载古洛东：《圣教入川记》，四川人民出版社，1981 年，第 102 页。
⑤ 古洛东：《圣教入川记》，四川人民出版社，1981 年，第 22 页、第 24 页。
⑥《明史》卷 309《列传》197《张献忠》，中华书局，1974 年校勘本，第 7976 页。
⑦ 任乃强：《张献忠屠蜀辨》，载社会科学研究编辑部编《张献忠在四川》，四川省新华书店，1981 年，第 112 页。

置郡县贼吏，特以兵威迫胁，民勉听从。兵才他适，则群起而杀之。而献忠不自谓非帝王之器，无绥靖之能，所谓民刁俗悍，难服易携，惟欲以杀戮为威，而剿洗之兵四出矣！"[1] 张献忠据成都后，四川"尚有军官多人，不愿从贼，一心恢复明室。数年间，取回州县不少，如重庆、夔府、叙府以及大江一带州县，均为克服。献忠见川人心恋故土，愤懑已极，于是虎威大作，势若巅峰，即下命令剿灭川人"[2]。川人四处反抗使献忠不能实现"暂取巴蜀为根，然后兴师平定天下"[3] 的抱负，固对川人的镇压特别残酷（清初川人记载献忠屠蜀，均以"贼"呼之，亦可知川人对献忠之恨）。

三、明军、清军、大西军鏖战重庆

张献忠入川时，李自成所率另一支农民军于崇祯十七年（1644）三月破北京城，崇祯帝自缢死，明朝灭亡。四月，驻守山海关的明朝总兵吴三桂大败李自成兵，引清军入关，李自成弃北京向陕西撤退。五月二日，清军入北京，十月初一，福临登基为帝。

同年十一月，张献忠在成都建号"大西"，设中央和地方政府，俨然独立王国。明宗室也在文臣武将的拥立下先后于南方建立"南明"朝廷，各地皆处割据状态，不能一统。清军为争夺南方土地，巩固其统治，挥师南下，与明军、农民军展开争战，重庆再次陷于各军激烈争夺之中。

清顺治二年（1645）二月，明参将曾英等进驻重庆，"一时卒起之将皆归之，众至数万，船千艘，难民相依者又数万，泊于涂山一岸，重庆屹然成重镇矣。"[4] 曾英调江津乡官刁化神之兵至重庆，又取遂宁之盐以养军，故粮足而兵盛。三月，大破大西军于重庆亭溪，重庆复为明军所据。

三年（1646），肃王豪格率军从陕西攻入四川，毙张献忠于西充凤凰山，献忠部将孙可望、李定国、刘文秀等率余部奔重庆，"时曾英驻军重庆南岸，贼未敢轻渡也。英选精甲渡北岸，与贼战于一碗水，英败绩，仅以身免。贼掠英兵船过江，英复败，与后军副将熊梦瑞同战溺死。其将李占春、于大海率水师奔涪州。可望等既渡江，休重庆三日。堕重庆城女墙，由遵义奔云贵"[5]。

---

① 杨鸿基：《蜀难纪实》，民国《富顺县志》卷16《杂异》，1931年刻本，第15页。
② 古洛东：《圣教入川记》，四川人民出版社，1981年，第19页。
③ 李馥荣：《滟滪囊》卷2，载《张献忠剿四川实录》，何锐等校点，巴蜀书社，2002年，第55页。
④ 民国《巴县志》卷21《事纪下·清》，第31页。
⑤ 民国《巴县志》卷21《事纪下·清》，第32页。

明军、清军和农民军连年混战，致使四川州县民皆遭杀戮，土地废弃，凶荒来袭。顺治三年，四川大饥，全靠土司供米，但米价昂贵，如"雅州以大渡河所越隽卫接济，米一斗银十余两，嘉定州三十两，成都重庆四五十两。保宁赖大清运陕西之粮，亦十余两。成都残民多逃雅州，采野菜而食；亦有流入土司者。死亡满路，尸才出，臂股之肉少顷已为人割去，虽斩之不可止"①。四年春正月，清军入重庆，不仅乏粮，且在重庆多染疾疫，不得已退出重庆，重庆复为明军袁韬部所占。

五年（1648），四川持续大饥，赤地千里，"粝米一斗，价二十金；荞麦一斗，价七八金，久之亦无卖者。蒿芹木叶，取食殆尽。时有裹珍珠二升，易一面，不得而殂。有持数百金，买一饱，不得而死。于是人皆相食，道路饿殍，剥取殆尽。无所得，父子、兄弟、夫妻转相贼杀"②。夔东十三家等亦突击南川、綦江，取道江津杜市、珞璜等地，袁韬因重庆缺粮转驻犍为。七年（1650）九月，刘文秀遣部将白文选攻取重庆，重庆又为农民军所占。

此时川中田土荒芜，民无食，军队亦乏粮。一时农民军固恃人肉为粮，明兵实亦相掠而食。乡民皆结队袭人，莫能自已。蜀人之死于此两年者（顺治三四年），约在千万以上。中间，摇黄军之所屠食者什之四五，明军与人民相食者亦什之四五。献忠军所屠食者，军属多于平民。平民不过全省什之一二而已。烟火既稀，虎豹昼出，爬窗升屋，与人争命。估计死于虎豹与疾疠者，亦数百万。③

八年（1651），吴三桂奉敕偕都统李国瀚征张献忠余部。④次年，进攻重庆，刘文秀弃城走。七月，刘文秀部将王复臣、白文选等返夺重庆，与清军互相厮杀。八月，清总兵卢光祖占得重庆。⑤

十四年（1657），吴三桂征滇、蜀，进至重庆，南明将领张京与刘体元合兵十万围城，兵败，张京赋绝命诗而卒。⑥是年四月，清政府"停陕督兼辖，专置四川总督，驻重庆"⑦，首任总督李国英，初步在重庆建立政权。十六年

---

① 费密：《荒书》，载吴世济等：《太和县御寇始末》，浙江古籍出版社，1985年，第165页。
② 彭遵泗：《蜀碧》卷2，载《张献忠剿四川实录》，何锐等校点，巴蜀书社，2002年，第172页。
③ 任乃强：《张献忠屠蜀辨》，载社会科学研究编辑部编《张献忠在四川》，四川省新华书店，1981年，第113页。
④ 《清史稿》卷474，《列传》261《吴三桂》，中华书局，1998年影印，第4册，第12837页。
⑤ 民国《巴县志》卷21《事纪下·清》，第37页。
⑥ 民国《巴县志》卷21《事纪下·清》，第37页。
⑦ 《清史稿》卷116《志》91《职官三》，中华书局1988年影印，第1册，第3340页。

（1659），南明将领谭洪率兵由水道再袭重庆，失败降清。① 至此，清政府基本稳定四川局势，重庆自此获安定14年。

康熙十二年（1673），吴三桂叛清，次年遣兵入蜀，战火再起。三桂陷常德、澧州、衡州、岳州、襄阳等地，一时声势浩大，所向披靡。三桂致书平南、靖南二藩，及贵州、四川、湖广、陕西诸将吏与相识者，要约响应，"传檄所至，反者四起"。② 十九年（1680），四川总兵谭洪、吴之茂，提督郑蛟麟、巡抚罗森皆起兵归附吴三桂，反叛清廷。谭洪自保宁遣师攻占重庆，重庆再起烽火。

清军进剿吴三桂，遣总兵杨洪招抚重庆，一时成、叙、泸、永、夔东诸郡，复归清。"凡胁从将士，悉赦不问。惟贼帅马宝尚据遵义，号召余党，有犯渝之志。"③ 川督哈瞻及贝子、湖广总督率八旗兵，先后集渝，将趋遵义。然降将谭洪、彭时亨等复叛，各聚余党数千人，与马宝互为声援。"渝城兵马辐辏，粮饷不继，人情汹汹，渝守王文绅，以忧劳卒"④，巴县知县焦映汉"团练乡勇及营办战舰、浮桥、炮车诸务，拮据星霜"。是年二月，勒尔锦取重庆，二十年，"重庆寇平"⑤，四川尽复。

从明万历二十年（1592）土司杨应龙叛乱起，到康熙二十年（1681）清政府平定三藩之乱，重庆历经兵燹，民无宁日。明初"井井乡乡绝叫嚣，桑麻盈野黍盈郊"⑥ 的太平景象二百余年后已被田土荒芜、饿殍遍野的惨象替代，人口锐减。康熙十年（1671）时，重庆府"实在民户三千七百三十四户，男妇共八千八十八口"，四川"实在民户三万九千六百六户，男妇共七万八千六百八十一口"⑦，百里无烟，虎豹横行。至康熙四十三年（1704）和雍正三年（1725），重庆仍有虎入城的记载。⑧ 移民实川、休养生息，遂成为清政权重建衰败之城的重要战略。

① 民国《巴县志》卷21《事纪下·清》，第38页。
② 《清史稿》卷474，《列传》261《吴三桂》，中华书局1998年影印，第4册，第12844~12845页。
③ 《平寇记略》，民国《巴县志》卷21《事纪下·清》，第39页。
④ 《平寇记略》，民国《巴县志》卷21《事纪下·清》，第40页。
⑤ 民国《巴县志》卷21《事纪下·清》，第40页。
⑥ 民国《巴县志》卷9《官师列传·明政绩》，第25页。
⑦ 康熙《四川总志》卷10《贡赋》，1673年刻本，第5~6页。
⑧ 民国《巴县志》卷21《事纪下·清》，第40~41页。

第二节　新政权

满人依恃武力以新朝取代了旧朝，却不能依靠文墨不通的八旗兵丁来治理天下，因此，及时确立新朝的合法性，获取汉族精英的支持，并迅速培养出大批忠于本朝的精英，以精英来治理地方，在汉族人口占优势的中原，几乎成为清政权的唯一选择。

清军在南征过程中就极为重视新政权合法性的确立。顺治二年（1645）肃王豪格入川征伐时，即以"揭帖"的形式布告全川之民：

> 地方府州县营卫文武官员军民人等知悉，朝廷命将出师削平寇乱，一年之内席卷风靡，势成一统。念尔西南人民或为盗贼诖误，见胁凶威；或因僻处惊疑，阻兵自固，以致生教不通，生灵荼毒。是用特发大兵救民水火，所过地方城市乡村各安本业，勿得惊恐，所需粮米草料即当预备，送赴军前支用，此外秋毫不扰。尔文武官员军民人等，有合谋起事者，有勉强胁从者，一切不论，但望风投顺，即与叙录；若敢抗违不服，除本身诛戮外，仍将妻子为奴，其开城归降各加升一级，恩及子孙。能擒获渠首及各头目来献者，量功大小破格超升赏，延带砺诸土司等官等能率先效顺者，一体升赏。①

豪格入川的目的本是"一统"，但他以削平"寇乱"相号召，将张献忠等视为"盗贼"，以救民于水火的姿态宣告天下，获取人心。时川人受张献忠乱及饥荒甚久，民心思定。豪格不费力得保、顺二府，川北全部归降，又很快得合州、重庆。豪格驻保宁，委王遵坦为四川巡抚，王元膘为四川布政使，杨道纯为按察使，刘通为川北道，柯臣为保宁知府，汤鼐为阆中县令，诸人皆汉中收降之官，"一时四川孑遗之民，凡曾识字及有才艺者，但愿迎降，无不受职"。豪格严格约束军士，不准扰害百姓。"其时米每斗值银十两。清军二万驻扎保宁，粮糈仍自汉中运给，不取于民。因此颂声载道，民归如流。"②

豪格在川军纪甚严，也可从西洋传教士之记载看出。利类思和安文思前被张献忠军掳获，献忠死后，复被豪格军擒拿。豪格命部下照料二人，利类思遇

---

① 中央研究院历史语言研究所编《明清史料》丙编第 6 本之《肃王谕西南等处地方令旨》，商务印书馆，1936 年，第 525 页。
② 任乃强：《张献忠》，陕西人民出版社，1986 年，第 928 页。

一善良之人，每日得马肉一次；安文思遇一刻薄之人，不但不给饮食，且时加侮辱，安文思忍饥受饿，几乎饿毙，后得豪格过问，才得好转。在随军进发汉中途中，利类思摘取路旁胡豆充饥，被旗兵瞧见，疑为华人践人地土，立即张弓搭箭欲射杀之，幸被拦阻。后旗兵向司铎说明，不可路外而行，误犯军规，以遭不测。① 清军纪律严明，能战胜农民军、明军而统一中国，由此也可窥得一丝端倪。

顺治二年，清政府为延揽人才，举行乡试。此时四川尚为张献忠大西政权所据，张献忠也在成都开科取士，争取人才。大顺元年（1644），大西政权举行第一次科考，参加考试的"不下数千"。乡试录取举人80名，以温江史钻传为解元。会试中五十人，汉州樊姓考生为文状元，华阳张大受为武状元。② 大顺二年和三年，大西政权又举行了两次科考，吸收了不少士人。

顺治七年（1650），福临谕礼部曰："帝王敷治，文教为先"③，确立"文治"国策。八年，四川政局未稳，清政府即在清军控制的川北保宁府城举行乡试。保宁乡试共行五次，其中顺治九年补开辛卯科，举人72人；十一年甲午科，举人64人；十四年丁酉科，举人75人；十七年庚子科，举人42人；康熙二年癸卯科，举人52人。④ 康熙四年（1665），四川巡抚张德地将原在成都西南隅的明贡院迁移至原明蜀王府中，创建四川乡试贡院，此后四川乡试均在成都举行。

《罪惟录》记载，张献忠在成都"悬榜试士，士争趋乞生"。⑤ 时隔几年，士人又争赴清政权的科考。政权鼎革之际，于乱世中求生已成为士人唯一祈求。康乾时期，士人急图功名，科场舞弊成风。徐乾学长部时，荐杨某为顺天正考官，徐所开名单涉数名士人，杨悉如其指。榜发，京师大哗。玄烨怒，然徐使近臣面奏："国初以高官厚禄，羁縻汉儿，犹拒而不受；今一举人之微，乃至输金钱，通关节以求之，可见汉儿辈皆已归心朝廷，天下从此太平矣！"玄烨闻之解颐，寝其事不究。⑥ 康熙已从"舞弊"中读出科考笼络读书人之玄机，遂释然。清初四川科场舞弊之风尤盛，每逢考试，士子或呈递名条，贿赂考官；或夹带文稿，临场抄袭；或"枪手"顶替，场外代倩等。乾隆十七年时

---

① 古洛东：《圣教入川记》，四川人民出版社，1981年，第55~58页。
② 刘景伯：《蜀龟鉴》卷2，载《张献忠剿四川实录》，何锐等校点，巴蜀书社，2002年，第266页。
③ 《清史稿》卷106《志》81《选举一》，中华书局，1998年影印，第1册，第3114页。
④ 嘉庆《四川通志》卷128《选举》，第1~9页。
⑤ 查继佐：《罪惟录》传31《张献忠传》，浙江古籍出版社，1986年，第2726页。
⑥ 萧一山：《清代通史》（一），华东师范大学出版社，2006年，第648页。

更是大肆舞弊，川督策楞亲临考场，当场搜出夹带考生 19 人。此时士人争趋功名而不择手段，足见士人已归服满人，以功名为要。从顺治三年到道光二十年，清政府共举行会试 82 次，四川共举行乡试 78 次，大量士人经选拔被吸纳进新政权的官僚系统，由此升为官绅，成为专制政治体系的重要组成人员。

一、精英与地方政府

满洲贵族模仿前朝的统治制度，"定内外文武官制……略仿明制而损益之，兼用满汉人"[①]，建立起以满汉精英为主的地方政权机构。清代地方政府的设置，除东北、西藏、蒙古等边疆地区之外，各省都按同样的原则组成，各城市按行政等级划分，有省、府、县三级，城市的具体管理主要落实到（州）县衙一级。知县执行政令，直接管理百姓，举凡"刑民钱粮"无所不包，直接承担城市管理的主要职责，维护清帝国在基层的统治秩序。因而，以知县为代表的各级官员构成清代城市管理的主体。

重庆地理位置重要，一直是长江上游军事重镇。但重庆的行政级别不高，长期为州、郡所在地，直到宋孝宗时，才升为重庆府。清初因各类战事，清军常驻川东一带，重庆成为出入四川的重要军事据点，清政府开始重视并加强对重庆的政权建设。顺治四年（1647），清军与张献忠大西军展开拉锯战，首次进入重庆时，清政府在重庆首设四川按察使；十四年，更专设四川总督李国英驻节重庆[②]，重庆首次成为总督驻地，行政级别大大提高。康熙七年（1668），清政府改四川总督为川湖总督，由重庆移驻湖广荆州，九年，还驻重庆。[③]

清初中央政府虽已在重庆设官，但官员来渝，是因征战之需，而非治理之需，四川的军事割据状况也使官员无法履行职责。"彼时川人不甘服旗人权下者，逃往他方，聚集人马，抵抗旗兵，如此约有十载。"[④] 四川因战乱，人口稀少，且地理偏僻，交通不便，官员大多不愿到川任职。官员们采取消极对抗的手法，久拖不赴，给四川造成"选补官员赴任，每多迟误，悬缺久待，料理乏人"[⑤] 的困难局面。康熙十二年（1673），吴三桂叛军入川，清朝在四川的政权土崩瓦解，地方政权建设随之中断。如康熙十一年至十八年，重庆府知府

---

① 《清朝文献通考》卷 77《职官一》，台北新兴书局，1965 年影印，第 1 册，考 5570 页。
② 民国《巴县志》卷 21《事纪下·清》，第 37 页。
③ 《清史稿》卷 116《志》91《职官三》，中华书局，1998 年影印，第 1 册，第 3340 页。
④ 古洛东：《圣教入川记》，四川人民出版社，1981 年，第 62 页。
⑤ 《圣祖仁皇帝实录》卷 112，中华书局，1985 年影印，第 5 册，第 158 页。

空缺；康熙十二年至十八年，巴县知县空缺。直到十九年，陕西武功监生焦映汉任巴县知县①，官员任命才恢复正常。

康熙十九年（1680），清政府调陕西巡抚杭爱为四川巡抚，升陕西关西道刘显第为四川布政使。为了保证所任命的四川官员的薪俸待遇和按期到任，二十二年（1683），吏部遵旨将四川旧算腹俸改为边俸，"官员赴任，照云、贵给与勘合，庶不致赴任迟延，悬缺久待"。② 为了鼓励州、县以下地方官员安心任职，吏部还规定凡四川等远省微员身故无力归榇故里者，令地方官选差役两名给费运回原籍，取具本地方官印结为凭。上述举措较好地推动了四川各级地方政权的恢复和建立。

十九年，清政府基本平定吴三桂叛乱，在重庆设立朝天驿驿丞一员，战马23匹；白市驿驿丞一员，战马18匹，加强与重庆的官书往来，为官员赴任奠定基础。③ 二十年，清政府彻底平定叛乱，重庆终于得到安宁。但重庆因初定，"所有官长，皆无一定地点居住，亦无衙署，东来西往，如委员然"④，行政机构只有随重庆官署的修建而逐步完善。重庆道、府、县同城而治，清初主要建立了道、府、县三级地方政权。

1. 川东道

道是省的派出机构，是监察区。明时，四川境内有川东道、川西道和黔南道。清初川东分上川东、下川东两道，上川东道设绥定府，下川东道设重庆府。康熙八年（1669），裁下川东道，统为川东兵备道，仍驻重庆，道员一律秩正四品。川东道系冲繁难三字要缺，辖三府（重庆、绥定、夔州）两州（忠州、酉阳）一厅（石柱）。⑤ 康熙朝 60 年，川东道历任 14 人，多为正途出身。

表 1　康熙朝川东道任职情况表

姓　名	出　身	赴任时间
曹礼先	奉天荫生	康熙九年任
王孙蔚	陕西临潼进士	康熙十九年任

---

① 乾隆《巴县志》卷 2《政事志》，第 12 页，第 26 页；民国《巴县志》卷 6《职官》，第 27 页，第 34 页。

② 《圣祖仁皇帝实录》卷 113，中华书局，1985 年影印，第 5 册，第 165 页。

③ 乾隆《巴县志》卷 2《驿站》，第 33 页。乾隆四十五年，朝天驿、白市驿驿丞缺裁，驿务改归巴县管理。民国《巴县志》卷 21《事纪下·清》，第 40 页。

④ 古洛东：《圣教入川记》，四川人民出版社，1981 年，第 62 页。

⑤ 周询：《蜀海丛谈》，巴蜀书社，1986 年，第 60 页。

姓　名	出　身	赴任时间
霍焜	山西孝义举人	康熙二十年任
孙世泽	镶红旗汉军监生	康熙二十一年任
郝惟谔	顺天霸州荫生	康熙二十六年任
李蕊		康熙三十年任
王知人	直隶沧州拔贡	康熙三十三年任
诸定远	江南无锡进士	康熙三十六年任
侯居广	奉天荫生	康熙四十一年任
董弘毅	奉天人	康熙四十五年任
陈俞侯	福建晋江人	康熙四十九年任
王之麟	镶黄旗拔贡	康熙五十一年任
李馥	福建福清举人	康熙五十二年任
董佩笈	江苏武进人，康熙二十一年进士	康熙五十三年任

资料来源：民国《巴县志》卷6《职官》，第25页；卷9下《官师列传》，第1～2页。

　　清初"道"的设置主要是弥补"省"行政区划过大所造成的省、县脱节现象，道台的主要职责是监察府、县政府，平时参与军事机要，战时可带兵打仗，但对地方政事并不直接过问。康熙八年（1669），重庆建川东道署于东水门内，城隍庙左侧，额设衙役等员，使川东道成为有固定衙署的行政机构。①川东道设道员1名，额俸银105两，养廉银3000两。额设衙役39名，每名岁支工食银6两，共支银234两。

表2　川东道署官员、衙役人数及薪俸表

名　称	道员	快役	皂役	门役	轿伞扇夫	厅事吏	铺兵
人　数	1	12	12	4	7	2	2
年薪俸（两）	105	6	6	6	6	6	6

资料来源：乾隆《巴县志》卷3《丁粮》，第19页。

　　清初川东道常巡查所辖之地，并根据巡查情形给予奖励或惩罚。如乾隆三十年（1765）四月十七日，重庆千斯门十字口胡显达店失火，川东道札巴县奖

---

① 乾隆《巴县志》卷2《廨署》，第3页。

赏熄火救灾出力人员,拟定等次,定头等赏银一两,二等赏银五钱,其受伤之人照头等加倍给赏。① 同年六月,川东道"会同镇票选差兵役往川东沿江地方查拿咽匪",札知巴县"所有兵役应各酌赏盘费"。② 19 世纪中晚期,重庆对外事务增多,川东道在城市中的作用愈益突出,常与知府、知县等一同处理中外交涉,权力也随之扩大。

2. 重庆知府

"府"介于道、县之间,是重庆的第二级行政机构。知府亲理民事,掌管府内大小事务,有抚恤教育辖境民众的责任。下设同知、通判、儒学教谕等,分掌督粮、捕盗、教育诸事,其下设经历、照磨、司狱等官职。

重庆府知府,系"冲繁难"三字要缺,设知府一人,掌一府之政,年俸禄一百零五两,职责为"总领属县,宣布条教,兴利除害,决讼检奸。三岁察属吏贤否,职事修废,刺举上达,地方要政白督、抚,允乃行"③。顺治年间,重庆知府仅两任;康熙二十年(1681)前仅四任知府,且任期不均,此后才逐渐趋于正常。康熙朝,重庆知府的平均任期为 3.8 年。

表 3 康熙朝重庆知府任职情况表

姓 名	出 身	赴任时间	姓 名	出 身	赴任时间
吕新命	静乐拔贡	康熙八年任	丁亮工	浙江副榜	康熙三十八年任
郑守先	陕西邠州拔贡	康熙十年任	陈邦器	镶红旗汉军难荫	康熙四十年任
王文绅	河曲贡生	康熙十九年任	陈士矿	浙江秀水贡生	康熙四十九年任
孙世泽	镶红旗汉军监生	康熙二十年任	李馥	福建举人	康斯四十九年任
徐 浩	镶红旗荫生	康熙二十一年任	周元勋	汉军正黄旗荫生	康熙五十一年任
王 俟	山东长山人,康熙九年进士	康熙二十五年任	蔡必昌	顺天人	康熙五十五年任
萧星拱	江西吏员	康熙三十年任	李来仪	浙江监生	康熙五十七年任
祝兆麒	辽东人	康熙三十五年任	蒋兴仁	汉军镶红旗贡生	康熙六十年任

资料来源:民国《巴县志》卷 6《职官》,第 27 页;卷 9 下《官师列传》,第 1~2 页。

重庆府设衙役 51 名,分快役、皂役、门役。此外,有轿伞扇夫、膳夫马夫、更夫禁卒等 36 人,共 87 人。每名岁支银 6 两,共支银 522 两。

---

① 《川东道札饬巴县奖赏熄火救灾出力人员银两卷》,《巴县档案》6-1-85,1765 年。
② 《川东道札知巴县川东沿江一带查拿咽匪,所有兵役应各酌赏盘费卷》,《巴县档案》6-1-109,1765 年。
③ 《清史稿》卷 106《志》91《职官三》,中华书局,1998 年影印,第 1 册,第 3356 页。

表 4 重庆府官员、衙役人数及薪俸表

名　　称	知府	快役	皂役	门役	轿伞扇夫	仓夫	两斗级	更夫禁卒
人　　数	1	26	16	2	7	4	6	26
年薪俸（两）	105	6	6	6	6	6	6	6

资料来源：乾隆《巴县志》卷 3《丁粮》，第 19 页。

此外，重庆府还设同知 1 人，通判 1 人，经历司、司狱司各 1 人；设学官二，曰教授，又复设训导。[①] 其岁额俸银及衙役等人数见表 5：

表 5 重庆府佐贰官、衙役人数及薪俸表

官　职	官员岁额俸银	衙　役	衙役岁额俸银
同知	80 两	快役 12 名，皂役 8 名，门役 2 名，轿伞扇夫 7 名	每名岁支工食银 6 两，共 174 两
通判	60 两	与同知同	共支银 174 两
经历司	40 两	衙役 6 名，包括门子 1 名，皂役 4 名，马夫 1 名	每名岁支工食银 6 两，共 36 两
司狱司	31 两 5 钱 2 分	衙役 2 名	每名岁支工食银 6 两，共 12 两
教授训导	教授 45 两训导 40 两	衙役 4 名，门斗 2 名，膳夫 2 名	每名岁支工食银 6 两，共 24 两
合计	296 两 5 钱 2 分	80 人	420 两

资料来源：乾隆《巴县志》卷 3《丁粮》，第 19～20 页。

清代知府初为正四品，乾隆十八年（1753）改为从四品。一般的府设同知、通判各 1～2 人，分掌粮盐督捕。江海防务，河工水利，清军理事，抚绥民夷诸要职，各因地酌置。[②] 所属机构有经历司、照磨所、司狱司等。此外，各府还设有儒学，置教授 1 人，掌教本府生员学习事务。少数府还设有库大使、仓大使、宣课司大使、税课司大使、检校等官。知府衙门之属官，也视事务繁简而置，无定员。

3. 巴县知县

县是重庆的第三级行政机构，设知县一名，正七品。[③] 知县又称大令、邑

---

① 周询：《蜀海丛谈》，巴蜀书社，1986 年，第 63 页。
② 《清史稿》卷 106《志》91《职官三》，中华书局，1998 年影印，第 1 册，第 3356 页。
③ 县的正印官为知县，秩正七品；顺天府京师所在的大兴县、宛平县和奉天府附郭的承德县为京县，知县秩正六品，视外县加一级。参见刘子扬：《清代地方官制考》，紫禁城出版社，1994 年，第 289～290 页。

令、邑宰。知县亲理民事，与民众发生直接接触。其佐贰官有县丞、主簿，分办钱粮、户籍、巡捕诸事，属官有典史、巡检、教谕、驿丞、税课大吏等诸务。

顺治年间，巴县未设知县，直至康熙二年（1663），辽东举人何起鹏任首任知县[①]，知县任命才趋于正常。康熙朝，巴县知县共 16 任，平均任期 3.8 年。

表 6　康熙朝巴县知县任职情况表

姓　名	出　身	赴任时间
何起鹏	辽东举人	康熙二年任
朱得禹	山东贡生	康熙三年任
张　柟	陕西进士	康熙三年任
徐光斗	福建恩贡	康熙九年任
严　范	湖广举人	康熙十一年任
焦映汉	陕西武功监生	康熙十九年任
施应珍	广东保昌拔贡	康熙二十四年任
李　锦	汉军正黄旗监生	康熙二十六年任
王冕承	河南进士	康熙二十八年任
陈尧智	浙江山阴吏员	康熙二十八年任
王有功	直隶贡生	康熙四十年任
孔毓忠	山东曲阜监生	康熙四十三年任
谭懋学	广东仁化举人	康熙五十年任
周孔宪	山东拔贡	康熙五十七年任
王　纬	陕西举人	康熙五十九年任
周仁举	河南祥符监生	康熙六十年任

资料来源：民国《巴县志》卷 6《职官》，第 34 页。

知县的职责是"掌一县治理，决讼断辟，劝农赈贫，讨猾除奸，兴养立教。凡贡士、读法、养老、祀神，靡所不综"[②]。大致分为教化百姓、听讼断

---

① 乾隆《巴县志》卷 6《职官》，第 26 页。
② 《清史稿》卷 116《志》91《职官三》，中华书局，1998 年影印，第 1 册，第 3357 页。

狱、劝民农桑、征税纳粮四个方面，而户口编籍、修桥铺路、教育祭祀等亦须负责。但知县的职责并非不分轻重，除了维护治安这一首要职责以外，最重要的是征税和司法，即所谓"一州县所司不外刑名钱谷"。[1] 当然，州县因人口、耕地、赋税额、交通条件等方面各有差异，州县官的公务负担不一。

巴县知县，系"冲繁难"三字要缺，因县城在长江与嘉陵江合流处，为阖省水陆枢纽，全蜀州县之繁剧，除成都华阳外即首推此邑。[2] 属于公务繁多、民风强悍之地，治理不易。又因地处交通要道，常有外地官员过访，知县不得不花费大量钱财和时间用于迎送招待，更增添了公务负担。清代著名知县汪辉祖认为："夫通都大邑，犹曰公务殷繁，不遑兼顾；若简僻之区，何致夙夜鞅掌。"[3] 在事务繁多之地为官，较之事务较少的偏远州县为官，更难亲民。

从清初重庆官员的任职情况来看，康熙二十年（1681）后，重庆的官僚机构已完全建立，官员赴任正常，这说明顺康两朝，大批精英已认可清政权，并通过科考进入官僚系统，成为新朝政治体制的重要组成人员，清政权的合法性最终在汉族士绅的支持下得以稳固。

清代地方政府的构建因仿明代，主要行政长官均为文官，兵部尚书、侍郎以及各省督抚，虽有军事职责，但也为文官。由文官组建的清代地方政府，具有明显的汉式地方政府特征。

首先，地方官员任免的主要依据是"出身"，科举正途是地方官员产生的最主要渠道。从康熙二年（1663）至乾隆六十年（1795），巴县知县历 40 任，除少部分来自吏员、捐纳等杂途外，大多为科举正途出身。另据台湾学者李国祁、周天生统计，清代地方官员中通过科举进入仕途的比例远远大于捐纳或其他途径。

表 7　清代地方官员正途与捐纳出身统计表

官　职	正　途	捐　纳	其　他
知府	63.4％	27.8％	8.8％
直隶州知府	61.3％	31.3％	7.4％
散州知州	59.9％	32.6％	7.5％

---

[1]　田文镜：《钦颁州县事宜》，《官箴书集成》第 3 册，黄山书社，1997 年，第 683 页。

[2]　周询：《蜀海丛谈》，巴蜀书社，1986 年，第 82～83 页。

[3]　汪辉祖：《学治臆说·论亲民》，收入邵之棠辑《皇朝经世文统编》卷 35《内政部九·臣职》，沈云龙主编《近代中国史料丛刊续辑》，第 714 册，台北文海出版社影印，1983 年，第 1411 页。

续表7

官　职	正　途	捐　纳	其　他
知县	73.1%	22.8%	4.1%

　　资料来源：李国祁、周天生：《清代基层地方官人事嬗递之量化分析》，载《台湾师范大学历史学报》，1973年第2期。

　　上表显示，就四种基层地方官员而言，在知县与知府两项中，正途出身占比尤大，此可说明在各种基层地方官中，知县与知府是正途，而散州与直隶州则是旁支，故异途出身的比例较大。① 科举出身的官员，由于平日所学为四书五经，考试为八股文章，对清代刑律、断案等并不熟悉，上任后即面临学非致用的窘境，因此，借助幕僚、吏胥等辅助人员管理城市就成为清代地方政治的普遍情形。

　　其次，地方官员实行回避制度，包括地区回避、亲族回避、师生回避和拣选回避。

　　回避制度兴起于明，明代废除宰相制度后，太祖即规定南人任北官，北人任南官，日后逐渐演变成为惯例，乃有任官回避本籍之说。清因沿明制，对基层地方官员之任地限制相当严格。吏部则例规定，地方官一律须回避本籍，且不得在距本籍五百里以内的地方为官；并且，禁止同宗和外亲姻亲在同一省内任职，也不得与同祖兄弟（堂兄弟）及"例应回避"的外姻亲族（包括宗亲、外亲、姻亲）在同一省任职。②

　　清代重庆官员全部来自外省。如康乾时期巴县知县共40人，包括辽宁1人，山东4人，陕西5人，福建1人，湖广1人，广东4人，河南3人，浙江4人，直隶2人，江南2人，江苏5人，江西2人，山西1人，甘肃1人，安徽1人，籍贯不详者3人。③ 回避制度如同一把双刃剑，一方面使各地官员调任频繁，不易在地方坐大；另一方面也使许多官员在短期内很难熟悉当地民

① 李国祁、周天生：《清代基层地方官人事嬗递之量化分析》，载《台湾师范大学历史学报》，1973年第2期。
② 文孚纂修：《钦定六部处分则例》卷3《升选》，沈云龙主编《近代中国史料丛刊》，第332册，台北文海出版社影印，1973年，第104页。
③ 根据民国《巴县志》卷6《职官》，第34~35页；卷10《人物列传中之下·清迄民国》，第3~7页资料统计。对于此项规定仍有少数例外，其中河南及直隶两省较为显著。河南省本籍出任知府者占1.6%，出任散州知州者占1.4%，出任知县者占0.3%。直隶省本籍出任知府者占0.6%，出任直隶州知州者占0.7%，出任散州知州者占1%，出任知县者占0.8%。造成此种现象的原因不详，但其表明，回避本籍的规定仍不是彻底的。唯由于所占比重甚小，故其影响不大。参见李国祁、周天生：《清代基层地方官人事嬗递之量化分析》，载《台湾师范大学历史学报》，1973年第2期。

情，还常有言语不通的情况。因此，地方官员即使欲有所作为，也往往力不从心，给胥吏弄权留下若干隐患。

第三，中央政府对地方官员实行三年一考核的制度，视其称职与否分别去留。

清代地方官员任期三年，一般不连任，如果确有较好政绩或由署改任的，可隔一时期再回任，任满后必须调出，再隔一段时间方能再回任，因而，知县的任期往往都不长。从全国的情况看，大多数地方官员的任职期都在三年以内。

表 8　清代地方官员三年任期之内的情况

知　府	直隶州知州	散州知州	知　县
76.1％	80.5％	77.15	78.8％

资料来源：李国祁、周天生《清代基层地方官人事嬗递之量化分析》，载《台湾师范大学历史学报》，1973 年第 2 期。

清代基层地方官员任期，由于"大计"的关系规定三年一任，但实际上并非如此，任期未满三年者可准予更动，连任也无必须三年之说，因而基层地方官员三年一任的规定多是具文。

不仅如此，清代晚期地方官员的任期往往短于清代前期，四川巴县、河南鹿邑、湖南常宁三县知县的任期情况反映了这一特点。

表 9　清代四川巴县、河南鹿邑、湖南常宁三县知县的实际任期

	四川巴县		河南鹿邑		湖南常宁	
	知县任数	平均任期（年）	知县任数	平均任期（年）	知县任数	平均任期（年）
顺治朝	无	无	7	2.6	4	4.5
康熙朝	16	3.8	11	5.5	14	4.3
雍正朝	4	3.3	5	2.6	5	2.6
乾隆朝	20	3.0	17	3.5	5	4.0
嘉庆朝	12	2.1	18	1.4	15	1.7
道光朝	25	1.2	19	1.6	15	1.0
咸丰朝	5	2.2	9	1.2	13	0.9
同治朝	10	1.3	10	1.3	12	1.1

续表9

	四川巴县		河南鹿邑		湖南常宁	
	知县任数	平均任期（年）	知县任数	平均任期（年）	知县任数	平均任期（年）
光绪朝	25	1.4	23	0.9	18	1.5

资料来源：《光绪鹿邑县志》卷11，第1~14页；《光绪常宁县志》卷2，第2页。鹿邑县的数字，只包括光绪元年（1875）至光绪二十三年（1897）；常宁县的数字只包括光绪元年（1875）至光绪二十七年（1901）。引自张仲礼：《中国绅士——关于其在19世纪中国社会中作用的研究》，上海社会科学院出版社，1991年，第51页。民国《巴县志》卷6，第34~36页。

上表显示，乾隆以前，四川巴县、河南鹿邑、湖南常宁三县知县的平均任期为3.4年、3.6年、3.9年，都超过3年；康熙朝的平均任期达3.8年、5.5年和4.3年，为历史最高峰。但乾隆以后，三县知县的平均任期都不足3年，知县任期的常态是两年以下，最短时为九月一任。王笛以四川六县的知县平均任期的统计说明，"清前期知县任期较长，平均五年左右；中期任期一般在二年左右，后期一年半左右。这恐怕与当时统治结构的松弛、政局不稳有关"[1]。巴县知县任期在清朝前、后期的变化，也反映出这一特点。

清代在地方官员的选任、考核、任期方面的规定，均仿明制，汉式地方政府的特征极为明显。中央政府对地方官员的各类限制，一定程度上避免了地方官员在一地长久任职可能产生的弊端，有利于中央对地方的控制。但仿明的地方主官制度，使知县成为城市的长官，一人专断，权力集中，知县不仅要处理城乡民、刑诉讼，管理赋税钱粮，还要办理"大宪过境""运送铜铅"等临时事务，政务繁杂。而清代法律明确规定"凡官非正印者不得受民词"，州县官若允许他们受理诉讼或委派他们听审案件则要受惩处。[2] 县政的全部责任都由正印官一人承担，知县在城市管理中甚感困难。

清代地方官僚制度设计上的缺陷，使得地方官员不得不把主要精力放于危及政权安危的民变事件上，对地方治安尤为重视，保甲、团练之法遂自乾嘉以来一直行于清末。而地方官员对治安的高度关注分散了政府在其他方面的职

---

[1] 王笛：《跨出封闭的世界——长江上游区域社会研究（1644—1911）》，中华书局，2001年，第375页。

[2] 《钦定大清会典》卷55《刑部·尚书侍郎职掌》，台北新文丰出版公司，1976年景印，第1册，第579页。

责，使地方政府对城市经济、社会的管理极为有限，留下大量"权力真空"。因此，清代地方政府虽高度集权，却因"小政府"的设计而不得不分权，民间流行的习惯法、宗法以及行会法及时地弥补了这一缺陷，同时也为城市精英介入地方政治提供了可能。

此外，清代的财政制度也沿袭明代，即使是最低一级的州县城市，地方财政也由中央政府控制，县官是中央政府的征税代理人。按照《钦定大清会典则例》："州县经征钱粮运解布政使司，候部拨，曰起运"；"州县经征钱粮扣留本地，支给经费，曰存留。"① 起运地方征收的钱粮，按比例起解户部，供国家经费开支，属中央财政；各地上缴中央财政后，按比例留存、供地方开支的经费，为"存留"，属地方财政。

康熙六年，巴县统计旧额征银 7996 两，较明代为轻。乾隆二十五年（1760）前，额征银 10733 两，火耗 1610 两，岁入 12343 两，起运布政司计库平银 6013 两，留存 6330 两，但实际支出 6590 两，不足部分只有以粮耗、盐耗补足。二十五年后，额征银 6781 两，火耗 1017 两，岁入 7798 两，起运布政司计库平银 4876 两，留存 2922 两，地方财政收入已不足此前的一半。②

因此，嘉庆年间，川省因白莲教起义，军费耗巨，开始向民间大肆征收军需"津贴"。重庆也于嘉庆五年（1800）征收津贴，每正粮 1 两加征，本是临时，后竟成常赋。同治年间，因太平军石达开部入川，又增"酌捐""垫捐""借捐""预捐""复捐"等名目，重庆因"素号殷富，则有增无已"。③

不仅地方财政困厄，清代州县官员薪俸亦不高，知州每年名义薪俸是 80 两银，知县在首府者年俸 60 两，在外地者年俸 45 两。④ 因此，从雍正时代开始，清政府在名义薪俸之外，还发给县官一份实质性的津贴"养廉银"，意即"用以滋养廉洁的钱"，知县的养廉银在各省高低有差，从 400 两到 2259 两不等。除陕西外，在其他省份，同一省内不同县之间也有显著差别。在山西、安徽、陕西、四川和贵州等五省，知县的薪水相对较低，只有 400 到 1000 两，其他省份均在 1000 两以上。直隶、湖南、甘肃和云南等省，最高为 1200 两。山东、河南、江西、浙江、湖北、江苏、福建、广东和广西九省，超过 1400 两。但除了山东、河南以外，在其他各省，高薪仅限于各自省内的少数县份。

---

① 《钦定大清会典则例》卷 36《户部》，景印文渊阁四库全书《史部·政书类》，第 621 册，台湾商务印书馆，1986 年，第 104、第 114 页。
② 民国《巴县志》卷 4《赋役》，第 12~14 页。
③ 民国《巴县志》卷 4《赋役》，第 14 页。
④ 《钦定户部则例》卷 73《廪禄》，1874 年刻本，第 22 页。

可以说，高薪是少见的；大多数知县的养廉银在 500 两到 1200 两之间。[①]

清代巴县知县养廉银为 1000 两，川东道所辖其余各地官员养廉银数目大多低于巴县，如荣昌、永川知县养廉银为 750 两，江津、綦江、长寿、铜梁等知县养廉银为 600 两，江北同知养廉银为 500 两。[②]

地方财政困难，而养廉银又较低。在这样的情况下，地方的亏空只能靠"陋规"来填补。清代最常见的陋规名目是"火耗"，火耗占到征税额本身的10%到 15％不等。[③] "州县官额征钱粮，大州上县每正赋一两，收耗羡银一钱及一钱五分二钱不等。其或偏州偏邑，赋额少至一二百两者，税轻耗重，数倍于正额者有之。不特州县官资为日用，自府厅以上，若道若司督抚按季收受节礼，所入视今之养廉倍之。其收受节礼之外，别无需索者，上司即为清官；其止征耗羡，不致苛派者，州县即为廉吏"。[④] 康熙四十八年（1709）九月，玄烨曾谕河南巡抚鹿祐曰："所谓廉吏者，亦非一文不取之谓。若纤毫无所资给，则居常日用，及家人胥役，何以为生？如州县官止取一分火耗，此外不取，便称好官。若一概纠责，则属吏不胜参矣。"[⑤] 由此，清代面临的不是废除不正当勒索的问题，而是取消过分勒索的问题。

地方政府还依靠各类"摊捐"解决地方财政的不足，如清初重庆修建官衙、书院、城墙等，主要依靠"摊捐"解决资金困难。社会动乱之时，地方财政更加拮据，因此，大量的民间资金成为动荡之季地方政府办理各项事务的主要资金来源，嘉道以后的各地团练即是在此基础上创办起来。庚子之变后，四川新捐津贴等已几十倍于正赋。

清代地方官制设计上的种种特点，一方面使权力高度集中于中央，地方很难形成割据势力；另一方面使地方政府在人力、财力上极其窘迫，管理上增加了若干困难，而官员的频繁调动，更使得地方治理难以形成良性循环。地方官员在已经固定的制度框架内，唯有大力依靠当地的人力、物力，才有可能管理城市及其附属乡村。凡此种种，都为地方官绅的合作奠定了基础。

① 瞿同祖：《清代地方政府》，范忠信、晏锋译，法律出版社，2003 年，第 41~42 页。
② 周询：《蜀海丛谈》，巴蜀书社 1986 年，第 82~85 页。
③ 瞿同祖：《清代地方政府》，范忠信、晏锋译，法律出版社，2003 年，第 52 页。
④ 钱陈群：《条陈耗羡疏》，收入贺长龄辑《皇朝经世文编》卷 27《户政二》，沈云龙主编《近代中国史料丛刊》，第 731 册，台北文海出版社影印，1973 年，第 991 页。
⑤ 王庆云：《石渠余纪》卷 3《纪耗羡归公》，北京古籍出版社，1985 年，第 140~141 页。

二、衙门辅助人员：书吏与差役

衙门的书吏与差役（合称书差、书役、吏役）统称"三班六房（八房）"，是清代地方政府的工作人员，知州、知县要依靠他们推行政令，审理词讼，被认为是"官府之耳目爪牙"[1]，"为政所必不可少者"[2]。因此，清代有所谓"与吏胥共天下"之说。[3]

书吏，即衙门房内办事人员，又叫房书、书办（在柬房办公者叫号书）。各房书吏依本房职掌办公，巴县衙门亦如此。据档案记载，自嘉庆十八年（1813）到宣统三年（1911），县署内设吏、户、礼、兵、刑、工、盐、仓、承发九房，"并无添设裁并"。宣统三年，除仓、盐二房外，吏房改设考绩股，刑房改设调查股，承发房改设承发股，均隶属总务科。户房改设赋科，礼房改设学务自治科，兵房改设警务科，工房改设实业科，此外，自乾隆中期至宣统三年，县衙一直有柬（或简）房之设。因此，巴县衙门科房共有十个。[4]

各房书吏公事分应差与办案两大类，差务无费可取或取费不多，办案则可照章收费，因此应差与办案必须搭配，有差才有案。巴县各房书吏应差与办案的情况如下：

表 10　巴县署衙各房书吏职责

各房书吏	应　差	办　案 （刑事民事诉讼各案）
吏　房	经理一切上行及本官、佐杂各员到任交待、俸廉、役食各款银两奏销，并各捐案暨考绩月报、年终简明表等件	承办诰敕、封官卸印、科目捐照等事
户　房	经理人丁户口，冬防保甲，更换监、保、总、里（乾嘉及稍晚之时，由刑房经理），孤贫口粮，每年奏销交代，各县监盘，时行国家、地方等税申解，津捐、租股、晴雨、银钱价值月报，银两等件	承办田房买卖、粮税、租佃与逐搬、酒税等案

---

[1]　陈次亮：《胥役》，收入求是斋校辑《皇朝经世文编五集》卷 7《吏治》，沈云龙主编《近代中国史料丛刊三编》，第 271 册，台北文海出版社影印，2003 年，第 275 页。

[2]　靳辅：《生财裕饷第一疏》，收入贺长龄辑《皇朝经世文编》卷 26《户政》，沈云龙主编《近代中国史料丛刊》，第 731 册，台北文海出版社影印，1973 年，第 952 页。

[3]　徐珂：《清稗类钞》第 11 册，《胥吏类》，中华书局，1986 年，第 5250 页。

[4]　四川省档案馆编：《清代巴县档案汇编》（乾隆卷），"绪论"，档案出版社，1991 年，第 2 页。

各房书吏	应　　差	办　案 （刑事民事诉讼各案）
礼　房	经理学务、报章、厅、州、县城乡自治各事并育婴及各善堂，商务牙行当课，春秋祀典，祷晴祷雨，迎官接诏，封开印信，日月食，朝贺忌辰月香，迎春打春、清明、下元、中元厉坛等件	承办祠堂庙宇，家庭债账婚姻，杂货药材
兵　房	经理巡警、肉厘，巡防各军，铺司、红船，衙役、驿站、牛羊、戏捐等件	承办驿站、兵桥马船上盗，信行、牛皮胶、肉厘
刑　房	经理过道人犯，护送洋人、各教堂、洋行，按季申报有无军流徒犯，月报各商号银两收入、习艺人犯，月报三费报销，禁种戒烟统计、司法各表	承办命、盗、抢、奸、娼、匪、飞、走、凶、伤
工　房	经理度量衡，劝工农政，矿物蚕桑，京铜京铅，银币铜币、制钱、硝磺、田制等局，糖业棉花牙课，城垣地理报告表并各差务等件	承办坟埝，炭木及工造、铜铅、硝磺、贩铸私钱，以及会房、庙房、栈房之逐搬、佃迁、押佃等件
盐　房	管理盐茶	承办盐茶两件
仓　房	管理积贮	承办赈粜饥荒，谷仓米粮
承发房	经理分发上宪、平移文牍号簿和投文发出，日行查卷，调文录批散发各房，公件挂号，传单及审判体检各案卷宗	凡遇词讼案件必有情由，就因何事起衅，专散发之房。应按破案情节，照关系轻重区分，案关重件处，即应散归应办之房承办
柬　房		除管理诉讼案件挂号登记，经售控案呈递之催、限、保、领、缴、哀、结条禀外，还向城内各县、府、道衙门递送文书

　　资料来源：四川省档案馆编《清代巴县档案汇编》（乾隆卷），"绪论"，档案出版社，1991年，第2～3页。

　　清代各地衙门雇佣常年书吏都有规定名额，少则几名，多则近30名。一般在县衙门服役的书吏定额为2～12名，而绝大多数县有10～14名书吏名额。[①]凡是"在司、道、府、厅、州县之吏，皆曰典吏"[②]，他们属于定额书吏，姓名被登记在吏部的名册上。

清代巴县额定典吏有 15 名，吏、仓、盐、工、承发房各 1 名，刑房、礼房各 2 名，户房、兵房各 3 名。咸丰六年（1856），兵房典吏减至 2 名，光绪十七年（1891），减至 1 名。因公务冗繁，不敷指使，才招募经书。由于"违例"，经书虽入卯册，可申报重庆府和布政司，但不能上报吏部。[③]

由于书吏掌管文书案牍，对当地情况较为熟悉，加之县官调任频繁，极易形成书吏干政的情况。光绪十七年（1891）重庆辟为商埠，中外杂居，政务纷纭，素称繁剧，书吏人数之多甲于全川，积弊之深名列前茅。川督岑春煊曾历数川东书吏之害："一路之疾苦如此，则全省可知；历任巴县多能吏，而积重难返犹如此，则庸下者又可知也。"[④]

差役，又称衙役。在宋代以前，胥吏与差役无别，都是一种劳役，后从劳役演变成雇役。此后，二者逐渐成为判然有别的两类职役。在清代的县衙中，差役比书吏人数多，与老百姓直接打交道也更多。一般认为清代州县正役分为三类，即所谓的"三班衙役"。[⑤]

第一班称皂隶，即身穿黑衣的差役。皂隶的职责有内有外。在官府内部时，皂隶既要站堂，又要行刑。《牧令书》曰："凡遇升堂理事，皂快站堂把门。"[⑥]主官下令对犯人用刑时，则充当打手；在官府之外，官员出巡时皂隶要作先驱开道，以壮声势，官员下乡查证时皂隶等衙役又要"催搭尸棚，预备相验什物"。[⑦]按照规定，巴县知县须按月向重庆府造报行杖皂役姓名清册。乾隆三十一年（1766）正月，巴县造报的行杖皂役共 4 名。[⑧]

第二班为快班，亦称为快手，他们在知府衙门中被称为马快和步快，在州县衙门中则只有马快。快班是执行外勤服务的主要差役之一，其职责有巡夜、

① 《钦定大清会典事例》卷 148～151《吏部·各省吏额》，台北新文丰出版公司，1976 年景印，第 9 册，第 7025～7070 页。
② 《钦定大清会典》卷 12《吏部·验封清吏司》，台北新文丰出版公司，1976 年景印，第 1 册，第 0143 页。
③ 李荣忠：《清代巴县衙门书吏与差役》，《历史档案》1989 年 1 期，第 97 页。
④ 李荣忠：《清代巴县衙门书吏与差役》，《历史档案》1989 年 1 期，第 95 页。
⑤ 黄六鸿：《福惠全书》卷 3《莅任部》，1893 年文昌会馆刻本，第 2 页。
⑥ 徐栋辑：《牧令书》卷 2《政略》，1848 年刻本，第 4 页。
⑦ 田文镜：《钦颁州县事宜》，《官箴书集成》第 3 册，黄山书社，1997 年，第 672 页。
⑧ 四名皂役分别为张机、张仕伦、岑秩然、蒋宪聪。《巴县按月造报行杖皂役姓名清册卷》，《巴县档案》6-1-11，1766 年。

缉拿、征收赋税三方面。其中，负责巡夜的衙役又叫"巡更快手"①，负责催征赋税的衙役又称为"催粮快手"。又由于"催粮快手"是向每个"图"或"里"差派，因此他们又叫"图差"或"里差"。在办理司法词讼时，有些衙役又"用以提人证，缉盗贼，解人犯"②。通常，在乡村者有各里快役负责上述职责，在城内者分班轮流负责。嘉庆年间，"川省各州县粮快两班，多至千人，分为散差、总差、总总差名目。闻欲充当总差一名，用顶头银或累千数，若非异取民膏以充私橐，何肯拼重费而入公门？故俗有'差头换举人，举人倒补一千两'之谣"③。

第三班称民壮，即从民间所征的壮丁，雍正七年（1729）始设于州县衙门。主要任务是守卫城防，防护仓库、监狱，其经费由州、县捐派。为了提高民壮素质，清政府要求民壮在一定时候与清军一起操练。如乾隆五十年（1785），四川总督李世杰奏请："川省地处边隅，各州、县存城防兵不多，藉额民壮互为声助。请将民壮捐派十分之六，演习鸟枪，与兵丁一体训练。"④五十一年（1786），军机大臣又要求"民壮专习弓箭刀矛等技"⑤。后来对民壮的军事训练流于形式，其职责也发生变化，"只以唤词讼，提人证，'操练'二字绝不提及"⑥。

清初曾规定每县民壮定额 10 名。雍正二年（1724）正式定例：各州县挑选民间壮丁 50 名，每名每年工食银 6 两。其职责"不时操练，以应捕务"，和捕快合流。民壮有时也与乡保、营兵、捕役一起"严行稽查，如有匪类入境，即行拿解"⑦。另外，有些州县官还让自己所管民壮充当护卒。州县民壮一般不过几十人而已，如巴县仅 20 名民壮。民壮负责把守衙门的大门，在衙内巡逻，护卫长官出行，持票执行公务等等，实际和捕快、皂隶相差无几，只不过民壮不穿皂青袍子，不戴红黑帽子。民壮一般身着短号衣，胸前方布片上写有"某某州（县）民壮"字样。比皂隶、捕快稍好的是，民壮仍然算是良民，不被列入贱籍。

另外，亦有"四班"之说，即在三班之外又加上捕役或捕快。捕役的主要

---

① 黄六鸿：《福惠全书》卷 5《莅任部》，1893 年文昌会馆刻本，第 15 页。
② 何良栋辑：《皇朝经世文四编》卷 16《吏政》，沈云龙主编《近代中国史料丛刊》，第 761 册，台北文海出版社影印，1973 年，第 272 页。
③ 《奉各宪札饬具奏川省积弊四条请旨查办饬禁非刑等项卷》，《巴县档案》6-3-5，1819 年。
④ 《高宗纯皇帝实录》卷 1241，中华书局，1986 年影印，第 24 册，第 693～694 页。
⑤ 《高宗纯皇帝实录》卷 1262，中华书局，1986 年影印，第 24 册，第 1000 页。
⑥ 徐栋辑：《牧令书》卷 21《备武》，1848 年刻本，第 30 页。
⑦ 徐栋辑：《牧令书》卷 20《戢暴》，1848 年刻本，第 47 页。

职责是缉捕罪犯，但不仅止于此，且南北州县有所不同，"北省捕役，经办讼案，故差烦而身家足"，江南则"额设捕役本少，递解饷鞘、巡更值宿之差又多，赤紧之区，尚有小押娼赌私宰诸规"，至偏僻小县，则"形同乞丐"，因而有谚云："捕靠贼养，若此者贼亦不屑养之，欲其捕也，难矣。"① 由此可以看出，北方捕役总体上要比南方捕役富有一些。但是，尽管北方捕役可以办讼案，却只能承办刑房书吏发下的案子，其他讼案要与民壮合办。②

由于捕役职责繁杂，所需人数各地有异，不宜规定具体的数字。因此，除捕役以外各种差役都有名额，而"捕快一役，不载经制全书，并无工食"③。从文献来看，各个州县的捕役数量也并不相等：江西每县 8 名，浙江大县 6 名，小县仅 2~4 名，而南京的江宁县则雇佣 30 名捕役。④

清代巴县县衙差役分为两大部分，一部分服役于班房，分为三班：班——专司值堂、站班兼捕盗；快班——专管缉盗维护治安；皂班——司仪仗护卫。一部分服役于知县，下分七个部门：收发——管收发公文，前稿——管差标画，候稿——值签押房，班管——总管监督，值堂——司内庭事务，跟班——随侍左右，执账——传递、通事、随同知县拜会。⑤

清代州县衙门所雇佣的各种正役，对于其各自的名额在各省的《赋役全书》中都有明确规定。如《河南赋役全书》规定安阳县的差役设置为：安阳县知县一员，额设衙役 99 名，门子 2 名，皂隶 16 名，马夫 8 名，禁卒 8 名，轿夫及伞扇夫 7 名，库卒及仓夫 4 名，民壮 50 名。⑥

巴县知县，额设衙役 103 名，因钱粮不敷，召募 37 名，每名岁支工食银七两二钱，于顺治十三年十二月内奉文，每名裁留银六两，于康熙七年六月内裁去 7 名，康熙八年九月内仍照 37 名，因钱粮不敷，每岁摊支两个月零九日，工食银一两一钱五分。康熙五十七年六月恳请援复旧例，请照外省衙役工食之例，每名加增银四两八钱五分，仍照 37 名，每名岁支工食银六两。⑦

根据清制，各级衙门的衙役定额一般为十几人到几十人，但实际情况往往远不止此数。"三班衙役"只是概称；在三班之外还有一些差役，分别为门役、

① 徐栋辑：《牧令书》卷 20《戢暴》，1848 年刻本，第 55 页。
② 吴吉远：《清代地方政府的司法职能研究》，中国社会科学出版社，1998 年，第 34 页。
③ 《清朝文献通考》卷 23《职役三》，台北新兴书局，1965 年影印，第 1 册，考 5053 页。
④ 瞿同祖：《清代地方政府》，范忠信、晏锋译，法律出版社，2003 年，第 97 页。
⑤ 王笛：《跨出封闭的世界——长江上游区域社会研究（1644—1911）》，中华书局，2001 年，第 362页。
⑥ 《河南赋役全书》，常德府安阳县，1883 年刻本，第 48~90 页。
⑦ 乾隆《巴县志》卷 3《赋役·丁粮》，第 22 页。

禁卒或牢役、仵作、库丁斗级、轿夫、伞扇夫、鸣锣夫、吹鼓手、盐差、粮差、弓兵、铺兵等。[1] 并且，除了知县衙门外，佐贰杂职官衙署也都有相应的差役设置。

清初差役的使用有两个程序：（1）由保人推荐至官府；（2）官府下达承充状（即委任状）。由于在官府当差能够免除赋税，又有种种非正式收入，自愿投充者不少，总有人排队等候"投充"衙役位置，每个编制内的"经制正役"位置都要用"顶首银"买来。更有甚者，一些殷实大户还买一个衙役位置来躲避其他徭役，再把这个位置出租，坐收租金。[2] 如乾隆二十五年（1760），重庆正里七甲民陈洪等自愿投充捕班差役，并写下投充状（即保证书）。[3]

> 具投充。正里七甲民陈洪为恳恩收录事。情蚁载册粮民，身无过犯，情愿投充天案捕班，勤慎办理公务，以效犬马之力，不得推委，是以恳乞太老爷台前赏准收录施行。
>
> 乾隆二十五年二月十二日具投充[4]
>
> 陈洪

按照程序，差役还需保人担保，档案显示，在衙捕头往往成为新录差役的保人。乾隆二十五年（1760），捕头姚章、张林、王志成、黄正等分别担任了陈洪、太善坊余成龙、灵壁坊王元、正里七甲邓洪等人捕班的保人[5]，下举一例说明：

保　状[6]

> 捕头姚章、万珍今于台前与保状事。役实保得陈洪在役班内听候差遣，不致违误公事，中间不致虚冒，保状是实。
>
> 乾隆二十五年二月十四日具

巴县正堂批：准保

此外，各房书差亦常担任差役保人，差役一般要求"本城民籍""身无过

---

① 李荣忠：《清代巴县衙门书吏与差役》，《历史档案》1989 年第 1 期，第 98 页。
② 郭建：《帝国缩影：中国历史上的衙门》，学林出版社，1999 年，第 93 页。
③ 《民陈洪等自愿投充捕班差役及保状书卷》，《巴县档案》6-1-7，1760 年。
④ 《民陈洪等自愿投充捕班差役及保状书卷》，《巴县档案》6-1-7，1760 年。
⑤ 《民陈洪等自愿投充捕班差役及保状书卷》，《巴县档案》6-1-7，1760 年。
⑥ 《民陈洪等自愿投充捕班差役及保状书卷》，《巴县档案》6-1-7，1760 年。

犯""无重役等弊"。① 乾隆三十二年至三十四年（1767—1769），重庆捕班差役及保人情况见表 11：

表 11　巴县粮民自愿投充捕班差役及保人情况

差役姓名	承充情形	保人
王意表	乾隆三十二年四月，载粮民籍，并无过犯	吏书冯绍举
王芝朝	乾隆三十三年三月，在刑房"勤"字班书写学习	刑房典吏何承先
王仲才	乾隆三十三年三月，在房办事	吏书何承先
沈明进	乾隆三十三年四月，在刑房书写	吏书何承先
刘权安	乾隆三十三年，在房办公	刑房典吏陈正名、何承先
袁　升	乾隆三十四年五月，捕班	捕头李明
田坤　王泰 秦英　吴林 萧林	乾隆三十四年，捕班	互保捕头姚章、谭俸
李升　杨升 陶伦　吴明	捕班	捕头秦俸、王凡

资料来源：《粮民田坤等自愿投充捕班及保状书卷》，《巴县档案》6-1-13，1767 年。

清代州县尽管所定差役名额不少，但由于州县事务繁多，仍然不够驱使，"大州县所需人实多"。② 于是，额外雇佣差役在清代各州县成为普遍现象。这些额外的差役因在"经制之外"，常被称为"帮役"或"白役"。③ 由于补充差役十分普遍，乾隆年间曾下诏加以认可："正额书役实不敷用，不妨于贴写、帮役中，择其淳谨者，酌量存留。"④ 补充差役的数量，各地也不相同，一名正役手下，"有帮至三、四人者"。⑤ 清御史陆言曾上奏折曰："近来各省州县，俱有无名白役什百为群"⑥。贵州的石阡府虽然"最僻最瘠"，但是"白役尚数

---

① 《民陈洪等自愿投充捕班差役及保状书卷》，《巴县档案》6-1-7，1760 年。
② 徐栋辑：《牧令书》卷 4，1848 年刻本，第 35 页。
③ 田文镜：《覆陈书役不必定额疏》，收入邵之棠辑《皇朝经世文统编》卷 36《内政部十·吏胥》，1729 年，沈云龙主编《近代中国史料丛刊续辑》，第 714 册，台北文海出版社影印，1983 年，第 1451 页。
④ 《高宗纯皇帝实录》卷 21，中华书局，1985 年影印，第 9 册，第 502 页。
⑤ 徐栋辑：《牧令书》卷 4，1848 年刻本，第 35 页。
⑥ 《仁宗睿皇帝实录》卷 171，中华书局，1986 年影印，第 30 册，第 223 页。

千人，此外各府已可概见"。① 嘉庆年间，巴县知县刘衡的县衙曾有衙役七千人，他到任一年后，"退散六千七八百人，存者寥寥百余人耳。"②

由于白役数量庞大，政府难以管理。《清实录》有白役"遇有词讼事件，官出票差，伊等即随同滋扰勒索讹诈，威逼良民"的记载。③ 到清末，因战乱频繁，政局不稳，白役数量更多，并且地位也发生变化，几乎和正役同等。光绪年间，白役正式"列入卯册"。另外，也有许多"白捕"——额外的捕役，这些白捕和正式捕役一样，"凭官府之威灵，肆行其纵恣"。④

除了白役、白捕以外，还有挂名书役。"所谓挂名书役者，乃足迹不至衙门，经年不见本官，不知办案为何事，按册有名，服役无人，惟津贴纸笔之费，以帮办事书役，此则谓之挂名书役也。"⑤ 挂名书役列名官府名单之中，但不实际服役。挂名书役通常是殷实人家的子弟，他们愿意出钱购买挂名书役的位置，有的是因为"寄迹公门而后，可以免差徭"⑥，有的是因为"或有田产，藉以支持门户，或居乡被人欺凌，藉以御抵外侮"⑦。而有的省份，差役"亦有挂名竟不上班，官免点卯，每名得银二两、四两不等者"⑧。挂名书役一般挂名于门子、马夫、禁卒、斗级、城门守卫等衙役职位。

清代白役、挂名书役的出现，虽与"免役""支持门户"等有关，却也从侧面反映出地方事务繁杂，官员无暇顾及的尴尬局面。书吏与差役作为衙门办事人员，地方官员要依靠他们了解民情，传达政令，逮捕嫌犯，协助税收，监督执行等等，因此，书差成为地方官员管理城市的主要辅助人员。

三、绿营驻军

清初，朝廷在各要害处所布防军队，以控驭全国，"行省要区置旗兵驻防，

---

① 胡林翼：《致广顺但云湖明伦十二则》，收入葛士浚辑《皇朝经世文续编》卷21《吏政六》，沈云龙主编《近代中国史料丛刊》，第741册，台北文海出版社影印，1973年，第586页。
② 刘衡：《蜀僚问答》，《官箴书集成》第6册，黄山书社，1997年，第153页。
③ 《仁宗睿皇帝实录》卷171，中华书局，1986年影印，第30册，第223页。
④ 储方庆：《吏胥议》，收入贺长龄辑《皇朝经世文编》卷24《吏政》，沈云龙主编《近代中国史料丛刊》，第731册，台北文海出版社影印，1973年，第904页。
⑤ 田文镜：《覆陈书役不必定额疏》，收入邵之棠辑《皇朝经世文统编》卷36《内政部十·吏胥》，沈云龙主编《近代中国史料丛刊续辑》，第714册，台北文海出版社影印，1983年，第1451页。
⑥ 徐栋辑：《牧令书》卷10《农桑下》，1848年刻本，第6页。
⑦ 田文镜：《覆陈书役不必定额疏》，收入贺长龄辑《皇朝经世文编》卷24《吏政》，沈云龙主编《近代中国史料丛刊》，第731册，台北文海出版社影印，1973年，第908页。
⑧ 徐栋辑：《牧令书》卷8《屏恶》，1848年刻本，第22页。

其尤重都会，兵额多者，以将军领之。"① 由此，八旗兵主要驻防于京师和省城。

绿营规制始自明代。顺治初，建各省绿营营制，有马兵、守兵、战兵。战、守皆步兵，余皆马兵。绿营由汉兵组成，以分散部署为原则，散布各地。康熙四年（1665），四川战事平息，常驻绿营兵数量逐渐稳定，根据川督李国英奏报批准的四川绿营驻军编制合计为四万五千名，以马二步八，战、守各半定额。时全国绿营兵约 60 万，四川兵额为全国兵额的 7.5％。②

清廷对汉兵不甚放心，玄烨认为，"凡地方有绿旗兵丁处，不可无满兵。满兵纵至粮缺，艰难困迫，至死断无二心。若绿旗兵丁至粮绝时，少或窘迫，即至怨愤作乱。"③ 康熙二十一年（1682），四川提督何傅上奏朝廷时建议，"蜀省兵丁，多非土著，将弁多非实授，必藉满兵弹压，以计万全。"④ 何傅的奏请得朝廷批准，同年，八旗兵开始常驻成都，保持在 2000～3000 名左右，视情况略有增减。乾隆四十一年（1776），设立成都将军，八旗与绿营在川分驻，以八旗弹压绿营，符合清廷的要求。

清代四川绿营驻防，以四镇（重庆、川北、建昌、松潘）为中心，四协（夔州、遂宁、维州、阜和）为辅助，分散驻扎于全川各重要节点。重庆镇总兵官以重庆为中心，依靠夔州协副将、巫山营、大昌营、盐厂营等，主要控制川东长江水道。

康熙八年（1669），清政府在金紫门内建重庆镇总兵署。九年，设重夔镇总兵官一员，驻扎夔州镇，标中、左、右三营，游击三员，守备三员；设重庆城守副将一员，左、右二营，游击二员，守备二员，统兵两千人。十八年（1679），移重夔镇总兵官于重庆，为重庆镇，移重庆副将于夔州。⑤ 重庆镇所辖地域广阔，大大超出重庆城的范围，但由于重庆镇镇标所属军队分外辖和内辖两部分，内辖部分包括重庆城区范围。

重庆镇内辖三营十九汛，有马兵 96 人，战兵 524 人，守兵 692 人，共计 1312 人。其中，中营驻关庙口、府门口、三圣殿口，辖浮图关、璧山、长寿、綦江、石壕、南川六汛，兼辖太平口、金紫门、储奇门；左营驻神仙口、长安寺口，辖江津、永川、松溉、大足、荣昌五汛，兼辖东水门、朝天门、千斯

---

① 《清史稿》卷 398《列传》185，中华书局，1998 年影印，第 4 册，第 11812 页。

② 王纲：《清代四川史》，成都科技大学出版社，1991 年，第 87 页。

③ 《圣祖仁皇帝实录》卷 274，中华书局，1986 年影印，第 6 册，第 689 页。

④ 《圣祖仁皇帝实录》卷 106，中华书局，1986 年影印，第 5 册，第 76～77 页。

⑤ 民国《巴县志》卷 15《军警·兵备》，第 7 页。

门；右营驻较场口、十八梯，辖巴县、江北、涪州、合州、定远、铜梁、安居、大庵八汛，兼辖南纪门、通远门、临江门。

表 12 重庆三营驻辖重庆城市各处所

三 营	驻扎地	管辖区域
中 营	关庙口、府门口、三圣殿口	太平口、金紫门、储奇门
左 营	神仙口、长安寺口	东水门、朝天门、千厮门
右 营	较场口、十八梯	南纪门、通远门、临江门

资料来源：民国《巴县志》卷 15《军警》，第 14 页。

绿营不仅驻扎于重庆城内各重要场所，还于重庆城外东南西北四方设置哨所"塘"。塘有旱塘、水塘之分，旱塘均以城内三圣殿为中心，以距离三圣殿10～30 里处分设东路、南路、西路及西北路旱塘；水塘三处，东路水塘距金紫门 25～40 里，西南水塘距珊瑚坝 30～50 里，西北水塘距朝天门 30 里。各塘设兵四五名，各塘兵员均由中左右三营分拨。

表 13 乾隆年间重庆营汛驿递

名 称	位置、兵员配置
东路旱塘	观音铺、尖山铺、沙坪铺俱左营，每处塘兵 2 名；土沱、大湾、梅溪、张关俱右营，每处塘兵 2 名；茶店子，设三营兵 3 名；沙溪塘（交长寿界），长寿汛兵 1 名
南路旱塘	南城坪、曹坝铺、苦竹铺、大窝铺、白节铺（交綦江界），俱中营，每处塘兵 2 名
西路旱塘	佛图关、石桥铺、二郎关、白市驿、凤山铺、走马冈（交璧山界），俱左营，每处塘兵 2 名
西北路旱塘	佛图关、白岩镇、金刚坡、高滩桥、青木关、温汤驿、杨家场、青石镇、凤垭塘（交合州界），俱右营，每处塘兵 2 名
东路水塘	唐家沱、海坝碛俱右营，每处塘兵 2 名；木洞、落碛（交长寿界），俱中营，每塘长寿汛兵 2 名
西南水塘	钓鱼嘴、瓮坝沱（交江津界），俱左营，每处塘兵 2 名
西北水塘	白岩，中营兵 2 名；七孔子，左营兵 2 名；土沱，右营兵 2 名；草街（交合州界），合州汛兵 2 名

资料来源：乾隆《巴县志》卷 5《兵制》，第 5～6 页。

除兵丁防守外，各路水塘还分别设置哨船 1 只，舵夫 1 名，水手 2 名，加强重庆两江的巡逻。乾隆时期，以绿营为主体的重庆水陆军事布防体系已构建完成。十七年（1752），重庆移右营守备分驻巴县、大庵，于三营内拨兵 70 名防守华蓥山。二十三年（1758），改右营游击为都司，裁马、步兵丁五名，重庆实存马、步战守兵丁 1795 名。^① 嘉庆朝，重庆镇中、左、右营绿营兵减少至 1480 名。^②

清代重庆绿营总兵官的职责除了"操练兵马，振扬威武，申明纪律，抚恤士卒，严明斥堠，防遏奸宄"，还须"修浚城池，缮治器械，相度地势险易，控制要害处所，责成该汛弁兵，力图保障"。遇到战事，总兵官须努力剿捕，不得观望。如遇重大情事，必须飞报四川总督，发兵合剿，"本省邻壤有警，星驰赴援，不得自分彼此，失误机宜。如有贼众投诚，察其实心向化，即与安插，如招抚事体大，即报四川总督管巡抚事提督奏请定夺"^③。重庆城内外驻军仅一千余人，依靠省城成都的八旗兵及临近驻军的支援，一定程度上能解决驻军单薄的问题。

但清代驻军并不直接负责城市治安，也不受州县官的节制，因而，州县官无权直接调动驻军。清代规定州县"一应钱粮词讼民事俱系有司职掌"，总兵官也不得干预地方事务，但"文官迟误钱粮及隐匿贼情不报者，须移会总督巡抚处，从重治罪"，^④ 总兵官对州县官，仍有一定的监督制约。重庆绿营平素驻守于城内外重要场所，战时和非常时期才能调度。清廷依靠文官系统，以及八旗与绿营的穿插驻守，牢牢控制了各重要城市，逐步将其统治扩及地方及基层。

第三节　精英与城市重建

明末清初，四川战乱持续近百年，城市破坏严重。"清兴二十有七年矣，蜀最后平。视天下之凋敝悉已除，生齿日已繁，制度渐已备，赋役益已复旧，在官者因其已然之迹而无改弦易辙之劳，在民者承其已然之迹而无百呼一应之悖；合十二州计之，蜀皆反此，是其凋敝尚蒿目也，生齿尚未登也，制度尚草昧也，赋役尚荒落也。"^⑤ 面对残破不堪的四川社会，清政府制定了安民为要的治蜀之策。康熙十一年（1672）正月，玄烨谕令新任四川总兵官何德成：

---

① 民国《巴县志》卷 15《军警·兵备》，第 7 页。
② 王纲：《清代四川史》，成都科技大学出版社，1991 年，第 90 页。
③ 民国《巴县志》卷 15《军警·兵备》，第 14～15 页。
④ 民国《巴县志》卷 15《军警·兵备》，第 15 页。
⑤ 康熙《四川总志》，卷首，"张序"，第 3～4 页。

"务期清白自守，表率属员，统辖兵丁，使军民相安。"① 二十一年（1682），玄烨重申，国家图治，首在安民②。二十四年（1685）九月，玄烨又叮嘱四川巡抚姚缔虞到任后，"宜正己率属，爱养抚绥，俾远方之人，遂生乐业"③。清政府休养生息的治蜀方针，符合饱受战争疮痍的川人需要，也为清政权在四川的稳固奠定了基础。

重庆地方官员承担了城市重建的重任，地方士绅和民众则从人力、物力、财力等方面予以大力支持。重庆城市重建任务艰巨，既要招揽人口，恢复城市生气，又要修复被战火毁坏的官衙、城垣、书院、祠庙等，还要在移民与土著的共处中调解各类矛盾，维护城市秩序。凡此种种，都使城市重建和管理仅仅依赖地方官员的力量难以为继。因而，清初重庆城市重建是以官员号召，士绅、会首等地方精英大力支持，民众广泛参与的方式共同完成。

一、移民

人口是城市重建的前提。清初四川人口稀少，到处呈现"有可耕之田，而无可耕之民，民无遗类，地尽抛荒"的现象。④ 明万历时四川有耕地十三万顷，至顺治时只剩一万多顷。⑤ 为迅速恢复四川经济，稳定社会秩序，清政府在平定各处叛乱的同时，采取移民实川、鼓励垦荒的政策，加大对四川荒芜土地的重新利用和开发。在此后整整两个世纪内，四川成为中国最重要的吸纳移民的地区。

最早在四川实行招民垦荒的是首任四川巡抚王遵坦。顺治三年（1646），肃王豪格入川，南明四川巡抚马乾扼守内江，豪格乃任命明降将王遵坦以右副都御史巡抚四川，"时军务未峻，饥疫相仍，遵坦披荆棘、坐戎幕，招辑流亡，极意抚恤，民气渐苏。六年，以劳瘁卒于阆中"⑥。五年（1648）七月，巡抚李国英为"蜀疆屯政"，疏请皇帝恩允，拨济川牛种银 5 万两随行，委守东道臣袁一相、臣标参将王述宗赴秦接领，买秦牛 1273 只，籽种、白米、粟米、

---

① 《圣祖仁皇帝实录》卷 38，中华书局，1986 年影印，第 5 册，第 505 页。

② 《圣祖仁皇帝实录》卷 103，中华书局，1986 年影印，第 5 册，第 40 页。

③ 《圣祖仁皇帝实录》卷 122，中华书局，1986 年影印，第 5 册，第 288 页。

④ 《圣祖仁皇帝实录》卷 36，中华书局 1985 年影印，第 4 册，第 485 页。

⑤ 《大明会典》卷 17《户部四·田土》，万历十五年（1587）刊本，台北新文丰出版公司，1976 年影印，第 1 册，第 305 页；《清朝文献通考》卷 1《田赋一》，台北新兴书局，1965 年影印，第 1 册，考 4860 页。

⑥ 嘉庆《四川通志》卷 115《职官志》，第 1 页。

黄豆、小麦共 4254 硕 6 斗 1 升，陆续解运入川。并买本地籽种、谷豆、粟、杂粮共 214 硕 1 斗 2 升 8 合，行布政司转发保宁、顺庆、龙安、潼川等府县兵民，就地开垦耕种。[①]

顺治六年（1649），清世祖以"兵兴以来，地多荒芜，民多逃亡，流离无告，深刻悯恻"，下《垦荒令》，要求地方官员"凡各处逃亡民人，不论原籍别籍，必广加招徕，编入保甲，俾之安居乐业。察本地方无主荒田，州县官给以印信执照，开垦耕种，永准为业，俟耕至六年之后，有司官亲查成熟亩数，抚按勘实，奏请奉旨，方议征收钱粮，其六年以前不许开征，不许分毫金派差徭。如纵容衙官衙役乡约甲长借端科害，州县印官无所辞罪。务使逃民复业，田地垦辟渐多。各州县以招民劝耕之多寡为优劣，道府以责成催督之勤惰为殿最。每岁终，抚按分别具奏，载入考成"。[②] 朝廷将招民垦荒与地方官员的政绩紧密联系起来，提高了地方官员的积极性。十年（1653），朝廷准四川荒地官给牛种，听兵民开垦，酌量补还价值。[③]

康熙二年（1663），顺天府尹张德地授四川巡抚，向朝廷上疏言："四川自张献忠乱后，地旷人稀，请招民承垦。文武吏招民百户、垦田十顷以上，予迁转"，[④] 获准执行，四川开始有组织地招抚因战乱而外逃的四川原驻地人户，对四川人口的恢复及荒地开垦起到了积极作用。四年（1665），时任川陕总督李国英"招两湖、两粤、闽、黔之民实东西川，耕于野，集江左右、关内外、陕东西、山左右之民藏于市，垦荒剔蠹，民力未舒"[⑤]。由于招抚工作不顺，康熙七年（1668），清政府加大移民实川的力度，正月，调升湖广巡抚刘兆麟为四川总督，同年十月裁撤湖广总督，以其地分别隶属四川等省。康熙九年（1670）三月，置川湖总督，驻荆州，以蔡毓荣总其事，迁刘兆麟为浙江总督。[⑥] 中央政府的措施消除了移民的巨大阻力，并且使行政中心西移。其后，清政府与四川官员均变通招抚策略，开始采取新的措施移民实川。

1. 清政府以招民成效考成四川官员，鼓励移民入川

康熙七年（1668），全国已取消招民授职之例，但清廷认为四川民少地荒，

① 中央研究院历史语言研究所编《明清史料》丙编第 8 本之《四川巡抚李国英揭帖》，上海：商务印书馆，1936 年，第 749 页。
② 《世祖章皇帝实录》卷 44，中华书局 1985 年影印，第 3 册，第 348 页。
③ 嘉庆《四川通志》卷 62《食货·田赋上》，第 12 页。
④ 《清史稿》卷 256《列传》43《张德地》，中华书局，1998 年影印，第 3 册，第 9800 页。
⑤ 刘景伯《蜀龟鉴》卷 5，载《张献忠剿四川实录》，何锐等校点，巴蜀书社，2002 年，第 319 页。
⑥ 《清史稿》卷 197《疆臣年表》，中华书局，1998 年影印，第 2 册，第 7098～7100 页。

亟待恢复，与他省不同。为调动四川官员的积极性，特惠四川，仍以招民成效作为考成，题准现任文武各官"招抚流民，准量其多寡，加级纪录有差"①，每百家纪录一次，四百家加一级，五百家加二级，六百家加三级，七百家以上不论俸满即升。②

中央政府定招抚百家以上为奖励标准，四川督抚则建议根据实情降低标准，且不分川内川外。七年九月，张德地以"蜀省舍招集流移之外，别无可为裕国之方"，疏请皇上"无论本省外省文武各官，有能招民三十家入川安插成都各州县者，量与纪录一次；有能招六十家者，量与纪录二次；或至百家者，不论俸满即准升转"。③张德地大胆可行的招民奖励措施，同年十一月得到康熙皇帝的批准，张德地也因招抚工作有力，于康熙九年（1670）获得加工部尚书衔的奖励。④

康熙九年（1670），四川湖广总督蔡毓荣为了调动现职官员、候选官员及投诚各官的积极性，多次向朝廷上疏，奏请准开招民之例："四川民少田荒，请广招开垦。招民三百户，予议叙，垦田五年，起科"；"四川冲要营员用沿边例题补"；"移驻官兵子弟得入籍应试"。⑤次年，蔡毓荣的奏请获批准，朝廷明示："为候选州同、州判、县丞等，及举贡、监生、生员人等，有力招民者，授以署职之行，使之招民，不限年数，不拘蜀民流落在外，及各省愿垦荒之人，统以三百户为率。俟三百户民皆开垦，取有地方甘结，另准给俸，实授本县知县。其本省现任文武各官，有能如数招民开垦者，准不论俸满即升。又蜀省随征投诚各官，俟立有军功，咨部补用者，能如数招民开垦，照立功之例，即准咨部补用。"⑥十三年（1674），清政府分设四川总督，命毓荣专督湖广，以招民垦荒功，加兵部尚书。⑦

清政府对四川的特殊政策以及四川督抚灵活的奖励措施，大大提高了地方官员招民垦荒的积极性，重庆涌现出一批披荆斩棘、勤奋努力的官员。如杨三知，直隶良乡人，顺治三年进士，任山西榆次县知县，服阕补上东道，"所属

① 《圣祖仁皇帝实录》卷 27，中华书局 1985 年影印，第 4 册，第 380 页。
② 陈梦雷编纂：《古今图书集成·经济汇编食货典》第 52 卷，中华书局、巴蜀书社，1985 年，第 68 册，第 82772 页。
③ 中央研究院历史语言研究所编《明清史料》丙编第 10 本之《户部题本》，上海：商务印书馆，1936 年，第 1000 页。
④ 《圣祖仁皇帝实录》卷 33，中华书局 1985 年影印，第 4 册，第 440 页。
⑤ 《清史稿》卷 256《列传》43《蔡毓荣》，中华书局 1998 年影印，第 3 册，第 9787～9788 页。
⑥ 《圣祖仁皇帝实录》卷 36，中华书局 1985 年影印，第 4 册，第 485 页。
⑦ 《清史稿》卷 256《列传》43《蔡毓荣》，中华书局 1998 年影印，第 3 册，第 9788 页。

郡县经张献忠惨戮之余民无三户，三知从绝峒密箐中招徕流民千三百余家，筑堡渝东，集为安宅，名其地为杨公堡"①；何毓秀，辽东副贡生，河南确山人，顺治十七年知重庆府，"时大乱甫平，招集流亡，劳心抚字，民得昭苏。"② 在地方官员的艰苦努力下，重庆城市人口逐渐复苏，垦荒工作也得以渐次推行。

康熙十年（1671），清政府定各省贫民携带妻子入蜀开垦者，准其入籍。但正值战时，收效甚微。二十九年（1690），中央定入籍四川例，时川省民少而多荒地，凡他省民人在川垦荒居住者，即准其子弟入籍考试③；凡流寓情愿垦荒居住者，将地亩给为永业④。

雍正四年（1726），清政府针对四川地区不少民人"不知开垦之法"，令"湖广、江西在蜀之老农，给以衣食，令其教垦。俟有成效，督抚题给顶戴，送归原籍；不愿回原籍者，听其自便"。六年，又定"各省入川民人，每户酌给水田三十亩或旱田五十亩；若有子弟及兄弟之子成丁者，每丁水田增十五亩或旱地增二十五亩，实在老少丁多不能养赡者，临时酌增。除拨给之数外，或有多余三五亩之地，亦准一并给垦；其奇零不成丘段之地，就近酌量安置，给以照票收执管业。"⑤清政府移民实川的积极措施推动了外省民人大量入川。

2. 地方官员以富家大户带动四川原住民返迁

巨室大族，皆地方所倚重者，川省自变乱之后，贵显富豪之家，"皆避乱于他省"。⑥ 同治《巴县志》中《刘氏族谱序》载："盖人处乱世，父子兄弟尚不能保，况宗族乎？"清初重庆"求一二宋元旧族益亦寥寥"。⑦

康熙三年（1664），四川巡抚张德地恳祈朝廷令各省督抚"于各属郡邑逐一挨查，凡有蜀民在彼，尽将姓名、家口造册咨送过臣。如资斧自具者，给与引照，促令起程；若贫乏缺资，注明册内，俟臣捐措口粮，另发舟车差官搬取"⑧，希望通过各省官员将流寓外省的移民"逐回"四川，然"归鸿仍然寥寥者"⑨。

此后，四川官员开始改变策略，从"巨室大户"入手，带动四川人口返

---

① 民国《巴县志》卷9《官师列传下·清政绩》，第1页。
② 民国《巴县志》卷9《官师列传下·清政绩》，第1页。
③ 嘉庆《四川通志》卷64《食货志·户口》，第11页。
④ 嘉庆《四川通志》卷62《食货志·田赋上》，第12页。
⑤ 嘉庆《四川通志》卷62《食货·田赋上》，第18页。
⑥ 康熙《四川总志》卷10《贡赋》，第19～26页。
⑦ 同治《巴县志》卷4《艺文上》，1867年刻本，第23页。
⑧ 康熙《四川总志》卷10《贡赋》，第17页。
⑨ 康熙《四川总志》卷10《贡赋》，第23页。

迁。康熙六年（1667），张德地上《生聚拯救遗留疏》，阐明理由：（1）巨室大户在人口数量上占优势。"计其一家之中，弟男子侄童仆人等，多者五七十人以及百人，少者亦不下二三十人，尚有亲朋之依附寄居者又不可胜纪也；若得彼一家归理，则其附会之众咸亦随之，可抵贫民数十家。"① （2）巨室大户资金较丰裕，迁移途中及回乡后皆能自理，成本低，见效快。"贫民归里，必须安插住址，措给牛种；绅宦回籍，则资斧自饶，乡邻俱得通融称贷……人口多，而生聚自易，人力广，而荒芜自开，户口日见其蕃孳，荆榛渐变为桑麻矣，有何有于衣食之不足哉？"因而，张德地认为"拯救之法，似无逾于此"，特上疏题明中央，"恳祈天语敕下各省督抚，于各属郡邑挨查，凡有川绅，尽令起程回籍。庶士绅归，而流移小民亦将向风川至"，"敢有抗拒不归者，即以违旨悖祖论；地方官仍敢隐匿容留者，亦以违旨例处分。"②

康熙七年（1668）十一月户部下令："蜀中流民寄居邻省者，现在查令回籍，而山川险阻，行李艰难，地方各官有捐资招抚，使归故土者，请敕议叙"③，并未将富家大户的返迁作为招民工作的重点。但此时招民授职之例在全国已取消，清政府对川破例，同意现任文武各官"招抚流民，准量其多寡，加级纪录有差"④。二十五年（1686）六月，四川巡抚姚缔虞再上《四川乡绅应回原籍疏》，以"蜀之宦游者多以故土荒残，逗留异地"，请令"还籍以实地方"⑤。四川官员的奏疏终于引起皇帝重视，户部议复了姚缔虞的疏请，并强调指出："四川土旷人稀，若民官者尽留他省，则川中人益稀少，愈致荒芜矣"。二十七年（1688），康熙帝谕令四川巡抚噶尔图："姚缔虞奏四川缙绅，迁居别省者甚多，应令伊等各归原籍，则地方富庶于贫民亦有裨益，此事尔等次第行之。"⑥ 二十九年（1690），再次谕令四川缙绅"各归原籍"。⑦

清政府和四川官员的举措很快取得成效，重庆外逃原住民开始返回原籍重振家业，不仅合族返迁的较多，而且大量普通民众也返回重庆。

江北县《曹氏族谱》载："初祖兴王公湖北黄州府麻城人也，明洪武初入蜀，卜居于渝北跳石河，传至七世后，值明季沧桑之变，群贼蹂躏全川，先祖

---

① 康熙《四川总志》卷10《贡赋》，第19～26页。
② 康熙《四川总志》卷10《贡赋》，第24页。
③ 《圣祖仁皇帝实录》卷27，中华书局，1985年影印，第4册，380页。
④ 《圣祖仁皇帝实录》卷27，中华书局，1985年影印，第4册，380页。
⑤ 嘉庆《四川通志》卷115《职官志·政绩七》，第5页。
⑥ 《圣祖仁皇帝实录》卷136，中华书局，1985年影印，第5册，第475～476页。
⑦ 《圣祖仁皇帝实录》卷136，中华书局，1985年影印，第5册，第476页。

扶老携幼，避居黔之遵义，仓皇奔走，谱牒因此散遗。迄国朝定鼎，扫除群孽，巴渝平静，始复携眷回川，仍居故里。"①

江北县《胡氏族谱》载："时值明季，流寇四起，张献忠洗蜀，川省黎民，靡有孑遗。合族移居遵义府桐梓县罗九甲唐堡岩胡家大湾居住，以避靖川之乱。至康熙年间，献贼殄灭，有承训公同子先桢回川居于袁家坪。"②

巴县《朱氏家谱》载："先世由金陵入蜀，住渝州西城朱家漕，世居其地。迄后值明季之乱，祖母何氏卒，应魁公亦卒，二世祖尧年舜年禹年福年四公未获奉葬，推墙掩棺，仓促同逃……偕奔贵州遵义府桐梓县铧头岩坎下吼狮湾寻获耕种，始求婚韩氏，蒙可后生。及国朝康熙二年平蜀，福年公方别兄携家，仍回渝州西城里朱家漕。"③

除了原住民返迁以外，康雍乾时期，江西、湖北、湖南等省人口也相继移入重庆。如江西王氏家族，入川高祖定曾公"江西吉安府永兴县莲花厅砻西乡第九都土袅东社土主宫七郎祠下袅村下田屋基生长人氏。斯时也，为子孙谋深远计，长久风闻西蜀平原沃野千里，于是将家与弟，嘱族经理，拾行率五弟琏公同行至蜀。所过都邑、津梁、涉水登山，不知几经劳瘁，越数月以停骖，乾隆初年入蜀巴邑西城土主场居住。置买街房，则曰适彼乐土，爰得我所矣"④。江北县《胡氏族谱》亦载："当大明太祖皇帝膺命之时，吾族居安豫章省南昌府丰城县六鱼池天旺里。后因摇黄叛乱渝州，奉旨入川，侨居重庆，所插街房地基皆历历可数。"⑤

此外，重庆城中亦有一些宦游、幕游、闲游及退仕来渝者。如张安弦，浙江乌程人，"高才积学，有诗名，康熙初随父宦游夔门，继客居巴县"⑥；漆少兰，同治六年丁卯副贡生，"其先江西瑞州高安人，自其王父以幕游蜀，客死广安，王母以收林氏债来渝，遂家焉"⑦；余涧，浙江山阴人，"修髯伟貌，洒

---

① 重庆湖广会馆存，引自何智亚：《重庆湖广会馆：历史与修复研究》，重庆出版社，2006 年，第 49 页。
② 重庆湖广会馆存，引自何智亚：《重庆湖广会馆：历史与修复研究》，重庆出版社，2006 年，第 49 页。
③ 重庆湖广会馆存，引自何智亚：《重庆湖广会馆：历史与修复研究》，重庆出版社，2006 年，第 49 页。
④ 巴县《王氏族谱》，引自何智亚：《重庆湖广会馆：历史与修复研究》，重庆出版社，2006 年，第 45 页。
⑤ 何智亚：《重庆湖广会馆：历史与修复研究》，重庆出版社，2006 年，第 45 页。
⑥ 民国《巴县志》卷 10《人物列传下之上·寓贤》，第 40 页。
⑦ 民国《巴县志》卷 10《人物列传中之下·寓贤》，第 29～30 页。

落不群，与人交醇如也，游重庆，乐之，买田终老"①；徐启后，海盐人，"康熙庚寅辛卯闲游蜀，家于重庆，终焉"②；程远，浙江湖州武进士，康熙中任川督标右营游击，罢官寓重庆③。

清初各色人等的迁入，增加了重庆城市人口，增强了城市活力。重庆明代旧额人丁 14926。清乾隆二十三年编审，人丁 15638，合之盛世滋生户口 898，丁数亦不及二万也。④ 然自嘉庆元年（1796）以后，报部户口则为 75743 户，男 119689，妇 99090 口，男女共计 218779 丁口。⑤ 十七年（1812）重庆府册载人口达到 236 万，据王笛估算，此时，川省人口中移民人数至少占 85％以上。重庆府移民 198.8 万左右，巴县人口 21.9 万，移民则占 18.6 万。⑥ 即是说，到清中期，外籍人口已大大超过原有土著居民，成为重庆城的主要居住人口。嘉庆二十五年（1820），重庆府人口已达到 301 万左右。

因移民实川，重庆经济也逐渐恢复和发展，耕地面积迅速扩大。康熙十年（1671）重庆耕地仅 12.8 万亩⑦，至六十一年（1722）已达 584.39 万亩，雍正六年（1728）清丈土地后更达 1259.76 万亩，此后一直保持在 1100 万亩～1200 万亩之间。⑧ 粮食生产迅速发展，稻谷亩产量达二三石或更高。移民带来适宜丘陵和山区种植的高产作物红薯，玉米也普遍种植，田种禾稻，山种杂粮，相资为用。经济作物如蚕丝、苎麻、柑橘、桐油、甘蔗、竹木等产量大增，井盐、矿冶、陶瓷、制茶、制糖等业皆有发展，商品经济逐渐活跃。四川经济的恢复和发展，为清中期重庆城市发展和商业繁荣提供了物质条件，重庆经济逐渐恢复。

二、修复城市建筑

1. 重修官衙

官衙作为地方政府的核心建筑，在帝制时期有特殊的地位。统治者基于

---

① 民国《巴县志》卷 10《人物列传下之上·寓贤》，第 40～41 页。
② 民国《巴县志》卷 10《人物列传下之上·寓贤》，第 41 页。
③ 民国《巴县志》卷 10《人物列传下之上·寓贤》，第 41 页。
④ 民国《巴县志》卷 4《赋役上·户口》，第 1 页。
⑤ 嘉庆《四川通志》卷 65《食货志·户口》，第 4 页。
⑥ 隗瀛涛主编：《近代重庆城市史》，四川大学出版社，1991 年，第 383 页。
⑦ 康熙《四川总志》卷 10《贡赋》，第 6～7 页。
⑧ 根据雍正《四川通志》卷 5《户口》，1736 年。引自周勇主编：《重庆：一个内陆城市的崛起》，重庆出版社，1989 年，第 59 页。

"民非政不治，政非官不举，官非署不立"之识①，对官衙的修建十分重视，且有规制。因此，清初各地虽经费短缺，官衙仍然成为各城市较早修复的建筑，所谓"国家建立藩屏，各设治事之所，自督抚以下，建牙树幢，拥旄列戟，所以表率百僚，总理兆庶，匪徒示威重饰观瞻而已"②。清廷急需通过政权机构的完善树立统治权威，达到治理社会的目的。

重庆官衙经明末清初战乱后，大多破败不已。新设官署如川东道署等，也需场所。但重庆因军费开支，经费紧绌，官署遂多由新任地方官员设法筹款逐步修建。康熙六年（1667），知县张枏重修巴县署；八年，知府吕新命重修太平门内重庆府知府署；五十四年（1715），将总督署改建为学院行署；雍正七年（1729）建县丞署及巡检署。

康熙八年（1669），重庆设川东道署，同年，设重庆镇总兵署。经历署原在府署右，乾隆二十四年（1759）改司狱为江北厅照磨，以经历兼司狱事，移驻司狱署，经历徐绍墡以监舍逼近民居，虞火患，复迁署于通判新署右，库在府署内，狱在府署右。通判署原在丰瑞楼，乾隆二十五年（1760），通判陈金涌迁建府署右。

表 14　清初重庆各官衙修建情况

名　称	重修时间	名　称	重修时间
巴县知县署	康熙六年，知县张枏重修；乾隆二十三年知县王尔鉴重修	川东道署	康熙八年建
重庆府知府署	康熙八年，知府吕新命重修，二十二年郡守孙世泽、四十七年郡守陈邦器重修	重庆镇总兵署	康熙八年建
学院行署	康熙五十四年改建	县丞署	雍正七年建
巡检署	雍正七年建	经历署	乾隆二十四年改司狱为江北厅照磨，以经历鉴司狱事，移驻司狱署。二十五年署经历徐绍墡迁司狱署于通判新署
照磨署	乾隆二十四年分隶县治，改司狱为江北同知照磨，以旧司狱署变价建置于同知署旁	通判署	乾隆二十五年，通判陈金涵迁建府署右

资料来源：嘉庆《四川通志》卷 25《舆地·公署》，第 13～14 页；民国《巴县志》卷 2《建置上》，第 8～9 页。

---

① 嘉靖《邓州志》卷 9《创设志》，1564 年刻本，第 22 页。
② 雍正《河南通志》卷 40《公署》，1735 年刻本，第 1 页。

重庆官衙多在康熙、雍正时期建成，因社会初定，衙署的修建较为简朴。康熙四十年（1701），陈邦器任重庆知府时，仍感重庆荒残衙署，"聊蔽风雨而已"[1]，虽为府治，"颓败荒凉，不禁有举目萧条之感"[2]。

乾隆年间，重庆官员对衙署又多次进行培修。巴县署，乾隆二十三年（1758），由知县王尔鉴重修。四十六年（1781），知县徐详在藩库请领银九百八十五两再次修理，自四十七年（1782）二月初八日兴工起，至七月初四日工竣，修得头门三间、仪门五间、捕班房一所、大堂三间、二堂三间、东、西厢房六间，左厅四间，对厅三间，三堂五间，东西厢房四间，西书房上下八间，厨房五间，望江书房三间，三堂左右书房，窗壁俱全，均系坚固。公案桌两张，刺印架两个，案椅二把，云点二面，南北坛二所，养济院一所。[3] 重庆县衙坐北朝南，大堂、二堂、三堂前后排列于一条中轴线上，形成严格的庭院式组群布局，与清制完全吻合。

乾隆三十一年（1766）元月，川东道衙朽坏补修，其培修经费来源于"藩库银二千两"，须"于养廉分年扣还"，而需物料工匠"俱系书衙票差取办运送"，具体做法是以"差务"的方式承包给各行。如道衙所需铁料角钉，由铁货铺杨显彩认领，以每斤价银四分半，门斗钉每斤价银四分的低廉价格"一并运送"；需用工匠等项，由木匠头熊焕章、任德福承领修理；需用石料，由通远坊石匠头许令德以"每个石磴价银三分八厘，条石每丈银三钱，石礅礅每个银一钱五分"的价格"一并抬运承修、安砌"。[4]

对于所征工人、材料，官府虽然规定由书衙"赴园内伺查，照料工给发各价"，但所发工钱往往是象征性的，而中间匠头又层层盘剥，落至工人手上已所剩无几。三月，衙署修造未竣，匠头许令德、方仕聪、王仲贤三人因"藉公吞蚀"，被工人刘林万等[5]告上县衙，状纸如下：

> 情因道宪改造衙署，有匠头许令德、方仕聪、王仲贤领票，着蚁等送应石蹬五百三十五个，条石二百一十五丈，其石蹬议银每个二分扣算，条石每丈一钱五分，二共该银四十两九钱二分五厘。蚁等仅领铜钱十三千，余银道宪俱已发出，均被许令德三人吞蚀，俟蚁向取，硬骗不吐，可怜穷

---

[1] 民国《巴县志》卷3《古迹》，第14页。

[2] 民国《巴县志》卷3《古迹》，第13页。

[3] 《乾隆四十八年七月初五日巴县移交清册》，四川省档案馆编《清代巴县档案汇编》（乾隆卷），档案出版社，1991年，第311页。

[4] 《培修川东道衙银两查收储库等情卷》，《巴县档案》6-1-25，1766年。

[5] 告状工人包括刘林万、邓文安、张用成、龚能云、沈太会、曾太科。

民凿石之苦，应送修署石土，尚亏本银一半，又被匠头领吞，情实不甘，乞准究追。①

县衙批：仰匠头即速早清，如违定行究比。

由于县衙本身所付银两极少，因此对诉状并未亲自过问，而是批示由过错方匠头办理，实际并无实效。被告一方匠头许令德等人亦另有说法：

前月廿八日渝城石匠齐集，约算匠头五十三人，所议蚁等二人承办道署修砌。每新石一丈发饭食银五分，每百礅石发饭食银三钱，砌旧石一丈发饭食钱三分，限至一月内竣。以及所议之时匠头五十三人承办修理，止有二十余人，难以办理，恳乞仁恩赏准差唤未到办理匠头，速赴承办，永沾洪慈，伏乞太爷台前赏准施行。

计开未到王仲贤、姜思仁、邹孔吉、张坤、胥胜万、刘明科、丁文才、聂炳、张三甫、汪永太、杨□包、王汝传、曾地臣、胥德贤、周围章。

按匠头许令德等人所列未到匠人十五人，而被刘林万等人所诉"藉公吞蚀"的匠头王仲贤竟然也在"未到"之列，说明衙署的修建官府确实管理不力，匠头在其中的自由度较大。对于"领票未到"的匠头，县衙也仅以"尔等承办修砌，将次完竣，二十余人尽可应用，何必又唤多匠滋累"讯问，并未追问已领票差而未到场的王仲贤的过错。川东道衙修建后，巴县正堂获加五级纪录八次功。②

康雍乾时期，重庆地方官员藉"藩库银"和"官价购买"等方式解决了官署修建的物资，以"派差"的方式解决了官署修建的人力问题，官衙之重建合政府与民间之力终得完成。

2. 修复城垣

城垣是城市的重要军事防线，"一省之中，工程之最大者，莫如城郭"③。由于城垣关乎城市安危，清政府极其重视各地城垣的修建。顺治十一年（1654），规定"各省城垣倾圮、桥梁毁坏，地方官能设法修葺、不致累民者，该督抚具题叙录"；十五年（1658），复准各官捐修城垣，又题准修完边墙五十

---

① 《培修川东道衙银两查收储库等情卷》，《巴县档案》6—1—25，1766 年。
② 《培修川东道衙银两查收储库等情卷》，《巴县档案》6—1—25，1766 年。
③ 《钦定大清会典事例》卷 867《工部六·城垣》，台北新文丰出版公司，1976 年景印，第 20 册，第 15823 页。

丈至百丈者，纪录一次。[①] 康熙元年（1662），题准"捐修城墙，务照旧式坚筑，取结报部，如不合旧式，并三年内塌坏者，将管工官指名参处"；三年（1664），定"凡捐修城垣谯楼雉堞房屋等项，督抚亲验保题，若三年内损坏者，监工官及该督抚皆降级赔修"。[②]

蜀汉时李严筑江州大城，周回十六里，后因战乱毁。明洪武初，指挥戴鼎在旧址修砌石城，高十丈，周十二里六分，计二千二百六十八丈，环江为池，门十七，九开八闭，俗以为九宫八卦之形。十七门名称：朝天、翠微、通远、金汤、定远、南纪、凤凰、金字、仁和、太平、储奇、大安、临江、洪崖、千厮、福兴、东水。顺治元年（1644），张献忠攻通远门，城圮。[③] 此后大西军、清军、吴三桂军虽多次争夺重庆，但因该城三面环水，一面通陆的特殊形势，城墙仍基本保留。

由于政治统治和军事设防的需要，城墙成为地方官员最早修复的建筑。康熙二年（1663），川督李国英补筑城墙，久复坍缺，谋再估修，格于不近边塞，议列缓工。乾隆二十五年（1760）知县奉总督开泰令改列急工修理。[④]

乾隆二十六年（1761），重庆重筑城墙，清军士兵、落业的外省移民以及返回的原籍重庆人皆参与城墙修建。此次修建后，开城门九，包括长江沿岸的朝天门、东水门、太平门、储奇门、金紫门、南纪门等六门；位于嘉陵江沿岸的千厮门、临江门以及位于西面陆路之上的通远门，另外八门闭。九开八闭，象征九宫八卦。

按照规定，各省大规模的修缮工程，须由督府"酌量定限"，如果工程逾限，承修官降一级留任。[⑤] 各府州县城墙，地方官如不预先修竣，以致倒塌淤塞者，罚俸六个月；如坍塌过多，地方官捐资修筑者，该督府于工竣后查明工程坚固，将捐修各员造册报部"量加议叙"。[⑥] 城墙修建经费主要以捐修为主，由州县官自己捐款，或者说服乡绅和富人集资等，还有对轻犯罚款以集资的情

① 《钦定大清会典事例》卷 867《工部六·城垣》，台北新文丰出版公司，1976 年景印，第 20 册，第 15821 页。
② 《钦定大清会典事例》卷 867《工部六·城垣》，台北新文丰出版公司，1976 年景印，第 20 册，第 15822 页。
③ 嘉庆《四川通志》卷 24《舆地·城池》，第 10 页。
④ 民国《巴县志》卷 2《建置上》，第 1 页。
⑤ 文孚纂修：《钦定六部处分则例》卷 52《修造》，沈云龙主编《近代中国史料丛刊》，第 332 册，台北文海出版社影印，1973 年，第 1079 页。
⑥ 文孚纂修：《钦定六部处分则例》卷 52《修造》，沈云龙主编《近代中国史料丛刊》，第 332 册，台北文海出版社影印，1973 年，第 1082 页。

况，但不常用。① 清初重庆城墙修建的经费来源，主要来自地方官及各坊厢民众捐款。

乾隆二十八年（1763），署重庆府知府王采珍劝捐重修重庆城墙："不能无籍于此都绅士商贾人等□□□着，或新迁，或行商，或坐贾，获取地租房租，或运本收息，或取□□居奇，或贸迁有无，化通货贿。凡有事，重庆城者皆与兹城之□有关，勿谓非一己一家务，互相推也。……劝尔绅士商贾人等，众力共擎……尔等捐数□□□□百两者，分别详情给与匾额；数至三四百者，即详情□□□部给予八品顶戴，何乐不为。"② 在王采珍的劝捐下，重庆各坊厢共捐银约 951 两。

表 15　乾隆二十八年（1763）重庆民众捐修城墙情况表

临江场	共租银七百三十七两五钱，乐输银共一百八十四两三钱
通远坊	共佃租银一千零二十九两九钱，乐输银共二百五十七两四钱六分
洪崖坊	共佃租银六百八十八两二钱，乐输银共一百七十二两零三分
定远坊	公佃租银七百九十二两四钱，乐输银共一百九十八两零五分
临江厢	共租佃银二百五十四两一钱，乐输银共六十三两五钱一分
定远厢	共佃租银三百零六两四钱，乐输银共七十五两八钱二分（加七钱五分）
合　计	共佃租银三千八百零八两五钱，乐输银共九百五十一两九钱二分

　　资料来源：四川省档案馆编《清代巴县档案汇编》（乾隆卷），档案出版社，1991 年，第 316～318 页。

由于修建城墙所需经额巨大，重庆各坊厢的捐款远远不够。乾隆二十六年（1761），潼川府经历吴敬赴渝查勘，估算出城墙修建需银三万三千六百余两。后吴敬又来渝复勘，将原册内勘估之临江门、通远门、南纪门一律"删估停修"，以通城垛口咸高咸厚，删去银一万三千六百七十余两，□估银一万二千

---

① 清代法律规定："凡内外衙门审理一切事件，俱应按律发落，不许罚取纸笔硃墨器皿银钱米谷等项，违者计赃论罪。若民间寻常词讼所犯之罪，本经地方官酌量示罚，以充桥道庙宇等工之用，亦须详报上司，奏明办理，不许擅自批结。如地方官并未详明上司，违例科罚完案，计其所罚银钱米谷等项数在百两以内者，降一级调用；百两以外者，降三级调用。若已详报上司而上司不行奏明，率准批结。将准罚之上司分别百两以内亦降一级调用，百两以外亦降三级调用"。《钦定六部处分则例》卷 48《审断下》，沈云龙主编《近代中国史料丛刊》，第 332 册，台北文海出版社影印，1973 年，第 1009～1010 页。
② 《乾隆二十八年重庆府捐修城垣引文及捐册》，四川省档案馆编《清代巴县档案汇编》（乾隆卷），第 315 页。

九百三十余两，经历详请兴修，归入缓工。①

乾隆三十二年（1767），重庆知府、巴县知县等地方官员开始带头捐资修建城墙，得银约 2.36 万两，大大超过前次捐款。

表 16　1768 年巴县绅士商民捐输城工花名册

署重庆府知府王采珍	捐银一百两
重庆府知府胡承㙿	捐银五十两
重庆府巴县知县段祺	捐银二百三十八两
本城绅士（42 人）	共捐银六千一百二十七两八钱五分
各省会首及牙行	共捐银三千九百六十两
九门各坊房主，寺僧	共捐银一万二千五百四十三两三钱八分
（宣汉二帮船户）船帮	共银五百六十五两六钱一分
合　计	共乐捐输银二万三千五百八十四两八钱四分

资料来源：四川省档案馆编《清代巴县档案汇编》（乾隆卷），档案出版社，1991 年，第 318～321 页；《巴县呈核修补城垣捐输城工银两数目绅士商民花名册》，《巴县档案》6－1－27，1769 年。

在地方官员的带动下，重庆绅士、会馆、牙行、商民、寺僧、船帮等 921 户共捐输银 2.3 万两，占所捐银两的 98%。对于所捐钱款，官府规定，"选择诚实绅衿经收支发，不假胥吏之手"，并由县令"亲自督率"。②

此次城墙补修竣工后，量得重庆城周长二千六百一十八丈七尺五分，坍塌修补城墙共计长六百七十丈二尺，城门九座，城楼门洞并周围全身女墙垛口通共需用工料银二万三千五百八十三两一钱二分零九厘。③按照县衙的经费结算，竟与绅士商民所捐数目"二万三千五百八十四两八钱四分"相差无几，中间是否虚冒，已不得而知。

重庆城墙经乾隆三十二年（1767）大修之后，恢复如旧，而此时距明末城墙遭毁已逾百年。

三十六年（1771），因储奇门城垣坍缺，太平门城楼未修，重庆再次补修城墙。但此次修理城墙的办法不再由县令"亲自督率"，而是谕令临江、太平、通远、千厮、金紫、南纪、东水、储奇、朝天门各乡约、坊厢长办理，由"本

---

① 《巴县详报捐修城工经费开支卷》，《巴县档案》6－1－26，1767 年。
② 《巴县详报捐修城工经费开支卷》，《巴县档案》6－1－26，1767 年。
③ 《巴县详报捐修城工经费开支卷》，《巴县档案》6－1－26，1767 年。

县遴委正公绅士捐资修葺"。乡约、坊厢长等与绅士一道于坊厢内铺家站房"照昔年城工于房租内，每两酌捐三分，在房主名下扣除"，所"积资交绅士公所交给工匠"办理①，捐款已带有强制的成分。

重庆乡约、坊厢长余东山、方思义、严士奇等人接县府令后，即委士绅韩帝简等认修储奇门城垣，并由韩帝简写下结状："如五年之内倘有崩陷侧裂，俱系蚁得"②。以较为简便的委托方式完成了此次补修工作。

从乾隆年间重庆城墙的两次修建可以得知，乾隆三十二年的"大修"是经地方官员带头捐资，亲自督率完成，经费更是广集于重庆民众，来源广泛，包括居住在重庆的主、客民，以及僧道中人；三十六年的局部维修，则是以乡约、坊厢长等地方士绅为主，具体修建也委士绅进行。因此，清前期的重庆城墙修建，是集众人之力而主要由"县令督率"和"委诸士绅"两种方式完成。乾隆三十六年后，重庆城墙坚固无比，此后除咸丰二年（1852）知府鄂惠重修，九年（1859）川东道王廷植重修；同治九年（1870）大水，川东道锡珮，知府瑞亨，知县田秀栗补修外，均无大修。③

3. 培修监狱、卡房

监狱和卡房④是清代国家行刑的执行工具。清初，满洲贵族因受到汉族的强烈抵制，实行高压政策，各地监狱和卡房作为高压手段的伴生物被迅速地修建起来，成为清政府加强统治，排斥异己和稳定秩序的重要手段。

清代各县监狱均居官衙大堂西南，仪门之外，故俗称"南监"。雍正八年（1730），重庆府监狱设于太平门重庆府署右南向，府监狱官谓司狱，司狱署设衙役两人。乾隆二十四年（1759），以府经历兼管司狱事，经历署设衙役六人，内门子、马夫各一人，皂隶四人。巴县监狱官谓典史，典史署设置衙役与府经历署相同。⑤

清初，中央政府要求州县地方监狱修理完善，官员"务须常诣监所察视，如不亲视，以致监墙倾圮"，例降一级调用。⑥ 乾隆三十年（1765），川东道

---

① 《巴县呈核修补城垣捐输城工银两数目绅士商民花名册》，《巴县档案》6—1—27，1769年。
② 《巴县呈核修补城垣捐输城工银两数目绅士商民花名册》，《巴县档案》6—1—27，1769年。
③ 民国《巴县志》卷2《建置上》，第1～2页。
④ "三江谓之自新所，四川谓之卡房，广东谓之羁候所"，参见刘衡：《蜀僚问答》，《官箴书集成》第6册，黄山书社，1997年，第151页。
⑤ 民国《巴县志》卷2《建置上》，第8页，卷6《职官》，第33页。
⑥ 《钦定大清会典则例》卷27《吏部》，景印文渊阁四库全书《史部·政书类》，第620册，台湾商务印书馆，1986年，第544页。

台、重庆知府均要求"州县监狱若有废坏，本任不行修理，接任之员报该管上司，循隐不报俱各照例降罚"。因此，巴县令将"监狱房间是否完固造具册结详报"。①

乾隆五十三年（1788），巴县监墙毁坏，费银十三千三百零八文进行大修，共用泥水匠 300 个，石匠 59 个；材料用去山厂石磴 375 个，铁 100 斤，石灰 15 大担，楼板 8 块。② 巴县正堂加四级纪录六次功③。

监狱为关押人犯之处所，而递解人犯，如一日行走不到，统于中途建造禁卡关押，因而，卡房实是监狱的延伸。乾隆五十三年（1788），川东道以"人犯招解必须收卡以昭慎重"，饬令巴县补修各处卡房，并查得高店子"原修有卡房一所，现存周围垣墙丈尺不高，应宜补修"；又青木关、界石场卡房各一所，"亦应补修"；倒坐场卡房一所，丰盛场卡房一所，二处卡房"应宜补修"。要求巴县知县"着唤各该处约保及地主场人等来县吩谕补修"。④

对于道台的"补修"要求，时任巴县知县衷以壎并不赞同，他认为重庆递解人犯，东路则解至江北厅交替，止系一江之隔，毋庸修造；正南至綦江马家场界，距渝城一百一十里，中间有界石场，该处原设卡房一所；东南至南川白沙井界，距渝城一百六十余里，中间有倒坐场、丰盛场两处，相距道路俱止五六十里，两场旧设有卡房各一所；西北至璧山青木关界，距渝城八十里，中间有高店子场，旧设卡房一所；西南至江津双和场界，距渝城甚远，该处系江津解犯必由之路，应归江津修理。衷以壎表示，"以上各处旧设卡房围墙栅笼均各坚固，但历年已久，木料间有损坏之处，今奉札饬卑职遵照宪谕，择于本月十二日捐俸再行逐一照式补修。"知县一边强调原设卡房的"坚固"以及无须修理的理由，一边仍表示将照宪"逐一照式补修"。⑤ 其之所以如此絮叨，或与卡房修造经费无着有关。川东道并未提到修补经费一事，而衷以壎在回复禀文末暗用"捐俸"二字，实暗示县衙无修理卡房经费。

但衷以壎深知卡房对于地方治安之重要，因此，在向上司暗示无钱的同时，四月初三日（回复道台的次日），即签发火票，令差役"前去倒坐场即唤该地约保场头及地主人等火速随票赴县，当堂吩谕加修卡房，去后毋迟，立速

---

① 《重庆府为严监狱遵饬将监狱围墙修理完固的牌》，《巴县档案》6-1-24，1775 年。
② 《巴县修补监狱墙垣各工匠应差和具领钱状》，《巴县档案》6-1-32，1788 年。
③ 《重庆府为严监狱遵饬将监狱围墙修理完固的牌》，《巴县档案》6-1-24，1775 年。
④ 《巴县奉川东道札饬补修各处卡房卷》，《巴县档案》6-1-33，1788 年。
⑤ 《巴县奉川东道札饬补修各处卡房卷》，《巴县档案》6-1-33，1788 年。

火来"①，将修造一事迅速提上日程。

同时，璧山知县赵鸿渐也接到川东道台同样的通知，遂函告巴县知县，表明青木关卡房"既系巴璧两邑交界之所，自应两处约保会同修造"，而弟已遵谕执行，请"大哥即传贵治约保赴彼（青木关）会同商筹修造"②。璧山县显然也不愿独自修理位于两县交界地的卡房，重庆卡房最终以下列方式修建完成。

（1）交由当地乡约、客长全权办理。

卡房经费究竟由谁出的问题最终还是被提出。乾隆五十三年（1788）四月初九，巴县仁里十甲丰盛场乡约张文升，客长杜大荣、周升地、杨大亮等以丰盛场前年七月遭遇火灾，铺面卡房尽行烧毁，尚未修理，"加修卡房必须木料瓦角工匠"，"此时木料稀少无处策取"为由，请知县袠以壎设法解决。袠以壎只得以"木料工食本府捐给一半，尔等场内派帮一半"，解决了丰盛场卡房的补修经费问题。③五月，卡房补修完毕，共费钱二十千文，县府实际仅付给六千文，并未捐给一半④，大多数的经费仍然来自当地的约客。

（2）由差役以"监修"的方式协同当地约保共同办理。

高店子卡房的补修，与丰盛场不同，差役在其中发挥了重要作用，无论是查验、修理，还是经费的开支，均由差役经手。乾隆五十三年（1788）四月，书役邹元一、李荣赴高店子查验其旧制卡房，查得卡房的实情："墙垣前面墙高九尺，后面墙无石脚，墙只高四尺，横长二丈一尺，外面无夹墙。左右墙垣俱抵官店正房，墙高九尺，长六尺，至于卡内地板木杆多半损坏，而墙垣亦多倾颓"，四月初九遂向县府禀明修理，县正堂批示："着即买料兴修，不得草草了事。"⑤

四月初十，书役邹元一即从县府领得高店子修理卡房工匠饭食铜钱八千文，奉票前往高店子"监修"卡房。差役不仅在材料购买方面"协同该地约保杨鹏相等请工买料"，而且严格按照要求，监督卡房修建"照式修造齐全"。在经费的支出方面，更是由刑书直接对县台负责，"将工匠及买树并瓦片铁钉支过钱文数目开单呈核"。在书役的直接监督之下，高店子卡房补修顺利，仅两周时间，就"照式修造齐全"，"其四周墙垣及卡内天楼地板俱已修理齐全，无

① 《巴县奉川东道札饬补修各处卡房卷》，《巴县档案》6-1-33，1788年。
② 《巴县奉川东道札饬补修各处卡房卷》，《巴县档案》6-1-33，1788年。
③ 《巴县奉川东道札饬补修各处卡房卷》，《巴县档案》6-1-33，1788年。
④ 《巴县奉川东道札饬补修各处卡房卷》，《巴县档案》6-1-33，1788年。
⑤ 《巴县奉川东道札饬补修各处卡房卷》，《巴县档案》6-1-33，1788年。

一缺略"，"共用钱十千零一百四十四文"①，开支明确清楚。

> 木匠工三十名每名八十文，算去钱二千四百文。
>
> 石土匠共工二十二名，每七十二文，即算去钱一千五百六十四文。
>
> 用和尚松树无钱。
>
> 外买松树二根去钱二千六百文。
>
> 抬脚工十五名，每名七十文，算去钱一千零五十文。
>
> 买铁钉大小一千零三十六个，去钱一千一百文。
>
> 买瓦一千，去钱六百，外脚钱一百文，共去钱七百文。
>
> 墙板去钱八十文。
>
> 以上共用钱九千四百九十四文。
>
> 外该饭钱六百五十文，通共去钱十千零一百四十四文。②

比较以上两处卡房的修理，可以窥得：丰盛场由当地约客直接修造，经费由县府、当地约客各出一半，县府仅在卡房修造之初由快役潘惠成奉票"吩谕加修"，完毕时查验补修情况，而实际修理过程及经费支出均未涉及；高店子卡房的修理，由县府出钱，以"监督修理"的方式完成，在实际修理过程及经费使用中更是处处监督，显示出县府对卡房修造的实际干预以及对地方约客等的不信任。而县衙门中的快役、刑书等，是知县较为信赖的人，在卡房修建中更是官府政令落实的具体承担者。

除了交由当地乡约、客长全权办理和"差役监修"两种方式以外，节里二甲倒坐场卡房的补修较为特殊，又是另外一种情形。其中，书役的认真查看、监督仍然起了关键的作用。倒坐场卡房修于乾隆二十四年（1759），系"在张龙仕店内修设，四围坚固"，五十三年（1788）五月廿一日，刑书李国栋查验已修复的丰盛场卡房时，发现丰盛场"俱照式样修理坚固，无有缺略……惟查倒坐场卡房一所仍是旧治，未及修理……不敢隐匿"，遂向知县衷以壤禀报，知县当场批示："另票饬倒坐庙场客照式修理。"次日，又令快头陈纲持火票前往，着令倒坐场场头客长等速即购料上紧兴工修理卡房，"倘敢抗延，立即锁拿赴县，以凭严究"。③

倒坐场场客魏天佑、黄嵩竣、陈延富接令后，诚惶诚恐，迅速修理倒坐场卡房，不几日即"修天楼地板，四围坚固工竣"。然卡房因修于张龙仕店内，

---

① 《巴县奉川东道札饬补修各处卡房卷》，《巴县档案》6-1-33，1788年。
② 《巴县奉川东道札饬补修各处卡房卷》，《巴县档案》6-1-33，1788年。
③ 《巴县奉川东道札饬补修各处卡房卷》，《巴县档案》6-1-33，1788年。

在地基方面一直存有分歧。五十三年（1788）五月二十七日，张龙仕就以卡房修建"恐以定成规"，将该场场客告至县衙。该场场客因倒坐场卡房的修建延期已受到批评，自觉理亏，遂主动提出"情愿出钱五千与张龙仕当此房基息讼"，解决了倒坐场卡房的地基问题。

因此，在重庆节里二甲卡房的修建中，地方官员未出钱就解决了卡房的补修及房基问题，而在此过程中，书役的及时发现和监督发挥了关键作用。

乾隆五十三年（1788），巴县知县衷以壖因"向称贤能，遇事认真"，谨禀修补卡房，"依限补修"，"坚固完紧"，"克日完竣"，"绘图结报"，获加四级纪录三次功，并"以为各州县标观"。①

三、倡设文化和宗教机构

清朝立国以后，吸收汉民族文化，将儒学作为正统思想加以推崇，并采取以科举制度为核心的文教政策，以笼络和压制士人。如列文森所言："任何新王朝的建立，无论其民族背景如何，它们都具有同样的保护儒学和使其成为正统的需要。"②

清军进入北京后不久，多尔衮即遣官祭祀孔子，并规定每年的二月、八月上丁日遣大学士祭礼以为定例。福临亲政后，进一步强调"尊孔读经"，为此还驾临太学"释奠孔子，亲行两跪六叩礼"。顺治二年（1645），孔子被封为"大成至圣文宣先师"，九年（1652），清廷鼓励士子笃守"圣人之道"。③ 十四年（1657）二月，又改封孔子为"至圣先师"。④ 康熙帝谕令，"朕惟帝王敷治，文教是先，臣子致君，经术为本"，"今天下渐定，朕将兴文教，崇经术以开太平"。⑤ 康熙八年（1669）暮春，玄烨"采纳汉官建议"，排除阻挠，首次率礼部诸臣前往国子监视学，举行临雍大典，以示自己尊孔崇儒、兴道致治的决心。九年（1670），清廷颁布"圣谕十六条"⑥，正式将"崇儒重道"作为基本国策。

① 《巴县奉川东道札饬补修各处卡房卷》，《巴县档案》6-1-33，1788年。
② ［美］列文森：《儒教中国及其现代命运》，郑大华、任菁译，中国社会科学出版社，2000年，第176页。
③ 《世祖章皇帝实录》卷68，中华书局，1985年影印，第3册，第539页。
④ 《清史稿》卷5《世祖本纪二》，中华书局1998年影印，第1册，第149页。
⑤ 谈迁：《国榷》卷102，上海古籍出版社，1985年，第6册，第6118~6119页。
⑥ 《清史稿》卷6《圣祖本纪一》，中华书局，1998年影印，第1册，第180页。

清朝既定师儒之策，但又恐士人妄谈国事，讲习成风，演成明末之流弊。因而，对书籍、文字、言谈都控制甚严。康熙四十一年（1702），康熙皇帝特制《训饬士子文》颁发礼部，命士人遵循。其文曰：

> 国家建立学校，原以兴行教化，化育人才，典至渥也。朕临御以来，隆重师儒，加意庠序；近复慎简学使，厘别弊端；务期风教修明，贤才蔚起，庶几俭朴作人之意。乃比来士习末端，儒教罕著，虽因内外臣工，奉行未能尽善，亦由尔诸生积锢已久，猝难改易之故也。兹特亲制训言，再加警饬，尔诸生其敬听之！从来学者，先立品行，次及文学；学术事功，源委有叙。尔诸生幼闻庭训，长列宫墙，朝夕诵读，宁无讲究？必也躬修实践，砥砺廉隅，敦孝顺以事亲，秉忠贞以立志。穷经考义，勿杂荒诞之谈；取友亲师，悉化骄盈之气。文章归于醇雅，毋事浮华；轨度式于规绳，最防荡轶。子矜佻达，自昔所讥，苟行止有亏，虽读书何益！[1]

清廷警饬士人敦孝忠贞，穷经考义，勿有荒诞之谈，又令大学士编纂典籍，统一士人思想。雍正五年（1727），朝廷定各省督、抚、学政上丁率属致祭。学政莅试时，亦须先至文庙行礼，府、州、县官率属于治所文庙行礼。[2]因朝廷重视，具有儒学象征意义的文庙在各地逐渐被修复。

文庙 重庆府、县同城，有重庆府文庙和巴县文庙。府文庙在城西，建于宋绍兴年间，明洪武四年（1371）重建，明末毁于战火。清初，四川官员尝试以学校"易乱以治，蠲除戾气，长养祥和"，使"流亡来归，愁痛歌哭，空城授廛，石田秀禾"。[3]康熙三年（1664），总督李国英初修府学。二十三年（1684），知府孙世泽见府学殿庑倾颓、棘蒿荒秽，"师儒无所讲肄，秀民无所观效，非所以销兵燹之余氛，光盛朝之雅化也"，慨然引以为责，捐俸振兴，不劳民力，不敛民财，致"辛甲两科，联获解首，其得售者三十二人，济济翩翩，可称极盛"。[4]二十七年（1688）知府王价重建雁塔二。乾隆元年（1736）知县沈天成重修两庑，十五年知县张兑和廓清地址，十六年知县王尔鉴捐砌泮池石栏，后又深挖泮池，种荷其中。十九年，川东道宋邦绥、知府傅显率重庆府所属十三州、县重修大成殿两庑、尊经阁、明伦堂，门垣悉备。嘉庆十一年（1806），绍兴胡伟学幕游至重庆，率县人于庙之左右前后种紫柏1491株，阖

---

① 引自萧一山：《清代通史》（一），华东师范大学出版社，2006年，第626~627页。
② 《清史稿》卷84《志》59《礼三》，中华书局，1998年影印，第1册，第2540页。
③ 民国《巴县志》卷7《学校》，第8页。
④ 民国《巴县志》卷7《学校》，第8页。

郡绅士勒石公禁斩伐，以昭诚敬。府学学额 20 名，廪生 40 名，增生 40 名，一年一贡。①

巴县文庙，在城东，宋绍兴间建，明洪武间知县田子真重修，明末毁。康熙二十四年（1685），知县焦映汉修建两庑，四十九年（1710）典史胡枟捐修崇圣祠，乾隆初邑绅捐撤廛市，临江作泮以作复旧规。乾隆二十年（1755）知县傅显勘复学地，嘉庆十六年（1811）知县叶文馥倡修两庑。二十一年，知县刘德铨重修县学，"德铨首捐三百金，又广为劝助六千八百余金，择日鸠工，一一部署，培修正殿一，祠宇五，回廊、户牖若干，悉仍前制。特耗费殷繁，除支用外，尚亏千金，正拮据间，突于泮池边掘得银九百一十三两有奇，验之为宋代藏物，资以竣事，实由大圣人在天之灵，而亦阖邑士民之福也。"县学大修完成于二十二年九月，共用银 8169 两。县绅张孔遂、周镛、汪大受、牟镕等佐成其事。② 县学学额 12 名，廪生 20 名，增生 20 名，两年一贡。嘉庆十六年咨准增江北厅学额 6 名，巴县裁拨 3 名，额止 9 名，学田 193 亩。③ 重庆文庙的修复，意味着中央倡导的礼制秩序在地方得以重建。

书院 重庆之有书院，明以前不可知。④ 明末"魏阉矫旨废天下书院，讲学之风，几乎息矣"⑤，重庆书院亦毁。如建于明嘉靖中叶的凝道书院，清初时湮没无存⑥；来凤书院亦遭同样命运，"盖不毁于权阉，亦必灭于流寇矣"⑦。

清初统治者对书院讲习之风疑忌，对书院实行"不许另创"的抑制政策，致使士人噤声，天下书院寂寂无闻。直到雍正十一年（1733），因官学不敷科举士子之需，朝廷诏令各省建立书院，并赐帑金千两作为建造经费，书院才兴盛起来，逐渐"超轶前代"。⑧ 乾隆时期，全国书院发展至两千余所，仅四川地区就有 394 所。⑨

重庆书院修复主要从乾隆年间开始，修建方式有官员倡修和民修两种。乾隆三年（1738），山西蔚县人李厚望任重庆知府，"下车数月，政清民和，将欲

---

① 嘉庆《四川通志》卷 77《学校》，第 14~15 页；民国《巴县志》卷 7《学校》，第 8~10 页。
② 民国《巴县志》卷 7《学校·学宫》，第 2 页。
③ 嘉庆《四川通志》卷 77《学校》，第 15~16 页。
④ 民国《巴县志》卷 7《学校·书院》，第 18 页；胡昭曦：《四川书院史》，四川大学出版社，2006 年，第 24~27 页，第 58~59 页。
⑤ 民国《巴县志》卷 7《学校·书院》，第 18 页。
⑥ 嘉庆《四川通志》卷 79《学校·书院》，第 7 页。
⑦ 民国《巴县志》卷 7《学校·书院》，第 18 页。
⑧ 民国《巴县志》卷 7《学校·书院》，第 18 页。
⑨ 肖卫东：《清代四川的书院》，《文史杂志》2006 年第 5 期，第 76 页。

完其风俗，而以士为倡"，李厚望感叹重庆"子弟之乡学者少"，认为"此非士之过，正在无以为教之地耳"，譬如"聚一军于场而教之击刺，未必人人能战也，然而善战者出焉矣；聚百工于肆而教之器未必人人皆巧也，然而最巧者出焉矣。今诚欲教育诸士，使得为才且良，其在建书院乎?"① 原任潮州守龙鹤坪，曾于潮州建韩山书院，成为李厚望的得力助手，"遂选隙地，得先明倪少司农西湖社左侧地一区，颇亢爽"，以为书院地址。李厚望"既亲定其地势，而兼酌其向背之宜，高下之度"，又选府县学廪生王玫、张宗蔚负责书院修造事宜。终于乾隆五年（1740），渝州书院告成。造得"讲堂五间，前堂五间，左右厢二间，院墙重门，前屏后厨，皆具其用。材若干料，用工若干人，总用银三百六十两"，任命易简为书院山长。②

在渝州书院的创建中，李厚望倾注了大量心血，不仅"捐数百金造书院"，且于书院落成后，"按月召试，既厘正文体矣，暇则至书院进诸公于前，恳恳为言……其所期于多士者唯节身修行，多识古人之立功德者，以求得于心。庶几今为良士，异时为名臣，区区时艺岂予所期哉。其后屡至，至则必有以训诸生，皆闻所未闻。间亦申前说，然其辞意亦深切矣"。李厚望又常忧历年山长之馆谷月费及考课之用，"为诸生谋膏火之资，以庶几其久而不废"。③ 院中诸生，因既感公德，群谋伐石以纪其实。

清初重庆尚有缙云书院。乾隆十五年（1750），知县张兑和以"地近市廛，非读书所，并入渝州书院"④。二十三年（1758），川东道宋邦绥将渝州书院迁建重庆府治洪崖坊，更名东川书院，延聘院长，以川东道主之。二十四年（1759）知县王尔鉴置学基地，岁收租银四百三十余两，五十八年（1793）知府蔡必昌，五十九年知府赵秉渊先后增置地租，岁收银一千余两，使东川书院的膏火问题得到解决。⑤

东川书院为重庆城内书院之最著者，但重庆所有生童，均附该书院肄业，似非培养人才之道。有鉴于此，嘉庆二十一年（1816），巴县知县刘德铨因巴县独无书院，"劝士民共勤义举，意甚真挚"。重庆通远门内莲花池，有前明大学士王应熊之别墅，捐纳州同职衔周钟、周镛二人曾以银1520两买下，此次

---

① 《易简渝州书院记》，嘉庆《四川通志》卷80《学校·书院》，第6页。
② 《易简渝州书院记》，嘉庆《四川通志》卷80《学校·书院》，第6页。
③ 《易简渝州书院记》，嘉庆《四川通志》卷80《学校·书院》，第6~7页。
④ 民国《巴县志》卷7《学校·书院》，第18页。
⑤ 嘉庆《四川通志》卷79《学校·书院》，第7页。

捐出房屋以作字水书院，延师课读，获官府奖励。① 此后，罗玉堂、陈彦华、张本立等 13 人相继乐捐，共收田租 131 石，房租 340 余两。同治五年，知县黄朴拨张三童充公银 1000 两，年得 120 两，并作山长、生童膏火之费。②

同一时期，重庆还涌现出一批民修书院。乾隆四十三年（1778），汪自嵩、张超先等募捐创修三益书院，先后购置田宅、地基，岁共收租谷 57 石，佃银 30 两。嘉庆十九年（1814），举人陈立勋等请将庙廊寺改设归儒书院，知县董淳详请立案，计公田 64 石。③ 此外，清初重庆尚建有鹏云书院（1800）、观文书院（1829）、凤冈书院（1861）、朝阳书院（1866）等。

书院为前明私人讲学之所，清代一变而为官立，获得大发展。明时全国有书院 1699 所，清代共有 3868 所，四川书院共设 552 所，在全国排名第二。④

清代书院的官学化，使书院"读书应举""兴学育才"的功能大增，士子埋头功名，专以习帖括应科考为事，"于是书院同化于学校，毫无生气可言"。⑤ 清统治者深谙"读书应举者亦颇能屏去浮嚣奔竞之习"之道，设立书院，顺势而为，使士子"朝夕讲诵，整躬励行"⑥，沉潜于学问之中，书院讲习之风遂灭。因而，清代四川 500 多所书院，几乎都是教学型的，部分书院如锦江、尊经、东川、研经、凤鸣等，学术研究开展得较好，但仍是以教学为主，或教学与学术并重。以学术研究为主的书院，并不存在。⑦

坛庙祠寺 重庆地处山川形胜之地，"立国最古，前代名迹，较然章著，而岁月迁贸，丧乱频仍，明清之际，图经荡灭"⑧。康熙以降，重庆地方官员开始恢复祠庙等文化设施，对一些古迹也逐渐加以修复。因朝廷政策的导向，四川官员最早修复的仍是有利于统治，能够在思想上对广大民众进行控制的那部分祠庙建筑。

忠孝节义是清初文化政策的重要内容，关帝信仰作为汉民族的民间信仰，因其"深明大义思君不移"受到清代历任皇帝的大力推崇。清入关以前，以盛京为都，即"建庙地载门外，赐额'义高千古'，世祖入关，复建庙地安门外，

---

① 《嘉庆二十一年五月十二日巴县立书院申》，四川大学历史系、四川省档案馆编《清代乾嘉道巴县档案选编》（上册），第 42~43 页。
② 民国《巴县志》卷 7《学校·书院》，第 19 页。
③ 民国《巴县志》卷 7《学校·书院》，第 19~20 页。
④ 胡昭曦：《四川书院史》，四川大学出版社，2006 年，第 206 页。
⑤ 章柳泉：《中国书院史话》，教育科学出版社，1981 年，第 35 页。
⑥ 《清朝文献通考》卷 70《学校八》，台北新兴书局，1965 年影印，第 1 册，考 5504 页。
⑦ 胡昭曦：《四川书院史》，四川大学出版社，2006 年，第 219 页。
⑧ 民国《巴县志》卷 3《古迹》，第 1 页。

岁以五月十三日致祭"①。顺治九年（1652），敕封"忠义神武关圣大帝"。雍正五年（1727），追封三代公爵，曾祖曰光昭，祖曰裕昌，父曰成忠，供后殿，增春、秋二祭。乾隆三十三年（1768），更命"神勇"，加号"灵佑"。四十一年（1776），乾隆诏言："关帝力扶炎汉，志节懔然，陈寿撰志，多存私见。正史存谥，犹寓讥评，曷由传信？今方录四库书，改曰忠义。武英殿可刊此旨传末，用彰大公。"② 乾隆皇帝的谕旨透露出清初以关帝宣传忠孝思想，恢复统治秩序的策略。嘉庆十八年（1813），清廷更追封关帝"仁勇"。

由于关帝庙所具有的特殊含义，各地均重视关帝庙的修复。重庆关帝庙位于城西，明末遭兵燹。康熙三年（1664），重庆秩序尚未稳定，总督李国英即率先重建关帝庙③，成为重庆最早修复的祠庙建筑。同治二年（1863），川东道恒保督饬文武官绅募捐新修。④

为倡导忠孝节义，清廷甚至追祀明代抗清之士，将其作为忠臣形象树立，以缓和民族隔阂，消除易代创伤。顺治建元，清廷即礼葬明崇祯帝、后。顺治十六年（1659），皇帝"幸畿辅，亲酹崇祯帝陵，谥曰庄烈愍皇帝"⑤。康熙六十一年（1722），圣祖谕："帝王崇祀，代止一二君，或庙飨其臣子而不及其君父，是偏也。凡为天下主，除亡国暨无道被弑，悉当庙祀。"⑥

在清廷倡导建立忠君祠庙思想的指引下，乾隆十五年（1750），巴县知县张兑和改旧缙云书院为三忠祠，祀明末殉难巡抚陈士奇、知府王行俭、知县王锡清三人。乾隆年间的知县王尔鉴曾有诗云："自古皆有死，泰山鸿毛究别，宾帝乡千秋正气表奇节。我来瞻拜肃冠裳，祠外江声走呜咽。"⑦ 钦佩之情，溢于诗中。光绪二十四年（1898），川东道任锡汾增祀明关南兵备副使陈纁、明指挥顾景为"五忠祠"，左右复增祀明副将曹英、明水师参将曾英附忠义祠。⑧

清代在建祠方面规定：以本人殁后三十年，由亲族、邻里造具事实清册，结报本县教官或同乡京官，加具考语，转详该管上官，奏准入祠，分别名宦、

---

① 《清史稿》卷84《志》59《礼三》，中华书局，1998年影印，第1册，第2541页。
② 《清史稿》卷84《志》59《礼三》，中华书局，1998年影印，第1册，第2541页。
③ 民国《巴县志》卷2《建置下》，第1页。
④ 民国《巴县志》卷2《建置下》，第1～2页。
⑤ 《清史稿》卷84《志》59《礼三》，中华书局，1998年影印，第1册，第2529页。
⑥ 《清史稿》卷84《志》59《礼三》，中华书局，1998年影印，第1册，第2526页。
⑦ 嘉庆《四川通志》卷35《舆地·祠庙》，第4页。
⑧ 民国《巴县志》卷5《礼俗》，第16页。

乡贤等，各于其类安设牌位，通令所有在司，于每岁春秋丁祭时，派员诣祠致祭。① 但雍正元年（1723），清廷又命各省改生祠书院为义学，"如实系名宦去任之后百姓追思建造者，准其存留，余俱著地方官查明改为义学"②。乾隆年间，朝廷"以天下德政，去思碑类多文饰，诏毁之"，巴县知县徐鼎亨，乾隆四十四年任，值重庆大饥，"前令奉行不善，民大哄，监司欲发兵捕之。"鼎亨既受印，即日开仓平粜，民赖以活。鼎亨离任后，巴人为其立碑于社。诏毁令下时，重庆士民数万聚碑下，乞无毁，碑竟得留。③

为强化皇权，巩固统治，清代还崇尚佛道两教，借用汉人的神道设教，主张天人感应，重视祥瑞灾异，试图将政权和神权结合起来，借助上天亦即神的意志，维护等级制度和社会秩序。

自康熙以后，重庆还兴建和重修了大量寺庙，既有僧人所修，也有地方官员所建。治平寺，建于北宋治平年间，由僧祖月创建，经历代维修扩建，至明代白葵和尚时已达极盛，明末战火庙宇毁于一尽。康熙五年（1666），总督李国英重修，乾隆十七年（1752），因前殿倾圮，改建龙神祠④，故民间俗称"龙王庙"。据寺僧相传，清代中叶，隆法和尚建五百阿罗汉堂，遂更名"罗汉寺"，治平寺名遂废。⑤

五福宫乃重庆"城中最高处"，创建年代无考，明末寺圮，康熙庚辰（1700），总兵韩成重修，殿左右壁有明成化间清河文全题"云崖深处"四字。张三丰于老君殿侧壁上自画小影，蓬头赤脚作疯癫像。⑥

清初重庆创修、重修的祠庙还包括马王庙、城隍庙、文昌宫等（如表）。

表 17　清初创修、重修重庆城内庙宇表

庙　宇	重修情况
马王庙	一在县治头门左马号，一在朝天门内，一在南纪门内，别名金马寺。南纪门内金马寺创自康熙二十三年（1684）；县治马号旧有祠，乾隆二十三年（1758）毁于火，知县王尔鉴重建。朝天门内马王庙，创自明万历三十一年（1603）

① 民国《巴县志》卷 5《礼俗》，第 15～16 页。
② 《清朝文献通考》卷 70《学校八》，台北新兴书局，1965 年影印，第 1 册，考 5495 页。
③ 民国《巴县志》卷 9《官师下》，第 6 页。
④ 民国《巴县志》卷 3《古迹》，第 17 页。
⑤ 李书敏、蓝锡麟主编，吴涛等编著：《巴渝文物古迹》，重庆出版社，2004 年，第 162 页。重庆至今犹存治平寺，在寺之右侧。
⑥ 民国《巴县志》卷 3《古迹》，第 17 页。

续表17

庙　宇	重修情况
城隍庙（府庙）	康熙二十四年（1685）知府孙世泽、雍正十一年（1733）知府马世藻重修
文昌宫	康熙三十一年（1692）重修；乾隆二十三年（1758）毁于火，知县王尔鉴率绅士重修
城隍庙（县庙）	康熙三十三年（1694）知县陈尧智重修
八蜡庙	康熙三十八年（1699）重修
火神庙	雍正五年（1727）建
节孝祠	乾隆八年（1743）知县王忠武建，二十一年（1756）知县袁锡夔重修
龙神祠	乾隆十七年（1752）川东道积行捐银四百两，知府徐正恩、知县王尔鉴同重属州县捐银六百两，改治平旧寺为正殿，添建卷棚廊房乐楼山门墙垣

资料来源：民国《巴县志》卷2《建置下》，第1～3页，1939年刻本。

表中祠庙只是清初重庆的一些重要建筑，且大多由地方官员带头重建而成。此外，另有一些外省移民所建之会馆建筑也陆续在城内落成。如浙江人之江南会馆，建于东水门内；福建人之天后宫，建于朝天门内；浙江人之列圣宫，建于储奇门内。会馆建筑由于集同乡之力所修，祠有各自家乡的"乡土神"，也成为具有宗教色彩的建筑。

重庆城外的一些寺庙，在清初也得以重建。如城外之觉林寺，坐落于莲花山下，南宋绍兴间建，明末毁于兵。康熙二年（1663）僧雪痕重建；乾隆二十二年（1757）僧月江增修山门、莲池、亭子、桥梁、石塔等。寺之主要建筑报恩塔系月江和尚为报母恩而建，塔未成而月江圆寂，由其弟子善明继师志续修，历16年完成。觉林寺因"其地风景绝佳，为县南诸寺冠"，曾列为"八景"，"游人杂沓，题咏尤多"。[1] 四十九年（1784）九月，川东兵备道沈清任亲自撰写《渝州觉林寺碑记》，道明觉林寺修建之目的："因果之说不可知，而孝德可以不朽，吾深喜月江之不负其母，善明之不负其师，而大众之能共成斯胜，以增吾渝之美谈也。"[2]

城外之华岩寺，创始年代无考，明万历己亥（1599），士绅杨益邀寓居此处的泸州僧人无权一同募资，傍华岩洞重修庙宇。康熙七年（1668），杨益后

---

① 民国《巴县志》卷3《古迹》，第25页。
② 沈青任：《渝州觉林寺碑记》，民国《巴县志》卷20《金石下》，第12页。

裔继芳与僧德玉善承先志，布施重建新寺。"其后寺僧愈众，宗支流衍天下。"① 寺中重要建筑多建于乾隆、嘉庆年间。

缙云寺，明末清初毁于火灾。② 康熙二十二年（1683），破空和尚主持修复寺庙，以大雄殿、天主殿、藏经阁前后三重组成。缙云寺"云来山掩，云去山现"，王尔鉴知巴县时，曾作诗"蜀山九十九，萃此九峰青。霞高悬丹嶂，云开列翠屏。光华歌复旦，肤寸遍沧溟。更孕巴渝脉，人文毓秀灵"。将"缙岭云霞"列为"巴渝十二景"。③ 而此前渝城"八景"④ 中的"龙门浩月""孔殿秋香""觉林晚钟""佛图夜雨"四景也与寺庙建筑有关。

清初重庆各类祠庙建筑的修复，顺应了清统治者休养生息、安定川民之政策，对于稳定饱受疮痍的川人心理起到了安抚效果。具有宗教色彩的移民会馆建筑的修建，更是符合重庆这座移民城市的特点，对外来移居重庆之民发挥了联络乡谊，寄托乡情及崇祀乡土神祇的作用，较好地推动了清初重庆城市秩序的重建。

四、城市社区和人口管理

康雍乾时期，重庆城市人口逐渐增多，地方官员针对重庆土、流共处的情况，对城市人口实行分区管理。城区及附属人口，以前代坊厢之法划分，以社区精英——坊厢长代行管理之责；移民人口，则专设客长加以管理。在地方精英的协助下，清初重庆地方官员较好地解决了城市人口管理的问题。

1. 编划坊厢

坊厢是中国古代即有的一种基层组织。据《五代会要》卷26《街巷》载："诸厢界内，多有人户侵占官街及坊曲内田地，盖造舍屋，又不经官中判押凭据，厢界不敢悬便止绝，切恐……厢界难以止绝者。"该处虽未明确记载坊是厢的辖区，但可以看出厢有权管理坊内事务，厢是坊的上级行政组织，厢、坊

---

① 民国《巴县志》卷3《古迹》，第19页。

② 传说是因为寺内和尚横行四邻，当地老百姓恨之入骨，趁张献忠入川时，聚众上山，一把火把寺庙烧毁。参见李书敏、蓝锡麟主编，吴涛等编著：《巴渝文物古迹》，重庆出版社，2004年，第145页。

③ 乾隆《巴县志》卷16《艺文》，第26页。

④ 渝城八景根据乾隆旧志记载为：金碧香风、洪崖滴翠、龙门浩月、黄葛晚渡、佛图夜雨、孔殿秋香、觉林晓钟、北镇金沙。乾隆年间，王尔鉴纂修《巴县志》"删三增七"将"金碧流香""洪崖滴翠""龙门浩月""桶井峡猿""字水宵灯""黄葛晚渡""海棠烟雨""缙岭云霞""云纂风清""华蓥雪霁""佛图夜雨""哥乐灵音"列为"巴渝十二景"。

二级制已经存在。宋代在城市管理上沿用这一制度，太宗至道元年（995），开封城内实行厢坊制，大中祥符元年（1008），在开封城外置厢。[①]

明代为了编造黄册及征收赋税在全国推行里甲制度，在农村设里，城市设坊与厢（近城曰厢，城中曰坊）。110户为里、坊厢。从110户中选出丁粮多的10户为里长、坊厢长，余100户组成10甲，甲设甲首，每甲10户。鳏寡孤独不任役者，附十甲后为畸零。[②] 明代重庆城内设8坊，即太平、仁寿、壁仙、安静、通远、龙台、忠孝、宣化坊；城外设两厢，内江厢（沿嘉陵江一带）和外江厢（沿长江一带）[③]。明时重庆城坊厢长及甲长的职责未见记载，但从全国情况来看，里长及甲首要负责赋役及劳役税的征收，地方治安的维持，征收祭祀费用及主持地方上的乡饮酒礼等[④]，城市中的坊厢当与此同。

清初大规模移民，扩大了重庆城市规模，原有坊厢已不能容纳新增人口，于管理上产生诸多不便。康熙四十六年（1707），巴县知县孔毓忠将重庆城内编为29坊，即太平坊、宣化坊、巴字坊、东水坊、翠微坊、朝天坊、金沙坊、西水坊、千厮坊、治平坊、崇因坊、华光坊、洪岩坊、临江坊、定远坊、杨柳坊、神仙坊、渝中坊、莲花坊、通远坊、金汤坊、双烈坊、太善坊、南纪坊、凤凰坊、灵壁坊、金紫坊、储奇坊、仁和坊。[⑤] 其中16坊以城门命名（除太安门外每一座城门都命作坊名），而每一坊都设有正街。城外因居住人口渐多，也重新编为15厢，即太平厢、太安厢、东水厢、丰碑厢、朝天厢、西水厢、千厮厢、洪岩厢、临江厢、定远厢、望江厢、南纪厢、金紫厢、储奇厢、仁和厢。[⑥]

重庆29坊均设置坊长，各坊内居民称为坊民。坊长为官府任命的职员，其职责主要是承接官府差务，处理官府交代的坊内事务以及协调坊内纠纷等。各坊厢一般设坊长或厢长一名，也有两坊或两厢共设一名坊厢长的情况，如凤凰、南纪两坊坊长刘光华；金汤、通远两坊坊长何品一；仁和、太平两厢厢长陈兴朝。[⑦]

---

① 参考樊莉娜：《厢坊制的始行时间》，《中国历史地理论丛》，2004年第1期，第148页。
② 《明史》卷77《志》53《食货志一》，中华书局，1974年校勘本，第1878页。
③ 乾隆《巴县志》卷2《建置》，第21页。
④ 张哲郎：《乡遂遗规——村社的结构》，载姜义华等编《港台及海外学者论中国文化》（上），上海人民出版社，1988年，第255页。
⑤ 乾隆《巴县志》卷2《建置》，第21页。
⑥ 乾隆《巴县志》卷2《建置》，第22页。
⑦ 《承管九门坊厢捕役及朝天储奇两党乡约坊长名册》，《巴县档案》6-3-25，嘉庆朝，年代不详，档案中记载为"仁和坊""仁和厢"。

　　清初重庆编划坊厢的更大作用在于"分区管理"。由于各坊在空间上将重庆城划分为 29 条主要街巷，极为明晰地细分了城市空间，使得官府的管理也可以依坊厢而进行。因此，重庆官府在各坊中均设置坊差，且规定重庆城内外坊厢公事由"皂班办理"①，乡村事务则"俱归快班办理"②。

表 18　嘉庆年间重庆承管九门坊厢捕役人数

九　门	总捕头	散捕头	散役人数及其职责
太平门	2 名	3 名	2 名管太平坊；2 名管仁和坊；2 名管太平厢；1 名管太安厢；2 名管仁和厢
千厮门	2 名	3 名	3 名管千厮坊；2 名管崇因坊；2 名管洪岩坊；1 名管西水坊；1 名管治平坊；2 名管洪岩厢；2 名管西水厢；1 名管千厮厢
朝天门	2 名	5 名	2 名管朝天坊；2 名管翠微坊；1 名管金沙坊；2 名管丰碑厢；2 名管朝天厢
通远门	2 名	2 名	1 名管通远坊；2 名管渝中坊；2 名管莲花坊
东水门	2 名	2 名	2 名管东水坊；2 名管宣化坊；1 名管巴字坊；2 名管东水厢
临江门	2 名	2 名	2 名管临江坊；3 名管定远坊；2 名管华光坊；1 名管定远厢；1 名管临江厢
储奇门	1 名	2 名	2 名管储奇坊；1 名管杨柳坊；1 名管神仙坊；1 名管储奇厢
金紫门	1 名	1 名	1 名管金紫坊；2 名管灵壁坊；2 名管太善坊；2 名管金紫厢
南纪门	1 名	3 名	1 名管南纪坊；1 名管凤凰坊；1 名管金汤坊；2 名管南纪厢；3 名管望江厢

　　资料来源：根据《承管九门坊厢捕役及朝天储奇两党乡约坊长名册》统计，《巴县档案》6-3-25，嘉庆朝，年代不详。

　　上表显示，清初重庆地方政府依九门设置捕头，太平、千厮、朝天、通远、东水、临江六门各设总捕头 2 名，散捕头 2~3 名；朝天门因过往船只、人口极多，设散捕头 5 名，各坊厢散役 1~3 名；储奇、金紫、南纪三门各设总捕头 1 名，散捕头 1~3 名，各坊厢设散役 1~3 名。地方官员将衙门差役分散设置于重庆城内外主要街巷，并借助坊厢长的威望管理各街巷事务，共同维

---

① 《皂头王建昌等为壮捕夺案承办事禀请讯究》，《巴县档案》6-1-4，1758 年。
② 《皂头王建昌等为壮捕夺案承办事禀请讯究》，《巴县档案》6-1-4，1758 年。

系城市社会秩序。

2. 专设客长管理客民

清初，四川称入籍的外省人为"新民"，又称自明代遗留下来的原籍人为"老民"。"老民"人数虽少，却是在四川战乱中留存下来的土著居民，"前世之宦于斯者，后遂为土著焉"。① 随着人口逐渐增多，土著与客民之间的纠纷日繁，对于"抚绥不易"的客民，四川官员因地制宜，采取不同的办法加以管理。如云阳县实行分地而居，"邑分南北两岸，南岸民皆明洪武时由湖广麻城孝感敕徙来者，北岸则皆康熙、雍正间外来寄籍者，亦惟湖南、湖北人较多"②，南岸多为"土著"，北岸客民为主。威远县，在明代分东、西、南、北四乡，清初，"荆楚闽广黔粤之民，背负提携，杂沓而至，有司者虑无以处之"，遂将山深道险的山区划出安置客民，取名"新乡"③，专门为落业移民设"新乡"聚居区。

清代重庆城依山环水，城市呈环状，客民不易分地而居，遂自然形成主、客民杂居的状态。随着外籍人口在重庆入籍者增多，主、客民之间的各类纠纷日繁，为平息纷争，重庆官府专设"客长"管理客民，以收"以客制客"之效。

所谓客长，"役客民之长以约束之，号曰客长"。④ 客长多采"正直端方""老实谙练"之人。客长一经选用，由官府颁发执照，予以承认。下面是乾隆年间巴县衙门颁发的客长执照。

乾隆三十八年三月十四日巴县签充场头客长执照⑤

为给照事

本年三月十三日，据仁里十甲隆兴场与艾增阳、郑文尊认充场头、客长前来。据此，合行给照。为此照给场头艾增阳、客长郑文尊收执。凡遇场内大小公事，务须勤慎办理。仍不时稽查啯噜匪类、娼妓赌博、私宰私铸、邪教端公，以及外来剪绺撮白、面生可疑之人，许尔密票本县，以凭严究。倘敢徇情容隐，一经查出，或被告发，定行重惩，决不姑宽。凛

---

① 民国《重修广元县志稿》卷 15，1940 年铅印本，第 53 页。
② 咸丰《云阳县志》卷 2，1854 年刻本，第 56 页。
③ 乾隆《威远县志》卷 3《建置志·镇场》，1775 年刻本，第 65 页。
④ 民国《南溪县志》礼俗篇第八，卷 4《礼俗下》，1937 年铅印本，第 1 页。
⑤ 四川大学历史系、四川省档案馆编《清代乾嘉道巴县档案选编》（下册），第 300 页。

之！慎之！毋违！须至执照者。

　　右照给场间艾增阳

　　客长郑文尊收执

　　巴县档案显示，客长一般由客籍民众"公举"产生。如乾隆三十五年（1770），湖广人王恒泰承充客长，因父母在籍，年俱衰迈，父母屡次家书王恒泰回楚，恒泰遂"将帐务收齐"，"邀集场众议得场民吕思圣老成谙练，堪充客长"。[①] 江西人刘发栋，也于乾隆三十六年（1771）腊月初八由"场众公举为客长"。[②]

　　在客长公举产生的过程中，地方士绅的举荐往往能起到关键作用。乾隆三十八年（1773），艾增阳、郑文尊等即是由甲内乡约黄国珍、陈必高等公举为隆兴场场头、客长。[③] 四十年（1775），节里十甲客民王正纲因"言行相敷"，被认为"可作客长之役"，由乡约王甫章、王廷藻，场头瞿太华率众公举产生。[④]

　　客长经过客民公举之后，由官府颁发执照以取得合法性，"地方能人"由此获得官方认可的身份，被吸纳入社会基层组织。客长以管理客民为主，其职责为管理"场内公事"，"协同乡约谨慎办理"，"不时稽查啯噜匪类、娼妓赌博、私宰私铸、邪教端公，以及外来剪绺摞白、面生可疑之人"。[⑤] 乾隆六十年（1795）闰二月，兴隆场客长王廷先、王联升等先后向巴县衙密禀该场有匪徒"在场骚扰窃拿钱布"，县正堂批："侯即移营会差兵役截拿究办"。[⑥] 同年十一月，石龙场客长曹在贵感"客长之责"，特向官府汇报该场每逢场期，有不法匪徒于场内"剪绺摞白"，"来场滋扰"，请求官府"赏捕差坐场"，县正堂

① 《民艾增阳等认充各里甲场头、客长、乡约等并合行给照情形卷》，《巴县档案》6-1-42，1773年。

② 《民艾增阳等认充各里甲场头、客长、乡约等并合行给照情形卷》，《巴县档案》6-1-42，1773年。

③ 《民艾增阳等认充各里甲场头、客长、乡约等并合行给照情形卷》，《巴县档案》6-1-42，1773年。

④ 《民艾增阳等认充各里甲场头、客长、乡约等并合行给照情形卷》，《巴县档案》6-1-42，1773年。

⑤ 《乾隆三十四年三月二十九日巴县签充场头客长执照》，四川大学历史系、四川省档案馆编《清代乾嘉道巴县档案选编》（下册），第299页。

⑥ 《乾隆六十年闰二月初七日兴隆场客长王廷先、王联升禀》，四川大学历史系、四川省档案馆编《清代乾嘉道巴县档案选编》（下册），第360页。

批："如果实有匪窃，许即协同约邻拿送禀究，未便专派坐场差役，致滋烦扰"。[①] 通过客长，重庆地方官员能及时地掌握各场情况，并予以处理。

客长的职责还包括处理客民纠纷。乾隆二十九年（1764），楚民在渝经营棉花铺生理，同行集议，分出生、熟花铺，各分坊厢，各归各会。嘉庆六年（1801），因熟花铺帝王会首人收钱不公，发生纠纷，"经客长等剖罚首人治酒演戏"，方得完结。[②]

客长的任期无明确规定，较为灵活，但大多数的客长都是轮流承值。如慈里十甲陶家场为"岁暮轮流签递"。[③]

除了场镇有"客长"，外来移民在重庆所建之八省会馆也公举八省客长，负责处理各省事务，主要以调解商务纠纷为主。

3．调解土著与客民矛盾

随着移民不断增加，至嘉庆时，四川已人口稠密，田土稀少，"向之川土荒芜者，今皆已垦辟，向之川民凋瘵者，今皆已生聚，熙熙然郁郁然享太平之福矣"。[④] 湖广陕西江西广东等处迁居之人，以及四方之商贾，俗尚不同，情性亦异，地方官员感到"抚绥尤为不易"。[⑤]

外省移民中除了移民垦荒者，尚有部分属于犯罪潜逃入川之人。康熙年间"楚省宝庆、武冈、沔阳等处人民，或以罪逃，或以欠粮，惧比托名开荒，携家入蜀者不下数十万，其间果以开垦为业，固不乏人。而奸徒匪类扰害地方，则有占人已熟田地者，掘人祖宗坟墓者，纠伙为窃为盗肆虐行劫者，结党凶殴、倚强健讼"[⑥]，在川省肆意妄为。如沔阳盗犯重犯郑允文就逃入四川，在四川潜伏两年。[⑦]

康熙五十一年（1712），兵部侍郎李先复（四川南部县人）上《为直陈楚民寓蜀之害疏》，请令四川巡抚于养志"将楚民寓蜀开垦者，令各州县逐户确查，实系楚省何处人民？妻子亲戚同居若干人？开明籍贯仍取连名互结，以防

① 《乾隆六十年十一月十四日巴县廉里四甲石龙场客长曹在贵禀》，四川大学历史系、四川省档案馆编《清代乾嘉道巴县档案选编》（下册），第360页。
② 《嘉庆七年十一月十一日曾义和等诉状》，四川大学历史系、四川省档案馆编《清代乾嘉道巴县档案选编》（上册），四川大学出版社，1996年，第338页。
③ 《民艾增阳等认充各里甲场头、客长、乡约等并合行给照情形卷》，《巴县档案》6-1-42，1773年。
④ 嘉庆《四川通志》，"黄廷桂序"，第5页。
⑤ 嘉庆《四川通志》，"黄廷桂序"，第6页。
⑥ 李先复：《为直陈楚民寓蜀之害疏》，嘉庆《四川通志》卷64《食货·户口》，第13页。
⑦ 李先复：《为直陈楚民寓蜀之害疏》，嘉庆《四川通志》卷64《食货·户口》，第13页。

更名易姓之弊，造具清册，咨移楚抚查明原籍，因何事逃出？或系只身，或有妻子兄弟共几名口？并无过犯，取具各州县印结，转咨川省存案，方准开垦入籍当差"；如因犯罪私逃，如郑允文之类，及欠粮避差不法者，"亦令楚省州县开明犯罪事由，何事逃出？或只身，或妻子兄弟几名口？转咨川抚即行逐一清查，递解回籍，仍照原案归结，庶奸民不致漏网，而蜀省残黎永享无事之福矣"。① 如果入蜀楚民实系开垦乐业不敢为非者，四川地方官"亦应照蜀民一体抚恤，不得借端驱逐"②。楚民在川造成的混乱引发了川省管理上的困难。

川人与外省人的冲突也日益突出，其中，尤以与湖广人的冲突最盛。史载"陕西入川之人各自耕种安分营生，湖广入川之人每每与四川人争讼，所以四川人深怨湖广人"③，移民中更有"将田开垦至三年后躲避纳粮而又他往者"④。传教士古洛东也注意到"陕西、湖广到四川者尤多。由陕西来者皆讲道德，与川民相安无事。而由湖广来者多系刁狭之辈，不讲道德，如被官长严拿，若辈乃逃回原籍避之，官亦无可如何。四川东南方面，十年之内，善良之民实属罕见"⑤。对于土著与移民之间的矛盾，康熙皇帝认为缘于人多地少，四川"先年人少田多，一亩之田，其值银不过数钱，今因人多价贵，一亩之值竟至十数两不等。即如京师近地，民舍市廛日增，居址连亘毫无空隙"，虽值丰收之年，芝麻木棉皆得收获，"而米粟尚贵，皆由人多地少故耳"⑥。

雍正五年（1727），"湖广广东江西等省之民因本地歉收米贵，相率而迁入四川者不下数万人"。据各省陆续奏闻，人口大规模入川原因在于"川省旷土本宽，米多价贱，而无知之民平时既怀趋利之见，又有传说者谓川省之米三钱可买一石。又有一种包揽棍徒极言川省易于度日，一去入籍便可富饶，愚民被其煽惑，不独贫者惰其术中，即有业者亦鬻产以图富足"⑦。由于外省民人盲目入川，田土日少，"四川垦辟田土从未丈勘，隐占者多，又土著与流民各居其半，争讼日繁"⑧。

广东湖广江西等地之民大规模盲目涌入四川，雍正皇帝并不赞成，他认为"草野识见庸愚，必须训示方能醒悟，为地方官者当抚绥之于平日，而劝教之

---

① 李先复：《为直陈楚民寓蜀之害疏》，嘉庆《四川通志》卷64《食货·户口》，第13页。
② 李先复：《为直陈楚民寓蜀之害疏》，嘉庆《四川通志》卷64《食货·户口》，第13~14页。
③ 嘉庆《四川通志》卷首之一《圣祖仁皇帝圣训》，第20页。
④ 嘉庆《四川通志》卷首之一《圣祖仁皇帝圣训》，第20~21页。
⑤ 古洛东：《圣教入川记》，四川人民出版社，1981年，第63页。
⑥ 嘉庆《四川通志》卷首之一《圣祖仁皇帝圣训》，第21页。
⑦ 嘉庆《四川通志》卷首之二《世宗宪皇帝圣训》，第7~8页。
⑧ 嘉庆《四川通志》卷62《食货·田赋上》，第18页。

于临时。开其愚蒙，恤其穷困时，勤训导，使百姓知故土之可恋，转徙之非宜，则愚民之不下醒悟者亦少矣"①。因此，雍正五年（1727）起，中央陆续下令对移民活动加强管理。

首先，改变四川土地的插占方式，将原来的任意插占变为酌量插占。雍正五年（1727），皇帝谕令四川州县将人户逐一稽查姓名籍贯，果系无力穷民，即"量人多寡，分给荒地五六十亩或三四十亩，官府发给口粮、种子、耕牛"，令其开垦。② 即按户限额分给土地，以此减少插占产生的矛盾。乾隆二年（1737），清政府颁布《承垦荒地之令》，对垦荒政策进行调整，规定：无论土著居民还是流寓者，皆以事先呈报地方准其开垦，并承认其土地的所有权。自此以后，入川移民由此前无条件的鼓励垦荒，转变为须首先向官府呈报而后方得开垦。

其次，实行移民登记存案制度。雍正六年（1728），清政府议定赴川民人有愿回籍者量予盘费口粮，其愿在川开垦者量人多寡分给荒地五十六亩或三四十亩，给以牛种口粮，各府州县稽其姓名籍贯造册申报督抚，咨查原籍，令将本户居址造册报。③ 乾隆六年（1741）规定："广东惠、潮、嘉二府一州所属无业贫民携眷入川，不必强禁，许其开明眷属名口、年貌，报本地方官查明给票听往，不必候川省关移。并饬知沿途营、县验明人票相符，即予放行。到川编入烟册，移知原籍存案。"④ 要求移民无论在迁出地还是迁入地，都须登记存案，不能任意而行。

第三，对移民中的"流民"进行限制。雍正七年（1729）起，清政府对移民采取限制措施，"请嗣后各省续到流民，自雍正七年为始，停其造册咨查。行令各省将实在无米穷民，愿往川省开垦者，给与印照，与先经查验覆到之各户，一体安插。如无照之人，除在川各有生业，准其编入保甲外，所有游手之民，著即查明，令回原籍"⑤。对移民中的游民进行了限制。

但雍正时，移居四川已历几代的外省人，很多已把四川作为家乡，一心想要迁往四川。因此，虽有地方官阻止当地人口迁出，但效果甚微。雍正十一年（1773），广东民众在龙川县衙贴出的《往川人民告帖》即表明了民众入川的决心，告帖曰："日下龙川县地方处处拦绝，不容我等行走。思得我等若人少，

① 嘉庆《四川通志》卷首之二《世宗宪皇帝圣训》，第8页。
② 嘉庆《四川通志》卷64《食货志·户口》，第17页。
③ 嘉庆《四川通志》卷64《食货志·户口》，第17页。
④ 《高宗纯皇帝实录》卷138，中华书局，1985年影印，第10册，第993页。
⑤ 《世宗宪皇帝实录》卷79，中华书局，1985年影印，第8册，第35页。

他们必不肯放我们，亦不敢同他们争执。但是我等出生退死，一出家门，一心只在四川，阻拦我们的身，阻拦不得我们的心肠……若要阻绝我们，是绝了我们归家之路，万万不可！""我等在本省地方，自然遵法，惟有磕头哀求放走。若到江西，隔省阻拦我们，我等要奋力齐拼一死。"① 这张告贴情真意切，反映出广东部分民众在控制之下仍愿入川的真实场景。

雍正年间尽管对移民活动加强管理，并采取限制措施，但清政府鼓励外籍入川的政策并未改变，这可以从其后中央对地方官员"请禁入川"的态度看出。乾隆三十二年（1767），川督阿尔泰奏请禁止各省民人赴川，其理由是川省荒地，业经认垦无余，乾隆皇帝批示："此等无业贫民，转徙往来，不过以川省地广粮多，为自求口食之计。使该省果无余田可耕，难以自赡，势将不禁而自止。若该处粮价平减，力作有资，则生计所趋，又岂能概行阻绝？……倘此等民人，入川或有滋事为匪，致为乡里之害，即按罪严惩，以儆其余，亦督抚等分所应办，又何事鳃鳃过虑？"② 否决了阿尔泰的请求。

直至乾隆时期，大规模的移民入川潮流并未停止，相关政策亦为各地官员提供了人口迁移的依据。移民活动在乾隆中后期逐渐变缓，至嘉庆初年才逐渐停息。

---

① 《往川人民告帖》，引自何智亚：《重庆湖广会馆——历史与修复研究》，重庆出版社，2006 年，第 42 页。

② 《高宗纯皇帝实录》卷 784，中华书局，1986 年影印，第 18 册，第 645 页。

第二章 士绅、基层组织与城市管理

第一节 18～19 世纪的城市面相

康熙五十二年（1713）三月，皇帝以"恩诏"的形式宣布"盛世滋生人丁，永不加赋"，最早提出盛世之说。[1] 其后，乾隆在收复新疆后也宣称"比年以来西域大奏朕功，国家势当全盛"[2]，乾隆自称"十全老人"，八十二岁时还亲自撰写《十全记》，记述自己一生的十全武功。

相对于明末的社会状况，康雍乾时期，中国确实呈现出生气勃勃的迹象。康熙十七年（1678），中国人口走出明末以来的低谷，达到 1.6 亿。[3] 乾隆四十一年（1776），中国人口突破 3 亿，达到人口峰值。[4] 巨大而统一的国内市场使中国商业释放出活力，对外贸易也因茶叶、瓷器等的输出获得发展，国家财赋增加，城市从清初的衰败景象逐渐走向繁荣。

但"盛世"始终是统治者自封的词语，这个词语被后世史家总结为"康乾盛世"，以极为简略的方式概括康雍乾时期的时代特征，遮蔽了盛世之下的若干问题。孔飞力认为，盛世常被当作德政的护符，用来装点官方的文件。乾隆年间，经济确实是生气勃勃，然而，它对社会意识有着怎样的影响，却是一个实际上未经探讨的问题。他将乾隆时期的盛世称为"弘历治下的镀金时代"。[5]

人所称道的盛世时期，中国的城市是何种面相？人们的生存状态如何？确

---

① 参见刘焕性：《康乾盛世之说的由来》，载《清史研究》2003 年第 1 期。
② 王先谦：《东华续录》乾隆六七，《续修四库全书》，《史部·编年类》第 373 册，上海古籍出版社影印，2002 年，第 202 页。
③ 曹树基：《中国人口史》第 5 卷，"清时期"，复旦大学出版社，2001 年，第 51 页。
④ 曹树基：《中国人口史》第 5 卷，"清时期"，复旦大学出版社，2001 年，第 832 页。
⑤ ［美］孔飞力：《叫魂：1768 年中国妖术大恐慌》，陈兼、刘昶译，读书·生活·新知三联书店，1999 年，第 42 页。

实需要做更多的探寻。重庆民众的社会意识状态，因清代官书未有详录，已很难发掘出更多的史料，但从乾隆以后重庆的城市变化仍可看出：18 世纪以降，重庆人口剧增，城市规模扩大，城市管理的危机已在盛世之中显现出来。来自政府的危机——官员腐败、差役懒散等衙门习气与来自下层的危机——流民入城、大规模的民变事件等同时涌现，使城市充满不安定的因素。地方政府对城市的控制随之加强，地方官员依靠士绅等精英管理城市，但精英本身也处于政府的强力管控之中，他们被安排在城市的各个组织之内，行为受到管束，所谓"盛世"，遂在国家政权对绅民的严密控制之下以经济繁荣的态势呈现出来。

一、人口和城市规模

乾隆中后期，随着"湖广填四川"移民潮的逐渐趋缓和原住民返迁，"蜀中元气既复，民数日增，人浮八口之家，邑登万户之众，盈宁富庶，虽历代全盛之时未能比隆于今日也"[1]。重庆府耕地恢复至 584.39 万亩，雍正六年（1728）清丈土地后，更增至 1259.76 万亩。[2]

重庆人口也大幅增加。康熙六十一年（1722），重庆府人口达 11.2 万户，约 56 万人。[3] 嘉庆元年（1796）以后，巴县报部户口为 75743 户，218779 丁口。[4] 十七年（1812），重庆府册载人口已达到 236 万，据王笛估算，此时，川省人口中移民人数至少占 85% 以上。重庆府移民为 198.8 万左右，巴县人口 21.9 万，移民则占 18.6 万。[5] 道光四年（1824），重庆城内 28 坊 14214 户，共有 5.5 万人，其中男 3 万人，女 2.5 万人；城外 14 厢 3636 户，共有 1 万余人，其中男 5737 人，女 4401 人。合计城厢人口约 6.5 万人，城乡人口共计 38.6 万余人。[6]

重庆商业人口所占比重也越来越大，"吴楚闽粤滇黔秦豫之贸迁来者，九

① 雍正《四川通志》卷 5《户口》，第 1 页。
② 根据雍正《四川通志》卷 5《户口》，1736 年。引自周勇主编：《重庆：一个内陆城市的崛起》，重庆出版社，1989 年，第 59 页。
③ 道光《重庆府志》卷 3《食货志·户口》，1843 年刻本，第 9 页；隗瀛涛主编：《近代重庆城市史》，四川大学出版社，1991 年，第 387 页。
④ 嘉庆《四川通志》卷 65《食货志·户口》，第 4 页。
⑤ 隗瀛涛主编：《近代重庆城市史》，四川大学出版社，1991 年，第 383 页。
⑥《道光四年巴县保甲烟户男丁女口花名总册》，四川大学历史系、四川省档案馆编《清代乾嘉道巴县档案选编》（下册），第 340 页。

门舟集如蚁"①。外省仅"大江拉把手","每岁逗留川中者不下十余万人,岁增一岁,人众不可纪计"②,"沿江上下数千里贫民无业者募充水手,大艘四五十人,小亦不下二三十人……计一岁不止亿万人养活期间也。"③ 乾隆初,重庆已是三江总汇,水陆冲衢,商贾云屯,百物萃聚。……如昭文则有丹漆旄羽,制器则有皮革骨角,取材则有楠梓竹箭,利用则有鱼盐蒲裘,若铜、若锡、若铅、若铁、若怪石、若金玉器玩、佳果香茗,"或贩自剑南、川西、番藏之地,或运自滇黔秦楚、吴越闽豫两粤之间,水牵云转,万里贸迁"④。据《巴县档案》记载,乾隆三十八年(1773),重庆定远厢共有 300 户,而其中从事工商业的占 208 户,为总户数的 69.3%。⑤ 嘉庆十八年(1813)重庆紫金坊、灵壁坊共有 534 户,其中从事工商业者 362 户,为总户数的 67.8%。⑥ 清代中期,城内部分街区工商业人口的比重已经超过其他人口的比重,重庆城工商业人口大致占人口总数的三分之一。⑦

同时,由于重庆是川盐济楚的必经之地。清代四川井盐运销湖北湖南,数量日增,省内盐商"一水舟来,鳞集江岸,盐之薮也";而川盐"一交楚界,则价倍于蜀","食盐者众,贩运者多,利之薮也"。⑧ 商业人口的增加大大增加了重庆城市的活力。乾隆末期,重庆已成为四川、滇北、黔北、藏卫和陕南、甘南的区域物资集散地,成为四川最大的商业城市。

随着城市人口增加,重庆城的规模也随之扩大,城市开始横跨嘉陵江,向北发展。江北本隶巴县,但因"县地幅辽阔,周理维艰,凡民以事诣官必涉小江,春夏之交偶遇泛滥,波涌澜翻,时虞覆溺,有隔岸惊心驻店经旬而不敢渡江者。则因民之便,自不得不设邑分疆,于此抚人民而施政教焉"⑨。乾隆十九年(1754),"因镇所形势冲要,以重庆府同知移驻江北,以旧署变价建新署于江北镇弋阳关下,二十四年(1759),以巴县义礼二里及仁里六甲隶焉,奉

①　乾隆《巴县志》卷 2《建置·里社》,第 24 页。
②　严如煜:《三省边防备览》卷 10《山货》,道光庚寅年(1830)重刻本,第 15 页。
③　乾隆《巴县志》卷 3《盐法志》,第 49 页。
④　乾隆《巴县志》卷 10《物产》,第 14 页。
⑤　《乾隆三十八年三月定远厢人口社会构成统计表》,四川大学历史系、四川省档案馆编《清代乾嘉道巴县档案选编》(下册),第 310~311 页。
⑥　《嘉庆十八年四月二十八日紫金坊、灵壁坊社会职业成分构成表》,四川大学历史系、四川省档案馆编《清代乾嘉道巴县档案选编》(下册),第 318~319 页。
⑦　隗瀛涛主编:《近代重庆城市史》,四川大学出版社,1991 年,第 94 页。
⑧　乾隆《巴县志》卷 3《盐法》,第 48~49 页。
⑨　道光《江北厅志》卷 1《舆地志·建置沿革》,1844 年刻本,第 5 页。

颁江北镇理民督捕同知关防"①，重庆城市开始横跨嘉陵江南北。江北厅因行政机构入驻以及贸易日繁，人口也迅速集聚，乾隆二十四年（1759）后，迅速发展成为人口过5万的重镇，道光二十二年（1842），人口更是超过10万。②

重庆城也逐渐突破原有城墙的限制，向城外发展。城外沿江一带，居住着一定数量的船户，后因人口增多，城墙之外逐渐发展成为街市。明代城外有两厢，即内江厢、外江厢；清代发展为15厢，即太平、太安、东水、丰碑、朝天、西水、千厮、洪岩、临江、定远、望江、南纪、金紫、储奇、仁和。厢以棚户区为主，季节性居民占有相当数量。

重庆城市的变化增加了地方政府管理的难度。乾隆年间，巴县知县王尔鉴在其所纂修的《巴县志》中就表达了对城中流民增多、秩序混乱的隐忧：

> 巴一叶云浮，万家烟聚，坊厢廛市傍壑凌岩。吴楚闽粤、滇黔秦豫之贸迁来者，九门舟集如蚁。陆则受廛，水则结舫。计城关大小街巷二百四十余道，酒楼茶社与市阛铺房鳞次绣错，攘攘者肩摩踵接，而宵小奸宄时潜伏于城隅阛阓间，纵严保甲以稽之，而朝迁暮徙，迄无定居。文武兵役，虽日供使令，保无悍蠹局赌圂娼；市井牙侩，虽日评物价，保无奸猾骗客吞商。至于附郭沿江之充募水手者，千百成群，暮聚晓散，莫辨奸良，此皆渝州坊厢可深为隐忧者。③

乾隆三十八年（1773），重庆保甲人口统计显示，重庆城外定远厢共300户，从事的行业有开设店铺、运夫、裁缝、厨子、测字等，三教九流无所不包。其中，从事卖木、卖米等小商业者最多，有175户，占人口总数的58%；其次是从事渡船、背货、抬木等运输工作的，有73户，占人口总数的24%。④靠近定远厢的定远门还不是重庆城商业和交通运输最繁忙的门，朝天门和储奇门周边从事商业和运输的人口比例当更高。嘉庆十八年（1813）四月，重庆城内紫金坊、灵壁坊社会职业构成统计显示，两坊总共534户，其中职业为"帮人"一类的最多，有42户，此外从事生理的32户，从事小生理的24户，从事小生意的15户。⑤这些职业模糊的人约占五分之一，很难在职业里进行归类，人口的繁杂由此可见。嘉庆时期，重庆更是"五方杂处，百货交通，贾舶

---

① 道光《江北厅志》卷1《舆地志·建置沿革》，1844年刻本，第5页。
② 江北县公安局编：《江北县公安志》，第217页，1995年（内部发行）。道光《江北厅志》卷3《食货志·户口》，1844年刻本，第7页。
③ 乾隆《巴县志》卷2《建置·里社》，第23~24页。
④ 四川大学历史系、四川省档案馆编《清代乾嘉道巴县档案选编》（下册），第310~311页。
⑤ 四川大学历史系、四川省档案馆编《清代乾嘉道巴县档案选编》（下册），第318~319页。

行州往来停泊，游民结队百十其群"①。乾隆以后的重庆城市面貌，已较清初发生很大变化。

重庆各类纠纷尤其是商业纠纷日繁，也增加了官府管理的难度。据嘉庆初年的调查统计，重庆城领有或"转鬻代充"牙帖的商人共 109 行，从商人的原籍分布看，几乎全部为外省人，湖广 43 行，江西 40 行，福建 11 行，陕西 6 行，广东 2 行，江南 5 行，四川仅保宁府 2 行，只占总数的 1.8%。重庆的商业基本被移民所控制，"各行户大率俱系外省民人"。② 外地商人大多以同乡的身份组成各类组织，并且多是一乡控制一行，形成既同乡又同业的关系。外省商人之间不仅常发生各类纠纷，而且也与川帮土著商人发生纠纷，引发诉讼至县衙，给地方政府增添了若干诉讼事务。

此外，重庆因地处冲要，又为两江所围，江面常成为匪徒出没无常之地，管理实属不易。嘉道时期，重庆各地爆发的民变事件逐渐增多，兵祸蔓延，进一步加大了地方政府管理上的压力。此一时期，重庆官员已发出"川省难治之区，重庆为最"的感叹。③ 能否应对以及如何应对乾隆中后期城市变化所带来的影响，已成为盛世时期的地方官员面临的主要难题。

二、地方政府危机

1. 内部危机：衙门差役不务公事

差役是地方政府机构的组成人员，是清代城市管理的具体执行者，担当重要职责。清初重庆组建了一支严密的差役队伍，分工井然，办事有序，地方官员也极为重视对差役的管理，严格挑选，赏罚分明，在重庆城市重建中发挥了积极作用。

但至嘉道时期，川省差役日渐增多，"各州县粮快两班，多至千人，分为散差、总差、总总差名目"④，并且，"各厅州县衙门，向于额设正役及有名帮役之外，添用无名白役，动以千计。下至丞簿典史各署，亦多挂名滥设"⑤。差役倚官作势，贻害平民，常常藉端滋扰，诈取钱财，鱼肉乡愚，"凡狱讼，

---

① 《奉各宪札饬照抄发来宣谕化导节性防淫黜邪论说告示一道卷》，《巴县档案》6-3-2，1816 年。
② 四川大学历史系、四川省档案馆编《清代乾嘉道巴县档案选编》（上册），第 253～256 页。
③ 《奉各宪札饬照抄发来宣谕化导节性防淫黜邪论说告示一道卷》，《巴县档案》6-3-2，1816 年。
④ 《奉各宪札饬具奏川省积弊四条请旨查办饬禁非刑等项卷》，《巴县档案》6-3-5，1819 年。
⑤ 《道光十年三月初三日重庆府抄发川督告示》，四川大学历史系、四川省档案馆编《清代乾嘉道巴县档案选编》（下册），第 225 页。

无论大小，初递呈词即需使费，谓之呈子钱，及呈审之时，又有打扫衙门之说，谓之'坐堂礼'。除人命盗案外，田土、婚姻各件，辄计家资之贫富为多寡，用费不到，则望审无期。若欲速提速结，则所费尤巨。内而长随茶房，外而书胥差役，莫不分润。每签提一案，差役多至十数人，到彼先索鞋脚钱、轿马钱。人证到案后，又索酒食钱、差使钱、不满所欲，则虽官长履催，总以人证不齐登答蒙混。结案之后，又苛求辛苦钱、酬谢钱。案愈延，则诛求愈广"。民间将任吏役等视为肥身之计，"欲充当总差役名，用顶头钱或累千数"，因此有"差头换举人，举人倒补一千银"之怪象。差役诈钱的惯常手法是：知民间遇有被窃案件，呈报之后，捕厅差役将被窃事主临近之家家产殷实而无顶戴者，令贼报出，指为窝户，按名拘押，需索钱钞。每报一案，往往牵连数人，谓之"贼开花"，而希图脱身者，只得出钱七八千，十数千不等。吏役等得钱分肥，始行释放，谓之"洗贼名"，"必俟吏役等所欲已盈，始向正贼追赃定案"。因此有"若要子孙能结果，除非贼案不开花"之说，"竟有殷实平民，经贼案数次之牵连，而一贫如洗者"。[①]

差役不仅藉案骗取钱财，而且渐现懒散、拖沓的风气。嘉道年间，重庆出现大量差役在外游荡，不务公事的现象，严重影响地方政府的执政效力。因此，重庆官员开始采取措施，整顿吏治。

其一，严禁衙门差役揞索作弊，骗取钱文。

嘉庆二十四年（1819），陕西道监察御史程伯銮向皇帝奏称"川省积弊四条"，即"吏治之严酷""军功之冒滥""官役之陋规""贼案之株连"，受到朝廷重视，嘉庆皇帝特发上谕一道，"饬令逐款实力整顿"。川督蒋攸铦即严行禁革，饬令各属"将差役花名册报备查有案"。[②] 道光十年（1830），川督琦善发布告示，通饬各属对差役"随时查察""有犯即惩"，并示仰正佐各衙门差役人等"尔等即已隶身在官，须知奉公守法，无事则安静听差，有事则勤谨效力。遇勾摄，当惜两造之拖累，将人证赶即传齐；遇缉捕，当思事主之疮痍，将赃贼迅为破获"，如无恶不为，遇事生风，"一经访闻，或被告发，定即指名提省，严刑鞫讯，按例从重究办，断不姑宽"。[③]

道光十六年（1836），巴县知县杨得质为防差役敛财，示谕凡知县下乡相验，"一切饭食夫马，概系捐给，不得派及民间分文，倘有书役人等揞诈滥派，

---

① 《奉各宪札饬具奏川省积弊四条请旨查办饬禁非刑等项卷》，《巴县档案》6-3-5，1819年。
② 《奉各宪札饬具奏川省积弊四条请旨查办饬禁非刑等项卷》，《巴县档案》6-3-5，1819年。
③ 《道光十年三月初三日重庆府抄发川督告示》，四川大学历史系、四川省档案馆编《清代乾嘉道巴县档案选编》（下册），第225页。

许尔等扭禀重惩。"①

十八年（1838）八月，巴县衙发布《查拿凶徒积盗章程》，"严行约束捕役"成为其中主要内容。因"捕役与贼盗声气相通，倘约束不严，难保无豢贼分肥之弊"，知县严谕"捕役遍行踩缉，如有拿获贼犯送究者，讯明实系窃贼，并非妄拿良民，赏给银牌一面。若无一名获案者，予以重责。倘系奉票缉捕之贼，十日不获重责三十板，二十日不获重责四十板，一月不获提究。捕役有无卧票不出及受贿包庇情事，有则照例详办，无则即行责革。俾捕役咸知警畏，而贼道亦无人护庇矣"。② 巴县衙约束差役的规定说明，嘉道时期，重庆官员已意识到差役不力所引发的严重后果。

其二，裁汰差役。

嘉庆十八年（1813），给事中干家斌曾奏："川省佐杂不遵定制，擅受民词，所用总散各役多至百数十名并有三四百名者，鱼肉乡愚，请严行饬禁"。嘉庆皇帝认为，川省佐贰杂职公然擅受民词，并违例多用人役扰累闾阎，"自系常明于该省吏治不能整顿严肃"之故，以致言官形之章奏，特著常明详细访查，"知所属佐杂中有干预词讼纵役滋蔽者，即据实严参照违制例治罪，不得仍前玩泄"。③ 谕旨表明，嘉庆年间，四川差役人数众多、擅受民词的弊端已受到皇帝重视。

重庆大规模裁汰差役在道光五年（1825），时江西南丰人刘衡任巴县知县，发现重庆讼狱繁多，倚食县署者，白役至七千余人。④ 差役"潜结棍蠹，择良民而鱼肉之，以致弊窦渐滋。彼良民者动被诬告，而官又好滥准呈词，不肯批驳，是以被诬告者官未见面，而家已全倾"⑤。刘衡决心除弊兴利，禁制棍蠹，使"役无所得食，散为民，存百余人备使令而已"⑥。刘衡曾撰《蜀僚问答》总结为官之道，认为图治之道在恤民贫，恤贫民之道在保富民，保富在除弊，而除弊又以"禁制棍蠹诬扰良民"为先，图治的关键实是"官须自做"，如果"官狃于安，不自亲其民，至丁役蒙弄以售奸，官与民乃日远"。⑦ 刘衡在重庆

---

① 《巴县示谕下乡相验一切饭食夫马概系捐给不得派及民间分文的通知》，《巴县档案》6—7—6，1836年。
② 《道光十八年八月巴县查拿凶徒积盗章程》，四川大学历史系、四川省档案馆编《清代乾嘉道巴县档案选编》（下册），第 354 页。
③ 嘉庆《四川通志》卷首之十二《皇上圣训》，第 27 页。
④ 民国《巴县志》卷 9《官师列传下·清政绩》，第 10 页。
⑤ 刘衡：《蜀僚问答》，《官箴书集成》第 6 册，黄山书社，1997 年，第 149 页。
⑥ 民国《巴县志》卷 9《官师列传下·清政绩》，第 10 页。
⑦ 刘衡：《蜀僚问答》，《官箴书集成》第 6 册，黄山书社，1997 年，第 148 页。

"出勘命案，仅从吏役止六人，置饭行囊中，渝以水，自啖之"[1]，因"恤贫保富，正人心，端士习"，被重庆人敬为"刘青天"[2]。

道光十年（1830）三月，川督琦善为严禁差役诈扰之弊，通饬各属"将正佐衙门帮役大加斥减，其无名白役一律裁汰，并将分乡坐场差役全行撤回"[3]。这是四川较大规模裁撤差役。重庆自道光十年（1830）至十五年（1835），也大量辞退不合格差役，具体裁撤情况见表 19：

表 19　1830—1831 年巴县衙辞退捕役

姓　名	职　务	辞退示革原因
傅涛	朝天坊捕役	久不赴班办公
王顺、张升、陈容、周洪	捕役	久不赴班办公
卢贵	散差	在外生事，不以公事为重，并不体恩德意
阮贵	渝中坊差役	每日在外疏虞，不以公事为重
张洪、温贵、瑞洪	捕役	不守班规，任意闲游，不办公事
晏桂、袁顺、李升	太安坊捕差	三人疏虞，不体德办公，逐日在外闲耍
张顺、胡贵、敖明	储奇坊、神仙坊差役	不体德办公，在外闲耍
颜贵	散役	日夜不归班内办公
叶全	坊差	日夜不归坊内，躲公不理
高元	孝里差役	在外游荡，不体德办公

资料来源：《各捕役在外游荡办公不力禀请示革卷》，《巴县档案》6—7—31，1830—1831 年。

上表显示，道光十至十一年（1830—1831），巴县衙门裁撤各类差役 19人，裁撤原因为"在外游荡""不以公事为重"等。由于差役任职之初有保人具保，并且有的差役并不在衙，因此，差役的裁撤大多由保人禀明办理。

朝天门捕役何贵跪为禀明事。情役承保傅涛在坊充役，伊系长寿县人氏，今傅涛回籍，久不赴班办公，诚恐在外藉役名色生事，累役非轻，故

---

[1]　民国《巴县志》卷 9《官师列传下·清政绩》，第 10 页。
[2]　民国《巴县志》卷 9《官师列传下·清政绩》，第 12 页。
[3]　《道光十年三月初三日重庆府抄发川督告示》，四川大学历史系、四川省档案馆编《清代乾嘉道巴县档案选编》（下册），第 225 页。

此禀革，伏乞大老爷台前赏准施行。①

县正堂批：准示革

道光十年九月

道光十四（1834）至十五（1835）年，巴县再次辞退各类差役15人，除总捕头潘伦是因年老辞退外，其余14人均属"在外不法""不料公务"之情。

表20　1834—1835年捕班辞退示革差役

姓　名	职　务	辞退示革原因
陶贵	正里捕役	不料公务
尹洪	正里捕役	不料公务
包顺、张彪	廉里捕役	不体德办公，久外不归
张贵、郑升	孝里捕役	在外不法
熊太	班内捕役	抗玩疏虞
黄顺、胡斌、王洪、陈洪	班内差役	久不赴辕办公
胡贵	班内散役	出外久不赴班办公
熊元 田元	南纪坊差役 金汤坊差役	在外酒后滋事，并不在坊巡查
潘伦	总捕头	年六十六岁，力弱衰迈，行路维艰，难以办公

资料来源：《捕班具保举签辞退示革差役卷》，《巴县档案》6-7-19，1834—1835年。

从道光五年（1825）至十五年（1835），重庆三次大批辞退差役，县衙顿陷办公乏人之窘境。十八年，捕班总役林升、刘金、皮贵、宋彪等"因役内班内散役缺少，不敷差遣"，向知县保举谢华、雷福、裴洪、刘刚等多人至捕班充役。②

道光年间，重庆官府试图以裁汰不合格差役的方式来缓解衙门内部危机，效果却不佳，差役懒散、不料公务及任意滋事等恶习并未得到根本改观。十三年（1833），快役晏刚"肆行包窝娼妓，勾引党类，肆吃鸦烟，渝城无人不觉"③。十八年（1838），捕班散役杨太等10人因"久不赴辕办公""在外藉役

① 《各捕役在外游荡办公不力禀请示革卷》，《巴县档案》6-7-31，1830—1831年。
② 《捕班总役林升等具保举签雷福等人充当散役卷》，《巴县档案》6-7-20，1838年。新签差役为谢华、雷福、裴洪、刘刚、王林、杜洪、罗顺、罗俸、罗升、何俸、罗全等。
③ 《总役高荣等禀晏刚不守班规肆行包窝娼妓吸食鸦片等情卷》，《巴县档案》6-7-35，1833年。

名色生非"而被县衙辞退。① 二十五年（1845），道辕差役郑林"在外不法滋事，诈搕钱文"。②

衙门陋规仍旧如常。道光三十年（1850），重庆屠户孙兴顺状告木洞镇署内门丁刘二，因刘向屠行首事每日要官肉三斤，每月要陋规钱一千四百文。三节两生，每次又要陋规钱二千四百文，甚至每年冬至又要火腊肉三百斤，猪首十个。连年苛派，遂至成规，稍有迟延，刘二辄唤案酷责。三十年冬，李开荣承应官肉微瘦，刘二即以"误差"为名，"当即责惩"。③ 县衙虽断令屠行仍照旧规应差，刘二不得额外索钱，但由此可知，差役随意摊派的风气仍然未变。

不独重庆，嘉道时期，各州县衙门差役臃肿的情况都很突出。据嘉庆十一年（1806）御史陆言《奏请严汰州县逾额官役以清弊源一折》所记，"浙省仁和钱塘两县正身白役不下一千五六百名"④。另一御史王玮庆于道光十年（1830）上呈的《奏请裁革州县白役一折》也记载，"山东州县差役，大县多至一千余名，小县亦多至数百名，一省如此，他省可知"⑤。差役繁多在全国成为普遍的现象。道光十八年（1838）十二月，山东道御史奏称"内外各衙门书吏差役，原为办理公事而设，今则更无办案之才，而专长于舞弊；役无捕盗之用而寔足以殃民。驭之者既不肯发其奸，惩之者不能尽其法，因循回护，遂成为忌惮之"⑥。

清代法律规定：纵容挂名衙役存在的官员，降三级调用；即使不知情，也要降一级留任。超过规定名额雇佣额外衙役的州县官，将受降一级留任之处罚。⑦ 并且，法律要求州县官向其上司呈交一份盖印信的文书，保证其衙门里没有虚假登记之事。他也须在每年年终向吏部呈交一份报表，开列常年衙役姓名、进衙日期及其任职时限届满日期等。⑧ 法律规定严格，但规定和处罚显然很少真正兑现，其原因主要在于州县衙门虚报衙役人数。如道光年间，巴县衙

① 《捕班散役杨太等久不赴衙办公被示革卷》，《巴县档案》6-7-38，1838 年。十人为杨太、何彪、袁珍、刘升、胡斌、汪升、翁奇、李才、何贵、谢升。
② 《道辕差役郑林在外不法滋事，诈搕钱财示革被保释》，《巴县档案》6-7-45，1845 年。
③ 《仁九甲屠户孙兴顺上控木洞司门丁刘二苛派搕索钱文废祀卷》，《巴县档案》6-7-50，1850 年。
④ 《仁宗睿皇帝实录》卷 171，中华书局，1986 年影印，第 30 册，第 223 页。
⑤ 《钦定大清会典事例》卷 98《吏部·处分例》，台北新文丰出版公司，1976 年景印，第 8 册，第 6377 页。
⑥ 《奉各宪札知内阁抄出山东道御史胡奏严惩奸胥蠹役请酌改条例一折》，《巴县档案》6-7-7，1838 年。
⑦ 文孚纂修：《钦定六部处分则例》卷 16《书役》，沈云龙主编《近代中国史料丛刊》，第 332 册，台北文海出版社影印，1973 年，第 377~378 页。
⑧ 《吏部则例》卷 14，第 6 页，1843 年。

役人数已逾千人，但道光元年（1821）至十四年（1834），二十六（1846）至三十年（1850），巴县衙按月呈报禁更捕仵行杖皂役的姓名清册，每次均以"额设禁卒十名，更夫六名；额设捕役六名；额设仵作二名，学习一名；额设行杖皂役四名"① 呈报，使吏部很难掌握实际数字，无法处罚。此外，承充差役的人员往往素质低下，难改恶习。琦善尝言："惟是充当差役之人，类系奸猾游民，不安本分，以公门为利薮，以差票为护符，以扰累为生涯，以吓诈为常技。内与家丁勾串，外与书吏交通。现虽着人数少减于前，正恐舞弊营私仍如一辙。"② 衙门的弊端难以一时扫除。

2. 外部危机：流匪和啯噜

乾隆中后期，因人口增长，四川耕地不足的情况逐渐显现。至嘉庆时，四川人平耕地已由乾隆时的 33.58 亩，急遽降至 2.17 亩。据时人估算，就一般情况而言，一人一年生活须有耕地四亩，即"一岁一人一时，约得四亩；十口之家，即须四十亩矣"③。所谓"昔之蜀，土满为忧；今之蜀，人满为患"④，人多地少的压力非常大。

表21　清代全国和四川人平耕地比较

年　代	全　国			四　川		
	耕地（千亩）	人口（千人）	人均耕地（亩）	耕地（千亩）	人口（千人）	人平耕地（亩）
乾隆十八年	735215	102750	7.16	45957	1368	33.58
嘉庆十七年	791525	361693	2.19	46547	21436	2.17

资料来源：据梁方仲编著《中国历代户口、田地、田赋统计》有关数据编制，上海人民出版社，1980 年，引自隗瀛涛主编《四川近代史稿》，四川人民出版社，1990 年，第 13 页。

在耕地严重不足的情况下，四川地区的无业游民数量不断增加。川陕楚交界的巴山老林中，聚集着众多无业游民，"江、广、黔、楚、川、陕之无业者，

① 《巴县申赍呈告禁更捕仵行杖皂役姓名清册卷》，《巴县档案》6-7-23；《巴县申赍禁呈造更捕仵行杖皂役姓名清册卷》，《巴县档案》6-7-24，1821—1834 年。
② 《道光十年三月初三日重庆府抄发川督告示》，四川大学历史系、四川省档案馆编《清代乾嘉道巴县档案选编》（下册），第 225 页。
③ 洪亮吉：《卷施阁文甲集》卷 1，《洪北江诗文集》，商务印书馆，1935 年。
④ 道光《新都县志》卷 3《食货志·田赋》，1844 年刻本，第 1 页。

侨寓其中，以数百万计"①。

无业游民因衣食艰难，或沦为乞丐，到处乞讨；或沦为盗匪，以偷抢为生。乾隆中后期，重庆盗匪的情况已非常严重。三十六年（1771），外来流匪常在重庆大佛寺一带活动，昼则为乞丐，或在附近乞食，或藏匿岩洞；夜则偷驾小船，赴客船掏摸。② 三十九年（1774）某月 27 日，浙江商人董瑞成雇人从湖北宜昌装苏布赴渝，行至离城九十里的中坝碛停泊，约二更时，被贼人推驾小船割蓬入舱，偷去苏布六捆，每捆计布一百一十匹，当即知觉喊叫，贼即开船逃走，吆喝不许追赶，定要打落河去。③ 流匪还常常群伙作案，恃众抢劫，六十年（1795）闰二月初七日，匪人六十余人在蔡家场"攉去张明芳白布一件零三尺，又攉去过客钱三千文"④。十一月，匪徒又在石龙场内"剪绺攉白，及事主惊觉，贼已飚去。集众追赶，扬言暗害"⑤，异常猖狂。

嘉庆年间，匪徒在重庆作案更加猖獗。七年（1802）冬，"久惯不法恶贼"陈应福在重庆北碚场抢夺，"经约客李应宜等拿获，送案审讯、押卡"，次年二月十四日，丐头保出，又伙同刘永福等结党多人，往虎溪场抢夺。⑥ 九年（1804），贼入节里九甲吴茂达家偷窃，被发觉，当夜追赶，恶贼"各执禁刀，逞凶拒捕"，杀伤众人逃跑。⑦ 另有马鞍、太平两山盗贼在重庆城附近"明进明出，估抢估夺，十有余载毫无忌惮。受害者千百户，计赃者万余金，均畏贼势猖獗，不敢指禀"⑧。乾嘉时期，盗匪已成为重庆地方一害，官府和百姓均深恶痛绝。

盗匪之外，乾隆年间四川啯噜的活动也十分频繁。啯噜是以清初入川移民中未能安家垦地的游民为主要成分构成的武装团伙，乾隆初年已有较大影响。

---

① 严如熤：《三省边防备览》卷 17《艺文下》，道光庚寅年（1830）重刻本，第 17 页。

② 《乾隆三十六年四月十二日巴县告示》，四川大学历史系、四川省档案馆编《清代乾嘉道巴县档案选编》（下册），第 359 页。

③ 《乾隆三十九年四月二十五日巴县知县、县丞、典史、儒学联衔申文》，四川省档案馆《清代巴县档案汇编》（乾隆卷），第 104 页。

④ 《乾隆六十年闰二月初七日王廷先供状》，四川大学历史系、四川省档案馆编《清代乾嘉道巴县档案选编》（下册），第 360 页。

⑤ 《乾隆六十年十一月十四日巴县廉里四甲石龙场客长曹在贵禀》，四川大学历史系、四川省档案馆编《清代乾嘉道巴县档案选编》（下册），第 360 页。

⑥ 《嘉庆八年四月二十九日直里九甲约客伍光弟等禀》，四川大学历史系、四川省档案馆编《清代乾嘉道巴县档案选编》（下册），第 361 页。

⑦ 《嘉庆九年五月二十九日节里九甲吴茂达报状》，四川大学历史系、四川省档案馆编《清代乾嘉道巴县档案选编》（下册），第 362 页。

⑧ 《嘉庆十九年十一月二十三日智里二甲绅民程飞鹏等禀》，四川大学历史系、四川省档案馆编《清代乾嘉道巴县档案选编》（下册），第 363 页。

八年（1743），四川巡抚纪山奏称："川省数年来有湖广、江西、陕西、广东等省外来无业之人，学习拳棒，并能符水架刑，勾引本省不肖奸棍，三五成群，身佩凶刀，肆行乡镇，号曰啯噜子。"① 次年，御史柴潮生又上奏称："四川一省，人稀地广，近年以来，四方游民多入川觅食。始则力田就佃，无异土居，后则累百盈千，浸成游手。其中有等桀黠强悍者，俨然为流民渠帅，土语号为啯噜，其下流民听其指使，凡为啯噜者又各联声势，相互应援。"②

重庆加入啯噜之人，多是生活无着的无业游民。如乾隆四十三年（1778），湖北松兹人李维高以"推桡"来到巴县，因生活无着，与魏老虎等五十人结为啯噜，至梁山县一带行劫。同年五月，重庆府人刘玉琴加入啯噜，与同伙二十余人在永川县抢劫，闻拿逃散，靠当水手推桡为生，后又与啯噜头子周老么一同行劫。③ 四十六年（1781），乞食为生的贵州清溪县人周德往四川巴县入啯噜刘胡子一伙，在该县马场地方及巫山县沿江一带抢劫。④

18世纪末，川江水手中也有很多因无以为生加入啯噜。乾隆四十六年，川督福康安奏曰："川省为荆楚上游，帆樯络绎，自蜀顺流而下，推桡多用人夫。自楚溯江而上，拉纤又需水手。往来杂沓，人数繁多。每于解维之际，随意招呼，一时猬集。姓名既属模糊，来去毫无考察"，"川省人多类杂，棍徒抢劫行凶，遂有啯噜之称。"⑤ 同年，湖南巡抚刘墉奏曰："川省重庆、夔州二府，与湖广等省毗连，结党为匪者，每起或二三十人，或四五十人不等。每起必有头人，名掌年儿，带有凶器，沿途抢劫拒捕。"⑥

啯噜携带武器结党成群，流荡滋事，强悍好斗，以抢劫为主要生活来源，每至一邑，"俱多至百余人，并有棚头名号，戴顶坐轿乘马，白昼抢夺淫凶，如入无人之境"⑦。进入重庆的啯噜更是兵分两路，陆路啯匪成群结队，散布市场，掏摸剪绺，抢夺拒捕。一经查拿，伙党混杂于追捕之中，递送原赃，指引出路，脱逃之后，仍然聚集。水路匪船，每于黑夜，或三五人，或七八人，

---

① 《高宗纯皇帝实录》卷203，中华书局，1985年影印，第16册，第623页。

② 《军机处录副奏折》，御史柴潮生乾隆九年十一月初六日奏。

③ 中国第一历史档案馆藏《宫中档朱批奏折·农民运动类·秘密结社项》，乾隆四十六年九月初七日湖广总督舒常折。

④ 《宫中档乾隆朝奏折》第51辑，乾隆四十七年二月二十八日署湖南巡抚李世杰折，台北故宫博物院，1986年，第75～76页。

⑤ 中国第一历史档案馆藏《宫中档朱批奏折·农民运动类·秘密结社项》，乾隆四十七年五月二十五日四川总督福康安折。

⑥ 中国第一历史档案馆编《乾隆朝上谕档》第10册，乾隆四十六年七月二十三日，档案出版社，1991年影印，第612页。

⑦ 《清高宗纯皇帝实录》卷1138，中华书局，1986年影印，第23册，第231页。

驾一小艇紧傍商船之侧，钻舱行窃。事觉逞强拒捕，顺流而去。加之捕役"纵容肆窃，坐地分赃，包不破案"，致使案件"十无一获，商民饮泣吞声"。①

盗贼起于饥寒，盗匪和啯噜尽管多由贫苦之民构成，但其偷盗抢掠，游手好闲，发展成为民害。乾隆中后期，重庆官员将防范、禁绝"盗贼""啯噜"作为重要施政内容。

乾隆三十六年（1771）十月，巴县衙发布告示，示谕乡保及沿江铺户居民人等"务须齐心协力设法严查"流匪。② 三十九年七月，巴县知县奉川东道发布"弭盗禁令"告示。③ 四十二年（1777），重庆府奉臬宪檄发巴县《查拿啯匪告示》，令县官吏领回"遍贴晓谕"。④ 四十七年（1782）二月二十七日，重庆府札发巴县《从重惩治川省啯匪专条》，将啯匪分为"在场市抢劫"与"在野拦抢"二项，其在场市抢劫者凡五人以上，不论得财不得财，为首斩决，为从绞监候。若拒捕夺犯伤人者，为首斩决枭示，在场加功者俱绞决，同谋未在场者，绞监候。其在旷野拦抢，止二三人者，除实非死罪外，未经伤人犯，该徒罪以上，不分首从，俱发烟瘴充军。⑤ 官府将啯匪分为两类分别治罪，缘于"在场市抢劫者愍不畏死，是以立法较重，而在野抢劫者尚有畏人之心，是以立法稍轻"⑥。三月十五日，再次颁布新例，规定：川省啯匪在旷野拦抢未经伤人之案，数在三人以下者，发烟瘴充军；四人以上至九人者，不分首从，俱改发伊犁，给厄鲁特为奴，均面刺"外遣"二字。如有脱逃，拿获即行正法。但伤人者即将伤人之犯拟绞监候，入于秋审情实；数至十人以上，无论伤人与否，为首拟斩立决，为纵拟绞监候，仍入秋审情实。被胁同行者，发遣为奴。其中倘有杀人夺犯伤差等事，有一人于此，即照场市抢劫之例，将首伙各犯，分别斩枭绞决监候。⑦

---

① 《乾隆三十九年七月巴县正堂告示》，四川大学历史系、四川省档案馆编《清代乾嘉道巴县档案选编》（下册），第 345 页。

② 《乾隆三十六年四月十二日巴县告示》，四川大学历史系、四川省档案馆编《清代乾嘉道巴县档案选编》（下册），第 359 页。

③ 《乾隆三十九年七月巴县正堂告示》，四川省档案馆编《清代巴县档案汇编》（乾隆卷），第 96 页。

④ 《乾隆四十二年四月重庆府下行各县牌文》，四川省档案馆编《清代巴县档案汇编》（乾隆卷），第 106 页。

⑤ 《乾隆四十七年从重惩治川省啯匪专条》，四川省档案馆编《清代巴县档案汇编》（乾隆卷），第 106 页。

⑥ 《乾隆四十七年从重惩治川省啯匪专条》，四川省档案馆编《清代巴县档案汇编》（乾隆卷），第 106 页。

⑦ 《三月十五日巴县严惩啯匪新例》，四川省档案馆编《清代巴县档案汇编》（乾隆卷），第 107～108 页。

官府不断发布各类告示，严格防范匪徒，但各处盗窃案件仍层出不穷，民皆畏惧，地方难安。查其原因有二：（1）川东无地非山，各处居民除市镇外并无村落，傍麓依山，星罗棋布，无邻无佑，守望为难。① 重庆城又处两江交汇之处，匪徒更易从江面逃离，极难追赶；（2）衙门差役办案不力，借机敲诈勒索。乾隆三十二年（1767），差役追捕盗贼，将民人孙仿师"勒陷揹坑"，囚禁于笼，索钱八千，一年后才得以洗冤。② 嘉庆六年（1801）六月，民人陈上祥路遇窃匪将其包袱抢去，时有坐场捕头罗伦、管正国令陈"给伊等钱五千文"，包追获原赃，陈给钱后，包袱果追回。③ 差役并不真心捕盗，"互相容隐，日久月长"，"盗贼视为逋薮，捕役贪为利途"，遂使贼风炽，民难安枕。"地方有司狃于积习，并不督饬兵役认真严拿，以致扰害地方，酿成巨案"。④

在游民日增，盗案日出而差役不力的情况下，重庆官员不仅有维护城市治安的重任，还肩负着向金川运送夫马，向京师运送京铜、楠木等重大公务，政府人力、物力均感不支。因此，地方官员唯有整合地方精英，依靠精英之力来弥补政府控制力量之不足。

第二节　朝天党和储奇党

"党"是中国古代的一种基层组织。《周礼》："五家为比，比有长；五比为间，间有胥；四间为族，族有师；五族为党，党有正。"⑤ 按此意，五百家即为一党。党正以"下大夫"一人充任，凡党内"政令教治"皆由其执掌。

清以前，重庆是否有党的组织已不可考。但清代重庆的朝天党和储奇党，多次见于巴县档案及族谱之中，引起学界关注。有学者认为，"清时重庆的坊之上还设有朝天党和储奇党"，"清时重庆城并未照此编制，应是借用党之名

---

① 《乾隆四十七年十二月二十五日四川按察使司告示》，四川大学历史系、四川省档案馆编《清代乾嘉道巴县档案选编》（下册），第359页。

② 《乾隆三十二年润七月初五日孙仿师禀状》，四川省档案馆编《清代巴县档案汇编》（乾隆卷），第104页。

③ 《嘉庆六年六月二十一日正里八甲陈上祥告状》，四川大学历史系、四川省档案馆编《清代乾嘉道巴县档案选编》（下册），第361页。

④ 《嘉庆二十一年十一月十六日重庆府札》，四川大学历史系、四川省档案馆编《清代乾嘉道巴县档案选编》（下册），第363页。

⑤ 顾炎武著，黄汝成集释：《日知录集释》卷8，上册，上海古籍出版社，1984年，第13页。

称"。① 彭伯通则注意到："本世纪三十年代，重庆城内一些街巷前面还冠以某某党某某坊，在有的族谱中写到有关街巷都记载出所属党坊。如灵璧坊属于储奇党，崇因坊、千厮坊、定远坊属于朝天党"②。巴县档案显示，清代重庆的朝天党和储奇党不仅处于"坊之上"，且分管不同坊、厢，有具体的管辖区域和职责，是坊厢之上的重要基层组织。清中前期，重庆地方政府通过"党"这一基层组织，有效地吸纳城市精英，借助精英之力来管理城市，地方官绅政治架构由此形成。而地方基层组织，也成为官员以外的地方精英栖身之所，士绅凭借这一组织获取、分享地方治权，又因这一组织被整合进地方政治体系之中，成为清代皇权在基层社会的主要代表。

一、两党设置及管辖区域

有清一代，重庆只有朝天、储奇两党。党的设置始于何时，据巴县档案，当在乾隆年间，"因乾隆年间教匪滋事，军需乏费无出，众议朝天、储奇分为两党"③。乾隆五十九年（1794），朝天党乡约朱世林向县府禀报派收铺面银钱情况的史料可佐证这一史实：

> 为声明宪电赏批遵办事
> 情乾隆三十六年金酉不法，渝城门面夫差、搬运军装□□□□□□给印簿。蚁等派收大街铺面，每铺收银八分，中铺户收银六分，后街小铺收银四分，每月按铺派收两次。后□□□□□□倒派收。底藏柯番亦照例派收。今钱窝夫差蒙恩赏给印簿，蚁等照例派收。奈今钱贱夫价加倍，大街铺面蚁等派收钱一百六十文，中街铺面收钱一百二十文，后街铺面收钱八十文，蚁等领簿共收钱四百七十余千，开销夫价各项，共去钱四百八十余千。开单粘呈，不日夫差又临。为此禀明恩宪换给印簿，赏示晓谕。以便遵派。
> 县正批：该约等敛办夫价钱文，须秉公支销。毋稍浸渔干究，其收簿已经验发矣。

---

① 陈建明：《重庆城市基层行政管理》，载隗瀛涛主编《重庆城市研究》，四川大学出版社，1989年，第380~381页。
② 彭伯通：《重庆闻见录·沿革篇》，载重庆市中区史志资料通讯编辑部编《重庆市中区史志》，1986年第2期，第26页。
③ 《渝城各坊厢场禀革恩辞札充总监正、保正等情卷》，《巴县档案》6-31-1151，1894年。

根据以上资料，乾隆三十六年（1771），巴县知县已经颁发印簿，由朝天党乡约收取铺户夫差钱文以应军务，每月按铺派收两次。五十九年，朝天党乡约因"钱贱夫价加倍"，禀请"换给印簿"，县正堂以"其收簿已经验发"为由予以拒绝。由此可以推断，乾隆三十六年，重庆因办理军务已设置两党，而此时的军务，应为清政府平定大小金川叛乱之事。次年十月十三日，储奇党乡约李德新也因金川战役派夫运送火药。①

另一巴县档案《承管九门坊厢捕役及朝天储奇两党乡约坊长名册》② 显示，嘉庆年间，重庆城设两党 28 坊 15 厢③，储奇党下辖太平、仁和、储奇、金紫、灵壁、太善、凤凰、南纪、莲花④、金汤、通远、渝中、神仙、杨柳 14 坊及仁和、太平、太安、储奇、金紫、南纪、望江 7 厢。朝天党下辖千厮、宣化、巴字、东水、翠微、朝天、金沙、西水、治平、崇因、洪岩、临江、华光、定远 14 坊及东水、丰碑⑤、朝天、千厮、洪岩、西水、临江、定远 8 厢⑥。储奇、朝天两党设总乡约 1 名，各设散乡约 4 名。各坊厢一般设坊长或厢长 1 名，也有两坊或两厢共设 1 名坊厢长的情况。⑦ 储奇、朝天两党各自辖有坊厢，包含了清代重庆的城区及近城区域。

表 22　嘉庆年间重庆储奇党坊长名册

坊　名	坊　长	坊　名	坊　长
太平坊	何大中	凤凰坊　南纪坊	刘光华
仁和坊	杨玉太	金汤坊　通远坊	何品一
储奇坊	陈太顺	渝中坊	钱万选
金紫坊	陈开太	神仙坊	朱维清

① 《乾隆三十七年——□□□年巴县为金川战役派夫挽运火药饷鞯文三则》，四川省档案馆编《清代巴县档案汇编》（乾隆卷），第 39 页。
② 《承管九门坊厢捕役及朝天储奇两党乡约坊长名册》，《巴县档案》6-3-25，嘉庆朝，年份不详。笔者根据所设总乡约为何玉堂推知，应为嘉庆十余年。因嘉庆元年，何玉堂尚为储奇党乡约，十九年已为总乡约。参考《嘉庆元年三月初二日储奇党乡约何玉堂等禀》《嘉庆十九年九月十二日储奇朝天两党乡约何玉堂王洪道禀》，四川大学历史系、四川省档案馆编《清代乾嘉道巴县档案选编》（下册），第 239、242 页。
③ 康熙四十六年（1707），巴县知县孔毓忠将重庆城内编为 29 坊，嘉庆年间只有 28 坊，少一"双烈坊"。
④ 档案原文为"荷花"，对照前后文及志书，应为"莲花"之笔误。
⑤ 档案原文为"丰背"，对照前后文及志书，应为"丰碑"之笔误。
⑥ 档案原文漏列西水厢，根据前后文应有，此为笔者所加。
⑦ 《承管九门坊厢捕役及朝天储奇两党乡约坊长名册》，《巴县档案》6-3-25，嘉庆朝，年份不详。

续表22

坊　名	坊　长	坊　名	坊　长
灵壁坊	刘有万	杨柳坊	杨登贵
太善坊	范济川	莲花坊	莫万成

资料来源：根据《承管九门坊厢捕役及朝天储奇两党乡约坊长名册》制作，《巴县档案》6-3-25，嘉庆朝，年份不详。储奇党厢长名册略。

表23　嘉庆年间重庆朝天党坊长名册

坊　名	坊　长	坊　名	坊　长
千厮坊	郑文魁	西水坊	王洪道
宣化坊　巴字坊	周正朝	治平坊	胡林
东水坊	莫启鹏	崇因坊	欧朝贵
翠微坊	周文明	洪岩坊	杨维
朝天坊	康正光	临江坊	杨开太
金沙坊	金洪太	华光坊　定远坊	曾仕龙

资料来源：根据《承管九门坊厢捕役及朝天储奇两党乡约坊长名册》制作，《巴县档案》6-3-25，嘉庆朝，年份不详。朝天党厢长名册略。

如以档案中的记载对照清代重庆地图，考察28坊所属城门位置，即可发现：清代重庆城门十七，九开八闭，康熙四十六年（1707），巴县知县孔毓忠将重庆城内编为29坊，其中16坊都以城门之名命名，即除太安门外，全部城门的名称都成为坊名，占29坊的一半以上，城门实为重庆两党及坊、厢划分的一个重要依据。嘉庆年间，重庆官府依据城门在各坊厢设置的捕役人数，也说明了党的管辖区域。

表24　嘉庆年间重庆承管九门坊厢捕役人数

两　党	九　门	总捕头	散捕头	散役人数及其职责
朝天党	临江门	2名	2名	2名管临江坊；3名管定远坊；2名管华光坊；1名管定远厢；1名管临江厢
	千厮门	2名	3名	3名管千厮坊；2名管崇因坊；2名管洪岩坊；1名管西水坊；1名管治平坊；2名管洪岩厢；2名管西水厢；1名管千厮厢
	朝天门	2名	5名	2名管朝天坊；2名管翠微坊；1名管金沙坊；2名管丰碑厢；2名管朝天厢
	东水门	2名	2名	2名管东水坊；2名管宣化坊；1名管巴字坊；2名管东水厢

两 党	九 门	总捕头	散捕头	散役人数及其职责
储奇党	太平门	2名	3名	2名管太平坊；2名管仁和坊；2名管太平厢；1名管太安厢；2名管仁和厢
	储奇门	1名	2名	2名管储奇坊；1名管杨柳坊；1名管神仙坊；1名管储奇厢
	金紫门	1名	1名	1名管金紫坊；2名管灵壁坊；2名管太善坊；2名管金紫厢
	南纪门	1名	3名	1名管南纪坊；1名管凤凰坊；1名管金汤坊；2名管南纪厢；3名管望江厢
	通远门	2名	2名	1名管通远坊；2名管渝中坊；2名管莲花坊

资料来源：根据《承管九门坊厢捕役及朝天储奇两党乡约坊长名册》制作，《巴县档案》6—3—25，嘉庆朝，年份不详。

上表显示，重庆东部四门（临江、千厮、朝天、东水）及邻近坊厢为朝天党管辖区域；西部五门（太平、储奇、金紫、南纪、通远）及邻近坊厢为储奇党管辖区域。重庆九门各设总捕头 1～2 名，散捕头 1～3 名，朝天门因商船云集，为水运总枢纽，是各门中最重要城门，特设散捕头 5 名。重庆依据各门设置坊、厢，因而乾隆年间，重庆城已有"九门各坊"的说法。[①] 由于党为坊、厢之上的组织，党依据城门而设就成为自然之事。清代重庆朝天、储奇两党，将重庆城分为东、西两个部分，分别管辖重庆城的东部和西部区域，成为拥有具体管辖范围的重要基层组织。

二、两党首领及其职责

清代朝天、储奇两党设置总乡约，为各坊乡约及散乡约之首领。[②] 巴县档案中多次出现的"两党总乡约""本城总乡约"等，即是指两党总乡约；而"朝天党乡约""储奇党乡约"则是指各党"散乡约"。另外，重庆各坊、场、镇等亦设有乡约。

重庆两党乡约多由荐举产生，其中，本城绅士的荐举至关重要，而各坊坊

① 乾隆三十二年九月初八日巴县捐输城工银两数目清册中提到"九门各坊"，四川省档案馆编《清代巴县档案汇编》（乾隆卷），第 321 页。
② 重庆朝天、储奇两党还设有丐头，丐头须经人推荐，写下具保状后，由知县发给腰牌才能承充。由于丐头所管以乞丐为主，其影响远不能与社区领袖相比，因而本书未有述及。

长是两党乡约产生的候选人之一。嘉庆元年（1796），渝城绅士简洁、孙大川因"本城朝天党乡约仅刘希圣一名，每遇差务，实难承办"，特推荐治平坊坊长简玉、西水坊坊长王成志担任朝天党乡约，推荐的理由是二人"诚实干练，堪充乡约"。[①]朝天党乡约即是从其所辖治平坊、西水坊坊长中产生。

朝天、储奇两党散乡约亦有机会升任总乡约。嘉庆元年，何玉堂曾任储奇党乡约，后来升任总乡约。[②]总乡约亦可向官府荐举两党散乡约，如嘉庆十八年（1813），储奇党散乡约何文耀因"不守法纪，屡有旷公"，"在外游荡宿娼"，被县府饬革，县正堂批令总乡约等"另举保充"。[③]

清代重庆各坊、场、镇乡约的职责主要是"宣讲圣谕，化导愚顽，永敦和睦，以正人伦"，并不时"稽查噜术匪类、窝娼窝赌、私铸私宰、邪教端公以及面生可疑之人"。[④]但重庆两党乡约的职责不尽如此，从巴县档案中可知，两党乡约还承担以下之责。

1. 推荐坊、厢长

"渝城向来保举乡约、坊长，必须两党乡约公同集议，查明果系端方老成之人，方可承充。"[⑤]向官府推荐坊厢长，是两党乡约的一项重要职责。嘉庆二十年（1815）九至十月，两党总、散乡约陈文斗、金洪太、何杨梅、颜守箴等一举向官府推荐"年状力强、老诚谙练"之杨维栋任东水坊坊长；"熟于差务"之彭大中任巴字、宣化两坊坊长；"熟于差事"之朱泽明任南纪、望江两厢厢长。二十三年（1818），陈文斗等又举荐何友朋、崔有容二人承充朝天坊、金沙坊坊长。[⑥]对于两党乡约的保举推荐，县正堂均批示"准举充，候给腰牌"[⑦]，对其予以充分信任。

下面一则资料显示了两党乡约荐举坊长，请县衙颁发执照的情况：

① 《保举签充承当乡约卷》，《巴县档案》6-3-44，1796 年。
② 据《嘉庆元年三月初二日储奇党乡约何玉堂等禀》《嘉庆十九年九月十二日储奇朝天两党乡约何玉堂王洪道禀》，四川大学历史系、四川省档案馆编《清代乾嘉道巴县档案选编》（下册），第 239、242 页。
③ 《储奇、朝天两党总乡约陈合兴等具禀散约何文耀违法旷公恳于示革卷》，《巴县档案》6-3-58，1813 年。
④ 《乾隆三十三年六月十五日巴县签充乡约执照》，四川大学历史系、四川省档案馆《清代乾嘉道巴县档案选编》（下册），第 295 页。
⑤ 《巴县两党总乡约陈合兴等具原刘光华攒充乡约及陈合兴等窃控朦销等事一案》，《巴县档案》6-3-55，1810 年。
⑥ 《巴县各里甲签充辞退客长乡约案》，《巴县档案》6-3-69，1818 年。
⑦ 《巴县具禀签充各坊厢里甲客长厢长场头乡约卷》，《巴县档案》6-3-63，1815—1816 年。

嘉庆二十三年三月二十三日两党乡约陈文斗等恳赏执照禀①

　　情朝天坊坊长张开元，因差务浩，每不能办理，业经辞退在案。沐批：准辞退，仍着该处乡约另举接充。今约等协同酌议，有金沙坊坊长何友朋熟识差务，而又与朝天坊相连，是以将友朋拔充朝天坊之坊长。其金沙坊，约等协议：选得贸民崔有容，其人勤慎谙达，堪充金沙坊坊长。伊等均愿，是以协恳仁恩赏准给照，以专责成。

　　上文中的"仍着该处乡约另举接充"即是指"两党乡约"。其中，朝天坊坊长由金沙坊坊长调来担任的情况说明，坊长除了在普通民众中由两党荐举产生以外，亦可从别坊已设坊长中"拔充"而来。坊、厢长一经任用，由官府发给执照，获得官方认可的身份。其职责是负责本坊（厢）大小公事，有向官府"密禀"之权。②

　　2. 承办政府差务

　　承办政府差务是两党产生的重要原因，因而也是两党乡约的一项经常性任务。乾隆后期，朝天、储奇两党多次向铺户增收钱文以应军务，具体增收情况见表25：

表25　乾隆末期两党征收铺户钱文开销情况

两党	时间	共收钱	共支出	收支情况
朝天党	乾隆五十九年八月	四百七十余千	开销夫价各项，共去钱四百八十余千	入不敷出
朝天、储奇两党	乾隆六十年三月	一百六十八千九百文	三百五十五千一百五十六文	入不敷出
朝天、储奇两党	乾隆六十年六月	一百一十九千五百八十文	八十九千六百二十七文。扣除上四次欠款，尚欠五十六千四百零七文	入不敷出
朝天党	乾隆六十年十二月	八十六千四百八十文	用去夫钱四十八千九百除前垫项十六千七百零二文除饭钱二千四百文	节余

　　资料来源：根据四川大学历史系、四川省档案馆编《清代乾嘉道巴县档案选编》（下），第238~239页资料统计，四川大学出版社，1996年。

---

① 《嘉庆二十三年三月二十三日两党乡约陈文斗等恳赏执照禀》，四川大学历史系、四川省档案馆编《清代乾嘉道巴县档案选编》（下册），第302页。

② 《乾隆三十三年六月十五日巴县签充乡约执照》，四川大学历史系、四川省档案馆编《清代乾嘉道巴县档案选编》（下册），第295页。

上表显示，乾隆末期，朝天、储奇两党曾向铺户征收钱文四次，除乾隆六十年（1795）十二月征收钱文有所节余外，其余三次均入不敷出。对此，县正堂多次表示怀疑两党乡约"侵渔浮收"，令其"秉公支销"，两党乡约则以"门面铺户均推不出，实难派收"，"值兹岁暮之际……蚁等不敢扰烦铺户"等为由加以推托。①

"渝城夫差向系行站铺户支应，乡约收资承办"②，但铺户并不愿出钱，每以各种借口拖延，使得两党的征收极为困难。乾隆三十七年（1772），铺户就曾以"（乡约）等屡次派收必有侵蚀"，"均延不出"。③ 嘉庆元年（1796），朝天党收取铺户钱文，所辖铺户 2048 户，未收到者有 999 户，原因在于"河水泛涨，城内城外或搬水，或关铺，大半铺户未开，夫钱实难办收"④。两党征收面临实际困难，但因军务紧急，县正堂一般都批令其"照旧征收，毋违军务"。⑤

除向铺户征收钱文以应军务以外，两党乡约还承担官府临时之差。如嘉庆十一年（1806），道宪衙门桅杆倒塌，急需更换，县府令临江、千厮、东水三门夫头办枕子木，令朝天、储奇两党乡约负责"护送桅木"。⑥ 此外，"督学两宪及恩辕并经捕两厅各衙差务，悉归乡约派交保正办理"⑦。官员过境多由两党承担接应事宜。嘉庆十六年（1811），川督莅渝巡阅营伍，县府令两党乡约陈文斗、何光玉及坊长陈泰顺、康正光等负责迎接事务。⑧ 十九年（1814），有朝廷官员临渝，也是由储奇、朝天两党乡约何玉堂、王洪道负责向铺户收钱以及办理夫差等项事宜。⑨

3. 协调社区纠纷，办理社区公共事务

两党乡约由于多由渝城具声望之人担任，并有官府颁发的执照、腰牌等，

---

① 四川大学历史系、四川省档案馆编：《清代乾嘉道巴县档案选编》（下册），第 238～239 页。

② 《嘉庆元年三月初二日储奇党乡约何玉堂等禀》，四川大学历史系、四川省档案馆编《清代乾嘉道巴县档案选编》（下册），第 240 页。

③ 《乾隆三十七年——□□□年巴县为金川战役派夫挽运火药饷鞯文三则》，四川省档案馆编《清代巴县档案汇编》（乾隆卷），第 39 页。

④ 《嘉庆元年四月初五日朝天党乡约黄绍全等禀》，四川大学历史系、四川省档案馆编《清代乾嘉道巴县档案选编》（下册），第 240 页。

⑤ 四川大学历史系、四川省档案馆编《清代乾嘉道巴县档案选编》（下册），第 238～239 页。

⑥ 《道宪衙门桅杆倒塌更换事》，《巴县档案》6-3-28，1806 年。

⑦ 《渝城各坊厢场禀革恳充总监正、保正等情卷》，《巴县档案》6-31-1151，1894 年。

⑧ 《为总督部堂巡阅营武事巴县准备迎接事务卷》，《巴县档案》6-3-16，1811 年。

⑨ 《嘉庆十九年九月十二日储奇朝天两党乡约何玉堂王洪道禀》，四川大学历史系、四川省档案馆编《清代乾嘉道巴县档案选编》（下册），第 242 页。

在社区中自然成为具有影响力的公众人物，成为重庆民间纠纷的主要协调者和见证人。因此，乡约与坊、厢长一道，常常在官府的批示下参与各类公共事务管理。道光十七年（1837），重庆七门夫头陈太安等人与三处小码头木夫会首因背运木料发生争执，双方告上县衙，知县"邀集两党乡约查照旧章秉公妥议具复"，乡约康正光、谭兴盛等参与制定了七门夫头与三处会首的合约，并作为"凭证"。① 道光二十五年（1845），重庆川、茶两帮力夫因背运货物发生纠纷，知县批示"仰该管约保协同八省会首查理禀复"②，将民间纠纷的调解权直接下移至地方精英手中。

至于经官方审判后案件的具体执行，地方政府也常常交由两党乡约办理。乾隆五十一年（1786），储奇坊民龚芳泰开设长泰栈房，因负债无偿，将栈房封闭，县府"饬委乡约何玉堂将芳泰自置家具什物，觅主顶打缴案"，经何玉堂等议价铜钱一百二十串，将钱如数呈缴。③

因两党乡约在重庆城市社区中的威望，两党除了与官府共同处理民间纠纷外，民众也有将各类纠纷直接交由两党调解的情况。道光年间，川帮夫头叶林富，绰号"喂不饱"，因在帮不守法纪，紊乱帮规，被逐出帮外。至十七年（1837），又复混入帮，"不改前非，私吞公项，兼又在帮毒霸毒为"，侵吞公项数百金，被帮众查出，叶林富"只得哀请乡约康正光，坊长谢全万，街邻彭同兴等，邀集帮众，至庙秉公理剖"，才得以了结。④

两党乡约还负责办理一些社区公共事务。乾隆五十九年（1794），两党乡约杨东升等会同八省会首吴西载等禀请县衙示谕重庆48坊厢长监督修添水桶，在"湾角空地添设大桶蓄水盈沟，上置小提桶十个，照十家牌轮流经管"，以防火患。⑤ 嘉庆十三年（1808），两党总乡约陈文斗、坊长杨登贵等因神仙坊拦街火墙年久，将欲崩塌，特协同街邻公修以备捍卫，然因"有等房主惜微资不肯捐修"，特请求县府"示谕饬遵修补"。县正堂批示：该处约坊应查照向日

① 《道光十七年七门夫头与三处会首合约》，四川大学历史系、四川省档案馆编《清代乾嘉道巴县档案选编》（下册），第12页。
② 《道光二十九年五月二十三日八省会首禀状》，四川大学历史系、四川省档案馆编《清代乾嘉道巴县档案选编》（下册），第15页。
③ 《乾隆五十一年四月张蕃萧扬国缴状》，四川大学历史系、四川省档案馆编《清代乾嘉道巴县档案选编》（下册），第142页。
④ 《道光十八年四月九日叶林富服约》，四川大学历史系、四川省档案馆编《清代乾嘉道巴县档案选编》（下册），第15~16页。
⑤ 《省会首吴西载等并两党乡约杨东升等禀请给示添备水桶以防火灾卷》，《巴县档案》6-1-86，1794年。

章程，妥为筹议捐修。① 这说明，两党在社区中有承担公共事务之责。

清中前期，重庆两党与坊厢实际构成地方基层组织的"两党—坊厢"体系。两党乡约与坊、厢长等，活跃于城市各社区，参与重庆城的各项社区事务，弥补了官方控制在地方社会的不足，成为官府之外一股重要的民间力量。

第三节　保甲与城市自治

保甲是官方自上而下实行的人口编审制度，其目的在于通过对人口的严密控制，达"弭盗缉宄"之功效。保甲始于宋代，在清代得到进一步发展。

顺治元年（1644），清廷令"置各州县甲长、总甲之役。各府州县卫所所属乡村十家置一甲长，百家置一总甲。凡遇盗贼逃人奸宄窃发事件，邻佑即报知甲长，甲长报告总甲，总甲报知府州县卫，核实申解兵部。若一家隐匿，其邻佑九家甲长总甲不行首告，俱治以罪"②。《清史稿》亦载："世祖入关，有编制户口牌甲之令。其法，州县城乡十户立一牌长，十牌立一甲长，十甲立一保长。户给印牌，书其姓名丁口，出则注所往，入则稽所来。其寺观亦一律颁给，以稽僧道之出入。其客店令各立一簿，书寓客姓名行李，以便稽查。"③这说明，清人关不久即开始采用保甲法与门牌制度。清初，保甲制度的主要职责为清除"盗贼"，查究逃人，维护地方治安，但因战事多，保甲的推行范围和"弭盗"功效均有限，清统治者还以保甲作为组织流民进行生产的手段，如顺治六年（1649）四月的《垦荒令》规定，"凡各处逃亡民人，不论原籍别籍，必广加招徕，编入保甲，俾之安居乐业"④。

康熙四十七年（1708），清政府开始大规模整顿保甲，明确指出："弭盗良法，无如保甲"，"户给印信纸牌一张，书写姓名，丁男口数于上。出则注所往，入则稽所来。客店主簿稽查，寺观也一律颁给。面生可疑之人，非盘诘的确，不许容留。月底令保长出具无事甘结，报官备查，违者罪之"⑤，明确保甲长的职责是"弭盗"，稽查来往，盘诘可疑之人。但保甲制仍未得到广泛

① 《本城总乡约陈文斗禀称神仙坊拦街火墙崩塌情形卷》，《巴县档案》6-3-161，1769年。
② 《皇朝政典类纂》卷35《户役六·职役》，沈云龙主编《近代中国史料丛刊续辑》，第875册，台北文海出版社，1983年影印，第166页。
③ 《清史稿》卷120《志》95《食货一》，中华书局，1998年，第2册，第3481页。
④ 《世祖章皇帝实录》卷43，中华书局，1985年，第3册，第348页。
⑤ 《清朝文献通考》卷22《职役二》，台北新兴书局，1965年影印，第1册，第5051页。

推行。

雍正四年（1726），上谕曰："弭盗之法，莫良于保甲"，再次倡设保甲制。① 乾隆二十二年（1757），清政府更定保甲法十五条，内容涉及各省、各行业乃至寺庙、乞丐，"自是立法益密"。② 清政权对基层社会的控制进一步加强。

一、重庆保甲兴起

重庆保甲设于何时向有争议。向楚《巴县志》载："县城保甲局之建置，先时无可考，咸、同间，兵事起，乃设局于长安寺，道、府委任候补令丞主办、依治城坊厢分所巡察"③。据巴县档案记载，乾隆十七年（1752）前，巴县已有保长承充、更换之例，由此可知，重庆保甲设置的时间应在乾隆十七年以前。

重庆编联保甲的具体做法是：城乡市镇挨户联牌，以十户为一牌，十牌立一甲长，十甲立一保正。编联步骤如下：①由牌头负责赴衙门当堂领取门牌十一张，册纸二十二页。该牌头于所管之十户，比邻而居。领到牌册后，即自觅

---

① 《世宗宪皇帝实录》卷43，中华书局，1985年影印，第7册，第636页。
② 十五条内容为：（1）直省所属每户岁给门牌，派长、甲长三年更代，保长一年更代。凡甲内有盗窃、邪教、赌博、赌具、窝逃、奸拐、私铸、私销、私盐、踩曲、贩卖硝磺，并私立名色敛财聚会等事，及面生可疑之徒，责令专司查报。户口迁移登耗，随时报明，门牌内改换填给。（2）绅衿之家，与民一体编列。（3）旗民杂处村庄，一体编列。旗民、民人有犯，地方官会同理事同知办理，至各省驻防营内商民贸易居住，及官兵雇佣人役，均另编牌册，报明理事厅查核。（4）边外蒙古地方种地民人，设立牌头总甲及十家长等。如有偷窃为盗，及隐匿逃人者，责令查报。（5）凡客民在内地贸易或置有产业者，与土著一律顺编。（6）盐场井灶，另编牌甲，所雇工人，随灶户填注。（7）矿厂丁户和厂员督率厂商、课长及峒长、炉头等编查。各处煤窑雇主，将佣工人等册报地方查核。（8）各省山居棚民，按户编册，地主并保甲结报。广东寮民，每寮给牌，互相保结。（9）沿海等省商渔船只，取具澳甲族邻保结，报官给照。商船将船主、舵工、水手年貌籍贯并填照内，出洋时，取具各船互结，至汛口照验放行。渔船止填船主年貌籍贯。其内洋采捕小艇，责令澳甲稽查。至内河船只，于船尾设立粉牌，责令埠头查察。其渔船网户、水次搭棚趁食之民，均归就近保甲管束。（10）苗人寄籍内地，久经编入民籍甲等，照民人一例编查。其余各处苗、瑶、千百户及头人、峒长等稽查约束。（11）云南有夷、民错处者，一体编入保甲。其依山伴水自成村落者，令管事头目造册稽查。（12）川省客民，同土著一例编查。（13）甘肃番子土民，责成土司查察。系地方官管辖者，令所管头目编查，地方官给牌册册。其四川改土归流各番寨，令乡约甲长等稽查，均听抚夷掌堡管束。（14）寺观僧道，令僧纲、道纪按季册报。其各省回民，令礼拜寺掌教稽查。（15）外来流丐，保正督率丐头稽查，少壮者递回原籍安插，其余归入栖流所等所管束。见《清史稿》卷120《志》95《食货一》，中华书局，1998年影印，第2册，第3481～3482页。
③ 民国《巴县志》卷15《军警·警察》，第17～18页。

一能写字之人，每户填写门牌一张，并将自家户口同十家户口，填写总牌之内。至于造册，亦如门牌之式，每户照样填写册纸二张，务将某家作何生理，有无职役，及田地产业若干，并现住房屋系自业、当业、佃业；父母、伯叔、兄弟、妻妾、子女、子侄、孙子、奴仆、雇工等类，是何名氏，共有男几个，女几口，逐款察明，按照牌册格眼，备细填注。②牌头将牌册填写完毕，即送交甲长收存，该甲长即合十牌所造之册，分钉成清册二本，同门牌送交保正；③保正将十甲所造之牌册，汇赍到县衙，由县衙过印过硃，仍将门牌发交保正领回，用木板或篾席裱糊结实，悬挂各家门口。①

清代规定保甲详细登记各户人口情况，"互相联络，轮流稽查"，一家犯罪，九家连坐。②嘉庆时期白莲教事起，保甲与团练合一，"每甲设立团首一二名"。十八年（1813）三月，巴县知县董淳颁布"团首牌甲条例"，共定科条二十三条，对保甲做了重新要求，规定十家联为一牌，设一牌头，十牌联为一甲，或五六牌为一甲，每甲设立团首一二名，严密稽查，以期"彼为此守，此为彼望，联众心而协于一"。③

二、保甲长的选用

保甲长是保甲组织的核心人物，也是保甲制正常运转的关键。顺治元年（1644），京省各州县行保甲制，规定"所属乡村十家置甲长，百家置总甲，报知盗贼逃人奸宄等事"。乾隆中，直省府县"自城中达乡村居民十户立牌头，十牌立甲长，十甲立保正"。嘉庆十九年（1814），"牌甲保长专责成以编察户口稽察匪类著为令"④，明确了保正、甲长的设置和职责。

保正、甲长由谁来担任各地并不相同。有的州县由士绅担任，如达县"五乡各场，各举保正，皆用乡耆衿监，或由县官礼请，或由绅衿举充，不限任期，亦无薪水"⑤。但重庆的保甲长并不限于士绅，嘉庆十八年（1813）巴县衙规定"牌头必须素无过犯，才过九家者，方可充当"，"团首不拘绅士粮户"，

---

① 《巴县具禀编查保甲一案》，《巴县档案》6-7-153，1850年。
② 《乾隆四十五年九月初十日巴县户籍十家牌》，四川大学历史学、四川省档案馆编《清代乾嘉道巴县档案选编》（下册），第311页。
③ 《巴县为团练牌甲等事出示晓谕编联保甲卷》，《巴县档案》6-3-41，1813年。
④ 民国《巴县志》卷15《军警·警察》，第17页。
⑤ 民国《达县志》卷7《官政门·民职》，1938年铅印本，第32页。

但必须选择"品行端方，为人公道，素为一方敬服者，公举承充"。① 道光三十年（1850）保甲章程也规定，"绅粮约总方举公正之人，充当保正、甲长、牌头"②。可见，"声望"是保甲长产生的重要条件，而士绅，是重庆保甲长公举过程中的关键人物。

重庆官方规定保甲长承充之首要条件是"为人公正""诚实谙练""品行端方"等等，极为注重品行。但在实际操作过程中，往往与规定不尽一致。乾隆二十四年（1759），巴县孝里四甲保长王星一因年老辞退，难办公务，"是以邀集合甲公议，惟有王闻仲殷实谙练，秉公端方勘充"③。三十年（1765），廉里二甲原保正王雄美、陈元二人俱故，一遇公务，催督无人，"集众公议，签得粮民蒋子先、吕齐瑞、文世洪三人家道殷实，勘充保正"④。除了"公道""老成"以外，"殷实"实际上成为保甲长能否被公举的一个重要条件（由于保甲长在乡村还承担征收赋役之责，此种现象在乡村尤其明显）。

保甲长在民间公举产生后，还须获得由县衙颁发的一份执照，以明确其身份和职责，而保甲长的辞退，也须缴回执照后方能被批准。因此，保正、甲长的最终任免权实际掌握在知县手中，民间不能随意更换。

乾隆十七年三月二十六日巴县执照⑤

为给照事

乾隆十七年三月二十五日，据孝里四甲王星一认充保长前来。据此，合行给照。为此，照给王星一收执。凡有甲内事理，催督粮务并外来咽噜匪类、酗酒赌博以及私宰，一切不法之徒，许尔扭禀本县，以凭究治。不得受贿容隐。如一经本县查出，或被人首告，一体重究，凛遵，慎之毋违。须至执照者。

右照给孝里四甲保长

王星一准此

① 《嘉庆十八年三月二十九日巴县团首牌团条例》，四川大学历史学、四川省档案馆编《清代乾嘉道巴县档案选编》（下册），第279页。
② 《巴县奉督宪檄饬通谕迅即编联保甲严禁借编联保甲敛派民间钱文卷》，《巴县档案》6-7-155，1850年。
③ 《乾隆二十四年四月初八日王星一签呈》，四川省档案馆编《清代巴县档案汇编》（乾隆卷），第194页。
④ 《廉二甲胡坤生禀举保正卷》，《巴县档案》6-1-38，1765年。
⑤ 《乾隆十七年三月二十六日巴县执照》，四川省档案馆编《清代巴县档案汇编》（乾隆卷），第193～194页。

重庆保正、甲长和牌头的职责主要有以下几项：①稽查。嘉庆十五年（1810）巴县《编联保甲条规》明确规定：保甲保正、甲长、牌头，各于所管牌甲户口随时稽查。凡遇面生可疑来历不明之人，不许容留甲内。遇有迁徙外出者，注明开除；如有新增之户，查实添造，地方有外来匪徒形迹可疑者，保甲人等"即速具报，以便差拿。"① 同年，巴县编联户口条规亦定："约保各有稽查地方之责，其于甲内户口或良或否，得以微窥于平素；一出一入，得以隐察其行踪。皆当随时稽核，刻刻留心，方见奉行实力。"② ②带领民众缉捕凶犯。道光十六年（1836）巴县县衙规定："地方命案如凶手脱逃者，该地乡约、客长、保甲人等，即就近集人，速行拿获送案"；"地方命案如事主喊拿，该地乡约、客长、保甲人等，即就近邀人，协同追赶，拿获送案"；"地方有聚众敛财、倡立邪教者，该乡约、客长、保甲人等，查实出首。"③ 三十年（1850）定：每甲各制铜锣一面，交甲长掌管。每牌各制竹梆一个，交牌头掌管。遇有盗贼窃发，该牌头立即击梆，同牌之人一闻梆声，即各执器械，随同牌头赶往捕拿。该甲长闻梆立即鸣锣，同甲之人一闻锣声，即各执器械，随同甲长赶往捕拿；甲内若有命案，该管甲长牌头等，应即立时将逞凶之首从各犯，按名追捕拿获，送案审办，毋得任听脱逃，"即使匪党众多，力难捕执，急须赴县密禀"，由知县会营带领兵役，亲自围拿。④

官府赋予保甲人员在匪徒拒捕的情况下，有"格杀勿论"的权力，但严格限定：格杀匪徒，必实系大伙匪类，持有器械，敢拒捕对敌时，"方许登时格杀勿论"。如系良民，并非匪徒，或虽系匪徒，仅止只身一人，并无伙党；及系徒手，并未持有刀械者，则"只可将其擒拿送官，不得擅杀"。⑤

保甲长有维系地方治安之权责，但其本身仍受官府严格管控。地方官员既要求保甲长认真执行公务，又恐其藉此敛财，因而，往往对其施行恩威并重之策。嘉庆十五年（1810），巴县县衙规定："约保等有能实意讲求，盘获真正匪贼送究者，每名赏钱一千，以示奖励"，倘敢有名无实，查出一并连坐。⑥ 十八年，又规定："如果认真办理，勤慎公正，始终不怠，本县定从优加礼或给

① 《巴县出示谕下乡相验不得指称搕派推诿各条规卷》，《巴县档案》6-7-117，1836年。
② 《嘉庆十五年七月二十五日巴县编联保甲户口条规告示》，四川大学历史学、四川省档案馆编《清代乾嘉道巴县档案选编》（下册），第278页。
③ 《巴县出示谕下乡相验不得指称搕派推诿各条规卷》，《巴县档案》6-7-117，1836年。
④ 《巴县具禀遵奉编查保甲一案》，《巴县档案》6-7-153，1850年。
⑤ 《巴县具禀遵奉编查保甲一案》，《巴县档案》6-7-153，1850年。
⑥ 《嘉庆十五年七月二十五日巴县编联保甲户口条规告示》，四川大学历史学、四川省档案馆编《清代乾嘉道巴县档案选编》（下册），第278页。

匾额，或禀上宪赏给匾额优奖"①。为防止保甲长借地方公事在民间摊派、敛财，巴县知县多次表示保甲册簿等工本费由政府出钱。如嘉庆十八年（1813），知县示谕，办理保甲"刻字印刷工资，并印刷纸张，俱由本县捐廉给发，丝毫不累民间"②。道光十三年（1833），知县再次示谕："此次编查保甲，所有刷印门牌清册板片纸张，及书吏纸笔饭食，并本县赴乡亲查保甲需用夫马一切等费，概由本县执行捐廉置备，不取民间分文。"③

此外，地方官员还严防保正、甲长、牌头等借搜赃名目，挨户抄捡，妄拿人家财物及诬指良民为窃为盗，私刑拷磕，勒罚钱文，拿获赃贼，得贿私和，擅自放纵。禁止保甲长恃众横行，倚势作威，把持挟制，仇杀械斗，酿成重案等，规定"如敢重犯，较常人加等治罪"④。道光十六年（1836），巴县县衙规定保甲长"遇事推诿""观望不前"，"致贼犯脱逃者"，知县可将其"枷责示众"。⑤ 一般民众也有监督保甲长是否履行职责并将其上告的权力，保正、甲长、牌头"在外招摇撞骗，索取民间一钱者"，绅粮军民人等皆可"指名控究，以凭将其人拘拿到案，严加惩办"。⑥ 可见，地方官员对保甲长等社区精英并不信任。

值得注意的是，地方政府禁止保甲长"干预""裁决"民间纠纷，将其职责严格限制于"弭盗缉究"上。嘉庆十八年（1813），《巴县团首牌甲条例》规定，保甲长的职责是洗除资贼、娼赌、凶恶棍徒，绥靖地方，"其余田土、婚姻、债账口角，及一切寻常事件，切勿干预"⑦。对于民间纠纷，政府规定："甲内越礼犯份，酗酒打降，以及强横滋事者，该团众等务须委曲开导，使其改悔。倘竟不知改悔，许该团首，立即指名禀究。"⑧ 也就是说，团首等人可以劝导或将事由禀报至县府，但最终仍应由知县来裁决。

在这样的情况下，保甲长注定被置于一个尴尬的角色。一方面，他们有政府颁发的"执照"，负责公务，具有半官方的身份地位，拥有一定权力；另一方面，保甲长又处处受到制约，出力多而得到的好处甚少。因而，乾嘉道时

① 《巴县为团练牌甲等事出示晓谕编联保甲卷》，《巴县档案》6-3-41，1813年。
② 《巴县为团练牌甲等事出示晓谕编联保甲卷》，《巴县档案》6-3-41，1813年。
③ 《巴县具禀遵奉编查保甲一案》，《巴县档案》6-7-153，1850年。
④ 《巴县具禀遵奉编查保甲一案》，《巴县档案》6-7-153，1850年。
⑤ 《巴县出示谕下乡相验不得指称搕派推诿各条规卷》，《巴县档案》6-7-117，1836年。
⑥ 《巴县奉督宪檄饬通谕迅即编联保甲严禁借编联保甲敛派民间钱文卷》，《巴县档案》6-7-155，1850年。
⑦ 《巴县为团练牌甲等事出示晓谕编联保甲卷》，《巴县档案》6-3-41，1813年。
⑧ 《巴县为团练牌甲等事出示晓谕编联保甲卷》，《巴县档案》6-3-41，1813年。

期，巴县档案中出现大量不愿承充保甲长的案例，原因可谓形形色色，常见的躲避签充保甲长的方法有如下两种：

（1）躲进书差、快役衙门队伍，"钻充推卸"保长一职。

乾隆二十三年（1758）十一月二十三日，直里八甲乡约何殿卿、保长郭瑄禀至巴县正堂，认为"甲内公务理应轮流签替承值，庶苦乐得以平均。蚁等承充办公年久，本年十月十八日查明议签李国仕承充乡约，赵世遵承值保长在案。蒙准差传唤认。讵李国仕奸计躲公钻充刑书，世遵钻充快役，捏禀卸责，甲内公务无人承值……禀乞大老爷台前电核施行"。县正堂批："签替约保，原应议明具报。尔等曾否与李国仕等议妥，致被钻充推卸，并不声明率渎，不准。"[1] 何殿卿等人的禀状虽遭到官府拒绝，但李国仕躲公钻充刑书，赵世遵钻充快役以躲避担任保甲长则是事实，这说明保甲长职务对于普通民众并无吸引力。

（2）签充他人尤其是仇人为保长。

乾隆二十四年（1759）二月，巴县直里七甲保长田美玉因与重庆府书役陈占鳌"往有仇隙，不查书现在府辕承充书办，本年正月妄签书名承充保长"，被察觉后，知县"着田美玉另签"。同年四月，直里七甲保长梁凤羽因与冯都氏甲尚有嫌隙，将其十五岁的儿子冯尚存妄签为保长，被冯都氏告至县衙，因冯尚存"年未及岁"，知县未准。[2] 三十七年（1772），直里二甲保长徐杰与左班快役朱希圣"素有挟忿"，本年二月二十六日则妄签其学名朱孔铎为保长，偷名具认。[3] 乾隆年间，重庆签充仇人为保长的事情多次发生。

档案资料显示，重庆大多民众认为"甲内公务理应轮流签替承值，庶苦乐得以均平"[4]。不仅很多人不愿担任保长，已被签充为保长的，有的也想方设法不去赴任。如乾隆四十二年（1777）四月，周德仲被签充为保长，但他认为"约保理应更替轮充"，本甲尚有殷实粮户刘天文、胡希顺"勘充保约"，而刘天文等因贿略差役"俱不赴任"，周德仲感觉不公，因而也不愿赴任。[5]

---

① 《巴县直里等里甲报签认充更替乡保等并给执照卷》，《巴县档案》6-1-36，1758年。
② 《乾隆二十四年幼子冯尚存免充保长文》，四川省档案馆编《清代巴县档案汇编》（乾隆卷），第196页。
③ 《乾隆三十三年四月二十五日朱希圣禀》，四川省档案馆编《清代巴县档案汇编》（乾隆卷），第200页。
④ 《乾隆二十三年十一月二十三日何殿卿禀》，四川省档案馆编《清代巴县档案汇编》（乾隆卷），第195页。
⑤ 《乾隆四十二年四月初二日智里七甲乡约周德仲禀》，四川省档案馆编《清代巴县档案汇编》（乾隆卷），第207页。

由于以上种种原因，保甲长在执行"弭道缉宄"之责时往往出现推诿不管、致凶远扬的情况。道光十六年（1836），巴县衙以保甲长"不成事体"发布告示，令保甲长等遇事不得推诿不管，如致"贼犯脱逃者，枷责示众"。①

道光年间，重庆地方政府对保甲长的限制逐渐放宽。三十年（1850），《巴县保甲条规》规定："牌甲内遇有户婚、田土、钱债、口角等项细故，保正甲长妥为排解，以息忿争。但不得稍有武断，自干咎戾。"② 将协调民间纠纷的权力下移至保甲长，赋予其比此前较多的特权。

三、保甲组织的功能

登记城市户口 登记人口是保甲编联的基础，清代保甲制规定：每户"给印信纸牌一张，书写姓名、丁男口数于上，出外注明所往，入则注其所来，面生可疑之人，非盘诘的确，不许容留……月底令保证出具无事甘结，报官备查。"③ 为弄清人口数量及异动情况，乾隆年间，重庆开始在各户门口悬挂"一家牌"，十户牌头悬挂"十家牌"④，联成牌甲，牌上详细注明每户人口及左邻右舍情况，以备查验。以"一家牌"为例：

乾隆四十五年九月初一日巴县一家牌⑤

为清联保甲以靖地方事

照得弭盗安良，须清牌甲。凡城头乡人，务宜逐细清查，挨户联牌具结，互相稽查。倘有娼赌匪类，良民不愿与联牌者，即于结内声明，以凭斥逐，抑或取具有犯同坐甘结备案，庶地方宁谧，□□□□其凛遵！勿违！

一户雷德才，年四十岁，原籍湖广省□□府□□州县人，载粮□两□钱□分，系□册名耕田生理。妻吴氏年三十岁。弟□□□□年□十□岁。男□□□年□十□岁。侄□□□年□十□岁。媳□□□氏年□十□岁。孙

---

① 《巴县出示谕下乡相验不得指称搕派推诿各条规卷》，《巴县档案》6-7-117，1836年。
② 《巴县具禀遵奉编查保甲一案》，《巴县档案》6-7-153，1850年。
③ 《清朝文献通考》卷22《职役二》，台北新兴书局，1965年影印，第1册，考5051页。
④ 《乾隆四十五年九月初十日巴县一家牌》《乾隆四十五年九月初十日巴县户籍十家牌》，四川大学历史系、四川省档案馆编《清代乾嘉道巴县档案选编》（下册），第311～312页。
⑤ 《乾隆四十五年九月初十日巴县一家牌》，四川大学历史系、四川省档案馆编《清代乾嘉道巴县档案选编》（下册），第311页。

□□□年□十□岁。雇工□□□年□十□岁。系□□省□□府□□州县人。

　　右邻

　　左邻

重庆保正、甲长、牌头的职责是各于所管牌甲户口随时稽查，凡遇面生可疑来历不明之人，不许容留甲内。遇有迁徙外出者，注明开除；如有新增之户，查实添造，不得混杂遗漏，致多紊乱，违者查出重处。除了对城厢各户挨户联牌以外，乾隆四十七年（1782）正月十五日，巴县札令"即便将西城里大小两河沿江渡口渔船渡船编号联保，并将沿河岸零星居户逐一清查，编审联牌"①。将长江、嘉陵江的渔船和渡船也列入保甲范围。

嘉庆十一年（1806），重庆两党及三里（居义里、怀石里、西城里）共编联保甲 1280 户，男 4139 丁，妇 3669 口，总共男妇 7808 丁口。其中朝天党牌长 20 名，编连 200 户，男 706 丁，妇 630 口，共男妇 1336 丁口；储奇党牌长 18 名，编连 180 户，男 534 丁，妇 494 口，共男妇 1028 丁口。②

编联保甲以家为单位，但"各甲中如有素不安分或犯过窃案，各甲自均不肯编连"，只得"听其散处，毫无管束"。对此，嘉庆十八年（1813），重庆进一步扩大人口登记范围，将此类未编入保甲之人作为"畸零户"列入团簿之末，"如其果能自新安分守法，三年不犯前恶，即收入团内，准作良民"。③ 十九年，重庆又改变保甲挂牌方式，将各户按户备造"循环册簿"，按十户发一牌，挨户造毕之后，赴县领取，按牌悬挂，一月一户，轮流更换。其挂牌之家，即为"月牌头"。④

道光四年（1824），重庆城内外 42 坊厢，其中城内 28 坊，计有土著、流寓、铺户、庙宇居民 14214 户、55148 口，编为 1421 牌，152 甲，15 保；城外 14 厢，计有土著流寓、铺户庙宇居民 3636 户、10138 口，编为 364 牌、36 甲、4 保，共有城市人口 65286 人。⑤ 十二年（1832），重庆因居民并不聚族而

① 《巴县奉札编联沿江渡口渡船渔船户籍牌》，《巴县档案》6-1-47，1782 年。
② 《谕饬保甲事务改由皋司办理及巴县城乡市镇设立保甲编连编户分别男女人口清册》，《巴县档案》6-3-40，1806—1809 年。
③ 《巴县为团练牌甲等事出示晓谕编联保甲卷》，《巴县档案》6-3-41，1813 年。
④ 《嘉庆十九年十月巴县谕示》，四川大学历史系、四川省档案馆编《清代乾嘉道巴县档案选编》（下册），第 282 页。
⑤ 《巴县呈造编查保甲烟户男丁女口花名总册稿》，《巴县档案》6-7-163，1824 年。

居，若拘于十家一牌之法编联，殊多掣肘，因此变通保甲，不再拘于十家内外。①

保甲登记对象极广，士绅、退仕官员等精英亦属编保之列。巴县规定："凡绅衿之家与齐民一体编列，听保甲长稽查。如有不入编次者，本身照脱户律治罪。"绅衿巨家大族与庵观寺院、砖瓦陶窑煤洞铁厂，及曾经犯窃为匪、窝娼窝盗、习过邪教之家，都属编保对象。地方政府还规定，"绅衿或系举贡生监，或曾经仕任何官，或捐纳何项职衔"，均须逐细查明填注。至于"劣绅要右，武断乡曲，刁唆词讼"者，则属保甲查拿对象。作贼为匪、窝娼窝盗、习过邪教之家，为使其"恶迹昭著""自难隐藏"，还须由知县亲察属实后，在其牌册内硃书"改过自新"以别之。②

道光三十年（1850），重庆还将渝城小船编入保甲。渝城小船向有三等，一系小甲所管，推运横江顺江之小船；一系船帮会首所管，起载客货之驳船；一系首事所客，济涉义渡之渡船。其人则良莠不齐，其船亦漫无约束。政府责成该管约总，会同各码头小甲、各船帮会首、各义渡首事，将每处共有小船若干，驾船之人系何姓名，住居何处，彻底查清。限一月之内，设牌编号，造册送具查核。其船如有增添裁减者，随时报县更正。③

保甲组织对人口的大范围登记，使地方政府掌握了较详细的人口数量，以及各户人口的职业、家庭构成、人口迁移等情况，由此将官方控制的触角通过地方精英搭建的组织体系伸入家庭中的个体。嘉庆十一年（1806）、道光四年（1824），重庆皆因编联保甲留下详细的城市人口数据。此外，保甲组织还将重庆"两党一坊厢"组织不能涵盖的水上区域纳入，对渝城小船设牌编号，编入保甲，扩大了城市社会控制的范围，保甲对重庆城市监控的程度遂大大超过以往的社区组织。

弭盗缉宄　弭盗缉宄是保甲设立的主要目的，也是保甲最重要的功能。乾嘉道时期，重庆官方发布的关于保甲告示的主要内容即是以防守、捕拿贼匪为主。乾隆三十九年（1774）七月，巴县正堂发布《弭盗禁令》："照得害民莫甚于盗贼，除盗必先究窝家"，窝赌窝娼，俱盗贼聚集之处，"地方官严申保甲将

---

① 《道光十二年八月十五日重庆府札》，四川大学历史系、四川省档案馆编《清代乾嘉道巴县档案选编》（下册），第 355 页。
② 《巴县具禀遵奉编查保甲一案》，《巴县档案》6－7－153，1850 年。
③ 《巴县具禀遵奉编查保甲一案》，《巴县档案》6－7－153，1850 年。

窝娼窝赌之家查拿尽净，此辈则无容身之处"。① 嘉庆十五年（1810），巴县发布《编联保甲户口条规告示》："照得为政，首在安民，安民必先除盗。而欲盗戢民安，则惟编联保甲为整顿地方良法。"②

除了反复宣传编联保甲的重要性，地方政府也对重要场所和特殊群体采取防范措施，以加强城市社会控制。

其一，于城厢各场街巷两头修建栅栏，加强防范。

嘉庆十八年（1813），巴县县衙要求各坊厢及各场"修建栅栏"，以司启闭，"各场每逢场期，轮流派人梭织巡查"，遇有流匪到场，随时拿获送究，晚上"定更后即应关锁，钥匙即交更夫巡查经管。如居民有疾病生产等事急需延医请人，务须执灯行走，并将实情告明经管钥匙之人，方准开栅。如不执灯夜行，以非奸即盗论"。③ 同时，又要求"各乡场每甲于总路隘口设立堆卡，各牌派人昼夜轮流巡查防守。如遇夜间窃贼，一闻声喊，各牌众务各齐集协理追捕，以期即时就获，送官究治"；各场市镇，每场设立梆锣并木架一座，高脚牌一面，其牌上书写"严拿匪徒"四字；制造上方下圆青冈木棍四根，上写"专打匪徒"四字，插立木架之上，以壮威势。④

道光三十年（1850），重庆府更是严申：城厢内外及乡村场市，所有街巷两头，皆须修立栅栏以司启闭。每牌共置储水大缸一口，石缸更佳，麻搭火钩一付，交牌头掌管。遇夜应派众户轮替支更巡逻。如今夜该第一家巡更，次夜即该第二家巡更，轮流换替，以均劳逸。倘遇盗贼火烛等事，支更者大声疾呼，牌头、甲长即时击梆鸣锣，号召众户，速往掩拿扑救。⑤

其二，于各歇店、腰店、庵观、寺庙等均设立循环号簿。

嘉道时期，巴县于各场及本城内外歇店、临路腰店与庵观寺庙均给发循环号簿，登记往来人口。要求歇店、腰店凡遇投宿过客，务须将其姓名籍贯，作何生理，有无职役，同行伙伴几人，随带行李货物牲口几何，抑系孤身并无行李，来自何处，去往何方，逐细盘查明确，登记簿内；责成"坊长约客，每夜留心挨查。如有歇住匪人失于盘结，及任听差役唤到人证久押店中坐食，不即

① 《乾隆三十九年七月巴县正堂告示》，四川大学历史系、四川省档案馆编《清代乾嘉道巴县档案选编》（下册），第344~345页。
② 《嘉庆十五年七月二十五日巴县编联保甲户口条规告示》，四川大学历史系、四川省档案馆编《清代乾嘉道巴县档案选编》（下册），第278页。
③ 《巴县为团练牌甲等事出示晓谕编联保甲卷》，《巴县档案》6-3-41，1813年。
④ 《巴县为团练牌甲等事出示晓谕编联保甲卷》，《巴县档案》6-3-41，1813年。
⑤ 《巴县具禀遵奉编查保甲一案》，《巴县档案》6-7-153，1850年。

投审，或滥食酒肉，多费钱文者，均惟店户坊长等是问"。庵观寺庙，若招留游方僧道，及寄宿客人，"须将其来踪去迹，亦同客店一样盘查明确，登记簿内，均不许稍涉含混"。① 巴县衙规定号簿于每月朔望，送县查核过硃，凡缴纳"循簿"即领"环簿"，日循去环来。

其三，对特殊人群加以防范。

重庆城乡常有地痞流氓聚集，惹出事端，官方将其作为重点防范对象。嘉庆十八年（1813），巴县衙出示晓谕："城乡流神痞棍，俗呼滚刀皮，近日又呼为斗方法，成群结党，或欺骗朴弱，或讹诈乡愚，或受雇帮人打架，或意图诈索，藉称商店名目，纠众安拿私盗，持械阻斗，致酿人命，种种凶恶，大为民害。该团众如遇前项棍徒，刻即鸣锣捆拿解县，以凭尽法惩办。设或畏其凶横，亦刻即赴县密禀，以凭拿究"，要求团众缉拿、密禀"滚刀皮"。②

同年，巴县正堂要求团众严查人贩子等恶贩："查渝城二江汇合，此种恶贩更多，向有媒滚子、高脚骡子及吹吹等项名目。该团众等，务须严查甲内，如有此等兴贩情事，刻即具禀。"③

乞丐也属于重点防范的对象。嘉庆十八年（1813），巴县知县以"年壮乞丐，成群结党。日则强讨估索，乘间窃取，或窥探路径；夜则穿逾肆窃。种种骚扰，其害匪细"，要求如有年壮乞丐，刻即驱逐出境，不得任其存留。"如实系老幼残废，不能力作者，仍听讨乞度活，亦不得肆强估讨"。对于"贼匪乞丐"，则要求即刻设法封闭其潜匿之所，如岩洞、破庙、古墓，使其无藏身之地。④ 道光二年（1822），政府又要求"乞丐入境，免与布施，以杜估讨偷之源"⑤。保甲之外，地方政府还以丐头来管理乞丐。丐头有政府颁发的牌照，有责将假扮乞丐者扭送至县府，按法惩治。道光六年八月十二日，朝天、储奇两党丐头傅朝、李彪等将混充吃丐之陈狗子、彭娃子、蛮子等十余人告至衙门。⑥

其四，严控"异端"。

清统治者将不利于自身统治的思想和言行均视为异端，对"异端"控制甚

---

① 《巴县具禀遵奉编查保甲一案》，《巴县档案》6-7-153，1850 年。
② 《巴县为团练牌甲等事出示晓谕编联保甲卷》，《巴县档案》6-3-41，1813 年。
③ 《巴县为团练牌甲等事出示晓谕编联保甲卷》，《巴县档案》6-3-41，1813 年。
④ 《巴县为团练牌甲等事出示晓谕编联保甲卷》，《巴县档案》6-3-41，1813 年。
⑤ 《道光二年二月二十九日巴县告示》，四川大学历史系、四川省档案馆编《清代乾嘉道巴县档案选编》（下册），第 369 页。
⑥ 《道光六年八月十二日朝天、储奇两党丐头傅朝、李彪等禀状》，四川大学历史系、四川省档案馆编《清代乾嘉道巴县档案选编》（下册），第 411 页。

严，"异端"群体属于保甲严查的对象。"西洋、白莲、红阳、八卦、书符"等均属于左道异端，被视为国家和地方之害，受到严密稽查。① 清统治者惟恐西洋宗教、民间教派或书籍掺杂反清思想，因此，对宗教派别、文字内容等的检查尤其严格。

顺治元年（1644），清廷行保甲之时，就将寺观纳入保甲，"以稽僧道之出入"。乾隆二十二年（1757），清政府定保甲法15条，将"邪教""私立名色敛财聚会""面生可疑之徒"都列入监控对象，扩大保甲"弭盗缉宄"的群体。重庆地方政府的保甲条例，也多次申明严查奉行邪教及可疑之人。

乾隆三十五年（1770）八月，重庆铺民谢芳奇因身带消灾免病的"怪字三个"被查获，巴县衙顺藤摸瓜查出谢的店伙陈文光、陈文光之侄罗维廷、荣昌县开扇铺之黄彩若、重庆开饭铺之李观荣。"怪字三个"原来系黄彩若赴重庆买扇时，从李观荣饭铺歇房的地上偶然拾得，因注有可以消灾免病等字样，逐渐传至谢芳奇处。"怪字三个"牵连数人，只因官府认为"其迹近煽惑愚民，不可不彻底根究"。②

清廷也将天主教视作异端大力镇压。重庆因明末清初即有天主教徒进入传教，湖广填四川又迁入一些教徒，侵染多年，"民好习天主教"。③ 嘉庆十六年（1811），重庆查处陈大洪等215户天主教徒，要求其一律改悔，呈缴经卷、木架、念珠等。④ 二十一年，浙江瑞安林培厚任重庆知府，"搜其书数十种，抉其谬妄，教民多悔悟。"⑤ 二十四年，教民李潮选因信奉天主教被抓获，政府以"断其根株"、防止住所成为同教往来藏匿之处为名，将其城中老屋没收充公，改作东川书院。⑥ 在审讯天主教徒时，重庆官府还以其"肯否跨越十字架"判其是否"真悔改"——或于地面画十字架，或将其家内所供奉之十字架取出，令其跨越、踩踏，"情甘跨越者"常被视作具悔出教之人，可取保释放。⑦

---

① 《嘉庆十九年十月巴县牌示》，四川大学历史系、四川省档案馆编《清代乾嘉道巴县档案选编》（下册），第282页。

② 《乾隆三十五年重庆府巴县联禀》，四川大学历史系、四川省档案馆编《清代乾嘉道巴县档案选编》（下册），第442页。

③ 民国《巴县志》卷九下《官师》，第9页。

④ 《巴县遵奉查办天主教禀报印结卷》，《巴县档案》6-3-181，1811年。

⑤ 民国《巴县志》卷九下《官师》，第9页。

⑥ 《嘉庆二十四年五月十八日重庆府札》，四川大学历史系、四川省档案馆编《清代乾嘉道巴县档案选编》（下册），第453页。

⑦ 四川大学历史系、四川省档案馆编《清代乾嘉道巴县档案选编》（下册），第449~452页。

地方政府对地痞流氓、人贩、乞丐以及习奉各类"邪教"者采取的各种防范措施，使保甲组织的布防目标更加明确，加大了官方对"异端"群体的控制力度。

协调社区公共事务 保甲组织因对城市人口的强制编划和管理，其于城市社区控制的职能逐渐加强，乾隆以后，已演变成为重庆城市社区中的主要基层组织，功能逐步扩展。

（1）调解民间纠纷。嘉庆十八年（1813），巴县保甲令规定，对"田土、婚姻、债账口角，及一切寻常事件，均勿干预。更不得受贿徇庇，仗势人众，藉事生端，或任意勒索，妄拿扰累，反为民害"[①]。道光三十年（1850）则突破此限制，规定"牌甲内遇有户婚、田土、钱债、口角等项细故，保正甲长妥为排解，以息忿争"[②]。保甲遂成为调解城市社区各类民间细事的合法组织。

（2）救治火灾。道光三十年（1850），官府令重庆城内外所有街巷两头，"每牌共置储水大缸一口，石缸更佳，麻搭火钩一付，交牌头掌管。遇夜应派众户轮替支更巡逻。如今夜该第一家巡更，次夜即该第二家巡更，轮流换替。以均劳役。倘遇盗贼火烛等事，支更者大声疾呼，牌头、甲长即时击梆鸣锣，号召众户，速往掩拿扑救。总期一夫警呼，众户响应"[③]。官府将社区火灾的防治工作也交给保甲。

清代地方政府借助保甲长之力，将保甲组织"弭盗缉宄"之功能扩展至社会生活的方方面面，保甲从此成为重庆城市社区带有半官方性质、但运作完全依靠坊厢民众的基层组织，有效地发挥了地方精英"以民治民"之功效。费孝通认为，"保甲制度是把自上而下的政治轨道筑到每家的门前……保甲制度本来是有意成为基层的自治单位，从这起点筑起一条公开的自下而上的轨道"，然而，其实际的结果却是"官民两套在基层社会开始纠缠"，保甲制度的实施使得基层行政沦于僵化。[④] "把这保甲原则压上原有的地方自治单位，未免会发生格格不相入的情形了。原来是一个单位的被分割了，原来是分别的单位被合并了，甚至东凑西拼，支离碎割，表面上的一律，造成实际上的混乱。"[⑤]

---

① 《嘉庆十八年三月二十九日巴县团首牌团条例》，四川大学历史系、四川省档案馆编《清代乾嘉道巴县档案选编》（下册），第281页。

② 《道光十三年正月三十日巴县编查保甲条规》，四川大学历史系、四川省档案馆编《清代乾嘉道巴县档案选编》（下册），第293页。

③ 《巴县具禀遵奉编查保甲一案》，《巴县档案》6—7—153，1850年。

④ 费孝通：《乡土重建》，上海观察社，1948年，第50、第62页。

⑤ 费孝通：《乡土重建》，上海观察社，1948年，第50页。

从清代重庆保甲制度实施的情况看，保甲组织并未与原有的"两党—坊厢"组织在基层社会纠缠（保甲本就依坊厢而设），也未使得"基层行政僵化"。反而，地方政府借助保甲，将监控的触角延伸至各街巷、各家庭，较好地弥补了从衙门到每家门前之间政府统治力量的不足，保甲实际成为政府权力向民间延伸的又一载体。由是，在地方政治中，"一条公开的自下而上的轨道"确实显现出来，地方精英被大范围地吸纳进地方基层组织，为官府所用，地方社会由此构建起官绅政治架构。"基层组织"与"官僚组织"一样，成为皇权控制与整合地方精英的关键所在。

因此，有清一代，保甲之役，因地方精英参与，而"使天下之州县复分其治矣。州县之地广，广则吏之耳目有不及；其民众，众则行之善恶有未详。保长、甲长之所统近而人寡，其耳目无不照，善恶无所匿，从而闻于州县，平其是非，则里党得其治，而州县亦无不得其治"。①

第四节 精英、团练与城市自卫

团练源于保甲，是以保甲为基础，"寓兵于民"的防卫政策。与保甲不同的是，"保甲行于无事之时，团练行之有事之日。"② 因而，保甲的目的在于自治，而团练的目的在于自卫。嘉庆年间，重庆因白莲教起义创办团练，城市内外坊厢均依保甲编练成团，平时生产，战时出征，"遇事齐团，民为自保"。团练成为嘉道以后重庆最重要的基层组织，举凡农民起义、洋人入境、社区公共事务等情形，官府莫不藉团练之力，团练士绅的威望也由此大增，逐渐替代两党乡约成为重庆城市新的社区精英，权力达于顶峰。但终清一代，重庆团练都在官方控制之下，团总的任免权和指挥权都掌控于官府手中。保甲基础上的团练，进一步将地方精英整合进带有军事色彩的基层组织之中，使清帝国在经过改良的地方官绅政治架构之下得以延续。

一、白莲教起义与团练兴办

白莲教是一种历史很久，传布极广的民间教派，从元末农民起义以来就成

---

① 顾炎武著，黄汝成集释：《日知录集释》卷8，上册，上海古籍出版社，1984年，第13页。
② 《文宗显皇帝实录》卷33，中华书局，1986年影印，第40册，第456页。

为反政府组织。清初，白莲教以反清复明为号召，组织下层民众从事反清斗争，遭到清政府严厉镇压。乾隆末年，随着社会矛盾尖锐，白莲教在各地的反抗更加频繁。

嘉庆元年（1796），以王聪儿、姚之富为首的湖北白莲教徒揭竿而起，震撼清廷。十月，四川达州白莲教首领徐天德首先在亭子铺举义响应，"邀集千余人，在彼屯聚"①。接着，东乡白莲教在王三槐、冷天禄等人率领下，起而呼应，攻下东乡，太平黄富才、徐天福、卿有义、龙绍周等纷举义旗，会聚南津关。次年，巴州罗其书、苟文明，通江冉文俦、冉天元纷纷起义。各路民军，转战四方，攻城略地，势如燎原。

白莲教起义震惊了官府，为镇压起义，四川总督宜绵通饬各属办理团练，"劝谕百姓筑寨齐团，凭险自守"②。嘉庆二年（1797），广州将军明亮、都统德楞泰上《筹令筑堡御贼疏》，建议：①在接近白莲教义军活动地区，于大市镇处所劝民修筑土堡，环以深壕；其余散处村落，酌量户口多寡，以一堡集民三四万为率，因地之宜，就民之便。或十余村联为一堡，或数十村联为一堡。山村僻远，不能合并作堡者，即移入附近堡内。②所有粮食、牛猪什物，均随民移入堡内。③每堡派文、武干员二三人、绅耆数人，为之董率弹压。④如壮丁不足，更于难民中择其骁健者充当乡勇，酌给口粮，即以代赈。③如此，有警则以壮丁"闭栅登陴，相与为守"，无警则"力农贸易，各安其生"，"民有所恃而无恐，自不至于逃亡。"④奏疏得皇帝采纳。

在清政府的授意下，团练随即在各地迅速举办。各地团练之法基本按照上述规条执行。

嘉庆二年（1797），白莲教教徒进入四川广安、岳池、邻水一带，"离重庆尚远"，但已引起重庆城的极大骚动，百姓心生恐惧，有"私行搬眷出城者"。⑤为稳定人心，巴县知县发布禁止出城告示："今后如有绅士以及字号客民人等，携同眷属及携带箱笼、货物者，一概不许出城"，必须查点进城之人，

---

① 《仁宗睿皇帝实录》卷10，中华书局，1986年影印，第28册，第158页。

② 嘉庆《四川通志》卷87《武备志·团练》，第35页。

③ 德楞泰：《筹令筑堡御贼疏》，收入贺长龄辑《皇朝经世文编》卷89《兵政》，沈云龙主编《近代中国史料丛刊》，第731册，台北文海出版社影印，1973年，第3198页。

④ 龚景翰：《坚壁清野议》，收入贺长龄辑《皇朝经世文编》卷89《兵政》，沈云龙主编《近代中国史料丛刊》，第731册，台北文海出版社影印，1973年，第3201页。

⑤ 《嘉庆二年十一月十三日巴县正堂告示》，四川大学历史系、四川省档案馆编《清代乾嘉道巴县档案选编》（下册），第415页。

及一切箱担、包袱。①

同年十一月十七日，知县李苞首先招募乡勇守卡堵御，造具名册，齐集团练，要求团首务于每日早饭后，鸣锣三齐，邀集查点一次，令各带器械。如有一名不到，罚钱五十文，以作团内茶资。再，每团备尖角黄布旗一面，上横写：巴县正堂李"设团防堵"四字，旁写团名，送县过印②，重庆乡勇团练随即举办。

为调动各地乡勇与团首防堵的积极性，李苞下令落实团练所需的盐、菜、口粮等物资，规定：

（1）带领壮勇出城在卡堵御，总头一名，日给口粮，盐、菜银一钱四分；头一名，日给粮、盐、菜银一钱；散差一名，每名日给口粮、盐、菜银六分。

（2）带领壮勇守城，巡查操演，听候调拨，总头每名日给口粮京升米一升，菜钱四十文；散头每名日给口粮京升米一升，盐、菜钱三十文；散差每名日给口粮京升米一升，盐、菜钱二十文。按三日一领。

（3）在城操演及守卡防御，无论总办、散差，按月概给安家银五钱。③

十二月，李苞又令"县属商民，遵奉齐团"，城厢约坊团长等按照团内户数多寡，如二百户以上，轮派壮健二十人，不及二百户者，只派十人。每夜各持刀矛，携带灯笼，在于该团境内总口处所，专司巡防。至于夫更守夜，备一灯笼，将此牌悬挂大户门首，次日递交下家。遇有匪徒、痞棍，即由团众协同扭禀，以凭严究。④ 重庆城厢团练在乡约、坊厢长、场客等协助下也正式举办起来。

重庆团练的首要任务是昼夜梭巡防守，其预防工作主要有以下几项。

1. 重点搜寻码头、站房、客店等公共场所

嘉庆二年（1797）十一月十七日，巴县正堂示谕大佛寺坐卡快头蒋某等"务须小心巡查上下船只，只准暂泊暂行"，不许搬家之船在彼停泊，否则严

---

① 《嘉庆二年十一月十三日巴县正堂告示》，四川大学历史系、四川省档案馆编《清代乾嘉道巴县档案选编》（下册），第 415 页。
② 《嘉庆二年十一月十七日巴县正堂示谕》，四川大学历史系、四川省档案馆编《清代乾嘉道巴县档案选编》（下册），第 415 页。
③ 《嘉庆二年十一月十七日巴县正堂示谕》，四川大学历史系、四川省档案馆编《清代乾嘉道巴县档案选编》（下册），第 415 页。
④ 《嘉庆二年十二月二十六日巴县示谕》，四川大学历史系、四川省档案馆编《清代乾嘉道巴县档案选编》（下册），第 417 页。

究。① 十八日，示谕重庆城内外大小站房：嗣后无论客商投宿，一切行李、箱只、包裹"务须逐一搜捡，以防贼人奸计"。② 二十五日，江北理民府示谕城内外坊厢及各行码头脚夫人等，"议设雄气精壮勇夫，并团头首领，昼夜梭巡防守，如遇贼匪一到，齐心剿捕，毋得畏惧退缩"。③

2. 在各乡场市镇设立栅栏及虎头牌、虎皮木棍等

嘉庆十一年（1806），奉重庆府札饬，巴县在各乡场市镇设立栅栏，置备高脚虎头牌，虎皮木棍。大场设牌四面、棍八根，中场设牌三面、棍六根，小场设牌三面、棍四根。虎牌上大书"奉宪明文严拿匪徒，如敢拒捕，格杀勿论"字样，虎皮棍上大书"专打匪徒"四字。每场还置备梆锣，雇诚实更夫轮流值更，"齐集团练，无论黑夜白日，遇有偷窃抢夺等匪人入场，即将栅栏关闭，敲梆鸣锣，经众团练协力擒拿送县，以凭按律究办"。④ 十八年，巴县正堂要求各坊厢及各场"修建栅栏"，以司启闭，"各场每逢场期，轮流派人梭织巡查"，遇有流匪到场，随时拿获送究。晚上"定更后即应关锁，钥匙即交更夫巡查经管。如居民有疾病生产等事急需延医请人，务须执灯行走，并将实情告明经管钥匙之人，方准开栅。如不执灯夜行，以非奸即盗论"。⑤ 并且，要求各乡场每甲于总路隘口设立堆卡，各牌派人昼夜轮流巡查防守。如遇夜间窃贼，一闻声喊，各牌众务各齐集协理追捕，以期即时就获，送官究治。

3. 对乞丐等人群加强管理

为防止"窃匪"等"假扮乞丐讨食入城"，嘉庆二年（1797）十一月二十八日，江北理民府发布告示，示仰凤凰台、一朵云各丐头知悉："大河乞丐，仍归大河。凤凰台乞丐，仍归凤凰台丐营。小河乞丐，仍归小河丐营。各安守坐食，勿许入城讨饭。本分府捐廉，日给稀粥，定于本月三十日起。"⑥

嘉庆年间，在清廷的授意下，湖北、四川、陕西、甘肃、河南等省皆加强

① 《嘉庆二年十一月十七日巴县示谕》，四川大学历史系、四川省档案馆编《清代乾嘉道巴县档案选编》（下册），第 416 页。
② 《嘉庆二年十一月十八日巴县示谕》，四川大学历史系、四川省档案馆编《清代乾嘉道巴县档案选编》（下册），第 416 页。
③ 《嘉庆二年十一月二十五日江北理民府示谕》，四川大学历史系、四川省档案馆编《清代乾嘉道巴县档案选编》（下册），第 416 页。
④ 《嘉庆十一年十二月巴县告示》，四川大学历史系、四川省档案馆编《清代乾嘉道巴县档案选编》（下册），第 362~363 页。
⑤ 《巴县为团练牌甲等事出示晓谕编联保甲卷》，《巴县档案》6-3-41，1813 年。
⑥ 《嘉庆二年十一月二十八日江北理民府告示》，四川大学历史系、四川省档案馆编《清代乾嘉道巴县档案选编》（下册），第 416 页。

防范，以"坚壁清野""筑寨团练"的方式遏制白莲教。但清廷利用地方精英帮办武装，却又担心拥有武装的士绅和经过训练的民团成为反叛之力，因而对士绅和团勇极为防范。嘉庆二年（1797）九月，川督宜绵上奏军营情形，称"各州县团练乡勇，其中勇往出力者固不乏人，但赏过则骄，威过则散，究非纪律之师可比。请于新兵外各按省分添练备战兵自一万名至五千名不等"，皇帝以"军营乡勇不能绳以部伍，不若挑充入伍，可资约束。则多一兵丁，便少一乡勇。俟军务告竣后或挑补营额，或散令归农，其事尚属易办"，要求四川陕甘湖北河南等省督抚，按照宜绵所奏之数招募乡勇入伍。① 朝廷还认为，"乡勇之不足恃……此等游民惮于管束，未必情愿入伍，著该督抚等遵照节次谕旨将乡勇有家可归者，酌加赏给，遣回原籍。取具收管印结，其无力可归者，或分给各大员及厅州县署内充当壮丁杂役，给以饭食，俾资糊口。总当使之有所稽管，足资生计，不能游荡为匪，方可日久相安。"②

嘉庆五年（1800），川督发布告示："照得川省自教匪滋事以来，军需支用各款，俱系动用国帑作正开销。惟缘转运粮饷、军火等项，所用夫、骡、马匹雇价，均数倍于例价"，各州县因例价不敷，又不得不藉资民力。而津贴一项，向系各州县自行按粮摊派，设局征收，地方官常因政务繁多"经理不善，每多滥支滥应"，但"如一切委之绅士，其中诚实可靠者固属有人，而不肖之徒浮冒侵渔亦复不少。为时既久，在民财则屡见虚糜，在国帑则仍无节省，办理殊未妥协"。川督认为不宜将津贴支用之权委之于士绅，要求津贴之项"官收官发"。③ 六年（1801），川督又奏请"分段办理团练，派委道府丞卒等官总理其事，佐杂各员佐之"④。

嘉庆五年后，白莲教逐步转入低潮。给事中赵树吉奏称："溯查嘉庆年间教匪煽乱，川中办理团练，因举行坚壁清野之法，无事归农，有事守堡，贼至即击，无往来征调之劳，粮因于民，无饷食转输之费，试之数年，具著有成效，三省寇缓卒以荡平。"⑤ 嘉庆七年（1802），大宁（今巫溪）"团勇围杀并生擒贼目谭光良，十一月，游击罗思举等擒杀贼首唐明万于石柱坪，教匪至是

---

① 嘉庆《四川通志》卷首之十一《皇上圣训》，第30页。
② 嘉庆《四川通志》卷首之十一《皇上圣训》，第30～31页。
③ 《嘉庆五年四川总督告示》，四川大学历史系、四川省档案馆编《清代乾嘉道巴县档案选编》（下册），第419页。
④ 嘉庆《四川通志》卷87《武备·团练》，第35页。
⑤ 赵树吉：《邰郫山房疏草》卷1，1881年，第19页。

始平"①。

重庆团练未参加大规模战争，但多次捕获各类贼匪。嘉庆八年（1803），重庆直里九甲遭贼匪刘骈子、刘永福等抢夺货物银钱，约客陈文美等率领该地团民鸣锣缉拿，后协同营兵赶追拿获。② 十九年（1814），智里二甲缉获"估抢估掠"十余载的马鞍山首贼罗四杠子、谢梅二、罗麻五等数十人，盗贼还供出伙贼谢挑子、罗麻五等十余人。③

嘉庆九年（1804），清廷平定白莲教起义，川省团练也因军事行动结束而停办，其后大都团而不练，有事则鸣锣集众，名曰会团。因长期无战事，保甲之法遂又风行各地。十九年（1814），清廷下令"编查保甲"，严密控制。道光年间，川省团练禁革，停止征派团练经费。十八年（1813），除宁远府为防御夷匪抢掠起见，议请聚团为总督所准外，四川规定各地"非汉夷杂处之州县，既有保甲足以弭盗，似可毋庸再事聚团"，要求"除曾经举行不致滋事者，听民自便，其未经举行者，不必责令聚团"。④ 重庆团练也随之回复到保甲状态。

二、咸同时期的团练

1. 团练兴办及演变

道光三十年（1850）十二月，太平军于广西金田起义，清军不敌。咸丰三年（1853）三月，清廷为镇压起义，"令各直省仿照嘉庆年间坚壁清野之法办理团练"⑤，将停办多年的团练重又提上日程。三月初六，咸丰皇帝根据龚景瀚坚壁清野议颁布办团"示谕条款"，要求全国各地大规模兴办团练。

重庆地处长江上游，清廷谕令办团时，太平军已沿长江东下，对重庆的威胁尚不迫切。但重庆临近湘鄂，又受川黔一带地方武装的骚扰，咸丰三年六月，巴县知县觉罗祥庆就以"渝城水陆交冲，商贾辐辏，五方杂处，最易藏奸"为由发布告示，谕令士绅认真齐团，遴选壮丁勤加训练，"以期有备无

---

① 光绪《大宁县志》卷5《武备·武事》，1885年刻本，第26～27页。
② 《嘉庆八年六月直里九甲约客陈文美等禀》，四川大学历史系、四川省档案馆编《清代乾嘉道巴县档案选编》（下册），第361页。
③ 《嘉庆十九年十一月二十三日智里二甲绅民程飞鹏等禀》，四川大学历史系、四川省档案馆编《清代乾嘉道巴县档案选编》（下册），第363页。
④ 《道光十二年八月十五日重庆府札》，四川大学历史系、四川省档案馆编《清代乾嘉道巴县档案选编》（下册），第355页。
⑤ 中国第一历史档案编《咸丰同治两朝上谕档》第3册，广西师范大学出版社，1998年，第108页。

患"①，揭开重庆团练的序幕。

重庆办团得到地方精英的支持，士绅以及一些致仕在渝的官员成为团练的主要组织者，如原江苏兴化知县张肆孟、浙江布政司理问张宝孟、陕西咸阳县县丞李式槐等。②

团练首要之事是招募团勇，重庆官府对团勇的要求是"必须择身家土著者，由本坊铺民具保，该勇具认，一切无业游民，概不准充当"，如来历不明，一经查知，"惟保人是问"。③亦即是说，团勇除了具备"土著""身家清白"等条件，还须有保人担保，以证明其来历。

咸丰三年黎洪顺保民牟贵入团练保状④

具保状人黎洪顺今于大老爷台前为保状事。蚁系望江厢豆腐铺生理，实保得牟贵身家清白，并无不法，在局充当义勇，操习技艺，不得妄为滋事，日后牟贵倘有脱逃等弊，惟蚁是咎，中间不虚，保状是实。

具保状人：黎洪顺
保正：简聚金

上述材料显示，保人黎洪顺在望江厢豆腐铺生理，是普通手艺人，但仍可充当保人的角色，这说明，保人主要保证团勇来历清白即可。另一保人是该坊厢保正，因保正在社区中的威望，并熟悉所管坊厢人口，故能起担保作用。

重庆城市团练依坊厢设团，每坊、厢置一团或数团，设总监正督率数团，各团设监正、团首具体管束。监正皆由本坊厢士绅担任，以职员、生员和退仕官员为主，负责"督办团练保甲并文武官员传见"等事，轮流经理；团首则"不拘绅士粮户"，但必须选择"品行端方，为人公道，素为一方敬服者，公举承充"。⑤职责是带领团勇操练、巡查栅栏，督率花户鸣锣齐集锁栅等，如逢官员点团，还须率领团民听点。

重庆各坊厢团勇，归各坊监正、团首管束，每月操练三次，拟定时日，由各坊团首带赴练所，"不得沿途滋闹生事，亦不许一名不到，余日各安生理，

---

① 《各宪札发严禁私造私发军器告示及巴县奉札示谕查禁卷》，《巴县档案》6-18-211，1853年。

② 《江苏兴化知县张肆孟等禀团练防堵费短缺，恳借用长生场公捐缉捕等费余款支发团练使费一案》，《巴县档案》6-18-129，1857年。

③ 《巴县示谕"团练条规"筹捐团练经费卷》，《巴县档案》6-18-88，1854年。

④ 《各坊民充当义勇出具保状卷》，《巴县档案》6-18-105，1853—1854年。

⑤ 《嘉庆十八年三月二十九日巴县团首牌团条例》，四川大学历史系、四川省档案馆编《清代乾嘉道巴县档案选编》（下册），第279页。

如临操有藉故退缩，奉行故事者，准教习营员从重究治"。官府定"每月给团勇工食银一千文，通行画一，每月给发二次，每次发钱五百文，定以初二十六日，俱由各监正团首具领散给，其团勇仍归各坊监正团首管束，倘不遵约束，许即指名送治"，如"遇境内有事，官有调遣，量地之远近，发工食之多少，若遇事出力，论功奖赏，或偶受伤痕，亦视伤之轻重给赏调理，即有不测，每名给体恤银十两，以示鼓励"。① 官方以"工食银"的方式吸引民众参团，经费遂成为团练能否成功举办的关键。

重庆官府初征团练经费就遇极大阻力。咸丰四年（1854），川东道拟于重庆招团勇一千名，团勇口食在"渝城中等殷实商民未经捐助军饷者"中募集，② 后经知县觉罗祥庆与各坊厢监正筹议，"以各坊贫富不齐，碍难一律捐输，议定上中下三等募集银两"，其中，"上等坊厢筹募银贰百两，中等坊厢筹募银壹百贰拾两，下等坊厢筹募银六十两"。③ 但各坊厢分摊团费后，均"欲令富者出财，而一团之中，富者寥寥"，富者尚有"大家公事，不应我一人出钱"的心理，乃抗拒不出。④ 四月，通远、金汤两坊忠勇团监正黄日盛、傅介海，甲长陈兴发、周联升、团首李长发、何炳顺、保正张兴发等将本坊粮户陈永寿告至县府，缘因该团铺户"按照殷实勤捐助公操习技艺"，陈永寿"岁认捐钱三千文"，但其"仗势欺人，并不出钱"，而且放出口风"一旦撞获定要屠生等性命"，对监正等人予以威胁。⑤ 渝中坊公议团内两大富民张合兴、刘元福也"阻公抗捐"，原因在于张合兴"置有乡城田业约万金之数"，"刘元福家资晓裕，约六七千金之数"，官员劝捐时，二姓俱未报出，公议团"公议合兴应出银二十两，元福应出银十两"，但合兴只愿"认捐银一两五钱"，元福只愿"认捐银五钱"，离公议团的目标甚远，从而成为监正、团首控告的对象。⑥

不独富家大户，普通民众对团练也不重视，原因在于：①国家升平二百余年，人民加多而田土不增，贫苦日众而富户余寡，无恒产者十居七八，皆佃田佃土佣工负贩劳筋苦骨养妻活子，若一日稍休，即缺一日之食，救死不暇，奚暇齐团？②贫者则谓贼匪抢富不抢贫，甚至谓穷苦不堪，有"惟愿贼来，大家

① 《巴县示谕"团练条规"筹捐团练经费卷》，《巴县档案》6-18-88，1854年。
② 《川东道札饬将操练局团勇等交由重庆三营总领以资精练而资弹压卷》，《巴县档案》6-18-106，1854年。
③ 《巴县示谕"团练条规"筹捐团练经费卷》，《巴县档案》6-18-88，1854年。
④ 《举人吴馨远等具禀团练不真宜除弊而更张备条卷》，《巴县档案》6-18-89，1854年。
⑤ 《通远坊监正黄日盛等具禀陈永寿抗不给捐助团练操习一案》，《巴县档案》6-18-119，1854年。
⑥ 《渝中坊公议团监正王廷瑞等具禀富民张合兴等违众阻公抗捐以济团内公项银两卷》，《巴县档案》6-18-134，1854年。

发财"之心，对团练并不热心。①

重庆办团经费摊派各户所产生的纠纷，为士绅所关注。咸丰四年（1854）六月，重庆举人吴馨远等力陈办团六大弊端，指出："练团多不实办，富户则恐一木难支，裹足不前。绅士则多高尚其志，鄙夷不屑；乡约则谓毫无工食，徒劳何益？四乡花户相隔二三十里齐团，并无饭食，往返饥渴，谁能堪比？齐团之期闲谈而散团之时衹有空册，屡次派钱以作团费并无实效，人心不服，反谓有团不如无团，此皆团练之所以不真也。"对于团练经费，他特别指出："经费所出，非各团公派不可……俗云银钱多，祸患多，凡下江贼匪所抢劫者皆多银钱之人也，且贼匪一至，无论贫富贵贱，同遭荼毒。"吴馨远建议："宜捐不宜捐，总以其人之能出不能出为定，不必拘定有粮无粮。无论士农工商、庵堂寺观，总由各团查实公议公派银钱谷米，务多积贮，俱由本团自为经理。"②吴馨远的"宜捐""积贮"主张得官府重视，此后重庆团练经费征收之策渐由各坊厢捐助朝税收方向调整。

重庆为长江上游水码头，又是移民城市，客籍商人势力大，乾隆时期已有行会联合体"八省会馆"成立。八省会首因多有功名，又称"八省绅商"或"八省绅首"③，负责协调各行帮纠纷，协助官府处理社区公共事务等，在重庆影响极大。咸丰六年（1856），川东道委八省绅商设局筹办百货厘金，凡市埠买卖货品，按值每两抽取六厘，六成报效，四成留作本城养勇，是为"老厘"。④因各坊厢捐助及八省绅商筹办厘金，重庆地方官府初步解决了团练经费征收的困难。

咸丰四年（1854）八月，杨澧喜在贵州桐梓起义，数次威胁川东南綦江、合江、江津、秀山等县，川督裕瑞除派清军前往镇压外，令巴县派团勇400名赴綦江防堵。五年三月，再调团勇1400名交重庆镇中营游击颜朝斌赴湖北镇压太平天国，十一月，再调团勇100名赴秀山防堵杨澧喜余党。⑤由于清军和团练的合力阻击，杨澧喜北上的计划未能实现，只得转战于贵州境内，最终失败。

咸丰八年（1858），雅州府张太尊上《捐钱练勇章程》，认为匪徒日益增多，而团勇因病或逃亡，日益减少，"以有限之兵剿无穷之贼，其势已难了结"，如此下去，不堪设想。张太尊建议："川省百余州县，其店铺居民大州县

---

① 《举人吴馨远等具禀团练不真宜除弊而更张备条卷》，《巴县档案》6-18-89，1854年。
② 《举人吴馨远等具禀团练不真宜除弊而更张备条卷》，《巴县档案》6-18-89，1854年。
③ 窦季良：《同乡组织之研究》，重庆正中书局，1943年，第28页。
④ 民国《巴县志》卷4《赋役下》，第1页。
⑤ 民国《巴县志》卷21《事纪下》，第45～47页。

不下二三十万户，中州县不下十余万户，小州县不下十万户，以各州县店铺居民分作二十等户。上户每年捐钱五千文，以次递减，至每年捐钱二百五十文为止，衷多益寡，约计每户每年捐钱五百文；以十万户计，每年可得捐钱五万串。以此捐钱练勇，大州县准练一千名，中州县准练七八百名，小州县准练五六百名，每勇日给口食钱一百或八十文，练勇一千每年只须钱三万六千串，其余之钱留作置械赏号及出征加给口食之用。中小州县亦如此类推，截多补少，百余州县约计可得勇八九十万。"[1] 川督饬令各地按此加强团练，以防匪徒。

巴县为川省大县，按照"大州县准练一千名"之令，已征团练经费捉襟见肘。因而，咸丰八年，川东道再委八省绅商筹办积谷，由八省负责劝集行店客商，于老厘之外，每货银一两，另抽二分；白花一包，另抽二分，由行店总抽缴局，买谷储仓，以备城闭阖城民食。积谷因由八省管理，又称"八省积谷"。十年，负责渝城团练总局的士绅段大章（前甘肃布政史，退仕回渝）会同府、县再次召集八省绅商等商议，除老厘、积谷照常抽收外，货物每两另抽九厘办理团练。因重庆贸易以棉花为大宗，因此又照花帮所议，议决每包加征银一钱，买者占二分五厘，卖者占七分五厘，是为"新厘"。[2] 同年，重庆还于唐家沱码头设立厘卡，抽取货厘、船厘。货厘一律普抽（此前所有花红及通江白蜡等多不进城者，向不抽厘），按照货价百文抽一。船厘为本地安设水师以防江面所用，抽收百分之二。初大小两河俱遵章办理，掣放行票六百余号，惟下河船户表示"必于水脚增长价钱，是名为抽取船厘，实则抽取商厘"。于是八省绅商江宗海与各帮会首商议，"与其由船户增长水脚，不若明定章程，由客商与船户各出一半，分认厘金，以昭公允。"禀至道署，获准。[3] 因地方精英之助力，重庆再次解决了团练经费征收的难题。

咸丰八年，巴县知县张秉堃订立《团练章程》，"俾司事者不应掣肘，效用者有所适从"，规定：

（1）民团操练技艺，欲使众志成城，有事足资捍御，无事各安耕凿。无论绅衿粮户，俱可一体操习。

（2）监正团首选择保送来城，学成技艺发回各团流传，教习者名为团勇；绅粮子弟，经团勇教成者，名为团丁。团勇听本团监正团首节制，团丁在家须受父兄师长管教，入团须受监正团首约束。

---

① 《上宪通饬各地遵照雅州府议禀捐钱练勇章程和川东道核定捐资养勇章程办理卷（册）》，《巴县档案》6-18-82，1858年。
② 民国《巴县志》卷21《事纪下》，第46~47页。
③ 民国《巴县志》卷4《赋役下》，第1页；卷21《事纪下》，第47页。

（3）监正团首均应操习技艺，如有不公不法，许阖团绅粮指实证据禀官究换。

（4）练团经费归监正团首总管。团勇每名每月由监正团首在本团筹给工食钱二千四百文，令其常久在团教习绅粮子弟，不得再取束脩。每月听县传操一二次，如遇贼匪警报，听本县派拨防御，无非西城里派赴怀石里，怀石里派赴居义里，不出本境。团丁不筹工食，习成技艺后，悉听各归本业，惟须齐团到场，每月定期在团合操三次，以免技艺生疏。

（5）各团宜互相联络团丁，乘时各择要隘，通力合作，或筑土堡，或修炮台，以备遇警驻扎防守，民自为战，民自为卫。①

咸丰八年后，重庆民间乡团按团保送团丁入城操练者，共六百数十名；教成团丁送县较阅者，计六千数百名，从此源源教练，民尽知兵，凡属年力富强，皆堪御侮②，而城内团勇，亦达 1500 名③。十年，张五麻子窜扰璧山，逼巴县西界，张秉堃调三里团练，防堵三十余隘，"会镇兵疏防，贼由伍家沟、虎峰山窜入西界，破福兴寨，进攻寨山坪，西里团众驱逐出境。武生陈超同官兵追贼于伍家沟阵亡。"④ 同年，大足苦匪，士绅段大章奉川督令，拣派渝勇五百名，交重庆镇游击带赴大足防剿。⑤ 十一年三月，川东道毛震宝檄委千总李魁元率渝勇数百增防荣昌。贼目周跛子由富顺下窜隆昌李市镇及荣昌安富场，渝勇在防，闻风溃散，永、荣、大三属团练击退之。⑥

重庆官绅办团得法，多次协助清军平定邻近叛乱。咸同时期，因太平军与清军主要在长江中下游作战，重庆并未遭遇战事，团练在区域叛乱平后又逐渐回复至保甲状态。咸丰末期，重庆团练"聚"的功能已趋弱化，士绅、民众对团练的态度逐渐消极。十年八月，巴县知县查点团练，各坊厢违抗不到者达 169 人。

表 26　咸丰十年（1860）重庆城厢团练"抗点不到"者

坊　厢	违示抗操者	坊　厢	违示抗操者
储奇坊	谢义源等 2 人	太平坊丰瑞团	吴兴和等 6 人

① 《巴县团练章程》，《巴县档案》6—18—81，1858 年。
② 《巴县团练章程》，《巴县档案》6—18—81，1858 年。
③ 《道宪札饬整顿团练选派监正于九门廿三坊昼夜盘查及各坊团正禀明筹添团费和火烛费银卷》，《巴县档案》6—23—181，1862—1864 年。
④ 民国《巴县志》卷 21《事纪下·清》，第 48 页。
⑤ 民国《巴县志》卷 21《事纪下·清》，第 46～47 页。
⑥ 民国《巴县志》卷 21《事纪下·清》，第 48 页。

坊 厢	违示抗操者	坊 厢	违示抗操者
宣化、巴字坊向利团	周兴发等20人	朝天、金沙坊	陈义顺等9人
定远、洪岩、临江坊	罗敬义等17人	华光、洪岩、定远坊	赖恒春等21人
崇因坊仁义礼智信5团	姚来仪等5人	千厮、西水、崇因坊	王太顺等20人
储奇、金紫、灵壁坊	周玉成等8人	仁和坊	周大成等18人
南纪、凤凰坊	曾松柏等7人	渝中、太善坊	何发裕等30人
莲花坊	王德茂等6人		

资料来源:《巴县正堂示谕本城各坊厢定期查点团练尚有不到者提案重惩卷》,《巴县档案》6—18—101,1860年。

重庆城内外还发生过激烈的抗团行为。咸丰十一年,重庆专城汛何得龙赴石岗场查点团练,该场"各团监正团牌花户人等全不到来听点",何饬令领旗向阳春谕乡约张义和催要团点,该乡约坐视不耳,适有该场团丁从旁抗拒,不许乡约催团。至一更,突有该场管带周恒山协同乡约张义和,竟统领团丁百余人,各穿号褂至何得龙寓所,"出言詈骂,并将公棹掀倒",领旗向阳春也被"扯倒在地",遭"拳打脚踢"。[①] 城内仁和坊"每夜议派十家铺户挨轮守栅栏连团",二十日,"十家严守,俱至,照守栅栏,惟开号之体恒裕貌违恩谕,抗不守栅栏,九家铺户久候夜静,恒裕独拗不前",监正讯问,其"反敢恃豪出言不逊,尤敢凶凌"。[②] 士绅、富裕商家、民众均有抗团行为,彼时聚团已十分困难。四月,石达开部进入巴县一品场,民众知太平军纪律严明,并不惊诧,"乡人尚演剧,市集如故,石兵呼之为仁义场"[③]。未三四年,石、蓝等与土匪同告弭平,"各邑常练,亦以次遣散"。[④]

同治年间,重庆团练回复至保甲"静"的状态,绅、民散于保甲之中,但"团"的名称却保留下来,团发展成为坊厢之上的基层组织。同治初,重庆城内外共有28坊14厢,城内团练编为东、西、南、北、中五团,东团辖宣化、巴字、太平、仁和、储奇、金紫、灵壁7坊;南团辖金汤、通远、南纪、凤凰、太善、渝中、莲花7坊;西团辖定远、临江、洪岩、治平、千厮、西水6

---

① 《重庆专城汛移称石岗场团丁抗拒不许乡约催团卷》,《巴县档案》6—18—186,1861年。
② 《仁和坊监正李万福等具禀体恒裕恃豪违抗不守栅栏查夜保卫各坊一案》,《巴县档案》6—18—188,1861年。
③ 民国《巴县志》卷21《事纪下》,第49页。
④ 周询:《蜀海丛谈》,巴蜀书社,1986年,第184页。

坊；北团辖朝天、金沙、翠微、东水 4 坊；中团辖神仙、杨柳、崇因、华光 4 坊；城外团练则编为"厢团"。[①] 同治三年（1864）后，重庆城市扩展为 28 坊，城内团练仍为五团。五团所辖各坊情况见表 27：

表 27　1864—1865 年重庆 5 团所辖城内 28 坊情况表

五团名称	所辖各坊
东团	宣化、巴字、太平、仁和、储奇、金紫、灵璧坊
南团	金汤、通远、南纪、凤凰、太善、渝中、莲花坊
西团	定远、临江、洪岩、治平、千斯、西水坊
北团	朝天、金沙、翠微、东水坊
中团	神仙、杨柳、崇因、华光坊

资料来源：《渝城各坊厢举签辞退承充札委乡约、团首、监正、管带等情卷》,《巴县档案》6—23—154，1864—1865 年。

重庆自乾隆年间朝天、储奇两党设置以后，"党"就成为坊厢之上的基层组织，两党乡约有制约坊、厢长和保甲长之权。咸丰同治时期，团练因进一步细分城市空间，且带有军事色彩，影响力随之增强，逐渐替代两党演变为坊厢之上具有固定管辖区域的新的基层组织。"团练—坊厢"的基层组织结构也逐渐替代"两党—坊厢"的基层组织结构，在城市社会生活中发挥重要作用。

2. 地方官权与绅权

咸同团练是清代士绅大规模参与地方军事的重要行动，颇引学界关注。美国学者孔飞力通过考察华中和华南地区的团练后认为：咸同时期，由于地方军事武装的兴起，绅权得以扩张，地方统治权随之发生重大变化，此种现象与"传统国家的崩溃"有密切联系，具有划时代的意义。[②] 孔飞力从士绅的角度探讨中国旧秩序崩溃的根源，并将"绅权扩张"作为衡量"中国近代历史时期"的划分标准，对中国学界影响极大。[③]

---

① 《巴县示谕查点渝城各厢团，校阅武艺及川东道札饬巴县自行统理渝城五大团毋庸另举总团首卷》,《巴县档案》6—23—120，1863 年；《渝城各坊厢举签辞退承充札委乡约、团首、监正、管带等情卷》,《巴县档案》6—23—154，1864—1865 年。

② ［美］孔飞力：《中华帝国晚期的叛乱及其敌人：1796—1864 年的军事化与社会结构》，谢亮生等译，中国社会科学出版社，1990 年，王庆成"前言"，第 2～3 页。

③ 参见［美］孔飞力：《中华帝国晚期的叛乱及其敌人——1796—1864 年的军事化与社会结构》，谢亮生等译，北京，中国社会科学出版社，1990 年。王先明：《晚清士绅基层社会地位的历史变动》，载《历史研究》，1996 年第 1 期。晚清绅权扩张的观点影响颇大，近年国内学界已有将此"论点"演成"论据"之趋势。

国内学者的研究表明，在咸同团练举办的过程中，确有地方出现绅权坐大之势，贵州刘显世和安徽苗沛林，是两个典型的案例。刘氏家族在咸同以后盘踞贵州兴义府一带，俨然地方小朝廷，但刘氏家族并未对抗过朝廷，其在辛亥时期欲镇压革命后又拥护革命的首鼠两端的行为，客观上还减轻了贵州辛亥革命的阻力，与清末贵州动乱的关系实则不大。安徽苗沛林，咸同以后在皖北割据称霸，多次反叛清廷，属团练举办后"士绅致乱"的典型，但苗沛林的行为与其处于北有捻军、南有太平军的中间地带有关[1]，如何在清廷利用之下，在捻军和太平军的夹击中获得生存，是苗沛林团练的特殊之处。苗氏在三股势力夹击下左右逢迎，为清廷所不容，终于同治二年（1863）底被清军剿灭。苗沛林叛乱仅具个案特征，而且被及时镇压，并未对清廷的继续统治产生威胁，相反，它还说明地方绅权坐大可能招致的后果。

咸同时期的重庆团练也展示出这样一幅画面，士绅协助官员办理团练，由此在地方社会获得若干权力，但地方官员并未放任团练由士绅"自由办理"，团练仍然被牢牢地控制于官府之手，这从地方官员对团练士绅的监督、控制等方面极为明显地表现出来。

（1）地方官员掌控着团练士绅的任免权。

团练首领由士绅公举产生，但官方握有监正的最终任免权，可随时更换。咸丰元年（1851），巴县知县为严禁保正借编查保甲敛钱，示谕阖邑绅粮军民诸色人等：如有不肖保正甲长，有藉端敛钱擅作威福情事，许即指名禀究，以凭拘拿到县，严加惩办。[2] 特别示谕民众可以监督、告发保正。

咸丰四年（1854），千厮厢民李天泰等将监正涂双发告至县衙。涂双发本在渝城千厮门城外行医，因设团练，充当监正，"藉捐乐输为名，勒派城外铺家花户，共约收钱二百余钏，换银三十两"，并且私设公堂，街中稍有雀角细事，"双发唤座询问，擅用私刑炼锁，否则勒罚，方免无害"，阖街花户"怨言难以枚举"，将其告至县衙，知县将涂双发革除，令其"永不许在团练滋事"。[3] 十年（1860），隆盛团团首刘鹤龄因懈怠团练被"锁押回辕"。[4] 同治三至四年（1864—1865），巴县知县更是替换大批团练监正，如太善坊监正胡暄

① ［日］并木赖寿：《苗沛林团练事件》，谢俊美译，《学术界》1994 年第 1 期，第 61 页。
② 《巴县示谕严禁保正借编查保甲敛钱扰累以安民业卷》，《巴县档案》6－18－84，1851 年。
③ 《千厮厢李天泰具禀监正涂双发私设公堂借捐勒派侵吞公项银两一案》，《巴县档案》6－18－153，1854 年。
④ 《团首王先化、刘鹤龄短给练丁口食银和懈怠团练被锁押由监生李元壮保释一案》，《巴县档案》6－18－179，1860 年。

"因年老多病，柔懦悮公，逐日在家闲养，不能经理"被撤换，由"为人老成、办公熟练"的监生刘骧接任；千厮坊监正熊万顺"贸易事繁，无暇办公"，亦被撤换，由该坊"正直老成"之刘玉庆接任。① 地方官员始终牢牢掌控着团练士绅的任免权。

（2）地方官员监督团练经费的使用。

团练经费由士绅等具体收取，但官府对士绅并不放心。咸丰四年（1854），巴县知县于武庙设渝城操练局，局内经理值事人数，"每日约在十人之多，该局士洁己奉公，不开火食，原属至当，而各坊厢监正远近不一，未便使之樗腹从事，每日照城工津贴，酌议火食钱一千文，俾得久聚经理，以葳厥事"。巴县知县谕令各坊厢监正收存坊厢经费，照各坊口"每日派定监正四人，书单列派，轮班到局，协同收理，协同给发，一昭大公，一杜浮言"，团练士绅须轮流在局办公，彼此监督协同办理经费。②

七年（1857），退仕的江苏兴化知县张肄孟在重庆办团，因防堵经费短缺，无款可筹，向县府恳请挪借长生场公捐缉捕经费余银三十四两、公捐文武会余银六十两。县正堂批：此议当属可行，著即自向各首事人等妥为筹议。③ 由此可知，团练士绅挪借经费须得知县批准。

八年（1858），重庆设立团练总局，在城内选派殷实廉正绅粮八人，三里选派十二人，以一季为一班轮流更替。每班由城内四人、三里六人充当局首，"专司出纳，不假胥吏之手"④。但要求其必须"每月各将收支细数钉簿禀官印发存案，并揭榜晓示，以杜浸渔"；局士交班亦"须于簿内注明某月日某日交替某人接管以备查核"，"收取练费先由局预备簿册送官钤印发交公，举绅粮协同约保按照等第钱文数目逐一注明簿内，缴官查阅，然后发局刊刷串票收取"。⑤ 对士绅收取、使用经费均有严格的规定。但团练首领良莠不齐，仍有借团敛财之情形。九年（1859），孝里五甲团首彭明义、八甲团首王克诚、仁

---

① 《渝城各坊厢举签辞退承充札委乡约、团首、监正、管带等情卷》，《巴县档案》6-23-154，1864—1865 年。
② 《巴县示谕"团练条规"筹捐团练经费卷》，《巴县档案》6-18-88，1854 年。
③ 《江苏兴化县知县张肄孟等禀团练防堵费短缺，恳借用长生场公捐缉捕等费余款支发团练使费一案》，《巴县档案》6-18-129，1857 年。
④ 《上宪通饬各地遵照雅州府议禀捐钱练勇章程和川东道核定捐资养勇章程办理卷（册）》，《巴县档案》6-18-82，1858 年。
⑤ 《上宪通饬各地遵照雅州府议禀捐钱练勇章程和川东道核定捐资养勇章程办理卷（册）》，《巴县档案》6-18-82，1858 年。

里九甲团首严作文、慈里五甲团首周回生等均发生侵吞团练经费之事。[①] 十年（1860），太平团团首王先化本应给操丁"每月发给口食银二千四百文"，王先化"把操丁更换，另请一名每月发给钱一千文"，从中克扣一千文。[②] 侵吞团费之团首均被揭发，被官府惩办。

至同治元年（1862），重庆城内 28 坊、城外 14 厢，除花户不计外，通计有练丁 1500 名。每名每月工食钱一千文；管带口食钱四千文；每坊厢每栅每月巡钱十千，灯烛钱□千文，俱以六成报效，四成办团之厘金。并设百货厘金，由局内支给，各坊厢遵办无紊。[③]

（3）地方官员在团练中具有最高领导权。

重庆团练举办之初，地方官员就掌控着团勇的操练之权。咸丰四年（1854）三月，川东道曹树钟札饬渝城操练局团勇共两千名"除派官绅分别管带随时操演外，自应分交三营大员总领，以期精练而资弹压"。具体做法是将公局练勇一千名全数移交重庆中营游击管理城内外，新设三十余团抽出练勇一千名，以五百名交左营游击，以五百名交右营都司分别管领，随时与官绅督同操演。[④] 同时要求，各坊厢团勇姓名清册，"移请左右两营统辖，应受营规约束，如有才不堪用，及不自爱惜者，听教习惩治更换，以期养一人即收一人之用，无任冒滥"[⑤] 重庆团勇操练归各营节制，纳入官方控制的轨道。此与上海城市团练"参用营勇钤束"，以驻防湘军统领暂拨，"略仿营制而变通"之法极为相似[⑥]，皆是为了控制民团。

咸丰八年（1858），川东道王廷植在《捐资养勇章程》中明白指出："此项练勇与制兵无异，即以地方官为营主，一切悉照营制在各团操丁内挑选"，练勇悉照营制长年驻扎州县城内，"由官延请教习常川操练演习技艺，以备征调"，每五名为伍，设一伍长；二十人为旗，设一大旗；五十人为队，设一队

① 《孝五甲团首彭明义、孝八甲团首王克诚等贪吞团费反逞凶一案》，《巴县档案》6－18－136，1859年；《仁九甲职员秦双发禀严作文等串通浮派团费贪吞公款一案》，《巴县档案》6－18－140，1860年；《慈里五甲邹春山等具禀周回生私吞侵蚀团练经费一案》，《巴县档案》6－18－142，1860年。
② 《团首王先化、刘鹤龄短给练丁口食银和懈怠团练被锁押由监生李元壮保释一案》，《巴县档案》6－18－179，1860年。
③ 《道宪札饬整顿团练选派监正于九门廿三坊昼夜盘查及各坊团正禀明筹添团费和火烛费银卷》，《巴县档案》6－23－181，1862—1864年。
④ 《川东道札饬将操练局团勇等交由重庆三营总领以资精练而资弹压卷》，《巴县档案》6－18－106，1854年。
⑤ 《巴县示谕"团练条规"筹捐团练经费卷》，《巴县档案》6－18－88，1854年。
⑥ 闻钧天：《中国保甲制度》，上海：商务印书馆，1935年，第346页。

长；百人为行，设一管带。以地方官为统领，如有抗违不遵调度者，以军法从事。①

十年（1860），骆秉章奉调入川督办军务，"饬各州县每邑就地筹饷，精选常练五百人，编为一营，以州县官充管带，本管府及直隶厅州充帮统，巡道充统领"②，要求官员亲自统领团练。川东道亦札饬"各属团练均由地方官统辖，原所以一事权而免团众把持滋事"③。同治二年（1863），川东道再次札饬巴县知县应自行统理渝城五大团，因原五团团首金含章已辞退，此后"所有总团首名目应永行禁止"，且 28 坊团练合为五大团，其操丁既众，团首亦多，"非该县自行统领不足以服众心"，要求"五大团事宜即由该县自行统理，毋庸另举总团首充当，俾事权归上而团练得指臂之助，无把持之弊"。④ 此后，重庆团练取消总团首一职，仅设里正、监正，官方严防士绅因办团而坐大。

并且，地方政府还严禁士绅私自招募团勇，并严格控制团练调兵权。同治六年（1867），川督规定："各处乡勇，必须地方官悬牌示谕，方准招募，并造册呈送查核。此外，不准绅耆粮民假藉投效，私招乡勇，即民团练勇，设有调遣助剿，总以地方官并团练总局暨宪台、督宪或者防剿局指调印札，方准照派驰往应调。所有随时应行调遣布置之处，均须禀明本局核议，详请上司批示遵行，以昭郑重。如有妄称官衔，私用文移，擅敢调遣，该州县立即禀请查办。如有妄行应调，一经查出，定将擅调与妄派之员一并从严详参，仍将遵奉缘由，及有无私招乡勇、私调团练各情，按月造报查考。"⑤

（4）地方官员经常巡视、检查团练。

为了解士绅办团的情况，地方官员还经常巡视、检查团练。咸丰七年（1857），川东道"风闻上半城监正多非公正之人，稽查一切甚不得力"，谕示重庆府札巴县清查另换，以专责成，要求"监保人等务须各按所管地段逐户清查，如有新来之户，来历不明，立即禀报拘案讯究，倘敢受贿窝留，容隐不报，一经查出，五家连坐，并将监保人等从严惩办。果能盘出奸细，拿获巨

① 《上宪通饬各地遵照雅州府议禀捐钱练勇章程和川东道核定捐资养勇章程办理卷（册）》，《巴县档案》6−18−82，1858 年。
② 周询：《蜀海丛谈》，巴蜀书社，1986 年，第 184 页。
③ 《巴县示谕查点渝城各厢团，校阅武艺及川东道札饬巴县自行统理渝城五大团毋庸另举总团首卷》，《巴县档案》6−23−120，1863 年。
④ 《巴县示谕查点渝城各厢团，校阅武艺及川东道札饬巴县自行统理渝城五大团毋庸另举总团首卷》，《巴县档案》6−23−120，1863 年。
⑤ 《巴县奉札饬查申报有无绅耆粮民假借投劾私招乡勇私调团练等情一案》，《巴县档案》6−23−283，1867—1868 年。

匪，即予重赏，以示鼓励"，"监正人等如有素不公正，即著绅粮另举妥人承充，仍将监保姓名，所管街道逐细开造清册，送辖本道随时传查"。[①]

十年（1860）三月初六，川东道在重庆三河坝较阅团勇的枪炮技艺，南川练勇 500 名，綦江练勇 300 名，江津练勇 234 名接受了巡阅。[②] 十一年三月，重庆府札委试用知县廖葆恒查看"各团是否认真练办，能否足资捍卫，仍将何处何团如何办理情形，逐一开折，据实覆夺"[③]。同治二年（1863）十一月初六日，巴县知县王臣福于朝天门外河边点阅城内五团操丁，城外各厢操丁。[④]

（5）下层士绅被直接派至城市盘查、防堵的现场。

同治元年（1862），巴县知县王臣福认为："时届冬令，九门盘查不可一日疏懈"，[⑤] 遂于重庆九门设立城门"盘查绅士"，又名"九门盘查监正"，由士绅亲自负责城门盘查工作。[⑥] 规定每门选派六人或八人分作两班，或五日或十日轮流办事，督率勇役"认真经管稽查，以均劳役，以专责成"。[⑦]

表 28　重庆九门盘查监正人数清册

太平门	金紫门	临江门	储奇门	千厮门	南纪门	朝天门	通远门	东水门
8 人	6 人	6 人	6 人	5 人	8 人	8 人	6 人	6 人

资料来源：《渝城各坊厢举签辞退承充札委乡约、监正、管带团首等情卷》，《巴县档案》6-23-153，1862—1863 年。

四年（1865），金紫门监正，职员周广泰禀请"添派绅士盘查以均劳役"，巴县正堂王臣福特札贡生李亨衢"即便接办盘查，认真经理"。[⑧] 同年，储奇门盘查城门监正廖兴顺病故，而储奇门为各帮药材进出要衢，"每日包篓扛箱，

① 《重庆府札巴县清查监正、保正、团首等如有不公即著另举并饬造册呈查卷》，《巴县档案》6-18-111，1857 年。
② 《川东道札知较阅各地练勇枪炮技艺卷》，《巴县档案》6-18-100，1860 年。
③ 《重庆府札委试用知县廖葆恒查看府属各县办团情形一案》，《巴县档案》6-18-97，1861 年。
④ 《巴县示谕查点渝城各厢团，校阅武艺及川东道札饬巴县自行统理渝城五大团毋庸另举总团首卷》，《巴县档案》6-23-120，1863 年。
⑤ 《渝城各坊厢举签辞退承充札委乡约、监正、管带团首等情卷》，《巴县档案》6-23-153，1862—1863 年。
⑥ "盘查绅士"一词见《渝城各坊厢举签辞退承充札委乡约、团首、监正、管带等情卷》，《巴县档案》6-23-154，1864—1865 年。
⑦ 《渝城各坊厢举签辞退承充札委乡约、监正、管带团首等情卷》，《巴县档案》6-23-153，1862—1863 年。
⑧ 《渝城各坊厢举签辞退承充札委乡约、团首、监正、管带等情卷》，《巴县档案》6-23-154，1864—1865 年。

繁于他门"，该坊文生谢恒等认为"必得公正老成熟悉久居之绅士以补其缺"，文生李钟涛因"品行端正，且久居此坊，兼附近城垣，便于盘查"，被公举为储奇门监正。千厮门监正亦由"殷实谙练"之监生马敦德担任。[①] 重庆士绅被地方官员派至盘查、防堵的城门现场，官员对士绅的支配可见一斑。

由此可知，咸同以后，重庆的地方政治结构并未因士绅办团而发生变化，地方社会仍然呈现出"官绅政治"的模式。大量士绅虽因团练在地方社会权力上升，成为新的地方精英。但精英的行动，仍然掌控于地方官员之手，地方精英"组织化"的模式也未发生变化。这种旧有的政治结构从侧面反映出，19世纪中叶的太平天国起义这场来自国内的危机，并未从根本上撼动中国的地方统治秩序，正是在地方精英的大力支持下，"官绅协谋自保"[②]，终使清帝国在内外危机中得以延续。

但咸同时期的团练仍然对中国的"旧秩序"产生了深刻的影响。各地武装力量的纷起，改变了清初中央恃强悍的八旗、绿营控制地方的局面，"地方"抗衡"中央"的实力逐渐增强。待清季各省举办新军后，这一趋势愈发明显，地方督抚的权力亦因此而增大。此种变化造成晚清地方与中央的主张发生冲突时，"地方"逐渐显出"独立"的迹象，直至辛亥时各地纷纷以"独立"的方式表达服从国家而脱离中央的意愿时，旧秩序遂在各省独立之下土崩瓦解。但这一长达半个世纪的帝制崩解的过程，仍然是在官绅合谋的地方政治架构中完成的。

三、光绪年间的"七团"

1. 由"五团"到"七团"

光绪年间，各地反清斗争再起，民间秘密组织活动密切。四川东部、南部的啯噜、签子会、党子会首领吴么大王、陈太平、朱树德、张伟堂；私盐贩首领任韦驮、谭二疯王、江大烟竿等人屡屡掀起反清斗争，地方政府只得再次依靠团练整肃秩序。时任川督丁宝桢颁布告示，严禁"聚众贩私，烧会结盟，抢劫不法，乘机倡乱及听从传习邪教"[③]，并饬令各地团保"均有稽查匪类之责，

---

① 《渝城各坊厢举签辞退承充札委乡约、团首、监正、管带等情卷》，《巴县档案》6-23-154，1864—1865年。
② 民国《巴县志》卷17《自治·保甲团练》，第18页。
③ 《渠县档案》三，光绪四年三月，抄件藏四川省社科院历史所。

遇有前项匪徒，务须留心查实，立时报官兜拿"①，各属绅粮尤当"认真编联保甲，共卫身家"②。

此时四川不独民间秘密组织活跃，大批散兵游勇也流落为匪，扰乱地方秩序。光绪元年（1875），"邻境肃清勇丁遣撤，其间游荡之辈未能节俭顾家，以致领饷尽消，不觉逗留难返，迫于衣食流而为匪"，游勇"结交土匪，勾留抢劫""随处肆扰"，川督丁宝桢担心"鲍爵军门募勇赴滇，在夔州一带招募，人数颇多，诚恐无赖游勇滥练，挂名不上及本地之咽匪枭匪乘势纠聚，扰害地方，特派寿字前营及寿字副中营来渝"，驻扎弹压，并严饬重庆"保甲人等会同实力巡查"。③

光绪元年九月，川东道札饬巴县编联保甲、整顿团练，"传集各绅粮监团人等妥为举办"，具体办法是"一面散给门牌，清查户口，慎选牌头甲长认真编连，俾奸匪无托足之地；一面整饬团练按各团户口多寡分别练勇若干名，勤加操演，务使技艺娴熟，人人有勇，设有警信，可资防守，决不征调出境"。④

五年（1879），巴县发布严禁营弁苛扰告示，令广为粘贴。⑤ 六年，甘肃提督胡飞鹏所招勇丁行至广元地方，索饷滋事，戳伤广元营官，不服弹压，并将广元团局所存枪炮及广元营所存火药，擅动烧毁，川督丁宝桢即札派管带、长胜营副将熊国志督带勇丁四百名，前往会同该营妥为弹压遣散，并将为首滋事之勇严行查拿办理。⑥ 为防散兵游勇沿途勾结匪徒，巴县令示谕县属团约军民人等：如有甘肃胡营散勇经过乡场市镇，如果其安分不滋他事，即令其迅速行走，无任逗留。倘敢抢夺估索，该团约等立即集团围拿。如该散勇等敢于拒捕，准其格杀勿论，捆送来县，以凭按律拟办，决不稍宽。知县还要求"境内有无经过甘肃胡营散勇，按团具报一次"。⑦

由于丁宝桢认真整顿捕务，讲求团练，光绪初年，川省团练取得明显效果。"数年以来，通计拿获盐枭会匪贼犯，就地惩办者不下千数百名，报劫之

---

① 《渠县档案》三，光绪三年七月，抄件藏四川省社科院历史所。
② 《渠县档案》三，光绪三年六月，抄件藏四川省社科院历史所。
③ 《四川总督重庆府札谕巴县示谕县属监保正约保铺户人等会同营勇随时稽查散练游勇滋扰地方卷》，《巴县档案》6—32—3122，1875 年。
④ 《川东道札发编联保甲整饬团练告示卷》，《巴县档案》6—31—860，1875 年。
⑤ 《巴县造赍申报奉发严禁营弁苛扰告示照抄晓谕贴过处所一条册折》，《巴县档案》6—32—3136，1879 年。
⑥ 《重庆府等札饬巴县县属团约军民人等留心稽查防备甘肃胡营散勇滋事扰民卷》，《巴县档案》6—32—3137，1880 年。
⑦ 《重庆府等札饬巴县县属团约军民人等留心稽查防备甘肃胡营散勇滋事扰民卷》，《巴县档案》6—32—3137，1880 年。

案稀少，地方赖以久安。"① 光绪八年（1882），丁宝桢又札饬各地整顿捕务，全力巡缉盗贼。"遵照会营随时选派干练兵役购觅得力眼线，悬立重赏，严密查拿"，以期"有犯必获，获必究办，以寒贼胆而安民生"。②

但时隔几年，"各属日久懈生，捕务渐次废弛，抢劫案件又层出不穷"，虽经川督"随案勒限饬拿，而报案者寥寥"。③ 光绪十三年（1887），川督刘秉璋访闻渝城五方杂处，市痞地棍实繁，"有徒兵多结痞为羽翼，痞每藉兵为护符，狼狈为奸"，小民侧目，以至酿成事端。被害之家指名具控，差役不敢拘拿，即备文移提或空文回复或抗延不交，地方官碍于情面，率以含糊了事，以致"痞风日炽，痞胆日张"，特照会重庆镇转行各营及官署"无论弁兵如犯有事故，即行送交讯办，倘敢狗纵，许地方官指名禀揭参办"。④ 同时，重庆府也札饬巴县出示晓谕，严行查禁痞棍与营兵勾结扰民，如犯有事故，无论兵民，即行秉公讯办。⑤

光绪十二年（1886），重庆府札发《办理团保简明条约册》，饬巴县遵照办理，其主要内容为：责任宜专也；公费宜筹也；值警宜严也；稽查宜密也；劝惩宜实也；匪党宜散也；扰累宜杜也；督率宜勤也。⑥ 同时颁布《团保拿获盗匪赏银章程》，规定：各州县乡场市野遇有劫案之事，团保牌首立即鸣梆锣携器械一齐出拿。拿获脏盗，立即送官究办。赏银分别为：①遇有盗劫，团保人等登时兜拿，人脏被获者，首盗一名赏银四十两，伙盗一名赏银二十两，获盗多者按名递加，决不减少；②事后查拿真正盗匪送案者，首盗一名赏银二十两，伙盗一名赏银十两；③实在窝盗之家，团保人等如能查拿送究者，并拿获迭劫四五次以上积匪及盗匪曾充坐堂大爷者，无论登时、事后均赏银五十两；④团拿盗匪，该匪往往拒捕，团保人等如有被盗拒杀，经官验报者，准给赏恤银五十两。以上四条，赏银均系库平库色，均于委员会审定，给赏之日先由该

---

① 《四川总督札饬认真整顿捕务巡缉著名盗贼一体会合兜拿务获惩办卷》，《巴县档案》6－32－3001，1882年。

② 《四川总督札饬认真整顿捕务巡缉著名盗贼一体会合兜拿务获惩办卷》，《巴县档案》6－32－3001，1882年。

③ 《四川总督札饬认真整顿捕务巡缉著名盗贼一体会合兜拿务获惩办卷》，《巴县档案》6－32－3001，1882年。

④ 《重庆府札饬巴县出示晓谕严行查禁痞棍与营兵勾结扰民如犯有事故无论兵民即行秉公讯办文卷》，《巴县档案》6－32－3160，1887—1898年。

⑤ 《重庆府札饬巴县出示晓谕严行查禁痞棍与营兵勾结扰民如犯有事故无论兵民即行秉公讯办文卷》，《巴县档案》6－32－3160，1887—1898年。

⑥ 《重庆府札发办理团保简明条约册饬巴县遵照办理卷》，《巴县档案》6－31－904，1886年。

管官查照章程垫银，会同委员当堂给赏，取具领状，赍省备查。①

与同治年间相同，光绪年间的重庆团练也分为五团，但因城市规模扩大，五团管辖区域已包括城内外，形成新的城市布防空间。

表 29 1893 年重庆五大团所辖坊厢（九门二十三坊十厢）

各 团	团 正	所辖坊厢
东团	王寿云	管太平、东水门之太平坊、东水坊、宣化巴字坊、翠微坊、朝天坊、太平厢、太安厢、东水丰碑厢
南团	熊华堂	管南纪、金紫、储奇门之南纪凤凰坊、金紫灵壁坊、储奇坊、仁和坊、南纪望江厢、金紫储奇厢、仁和厢
西团	张回春	管临江、通远门之临江坊、洪岩坊、金沙坊、千厮坊、西水坊、临江通远厢、洪岩厢
北团	郭益泰	管朝天、千厮门之华光定远坊、神仙坊、治平坊、崇因坊、朝天厢、千厮西水厢
中团	向受之	管金汤通远坊、莲花坊、太善坊、渝中坊、杨柳坊

资料来源：《巴县札委监保正和查办户口以及渝城坊厢监保街道总册和公烟馆底簿册卷》,《巴县档案》6-31-927，1893 年。

资料显示，光绪十九年（1893）八月，重庆城内外共有 38 坊厢，25592户，计男 69680 丁，计女 39483 口，男女总共 109163 丁口。另外，重庆城内外尚有坊厢烟馆花户 838 家。② 重庆城市人口已达十余万人，五团已不能涵盖所有坊厢。

二十年（1894），川督鹿传霖通令各县设保甲局，招丁常练；设团练事务所，县由把总主持，场镇之下有团，由甲、户出壮丁，不脱离生产，农闲军训，重庆团练再次活跃起来。

2. 士绅与重庆"七团"

光绪二十一年（1895），重庆团练发生较大变化。是年，国璋任巴县令，以重庆保甲坊厢原设监保，复设总监正为之督率，每因要公传见，纷纷呈禀，烦琐不已，乃将重庆城内外坊厢分为七大团，城内各坊为东、南、西、北、中五团，城外各厢划分为上七厢、下七厢两团，合为七团。七大团"各设里正一

---

① 《重庆府札发办理团保简明条约册饬巴县遵照办理卷》,《巴县档案》6-31-904，1886 年。

② 《巴县札委监保正和查办户口以及渝城坊厢监保街道总册和公烟馆底簿册卷》,《巴县档案》6-31-927，1893 年。

名，举措悉由总监正公论，而总监正之贤否，亦由里正去留"①。国璋将推荐、评价总监正之权力交与里正，而里正也同时受到总监正的监督和制约。

自此以后，重庆七团里正成为民间社会的最高首领，负责调解社区各类纠纷，而职责不限于团练。七团里正多由渝城士绅担任，光绪二十七年（1901），文生朱觐龙、职员郑辉廷、张万顺、李久霖、王焕堂，举人刘瀚，副榜胡德棻等七人任七团里正②，均为重庆地方精英。

七团里正"历由卅四坊厢总散监正公举"③，因而，里正须由重庆士绅公举方能产生。光绪二十六年（1900）四月，巴县七团里正刘瀚（举人）等召集各坊厢监正协议"中团里正陈邦升久历戎行，娴熟技艺，勘充七团教习，以资统帅"；中团崇因坊监正"郑辉廷朴诚稳练、公正殷实，堪以接充中团里正"，得巴县正堂准允。④ 由此可知，七团里正在重庆民间享有极高威望，并得重庆官府信任。

七团里正的一个重要职责是推举团练领袖如"监正""保正"等。重庆"总监正更换，向由里正举充，以杜朋比"⑤，而"总监正之贤否，亦由里正去留"⑥。官府授予七团里正保举监正之权，原因在于"以其朝夕相近，能别贤否"，但里正保举监、保正等"须集众公议，庶免徇私朦保。呈批准否应由仁恩权衡，保甲向不预闻"⑦。地方官员对监正、保正的任免仍握有最终的裁决权。

光绪二十七年（1901）二月十八日，重庆下七厢里正王焕堂，千厮、西水厢总监正李明安等邀集各厢监保街邻于公地酌议，选得本厢甲长黄铨兴"人尚勤慎""谙练老成"，堪当监正，"众皆曰可"。四月初十，七团里正文生朱觐龙等"邀两坊绅粮集议公论"，推举"公正殷实""通达时务"之职员黄焕才、伍秉忠两人充当金沙、杨柳两坊总监正。⑧ 同月，中西两团里正郑辉亭等禀举陈俊森充当华光、定远两坊保正，并督率两党事务。巴县正堂札仰保正陈俊森"即便接充该处事务，如有应办事件，必须会同总、散监正商议办理。遇有鼠牙雀角，闹嚷争竞，亦当善为排解，勿任从中渔利"。四月十六日，北团里正

① 《巴县各坊厢举辞、禀究里监保正卷》，《巴县档案》6-31-1189，1900年。
② 《渝城各坊厢举辞总散监里正及巴县札委卷》，《巴县档案》6-31-1200，1901年。
③ 《渝城各坊厢举辞监里保正卷》，《巴县档案》6-31-1225，1903年。
④ 《巴县各坊厢举辞、禀究里监保正卷》，《巴县档案》6-31-1189，1900年。
⑤ 《渝城各坊厢举辞总散监里正及巴县札委卷》，《巴县档案》6-31-1200，1901年。
⑥ 《巴县各坊厢举辞、禀究里监保正卷》，《巴县档案》6-31-1189，1900年。
⑦ 《渝城各坊厢举辞监里保正卷》，《巴县档案》6-31-1225，1903年。
⑧ 《渝城各坊厢举辞总散监里正及巴县札委卷》，《巴县档案》6-31-1200，1901年。

朱燕候等禀举贺璧光为东水坊保正，亦获知县批准。①

重庆官员对七团里正颇为倚重和信任，各团监正、保正未经其保举，官府不予录用。光绪二十八（1902）年九月，太善坊十八梯监正因前年移贸小十字，以致该坊"遇有口角，无人排解"。士绅们认为，"虽有里正，居远，未知本街贤愚，不如邀集本街绅商酌议，附近苟成明殷实精干，正直无私，堪以接充监正"。禀至县府，县正堂批："苟成明是否堪充该坊十八梯监正，仰七团里正等查议禀报核夺。"② 否决了该坊绅商的提议。

重庆新的社区精英七团里正在社区的话语权对传统精英两党乡约构成了威胁。乾隆以后的很长一段时间，"渝城保正，向归两党乡约举充"③，但光绪年间的团练领袖，逐渐替代了乡约在基层社会的功能，使得两党的权力日益缩小。以"七团里正"和"八省绅商"为首的地方精英——"七团八正"，已成为地方政府对城市进行有效管理的主要助力。

但地方官员对七团里正等社区精英仍然保持高度警惕，在里正的保举单上往往会注明一条："此禀只准公举监保正及仓正，辞退另签，务要真正公事，方准递用。其余词讼案件不得擅用，如违严责。"④ 地方官员不许里正干预词讼，对里正的权限加以严格限制。

不仅如此，巴县衙还规定七团里正"举措悉由总监正公论"，而"总监正之贤否，亦由里正去留"。⑤ 官方将推荐、评价总监正之权力交与里正，同时也将评价里正之权力交与总监正。通过里正、监正间的相互制约，重庆官员可谓达到了通过"一部分士绅"监督、控制"另一部分士绅"的目的，有效地调动了重庆上层士绅及中下层士绅的积极性，并使其相互羁绊，最终达到官方控制基层社会的目的。

重庆七团里正的另一职责是调解民间雀牙细事。东团陈正卿，自光绪初年任充本坊监正，越十余载，复充总监正，至二十一年（1895）冬，充任东团里正，"凡遇一切应办公事，靡不尽心竭力，勤慎弗懈"，有时遇有地方之鼠牙雀角等事，凡能劝息者，"必力为解释，或代为之央情，或代为之垫钱，万不致由小成大，害累两家"；如不能劝息者，则"不往"，倘控案后，"必毫不干预，

① 《渝城各坊厢举辞里监保正卷》，《巴县档案》6-31-1211，1899年。
② 《渝城太善、洪岩、太平、南纪、通远等坊举辞监、保正卷》，《巴县档案》6-31-1223，1902年。
③ 《朝天、储奇两党乡约石星堂等协举张光荣等充当保正并禀喻立堂等窃名朦充等情卷》，《巴县档案》6-31-1112，1888—1889年。
④ 《渝城各坊厢举辞总散监里正及巴县札委卷》，《巴县档案》6-31-1200，1901年。
⑤ 《巴县各坊厢举辞、禀究里监保正卷》，《巴县档案》6-31-1189，1900年。

不与两造质堂，以免彼恨此怨"。因此，陈正卿自奉札办公以来，"不惟非公不履公堂，即门房亦非传不至"，深得官府信赖，承担了大量公事及社区事务。①

光绪年间，重庆团练在"自卫"的功能之外，还增加若干新的职能，团练对于城市社区的管理，也因此时地方秩序变动的新因素而发生较大变化。

（1）查拿拳匪。

19 世纪末，中国地方秩序因外国传教士进入而发生变化，中西冲突加剧，各地教案频发。面对此一新危机，各地方仍然沿用"官绅合谋"的方式加以应对，使团练再次成为防范地方冲突的关键组织。

光绪二十四年（1898），大足余栋臣率众起义，川省告急。巴县知县王炽昌募役捕余栋臣，酿成教案，谣言四起，重庆告警。道、府、县檄三里民团入城，以防民变。②

彼时义和拳兴起于北方，袍哥在四川也日益活跃，引起官府重视。二十六年（1900），川东道奉督宪饬巴县速办团练，查缉各类拳匪。川东道认为："川东各属迭经宝前道函札饬禁不啻三令五申，刻虽未酿事端，访闻学习阴操神打暗谋不轨者所在多有，绅团以土著多所顾惜，不肯招怨举发，甚有随声附和者，地方官因其尚未酿事，亦皆相率讳匿，置若罔闻，岂知涓滴可以成河，星火势必燎原，若不治于初起，一经尾大不掉，即难收拾"，要求巴县加紧办理保甲团练，以之"清内御外，相辅而行"。③ 同年八月，四川团练保甲总局密札巴县查拿袍哥会匪刘堃等。④

二十八年（1902）四月，巴县正堂查得"近有带刀匪类及各处散勇三五成群在于城乡街市及茶坊酒肆，任意横行；或假冒官差营兵，藉端搕害，或乘间聚党窃匪生事，甚至纠众烧会结盟，并以邪术诱惑愚人，托名阴操，降神敛钱"，特移请保甲局等带同练勇查拿惩办带刀匪类及散勇。知县发布告示："带刀痞匪，三五成群，并有散勇，假冒营兵。藉端生事，搕害良民，城乡街市，随处横行。甚至纠众，烧会结盟，并以邪术，诱惑愚人。托名阴操，敛财降神，乘间聚党，窃劫乡村。种种不法，俱干典刑，除派差拿，移营协擒，城乡团保，一体责成，查拿捆送，不准徇情。容留窝户，并拿送惩，倘敢包庇，查

---

① 《渝城莲花、杨柳坊厢团举辞里正监正卷》，《巴县档案》6-31-1170，1898 年。

② 民国《巴县志》卷 17《自治·保甲团练》，第 19 页。

③ 《四川总督遵谕严札查拿匪首禁止兵役藉名拿匪搕诈良民及川东道奉宪搬移饬速办团练查缉匪徒卷》，《巴县档案》6-32-3190，1900 年。

④ 《四川团练保甲总局密札巴县查拿袍哥会匪刘堃等一案》，《巴县档案》6-31-1734，1900 年。

究不轻。"① 同年五月，巴县奉札联络邻团整顿捕务及造呈缮发《严禁拳匪学习神技告示》。② 19 世纪末，各地因"神技"而兴起的拳乱、拳匪等已成为团练查拿的主要对象。

（2）保护洋人、洋教堂。

光绪年间团练的新任务还包括保护洋人、洋教堂。19 世纪末，外国人赴中国各地者增多。光绪二十六年（1900）七月，皇帝发布上谕："现在各国商民在中国者甚多，均应一律保护，著将军督府查明各国洋商教士在通商各埠及各府州县者，按照条约一体认真保护，不得稍有疏虞。"③ 川督随之发布保护各国商教告示："查匪徒造谣煽惑藉词打教，抢掠财物，扰害良民，准就各地团保人等拿捕送官究治，倘敢抗拒，即由官兵格杀毋论。"④ 明确要求各地团练保护洋人。

同时，川督还作密示两条：①搜捕匪首，见兵即逃窜到别处，又复煽惑，必须将告示多贴，悬赏严拿，使匪首不敢潜踪，自然地方安靖。督宪札内获斩决，斩枭盗犯，每案赏银五十两，军流罪减半云云。如是著一名首犯可再加多。②添练丁。各县有添练丁数十名及一二百名，所分布有教堂及教民多处防范，有明防者，有暗防者，亦可因地制宜也。川督示意此两条，"不可出示，只作劝办之法，恐碍将来认赔颁发，使彼教藉口"⑤。川督秘密示意对教堂、教民采取"明防""暗防"措施，并实行奖惩制度，实际赋予地方精英更大的权力。此亦可看出地方政府在保护洋人、洋教堂时的戒备态度。

（3）防范民教冲突。

光绪二十五年（1899）春，大足余栋成事平，知县沈秉堃"以县城为通商大埠，洋商、教士纷至沓来，防护偶疏，立开大衅，乃呈请府、道转详督宪酌留精壮民丁百名，屯驻城内，以资保卫。并定更番训练之法，三月为期，所需月饷，由道库给发，令饬各场按季保送朴实壮丁，入城更替"⑥。重庆再次以

---

① 《巴县移请保甲局等带同练勇查拿惩办带刀匪类及散勇卷》，《巴县档案》6－32－3193，1902 年。
② 《巴县奉札联络邻团整顿捕务及造呈缮发严禁拳匪学习神技告示贴过处所清册文卷》，《巴县档案》6－32－3163，1902 年。
③ 《四川总督拟发保护各国商教告示及道府县转饬所属认真练团缉匪安靖地方卷》，《巴县档案》6－32－3183，1900 年。
④ 《四川总督拟发保护各国商教告示及道府县转饬所属认真练团缉匪安靖地方卷》，《巴县档案》6－32－3183，1900 年。
⑤ 《四川总督拟发保护各国商教告示及道府县转饬所属认真练团缉匪安靖地方卷》，《巴县档案》6－32－3183，1900 年。
⑥ 民国《巴县志》卷 17《自治·保甲团练》，第 19 页。

团练作为战争后备来维持城市秩序。

但在民教冲突发生时，团练的态度却常使官府失望。光绪二十六年（1900）七月，川督发布保教告示，饬令各地团保保护商民，但效果不佳，"团保视打教与彼无干"，对于打教事，"视之漠然，甚有袖手旁观而笑"者。[①] 川督只得再次发布《认真练团缉匪安靖地方告示》，对于查缉匪徒采取了更严厉的手段：①用兵弹压。匪徒抢教而又聚众抗官拒捕，不能不以兵力加之，照例格杀勿论。但先出示解散胁从，若匪徒已散，兵只弹压地方，免游民生事，并严缉首要。各犯必系屡犯劫夺拉搕之案，现又闹教，为团保所恶，杀一可儆百，此即禀明就地正法。②悬赏拿造假旨之人。对于"近日各处白纸贴假上谕言驱逐教士回国及教民返教等语"的白纸贴，规定首府出示拿获假照，赏银四百两，各县有示赏十两，此盖以破其疑惑也。③开导团保。地方匪徒闹事，本归团保查禁。"今众等不理，我官岂能有力赔偿。以后如有打教案，照督宪札办理，官赔一成，尔等赔之三成。以前属闹教案，地方虽不赔，将来须饬州县换团保并先暗查家产，为将来赔款地步某处教堂教民即交某处团保是问，我不派兵看守"。④激励团保。督宪札内有将州县记功过，将团保给奖赏，如匾额功牌之类。前日首府许人五品兰翎，均照准。[②]

川督发布的《认真练团缉匪安靖地方告示》不仅对团保动之以情，而且晓以利害，将打教可能产生的"赔款后果"与团保紧密联系起来，因此，告示一出，"各团保闻之颇动，不言'保教'而'自保'也[③]。

但光绪年间的团练在民教冲突中不言保教而求"自保"，此种新情状实已暴露出民教冲突发生时，地方政府一味依赖士绅等精英控民的方式在外国侵略的大背景下，由于精英对"民"的同情和对外国势力的反感等，使得传统的"官绅合谋"的政治架构出现裂隙，开始失灵。不仅如此，地方官员在民教冲突发生时也常与绅、民持同样态度，只因负有管理地方社会之职责，不得不依赖团练来寻求平安。因此，川督将团练与民教冲突可能产生的"赔款后果"联系起来，希图将士绅与政府紧紧捆绑在一起，使地方政治生态得以延续。此一特点，在川省随后颁布的《保甲团练章程》中也明白无误地表露出来。

---

① 《四川总督拟发保护各国商教告示及道府县转饬所属认真练团缉匪安靖地方卷》，《巴县档案》6－32－3183，1900 年。

② 《四川总督拟发保护各国商教告示及道府县转饬所属认真练团缉匪安靖地方卷》，《巴县档案》6－32－3183，1900 年。

③ 《四川总督拟发保护各国商教告示及道府县转饬所属认真练团缉匪安靖地方卷》，《巴县档案》6－32－3183，1900 年。

光绪二十八年（1902）七月，四川通省团练总局遵札督宪委绅酌定《保甲团练章程》，整顿团练，设防堵击，要求各地"慎选总绅以资臂助也"。因"一邑之中，正绅士不可多得，亦不肯轻出。现在整顿保甲团练，不能不藉绅士以通声气，绅得其人，则□□为理，不至纷扰误。丞卒牧令务须即时访求，虚心延揽，隆以礼貌，推诚相待，方能罗致正人首绅，即有一二不肖，亦必有所顾虑观感，官绅联络一气而办理不至隔阂矣"①。《保甲团练章程》再一次明确指出"官绅联络"的办团宗旨。

光绪时期的团练借助于"绅"的力量，虽在民教冲突中效果不理想，但仍然查拿出部分拳匪、盗匪，起到了整肃城市秩序的作用。如川督丁宝桢自莅任以来，严饬各属整顿保甲，讲求缉捕，"数年以来，通计拿获盐枭会匪贼犯，就地惩办者不下千数百名，报劫之案稀少，地方赖以久安，此实整顿缉捕之明效大验也"②。二十五年（1899），巴县因常练壮丁，"自是以后，民敞财殚，盗风大炽，牧民之吏，莫不重视民团，县绅承旨，遂有团练传习所之设"③。

二十八年十二月，川东道发给重庆七团练勇前膛枪四十支，以资操练。④ 三十二年（1906），巴綦交界分水岭龙岗石龙接龙等场有匪徒出没，巴县正堂耿葆煃饬令团练"随时严拿"，并令练军教习王银山"选派得力勇丁十五名前往巴綦交界各场镇会同团保严密查访，遇有匪徒，立即协团兜捕，务期将匪送惩，毋使一名漏网"，移会綦江县巡防军一体协助缉拿。⑤

19 世纪中后期，重庆民间团练协助官府查拿拳匪，保护洋人、教堂，防范民教冲突等，在客观上弥补了官方管理力量的不足。官绅合作这一自清初以来重庆城市即有的地方政治生态仍然在延续。

3. 地方官、团保与社区公共事务：以火灾为例

重庆房屋依山而建，层层重叠，加以坡势险陡，引水困难，极易引发火灾，尤其在七、八月，气候炎热，起火成灾之例屡有发生。汉桓帝永兴二年，巴郡太守但望曾上疏桓帝刘志，以渝城"地势侧险，皆重屋累居，数有火

---

① 《四川通省团练保甲总局遵札行知督宪委绅酌定保甲团练章程整顿团练设防堵击扑拿匪徒卷》，《巴县档案》6—32—3191，1902 年。

② 《四川总督札饬认真整顿捕务巡缉著名盗贼一体会合兜拿务获惩办卷》，《巴县档案》6—32—3001，1882 年。

③ 民国《巴县志》卷 17《自治·保甲团练》，第 19 页。

④ 《巴县禀本县七团练勇拟分班训练并望发给洋枪卷》，《巴县档案》6—31—1757，1902 年。

⑤ 《川东道巴县据禀饬谕拨勇前往巴綦交界之龙洞关等处严密巡拿匪徒文卷》，《巴县档案》6—32—3157，1906 年。

害"① 以为分郡之词，始知"治城火患，自汉已然"。② 清代，重庆时有火患发生，官府除关闭道署阁门，供奉水神外，主要依靠团保等民间之力防火、灭火。

乾嘉时期，重庆两党乡约主要承担社区公共事务，负责拦街火墙的维修等。③ 道光年间，因社区控制权力发生置换，团保成为重庆社区控制的核心组织，团练士绅由此担负起救治火灾的重任。道光三十年（1850），《重庆团练章程》制定火灾救治办法：城厢内外及乡村场市，所有街巷两头，皆须修立栅栏以司启闭。每牌共置储水大缸一口，石缸更佳，麻搭火钩一付，交牌头掌管。遇夜应派众户轮替支更巡逻。如今夜该第一家巡更，次夜即该第二家巡更，轮流换替，以均劳逸。倘遇盗贼火烛等事，支更者大声疾呼，牌头、甲长即时击梆鸣锣，号召众户，速往掩拿扑救。总期一夫警呼，众户响应。④ 光绪年间，重庆地方官员进一步加强了团保在社区防火、灭火中的作用。

首先，利用团保调查各社区水井、太平水池等情况。

光绪元年（1875）六月十四日，巴县正堂李玉宣因渝城"亢阳天气，各物干枯"，加以城高河远，得水维艰，每遇大灾，势难力敌，特令各坊监正、保正等"限五日内即将各街巷内设太平池一桶修补完好，立即贮水完备禀复，示诣查验，以备不虞"，以为先期预防。⑤

重庆各坊保正不仅对各街的水井及大、小水缸进行了详细登记，而且对已破烂的加以修复，基本弄清了重庆城市各社区救治火灾的能力。

表 30　1875 年各坊保正调查及修好太平水池、水井数

坊　名	保　正	水井及太平池数
东水坊	唐经榜	水井 43 口，小水缸 77 口，大太平池 4 口
崇因坊	朱三阳	水井 15 口，水缸 11 口，水池 5 口
杨柳坊	熊金梁	水井 93 口，太平池 12 口
千厮坊	李永田	水井 70 口，太平池 8 口
储奇坊	陈松柏	水井 17 口，太平池 9 口

---

① 常璩撰，刘琳校注：《华阳国志校注》卷 1《巴志》，巴蜀书社，1984 年，第 49 页。

② 民国《巴县志》卷 15《军警·警察》，第 22 页。

③ 《本城总乡约陈文斗禀称神仙坊拦街火墙崩塌情形卷》，《巴县档案》6-3-161，1808 年。

④ 《巴县具禀编查保甲一案》，《巴县档案》6-7-153，1850 年。

⑤ 《巴县示谕严禁到火灾地域翻渣找寻钱物及修好太平池桶贮水防患卷》，《巴县档案》6-31-1788，1875 年。

续表30

坊　名	保　正	水井及太平池数
华光、定远坊	陈秉璋	水井 97 口，太平池 6 口
临江坊	叶春林	太平池 2 口
翠微坊	江朝宗	水井 24 口，太平池 2 口
金沙坊	马秉忠	水井 4 口，太平缸 2 口，太平桶 1 个
朝天坊		水井 8 口，太平池 12 口
金汤、通远坊	潘明诚	水井 4 口，太平缸 2 口
治平坊	陈兴	水井 92 口，太平池 4 口
莲花坊	傅有恒	水井 61 口，太平缸 4 口
神仙坊	李次明	太平池 11 口
太平坊	龚昭祥	水井 43 口，太平池 15 口
渝中坊	熊炳焜	水井 62 口，太平池 3 口
西水坊	梁源发	水井 42 口，太平池 6 口
太善坊	杨青山	水井 66 口，太平缸 4 口
仁和坊	周荣升	太平池 4 口

资料来源：《渝城各坊保正具禀遵谕修好坊内太平水池及查坊内水井数目卷》，《巴县档案》6-31-1786，1875 年。

调查结果显示，光绪元年（1875），重庆城内共有水井 741 口，各类水缸、太平池等 204 口。但调查仅包括重庆城内 19 坊的水井、水缸等情况，实际情况应不止于此。

七年（1881），巴县知县谕令由各街福德会办理置备水缸的经费，"各坊差、保正不得干预"。神仙坊米花街神武团监正刘静廷、团首李松茂、保正李次明等违反规定，办理了所管大梁子、都邮街、米花街三街团邻的水缸，被朝天、储奇两党乡约告至县府。刘静廷等辩解此举缘于"米花街均属买卖居民，周围前后毫无余地，水缸亦无预有"，经再三筹议，决定"合家共铺五十余家，每家议派钱一百七十文，外坐家居民三十五十不等，合街共收钱十二钏零"，买料置做木桶三个寄放同街陈姓家祠，盛满清水，外置小桶十个，共费钱九钏余。县正堂因其账目清楚，且"注账存查，保单通知街邻均晓，并无一人吞匿

149

分厘"，余款二钏亦附入土地会内充作公款，因此并未责罚神仙坊团保。① 但地方官仍恐保正或许藉此"以利民之举转累于民"，对保正并不信赖。

为补太平池之不足，光绪九年（1883），知县国璋于旧有洋龙外，又倡办广水龙 7 架，分置九门适中之地以防不测。将水龙安设地方开明，示仰各坊厢铺户居民人等知悉："万一遇有失慎之事，即赴就近水龙公所告知"，同时要求上下两街每家门口自备水两桶，以备太平池之不足。② 国璋认为，"守望相助，全在大家齐心努力，否则即有水龙，概成虚设，与无水龙无异。"③ 要求团保悉心保存水龙。

十年（1884），国璋再次示谕城厢内外总散监正约保：渝城人烟辐辏，现值夏令天气，渐形亢阳，火烛尤宜小心。"该监保等务速遵照迭谕赶将各街安设太平池，将水一律挑满，若有渗漏，随时修补完好，以期有备无患。"④

十七年（1891），督宪发给渝城水枪 200 杆，以助各坊救治火患。

表 31　1891 年渝城各坊厢监保领取水枪数

各坊	监、保	领取水枪数	各坊	监、保	领取水枪数
东水坊	监正：王合丰 保正：张荣臣	10 杆	华光、定远坊	总监正：李利丰 马兆祥 保正：陈秉璋	8 杆
莲花坊	监正：谭文瑞 雷长兴 保正：张清源	3 杆	洪岩坊	监正：余云生 保正：叶崇新	5 枝
崇因坊	监正：郭镒泰 陈恒升 保正：李松柏	5 杆	金紫、灵壁坊	监正：王武魁 简万和 保正：马裕贵	6 杆
千厮坊	监正：张回春 保正：江遇文	5 杆	宣化、巴字坊	监正：马德胜等 保正：张成林	6 杆

---

① 《渝城神仙坊监正刘静廷等禀报遵谕按户派款办置水缸余钱附作公款文》，《巴县档案》6－31－1790，1881 年。

② 《巴县示谕渝城各坊厢铺户居民、监保人等修好太平池备水防御火灾，遇有失慎之事即赴就近水龙公所卷》，《巴县档案》6－31－1792，1884 年。

③ 《巴县示谕渝城各坊厢铺户居民、监保人等修好太平池备水防御火灾，遇有失慎之事即赴就近水龙公所卷》，《巴县档案》6－31－1792，1884 年。

④ 《巴县示谕渝城各坊厢铺户居民、监保人等修好太平池备水防御火灾，遇有失慎之事即赴就近水龙公所卷》，《巴县档案》6－31－1792，1884 年。

各坊	监、保	领取水枪数	各坊	监、保	领取水枪数
渝中坊	监正：刘炳荣 保正：何树德	4 杆	朝天坊	监正：黄荣宝等 保正：朱源兴	6 杆
翠微坊	监正：朱金泰等 保正：朱源兴	6 杆	储奇坊	监正：牟廷佐等 保正：吴泽芝	8 杆
神仙坊	监正：陈义和 保正：何升平等	2 杆	平安两厢	监正：谭作霖 保正：罗铨源	2 杆
仁和坊	监正：熊长泰 刘源顺 保正：颜雨田	4 杆	千厮、西水厢	监正：唐纯武 张绍唐 保正：叶正明	3 杆
西水坊	监正：钟源盛 保正：金治栋	6 杆	南纪坊	监正：曾子衡 保正：张光荣	2 杆
治平坊	监正：周义兴 左乾泰 保正：陈兴发	4 杆	金汤、通远坊	监正：唐道生 林源发 保正：汪茂森	2 杆
洪岩厢	监正：袁泰来 保正：汪金铨	3 杆	太平坊	监正：金洪发 保正：王尚宾	6 杆

资料来源：《渝城各坊厢监保遵谕承领督宪发下防火水枪卷》，《巴县档案》6−31−1801，1891 年。

除了领取官府配发的水枪，各坊厢还采取了若干措施，如中团里正郭鉴廷等建议在渝城八门原有水桶栈房的基础上，每城门加添水桶和挑水夫，每名挑水夫给各门字样竹排一块，一经有事，随同水龙至火场验明竹牌挑水，以免临时推诿，得官府允。[①] 十九年（1893）四月，重庆城七坊水桶栈房计 64 家，共领水签 200 块（如表）。

表 32　1893 年渝城 7 坊 64 家领取水签数量表

各坊栈房	承领水签数量	各坊栈房	承领水签数量
东水坊 18 家	70 块	朝天坊 2 家	8 块
千厮坊 6 家	24 块	储奇坊 6 家	11 块
金紫、灵壁坊 7 家	25 块	南纪、凤凰坊 11 家	22 块

---

① 《中团里正郭鉴廷等具禀救火条约六款及巴县批转示谕全城卷》，《巴县档案》6−31−1824，1892 年。

续表32

各坊栈房	承领水签数量	各坊栈房	承领水签数量
太善坊 14 家	40 块		

资料来源：《川东保甲总局登明渝城各坊水桶栈房姓名承领水签数目册卷》，《巴县档案》6－31－1805，1893 年。

在官绅的共同努力下，重庆以团保为基础的救火组织逐渐完善。光绪二十年（1894），经川东道黎庶昌核准，重庆又于城中修造太平池百口，历年增加，并查明城中有井之家，标载木牌，凿十二新井，购备汲水机多具，于广东特制水龙四具。[1]

其次，藉团保之力，落实各类防火告示。

告示是官府向民众传达信息的主要方式，用于规范民众的行为，可视作一种地方法规。光绪年间，为防止火灾，重庆官府多次以告示的方式发布禁令，告诫渝城民众各类防火注意事项。但禁令仅起训诫作用，其最终的落实仍然须藉地方精英之力。从巴县知县发布的各类告示内容可以发现，光绪年间，士绅成为此一时期落实各类告示的主要人物。

光绪十七年（1891）夏，渝城天气炎热，人口稠密，从外地运入之洋油常因民众使用不当，引发火灾。巴县知县及川东保甲局注意到这一情况，遂会衔出示"禁运煤油进城"告示，其内容为："现值天气暑热，小心火烛为切。渝城人烟稠密，没有危害最烈。烟馆每易藏奸，灯光二更必灭。阖街禁止火炮，起搭篾棚宜撤。上年叠被火灾，一切均宜禁革。古人思患预防，本县爱民情迫。责成街坊监保，利弊早为传说。倘敢抗违不遵，立即拿案重责。"[2] 这里，官府是禁令的发布者，"街坊监保"则成为禁令的主要落实者。

十九年（1893）九月，巴县知县再次示谕重庆"城内不许囤积洋油，各铺只许零售"。东水坊、崇因坊柯万发、陈□茂栈内积有洋油二百、三百余箱、桶，"殊觉可虞"，知县随即"仰该监保即便传谕该栈速将洋油雇运出城，在于宽敞处所存放，不许违延干咎，以后城内各铺只许零售，并谕各力夫毋再将整箱整桶洋油运城"。[3] 二十一年（1895）七月，知县又禁止渝城照用洋灯，告

---

[1] 民国《巴县志》卷 15《军警·警察》，第 23 页。
[2] 《川东保甲局巴县会衔出示晓谕禁运煤油进城，禁用篾席搭棚等及各防火措施卷》，《巴县档案》6－31－1802，1891 年。
[3] 《巴县示谕城内不许囤积洋油，各铺只许零售文》，《巴县档案》6－31－1810，1893 年。

示也是"特谕各坊监保,传知铺户居民"。①

重庆街巷狭窄,天气炎热,各街铺户喜以篾席沿街搭棚遮凉,成为火灾隐患。光绪十一年(1885),巴县示谕禁用篾折草席沿街搭棚。② 二十年(1894),知县耿士伟特饬"总正督同各坊监正传谕通城,无论大小铺户,各将旧棚拆去,换用布幔,即窄巷小贸无钱制布,俱用麻袋均可收卷,由已取携甚便,想商民等同切思患预防之谋,当无不格外乐从,倘有执拗定即按传亲讯,加以惩警,势在必行,统限本月换齐"③。但时隔不久,铺户因临街房檐甚浅,恐日晒雨淋,加用雨板,竟至对户相接,与前过街篾折无异,并留骑街横架杉条竹竿,留下火灾隐患。在此情况下,知县耿士伟再次饬令总监正督同各坊监正传谕城内大小铺户,"除已用布幔者不计外,如有因檐浅接用雨板,只许以三尺宽罩过柜台为率,勿得过宽。两处合拢,致有阻碍,其骑街横架之杉条竹竿务必限日拆尽,至篾折草席永不准作棚遮阴"④,终于将重庆各街巷篾席全部换完。

从上述重庆官府禁运洋油和饬令换篾席的过程可以看出,官府的告示要延伸至各社区中的每户,只得借助于"监正"等社区精英的力量才能完成。由于官府人力不足,团练士绅成为官府联系民间的一个桥梁,在地方公共事务中发挥着重要作用。

第三,设立民间防火组织——水会。

同治七年(1868),巴县知县王宫午劝谕绅民购置水龙,募养夫役,分坊成立水社,于寺观、堂庙凿池蓄水。自此居民家制水桶,书明字号,一闻火起,群往扑救,此为重庆最早的民间消防组织。

光绪九年(1883),重庆知府唐翼祖、巴县知县国璋筹设水会。令治城四十八坊厢规设水会,辟水仓、水柜,由绅商集资购置水龙六具,仍从前例,募役时习,地方官令委八省绅商,轮管其事。会所设县城隍庙,曰"水会公所"。其经费募集办法为"就城乡居民,按门籍募捐,上者月捐制钱百五十文,最下捐钱十文"。⑤

官府倡设水会之后,水会却未发挥出应有的效果。至二十一年(1895),国璋再任巴县知县时,追溯前事,发现水会"半多废弛,其于救火一道,尤觉

---

① 《巴县示谕渝城留心火烛禁止照用洋灯文》,《巴县档案》6-31-1823,1895 年。

② 《巴县示谕禁用篾折草席沿街搭棚及贮水防火卷》,《巴县档案》6-31-1811,1885 年。

③ 《巴县示谕禁用篾折草席沿街搭棚及贮水防火卷》,《巴县档案》6-31-1811,1885 年。

④ 《巴县示谕禁用篾折草席沿街搭棚及贮水防火卷》,《巴县档案》6-31-1811,1885 年。

⑤ 民国《巴县志》卷 15《军警·警察》,第 23 页。

得疏虞懈怠，设有事端，万难得力"，遂传集七团里正到署，与之反复辩论，"非有妥善章程，平日讲求习惯"，否则"必致临事仓皇，徒然无益，该里正等均以为然"。① 同年十二月，七团里正（中团里正郭鉴廷、东团里正陈正卿、南团里正廖鋈、西团里正向万钟、北团里正刘俊臣、雷敬之；上七厢里正吕现权、下七厢里正谭作霖）面谕知县国璋，重整水会旧章，确立《水会章程》六条：

（1）雇木泥两行之人。外穿号褂，各执器械，上房拆屋解瓦锯桷，先拆火巷，免致延烧。若两行工人归住一处，渝城地方辽远，一时呼应不及，远水难救近火，不如各坊雇年富力强者木工二人，泥工二人，每人每月给工钱四百文，取具认状，每人给腰牌一块，注明木工某人泥工某人，至火场之日，先缴腰牌与各坊总、监正验明，以免混杂偷懒等弊，概归总监正督率，无事之秋，仍在各坊各家居住。

（2）有龙无水，有水无桶，何以熄其火患。前水龙均自有木桶皮桶，均皆久年保无朽坏。今渝城八门均有水桶栈房，每城门派水桶十挑，水夫十名，惟千厮东水临江三门水桶栈房稍多，此三门每门加添水桶五挑，担水夫五名，每名给各门字样竹排一块，一经有事，随同水龙至火场验明竹牌挑水，务须饬令各水桶栈房店主取具认状，以免临时推诿。

（3）各坊总、散监正保正暨各街甲长遇有事之秋，年少者沿街寻水贯龙，并督率木泥两行先拆火巷，年老者督率坊捕把持市口栅栏，不准闲人混杂，乘灾劫夺各物以及拥塞街道、踢毙等情。

（4）水龙一架，原系长夫二名，每月工钱六百文；散夫三十名，每名每月工钱八文。今水龙一架加添长夫二名，每名每月仍给工钱六百文；散夫三十名，每名每月加添钱四十文。至于长夫日夜轮班住宿龙房，庶免临时叫应不及。

（5）水龙长夫散夫原系各坊附近水龙房轿铺承认搬运，因日久废弛，均雇年老幼稚之人虚应故事。今饬令龙房附近轿房老板三掌柜各具认状，拣选精强力壮之人承认其事，平日将抬运施用之法讲求习惯，一遇有事，立刻运行，先到者有赏，后到者责罚，庶及赏罚分明，以免逗留迟延，致误大事。

（6）各坊原置有蜈蚣麻搭火钩，均系竹竿所逗，未免过长，遇有街巷窄小

---

① 《中团里正郭鉴廷等具禀救火条约六款及巴县批转示谕全城卷》，《巴县档案》6−31−1824，1892年。

难以听用。改为铁链，长六尺，上用火钩，下接麻绳，不拘街巷宽窄，均可使用。①

国璋阅后，又略加增损，以期尽美尽善，将第二条中"一经有事，（水夫）随同水龙至火场验明竹牌挑水"改为"由本坊总散监正带同先赴本县前缴验腰牌，听候本县……如事起仓卒，立可拆房，以杀火……本县尚未亲临者，即由本坊总散监保立时督同扑救，不得拘泥迁延，以致蔓延为害"。②此一改动，规定了总、散监正的具体职责，明确了社区精英在火灾来临时不能置身事外。国璋还认为，"各坊水龙之能否得力，观各首人之勤惰，勤者当予优奖，惰必量加惩治，此事关重大，设有疏懈贻误，本县亦不能曲予徇庇，各宜凛遵，毋违特示"③。对"各首人"在火灾中的实际行动实施了奖惩措施。

二十一年（1895）五月，重庆又设水会局，作为水会管理机构。以士绅四人充任水会局员绅，其主要职责为"专管石缸石灰油漆数项之事，石板必须验明，若非峡石，即行退换；瓦缸烧不如法，亦即不收；石灰油漆一一俱要辨别真伪。至于安置石缸瓦缸，各宜分段，亲往督率。此外若非本道所派之件，而别人经手者，即不必牵涉"④。水会局尽管由士绅组成，但《水会局简明章程》明确规定，凡涉及资金等事项，均须巴县知县与八省首事及各坊监正共同办理，譬如"水会局添置之水龙，既由巴县经手购办，其合用与否，责成即在巴县一身，与旁人无涉"；"水会所用之麻搭火钩，以及拆火巷应用之器具，皆系巴县陈令，与八省首士及各坊监正等公同合办"。水会实际由川东道"总其全，巴县、八省首士、保甲局监坊等分其任"。⑤

水会复置后，资金从何而出尚未明确。《水会局简明章程》仅规定"各坊监保所写之救火捐款，限一月写完，此项公捐，应由巴县督同八省首士商量，作何生息，作何支放，须拟一长远之策，庶能持久"⑥。对于如何筹款则并未详细指明。二十三年（1897）正月初一，由巴县知县分别选派绅商、街长设立公所，收取会钱，规定上等行店月出钱三百文，等而下之。如一店有数号，且

---

① 《中团里正郭鉴廷等具禀救火条约六款及巴县批转示谕全城卷》，《巴县档案》6-31-1824，1892年。

② 《中团里正郭鉴廷等具禀救火条约六款及巴县批转示谕全城卷》，《巴县档案》6-31-1824，1892年。

③ 《中团里正郭鉴廷等具禀救火条约六款及巴县批转示谕全城卷》，《巴县档案》6-31-1824，1892年。

④ 《水会局简明章程和水会局造呈领支银钱费用名数清册》，《巴县档案》6-31-1822，1895年。

⑤ 《水会局简明章程和水会局造呈领支银钱费用名数清册》，《巴县档案》6-31-1822，1895年。

⑥ 《水会局简明章程和水会局造呈领支银钱费用名数清册》，《巴县档案》6-31-1822，1895年。

与房主伙出，真正穷苦人家，予以免收。①

　　各坊街长承担了收取水会钱的具体事务。二十三年（1897）三月初二日，国璋饬令各街长"按照章程挨户清查，分别等第，逐一填注街口单内，限日收缴钱文"②。但"各坊收钱虽敷，惟闻填注等第多有遗漏不实"，如一店内住有数号，往往藉口仅以一行店之钱了事，并未按照各号分注，且有"以上作中""含糊取巧"等弊。③有的住户更是不愿出钱，如三月十四日，治平坊保正陈兴发报得坊内会仙桥有住户赖天成应缴水会钱八十文，"经街长同监保等叠次去伊家，不惟不出，反吼骂街邻"④。知县饬令"里正总散监正等赶紧再行督同各街长认真逐细清查，再行更正补填，照章收缴钱文，统限五日内将钱册一并呈缴公所，以备抽查。仍一面将所管街内花名等第收办数目张贴本街报单，俾众咸知。经此次示谕之后，再有前次各弊，一经查出，即惟尔里正总散监正街长等是问"⑤。

　　水会钱收取的另一障碍来自保正、街长等的不合作。由于水会钱收取中的实际困难，二十四年（1898），杨柳坊"各坊监保纷纷藉口收取维艰，仍然观望"，尽管知县"再三督饬"，但"正、二两月外间业已停收"，水会"因拖延而成废弛"⑥。巴县知县札仰该坊里正郭鉴廷、监正向保珍、保正李源泰"再行接办一年，以裕经费，除实系迁移闭歇空房赤贫无力等项，及闰月免捐并出示晓谕外，无论公馆铺户应一体缴纳水会钱文，仍自正月为始率由旧章照常抽收，按月赴局汇齐发商生息"，如遇花户中有违抗不出者，监正保甲等"务当明白开导，实力举办"⑦。

　　二十三年（1897）正月，重庆水会公所由各坊厢街长收缴钱三百四十六千

① 《川东道等会衔示谕筹议复兴水会及巴县禀遵谕重订章程并购龙凿井添置吸水机器以资补救并奉发水会公款余银发局收存卷》，《巴县档案》6—31—1834，1896年。

② 《巴县示谕东南西北中各团里总散监保街长等按照章程分别等地挨户抽取水捐文》，《巴县档案》6—31—1835，1897年。

③ 《巴县示谕东南西北中各团里总散监保街长等按照章程分别等地挨户抽取水捐文》，《巴县档案》6—31—1835，1897年。

④ 《渝城水会公所造报光绪廿三年各月份收发钱文数目清册及将存银发商生息禀请移送承领等情卷》，《巴县档案》6—31—1836，1897年。

⑤ 《巴县示谕东南西北中各团里总散监保街长等按照章程分别等地挨户抽取水捐文》，《巴县档案》6—31—1835，1897年。

⑥ 《巴县札饬杨柳坊里监保等按月收缴水会钱赴局呈缴发商生息文》，《巴县档案》6—31—1839，1898年。

⑦ 《巴县札饬杨柳坊里监保等按月收缴水会钱赴局呈缴发商生息文》，《巴县档案》6—31—1839，1898年。

二百九十九文，除监保街长提去一成办公经费钱三十四千三百一十八文外，正月实际收入水会钱三百一十一千九百八十一文。① 其具体收支见下表：

表 33　1897 年正月水会局支发各项数目表

支发各项	金　额
还巴县垫发后伺坡失慎拆毁各灾民房屋津贴钱	三十一千文
开局绅首事早汤五桌	每桌合钱一千七百文，共钱八千五百文
开局坊厢监保到局贺喜并官绅跟丁拆席散给号牌三百五十二块合钱十二文	共计四千二百二十四文
开局需用茶酒炭水	共钱二千一百二十文
开局茶炊厨子工食担价	共钱一千四百一十九文
支补前次筹议水会事件茶炊炭水点心	共钱一千一百九十四文
支开局监保送爆竹并缴钱文喜封钱	钱七百八十六文
支开办水会经理春季分首事会议收钱对册，每次午饭两桌，计八次，酒菜米炭钱	十七千九百二十文
支经理收支帐务司事一人月薪工钱	三千文
支经理水会文件司事一人月薪工钱	三千文
支催收钱文听事差役二名每名每月口食钱二千文	共钱四千文
支刻水会串票板一块、榜示板一块并图章字一百八十六个	共合工钱二千一百二十文
刷印水会串票榜示并街口册子刷印纸张工料	共钱二千八百四十文
用帐簿纸札笔墨并印盒硃油	共钱一千七百六十三文
其它支出	……
共计	八十五千八百五十文

资料来源：《渝城水会公所造报光绪廿三年各月份收发钱文数目清册及将存银发商生息禀请移送承领等情卷》，《巴县档案》6－31－1836，1897 年。

　　合计上表，水会局一月支出八十五千八百五十文，余钱二百二十六千一百三十一文。而表中所列"支出"，很大部分用于水会局日常开支，如"局绅首事早汤五桌""筹议水会事件茶炊炭水点心""水会经理春季分首事会议收钱对

---

① 《渝城水会公所造报光绪廿三年各月份收发钱文数目清册及将存银发商生息禀请移送承领等情卷》，《巴县档案》6－31－1836，1897 年。

册，每次午饭两桌，计八次，酒菜米炭钱"局需用茶酒炭水"等项目。而救火等项措施所费钱文极其有限。况且，水会局已经提取一成作为办公经费，以上大部分开支实应在"办公经费"中支取，其开支与所订章程并不相符。日常开销构成水会局经费支出的很大一部分，而用于防火的事项则很少，这或许也是各户不愿出钱的原因。

二十四年（1898）冬，重庆各坊欠缴水会钱的现象更加严重。崇因、洪岩、南纪、通远、朝天、太平、仁和七坊及南纪厢欠缴冬月水会钱；崇因坊、洪岩坊、南纪坊、通远坊、朝天坊、太平坊、仁和坊、南纪厢、西水坊、治平坊、千厮坊、临江坊、金储厢、千厮厢、临江厢、洪岩厢、仁和厢、太平厢等十八坊厢对于腊月水会钱更是"分文未缴"。①

保正、街长督催不力，民户也不愿出钱，因此，尽管官府极力提倡，效果却不明显。二十五年（1899）十月二十六日夜，渝城太平门谦吉巷失火，巴县知县"即刻往救，督同将火扑灭，幸未延烧"，但知县查点水龙时，发现仅有本坊一县署以及东水坊的三架水龙，六坊水龙不到，且"水夫俱生手，尤多老弱不堪，难期得力，实属不成事体"。②

知县认为水夫之所以"迄今竟若罔闻"，在于"八省七团未操督率之权，致使呼应不灵"，因此札饬八省七团亲自督率整顿操练，不许老弱充数，"嗣后遇有火警无分雨夜迅即由该首人督带夫役争先齐赴，不准再行坐视不到，及滥用并老弱水夫充数"。③ 知县要求待水夫操练好之后赴县呈明，以便示期各集城外三河坝听候其"亲临查验"。④ 由于社区精英未认真办理，官员不得不亲自过问水会事宜。

光绪年间，重庆水会组织管理不善，但水会仍在火灾防治中做了一些防范措施。如二十三年（1897）三月，水会补修了宣化坊府庙石缸 2 口、东水坊蔡家湾石缸 1 口；添置太善坊石缸 4 口，河水 793 挑；添置石缸 2 口，河水 598

---

① 《管理保甲局等移请巴县转催移还水会生息银及巴县札渝城各坊监保催收欠缴水会钱文等情卷》，《巴县档案》6-31-1842，1898—1902 年。"金储厢"或为"金紫储奇厢"简称。
② 《管理保甲局等移请巴县转催移还水会生息银及巴县札渝城各坊监保催收欠缴水会钱文等情卷》，《巴县档案》6-31-1842，1898—1902 年。
③ 《管理保甲局等移请巴县转催移还水会生息银及巴县札渝城各坊监保催收欠缴水会钱文等情卷》，《巴县档案》6-31-1842，1898—1902 年。
④ 《管理保甲局等移请巴县转催移还水会生息银及巴县札渝城各坊监保催收欠缴水会钱文等情卷》，《巴县档案》6-31-1842，1898—1902 年。

挑，添置广水龙四架；五月，办理美国马医士代购吸水机器 6 架。[①] 为重庆添置了防火设施。

并且，在火灾发生之后的灾害救助中，地方精英的赈济也极为突出。十九年（1893）五月十二日，重庆太平门城厢内外遭火灾，受灾 414 家，1397 人，由八省会馆绅首协同坊厢首人查明户口，分别赈济。[②] 二十年（1894）七月二十五日夜，府庙街居民煤油灯失火，酿成巨灾，延烧陕西街、打铜街、打铁街、长安寺至滴水岩，烧毁民房铺户 1082 幢，1 万余人无家可归。川东道请于新厘项下拨银 6000 两，道府县官民捐赈银 1800 两，由八省会馆绅首会同受灾各坊监保分等给赈：特重灾 42 户，每户给银 20 两；较重灾 96 户，每户 15 两；亦重灾 57 户，每户 10 两；重灾 266 户，每户 5 两；轻灾 291 户，每户 1—2 两。总计领赈灾民 752 户，支银 4287 两。受灾户中公职人员 330 户，应领赈银 1713 两。全部捐会移作筹备火患善后经费。二十二年（1896）十二月，巴县颁发水会救火收捐章程，按户摊收坊捐银共 3000 两，补充水会救火基金。[③] 此后多年，重庆间有火灾，皆因救助得力，不曾蔓延。三十三年（1907）七月，巴县宣布取消煤油照明禁令。

综上所述，光绪年间以团保为基础的基层组织，在地方公共事务中承担了重要职责，重庆保护洋人，防范民教冲突，调查水井、太平池，设立救火会等新的事务，也依赖团保得以落实，士绅在基层社会的权力在此时达于顶峰。但是，光绪年间，重庆官员仍然掌控着城市管理的主导权，并继续借助地方精英之力处理各类公共事务。地方精英被整合于各类组织之中，地方官绅政治生态并未发生变化。

---

① 《渝城水会公所造报光绪廿三年各月份收发钱文数目清册及将存银发商生息禀请移送承领等情卷》，《巴县档案》6—31—1836，1897 年。

② 《巴县据禀提讯太平厢火头李麻子及川东道重庆府札饬巴县捐银帐恤灾民卷》，《巴县档案》6—31—1809，1893 年。

③ 重庆市地方志编纂委员会编《重庆市志》第 13 卷《民政志》，西南师范大学出版社，2005 年，第812~813 页。

第三章　商人、行会与城市管理

行会是以行业或地域为纽带，以行规和习惯势力为凭借的自治团体。一些散见的史料表明，至迟在 8 世纪末，唐代已有行会组织的雏形。宋以后，随着工商业逐渐发展，行业组织的规模日益壮大。清代，中国的行会日趋成熟，在生产经营和约束行会成员等方面逐渐形成一套严密的制度，以至成为清代地方社会控制的又一重要组织。

重庆行会的产生与外地客商来渝有关。乾隆时期，重庆已是长江上游"三江总汇，水陆冲衢"①的交通枢纽，两广、两湖和山西、陕西、福建、江西、云南、贵州等省商人携货物云集于此，在各码头交易、转运，重庆商业逐渐兴盛。道光年间，四川邻水举人甘丙昌曾作竹枝词形容重庆码头之盛："挂子船高夫迁多，珠帘绣柱响梆锣。滇黔几日铜铅到，齐唱宏衣得宝歌。"② 外地商人大量来渝，在重庆领帖设行，制定行规，规范市场，使行会在重庆产生并逐渐发展壮大。

第一节　重庆行会兴起

一、行会类型

重庆的行会主要有三类，一类是以地域划分、兼有行业特征的同乡会馆、公所等；一类是以行业划分的各类行会组织，如山货行、药材行、轿行等；一类是若干手工业商业的行帮组织，如广帮、胶帮等。行会的名称很多，除了会

---

① 乾隆《巴县志》卷 10《物产》，第 14 页。
② 甘丙昌：《渝州竹枝词》，见雷梦水等编《中华竹枝词》（五），北京古籍出版社，1997 年，第 3310 页。

馆、公所以及"行"以外，重庆还有以堂、庙、殿、宫、会等命名的行会，如三皇会、万寿宫、三元庙等。

1. 行帮

行帮是由下层民众组成的手工业或商业的同业组织，一般由同乡人组成，以垄断某一行业，排除竞争为目的。重庆的行帮约建立于康熙年间，其后得到迅速发展。雍正二年（1724），牙课司恢复职能后，在重庆城内颁给各商户行帖152张，仅行帖一项，就"十倍他邑"。[①] 而行帮中的商帮，至乾隆年间已有二十多个，嘉庆时数量又翻了一倍。因此，清初重庆就有"左右两条江，上下十三帮"之说。

重庆的行帮可分为两类，最普通的"初级"形式是同乡商人自由结合的"商帮"。这种商帮多是既同乡又同业，原为对抗土著商人和他籍商人以维护其商业利益而立，如药材帮、棉花帮、绸帮、胶帮、广货帮等；另一类是以苦力为主的行帮，如集中于重庆各码头、会馆、店铺前以背运货物为生的力行，他们因谋生工具的差异又分为杠帮和索帮，在重庆各主要码头、街道划分势力范围，形成各自控制的地域空间。一般来说，行帮多是行会的初级形式。

2. 会馆

会馆是同乡人寓居外地所建之馆舍，也是外籍人士办公之场所。会馆设立之初，"原意是在保护各省间往来贩运的商人和远离家乡寄居外省的人口的一般权益"，[②] 逐渐地，会馆发展成为在政治、经济、宗教各方面都极重要的社会力量。

会馆在清初即出现于重庆城内。湖广会馆于"康熙年间楚人创建，庙后大小莲花山为楚省义地"，至嘉庆二十四年（1819）时已"百有余年"。[③] 浙江会馆"自乾隆八年建修列圣宫武圣庙宇，以为香火诚敬之所"。[④] 江西、江南、福建、陕西四会馆创建于乾隆二十五年（1760）前。据乾隆《巴县志》记载，"万寿宫，东水门内，即江西会馆；准提庵，在东水门内，即江南会馆；天后宫，在朝天门内，即福建会馆；三元庙，在朝天门内，即陕西会馆"[⑤]。另据方志及重庆关税务司好博逊和华特森的记载，清代重庆最有名的会馆有九所，见表34：

---

① 民国《巴县志》卷4《赋役上》，第45页。
② 重庆关税务司好博逊（H. E. Hobson）1892年9月26日于重庆海关。周勇、刘景修译编：《近代重庆经济与社会发展（1876—1949）》，四川大学出版社，1987年，第71页。
③ 《廉里七甲僧真耀告黄万茂等强占圣місто，砍伐庙内树案》，《巴县档案》6-3-193，1819年。
④ 《监生章景昌等禀列圣宫武圣庙会首李定安侵吞公款一案》，《巴县档案》6-3-175，1806年。
⑤ 乾隆《巴县志》卷2《建置·寺观》，第65页。

表 34　清代重庆著名会馆及供奉的神

省　份	会馆名称	供奉的神
广　东	南华宫	六祖
浙　江	列圣宫	关帝
福　建	天上宫	天上圣母
湖　广	禹王宫	禹大王
江　西	万寿宫	许真君
江　南	江南馆	关帝
山　西	山西馆	关帝
陕　西	三元庙	三宫大帝
云南和贵州	云贵公所	关帝 南大将军（唐朝、南霁云）

　　资料来源：重庆关税务司好博逊（H. E. Hobson）1892 年 9 月 26 日于重庆海关；重庆关署税务司华特森（W. C. H. Watson）1901 年 12 月 31 日于重庆海关。周勇、刘景修译编《近代重庆经济与社会发展（1876—1949）》，四川大学出版社，1987 年，第 71 页、第 143 页。

　　会馆主要由同乡人捐资所建，如湖广会馆是"由同乡人出力募捐，得买东水门城内孙姓空院草房十二间，土木方兴"；广东公所，于乾隆五十一年（1786）由南华宫会首韩鼎阳、梅式儒及董事廖初龙、陈三泰等 23 人，以 3800 两的价格向张九茎家族购买的其祖产巴字园改建而来，大小房屋共 34 间。[①] 湖广会馆和江西会馆因财力雄厚，建筑宏伟，与广东公所集中于商业繁华的重庆下半城东水门内，形成庞大的会馆建筑群。

　　3. 公所

　　公所是"手工业者或商人的地域性的或非地域性的同行组织；以带有同乡和同行二重性的为多，但也有纯地域性的同乡组织"[②]。公所与会馆的区别并非在于名称的不同，而在于"地域"和"行业"特征。有的会馆就是一个公所，如重庆"云贵公所"，是一个既同乡又同业的组织，也是一个同乡会馆；而有的公所则并非"同乡"性质，"同业"构成其主要特性。当然，也有单纯的同乡会馆，仅以联乡谊、叙乡情为主，并不具有同业的特征。

[①]　何智亚：《重庆湖广会馆——历史与修复研究》，重庆出版社，2006 年，第 86 页。
[②]　陈旭麓等编：《中国近代史词典》，上海辞书出版社，1982 年，第 123 页。

重庆的同业公所主要兴起于清末,以同行业为主要特征。到光绪二十七年(1901)底,重庆至少已成立了 12 个同业公所。其名称和经营种类见表 35。

表 35 1901 年重庆同业公所调查表

公会名称	营业种类	公会名称	营业种类
八省公所	棉花	酒帮公所	酒类
买帮公所	棉花	糖帮公所	食糖
行帮公所	棉花	绸帮公所	丝货
盐帮公所	食盐	书帮公所	书籍
同庆公所	棉纱	河南公所	书货
纸帮公所	纸张	扣帮公所	纽扣

资料来源:重庆关署税务司华特森(W. C. H. Watson)1901 年 12 月 31 日于重庆海关。周勇、刘景修译编《近代重庆经济与社会发展(1876—1949)》,四川大学出版社,1987 年,第 144 页。

上表所列 12 家同业公所经营的商品,基本覆盖了重庆贸易的主要行业。除此之外,其他行业如"重庆的轿伕、挑伕、搬运伕等虽然尚未组成合格的公会,他们却能够同样地保护他们自己的权益。每条街和每个码头都有一个负责的伕头,如果你的货物放在他的范围内,你就请他替你搬运;无论你要搬往何处,他承担一切风险,保证给你安全运到。如果雇的力伕不是经伕头分派的,力伕就拒绝担负货物毁坏或失落的责任。然而,一条街的力伕绝不容许另一条街的力伕来搬动本街的货物,所以当需要力伕时只有货物所在地段的市区所属的力伕才能受雇。轿伕也有一定的规矩:轿伕都属于轿行,城内共有 35 家轿行,执事人管理轿伕异常精明,因而很少发生事故"①。

19 世纪中后期,重庆行会组织数量众多,重庆的商业主要由行会所控制。行会通过制定行规、规范市场、对同行及同乡人口进行管理,参与协调各类商业纠纷等,成为地方社会管理的又一重要组织。

二、行会兴起之因

欧洲中世纪行会成立的主要目的是保护工匠,使其既免受外来的竞争,也

---

① 重庆关署税务司华特森(W. C. H. Watson)1901 年 12 月 31 日于重庆海关。周勇、刘景修译编:《近代重庆经济与社会发展(1876—1949)》,四川大学出版社,1987 年,第 143~144 页。

免受同行之间的竞争，它把城市的市场完全保留给同业行会的工匠。它排斥外来的产品，同时又监视不使同行的会员因损害别人而致富。正是由于这个缘故，逐渐形成了许多详细的规定。① 与欧洲中世纪行会相比，清代行会也有排斥竞争、保护同业利益的目的，但由于所处社会环境的差异，清代行会的成立有自身独特的原因，行会在城市经济生活中的作用，以及与官府的关系等也与欧洲行会有很大不同。

1. 移民商人是重庆商帮会馆建立的基础

据 20 世纪 30 年代窦季良在重庆的实地访问调查显示，重庆的会馆可分为两类：一类是由同乡商人所组成的"商栈"演变而来。乾隆以前，重庆有所谓"三栈"，即"古冈栈""顺德栈"及"广南栈"，皆为广东商人所组合的团体，由同乡商人自由结合，购地建栈。每栈的构成，多者二三十家，少者数家。商栈合纳捐厘，并抽二厘货值为栈内公支，迟至乾隆年间才建广东会馆。②

另一类重庆会馆是由同乡商人自由结合的"商帮"发展而来。"这种商帮多半既是同乡又是同业，原为对抗土著商人和他籍商人以维护其商业利益而组成的。久而久之，同乡商人集于一地者日多，会馆形式才正式完成。"在乾隆以前，重庆的外籍商帮已有磁器和药材二帮，磁器帮有一部分是湖州人，药材帮有一部分是宁波人。乾隆年间，两帮的同乡商人建立"湖宁公所"，也名"浙江馆"。③

海关调查报告显示，商人加入重庆的某一会馆，"应当证明确属该省籍贯，并且在原籍已列于某种行业"④，同时，还须交纳入会费，作为会馆基金，并在节日或祭祀日按要求纳捐，"如果通过捐赠土地或其他财产使会馆基金巨增，则可得到世袭会籍"⑤。重庆江南会馆的《会规条目》规定："同乡查系前辈或本已出有厘金，上有会银者，始得入会"⑥。由于会馆还祀有各地崇拜的神，因此，早在康乾时代，商人建立的会馆就是"半宗教，半商业性质的行会"。⑦

此外，还有一类会馆是移民会馆，是较为典型的同乡组织。纯粹同乡性质

① 彭泽益主编：《中国工商行会史料集》上册，中华书局，1995 年，"导论"第 8 页。
② 窦季良：《同乡组织之研究》，重庆正中书局，1943 年，第 22 页。
③ 窦季良：《同乡组织之研究》，重庆正中书局，1943 年，第 22~23 页。
④ 重庆关税务司好博逊（H. E. Hobson）1892 年 9 月 26 日于重庆海关。周勇、刘景修译编：《近代重庆经济与社会发展（1876—1949）》，四川大学出版社，1987 年，第 71 页。
⑤ 彭泽益主编：《中国工商行会史料集》下册，中华书局，1995 年，第 629 页。
⑥ 窦季良：《同乡组织之研究》，重庆正中书局，1943 年，第 29 页。
⑦ 《海关十年报告》（Dcecnnial Reports on the Trade 1892—1901，Second Issue），第 477 页。彭泽益主编：《中国工商行会史料集》上册，中华书局，1995 年，"导论"第 18 页。

的会馆因不具有行会的性质，其功能、作用与商帮会馆不同。

　　2. 商业兴盛促使重庆行会大量产生

　　重庆最早的行帮大约建立于康熙年间，此后因外省商人汇聚，贸易繁盛，很快呈现"商贾云屯，百物萃聚"①之景象，各类行会随之大量产生。

　　雍正二年（1724），重庆城内颁给各商户行帖152张，至嘉庆年间，重庆城内领有或"转鬻代充"行帖的商人已有109行。其行业和原籍分布见表36：

表36　外省在渝商人行业和原籍分布

类别	湖广	江西	福建	陕西	江南	广东	保宁府	合计
山货	7	22	7	1		1		38
棉花	12							12
药材		11						11
靛行	8							8
锅铁	3	2						5
布行	2	2		1				5
烟行			4					4
麻行	2	1						3
酒行	3							3
糖行					3			3
毛货				3				3
油行		1		1				2
磁器	1				1			2
花板	2							2
猪行	2							2
丝行							2	2
铜铅		1						1
杂粮	1							1
纸行					1			1
纱缎						1		1

---

①　乾隆《巴县志》卷10《物产》，第14页。

类别	湖广	江西	福建	陕西	江南	广东	保宁府	合计
合计	43	40	11	6	5	2	2	109

资料来源：四川大学历史系、四川省档案馆编《清代乾嘉道巴县档案选编》（上册），第 253~256 页。

从上表可知，重庆各行业商人的原籍几乎全部为外省，外地商人占了重庆各行业商人的 98.2％。从行业分布来看，以山货（38）、棉花（12）、药材（11）、靛青（8）的经营者为最多，四行业共计 69 行，占总行数的 62％。各省籍商人的经营行业相对集中，上述四行业主要集中在湖广（山货、棉花、靛青）、江西（山货、药材）籍商人手中。

由于重庆移民色彩浓厚，同乡商人因为互助的缘故，往往经营同一行业，垄断该行，从而构成行、帮。如陕西街是商家最早集中的地方，以陕西帮聚集而得名，是重庆城内最早繁盛的街道，从票号到钱庄、银行，一直是金融中心。山西帮自道光初年（1821）也在此设票号，至清末，山西帮的票号发展至16 家。[①] 二者皆是重庆城中同乡兼同业的典型。此外，湖南茶陵州，乾隆年间即有大批人口来渝，在朝天坊太和行顶打食力当差，历百余年的发展，逐渐形成茶帮，与川帮分别负责重庆山广、杂货、钱包、行李等的背运，划分各自的势力范围。[②] 乾隆以后，以同乡人组成的行会和行帮组织，逐渐成为重庆城中的普遍现象。

商帮的细分化也使重庆行业类别不断增多。重庆地区的商帮按地域划分，有楚帮、浙帮、西南帮、叙府帮、合江帮等；按行业划分，有烟帮、布帮、丝线帮、杠帮、船帮等；也有少数以行业地域合称者，如广扣帮，即广东帮纽扣行；以谋生工具划分者，如码头负责搬运的索帮和杠帮。至乾隆年间，重庆商帮已有二十多个，嘉庆时的数量又翻了一倍。商帮在区域及城市商品交易市场中呈现十分活跃的势头，促使行会不断增加。

3. 重庆开埠通商后，行会得到进一步发展

重庆还有一部分行会，如山货业、匹头业是在开埠通商以后发展起来。

山货即土货。重庆市场原对山货的需求不多，山货主要由药材字号附带经

---

① 彭伯通：《清代巴县城的会馆》，《巴县文史资料》第 11 辑，1994 年，第 6~7 页。

② 《道光十六年六月三十日刘宗志等告状》，四川大学历史系、四川省档案馆编《清代乾嘉道巴县档案选编》（下册），第 25 页；《道光二年五月二日陈太恒等结状》，《清代乾嘉道巴县档案选编》（下册），第 8 页；《道光二年五月三日王清等结状》，《清代乾嘉道巴县档案选编》（下册），第 9 页。

营，并不作为工业原料，难以单独成帮。开埠以前，重庆仅有猪鬃、牛羊皮等几个山货品种，且由边远地区购运来渝转售，很少直接远销出省。

光绪初年，重庆逐渐有"胶帮"和"广帮"经营山货运销。胶帮原为经营牛皮渣滓熬胶的业户，如董家胶房、翁东胶房、曾元顺、曾吉顺等，他们因产品常远销至沙市、汉口等地，因而也附带运销牛羊皮供应当地市场。广帮是由广东远销洋、广货来渝的客商，著名者为粤庆祥。因广东开埠较早，有猪鬃洗房专门洗制熟鬃远销国际市场，所以广东客商来渝后，多附带收进生猪鬃，由水路运回广东出售。

光绪十七年（1891）重庆开埠后，外国洋行相继来渝经营山货，山货出口的品种、数量急剧上升。品种方面由原来的猪鬃、牛羊皮等迅速增加到二十余种，黑白猪鬃、水黄牛皮、羊皮、棕丝、牛油以及鸭毛、鹅毛、人头发等，都成为洋行收购的品种。数量方面，熟猪鬃由初期的每年几十箱增加到清末的一万余箱，羊皮在光绪末年有一万余担（每年百余万张）。重庆商人见有利可获，纷纷投身山货行业，促进了山货业的发展。到清末民初时，除已有洋行十余家外，重庆专营山货的字号也发展到十余家，中路商二三十家，行栈十余家，连同洗房全业共一百余家。其中专营猪鬃加工的洗房十余家，全业洗房工人共达两千多人。

广帮值此良机运销猪鬃，获利颇丰。于是，步广帮之后尘，重庆贩运商秦有成、刘海山二人分别集资经营猪鬃运销，在重庆以每百斤二十余两的低价收购生猪鬃（原庄），运往广州出售，获利倍蓰。因猪毛出产多在每年下季，上季生意很少，于是秦、刘二人又在上季兼办土产药材和乱抛（人头发），运至广州出售后，再购回参、茸、燕、桂、沉香、玉器等洋（广）货，来回经营数年后，各获利达数万两，一时震动全业，效尤者不乏其人。

秦、刘二人既经营山货，又兼营川、广药材，但山货业并无单独的行会组织，乃加入药材业的"公庆会"。公庆会成立于道光、咸丰年间，一直包括附带经营山货的会员，但公庆会不愿吸收经营又脏又臭的山货会员，于是秦、刘二人发起组织"福庆会"，设会所于东华观内，专门吸收经营山货的同业为会员，每家入会时交纳庄银一锭，对外则称"山货帮福庆会"，此为重庆山货业最早出现的行会组织。

同时，广帮也因业务发展，另外组织成立"正福会"，专门吸收经营山货出口贸易的同业为会员。于是，经营山货业者多有同时参加两会甚至三会的情况，全业会员虽然不多，但业务和组织都已出现欣欣向荣的面貌。①

第二节　行会与城市管理

清代解决官僚制度控制范围有限的一个途径是：允许基层社会以一定的共同体形式实行有限的自治；允许制定共同体内部通行的，与国家法律没有直接冲突的共同体法。② 关键是，这些共同体不同于西方封建领主治理范围内成长起来的异己力量。清代的行会服膺于官方的统治，在一个小范围内形成自治。行会本质上是些享有独占特权的团体，依恃官府的保护进行活动，以致成为封建统治城市的工具。③

一、行会参与城市管理

1. 经济管理

行会是手工业或商业的同业组织，排除竞争是其本性。行会在城市各行业中以行规管理行众，实现对本行业的垄断，因此，行会不自觉地发挥了调节市场、统一商品、限定价格的作用，客观上使得城市商业贸易制度化，有效地维系了城市经济生活的运行。

首先，行会严格开业制度以杜竞争之源。

行会普遍以收取会银，吸收会众的方式，将其余人等排斥于行业以外。嘉庆年间，渝城弹新花铺行规定"新开花铺出银二两入会，敬神演习，入会开设，不得推诿"④。绸染业规定"远近新来客师在渝做艺者，先上出钱六千入会，方许进铺。如有执拗隐匿者，罚银一两入会"，会资由专人上街收取，如违拗者，公议不许入帮做艺。⑤ 道光二十一年（1841），广扣帮公议章程规定："新开铺面作坊，要上庄银三十两入会，外演大戏一部，置酒席一堂。如外行

---

① 该部分主要参考杨灿雪、杨质彬等：《在洋行垄断下的山货业》（1890—1921），载重庆市工商业联合会等编《重庆工商史料》第 1 辑，重庆出版社，1982 年，第 21~26 页。

② 朱勇：《清代宗族法研究》，湖南教育出版社，1987 年，第 109~110 页。

③ 彭泽益主编：《中国工商行会史料集》上册，中华书局，1995 年，"导论"第 5~7 页。

④ 《渝城弹新花铺公议单》，《巴县档案》6—3—357，嘉庆朝，年代不详。

⑤ 《嘉庆元年胰染绸绫布匹头绳红坊众艺师友等公议章程》，四川大学历史系、四川省档案馆编《清代乾嘉道巴县档案选编》（上册），第 237 页。

开设，上庄银加倍"，"新开做坊要上庄银十两入会，如外行开设上庄银加倍"，"行内之人，如有与外行合伙者，上庄银加倍"。① 二十二年（1842），永生帮公议条规定"永生帮内行开铺者，出招牌钱一千文"②。

此外，重庆烟帮、冰橘糖房、杂粮行、三皇会、永生帮等都有类似规定。行会开业制度将一部分人确认为会员，而外地未入会者，通过"上庄银"的方式也可在重庆从事小商业，其余人等则自然地被排挤出行会。这样，行会就在一定程度上保护了既有行众的利益，维护了行业秩序。另一方面，由于行规的强制性，外来商人或手工艺人必须加入行会，才能得到合法的身份，这使得许多想在重庆谋生而又无力缴纳会钱的人被排斥在外。

其次，行会通过统一商品价格、用工价格等限制竞争，实现对市场的垄断。

限定同行业价格是行会限制竞争、实现对市场垄断的主要手段，因此，行会对于价格的规定最为详细。嘉庆年间，重庆新花铺行规定："手工花每斤工银三分，做棉絮工银四分"③。绸染业规定："同行师友讲各家老板铺内生理，长工月活一月未满，不准讲二家生理，倘有未满一月一日，凭众前来，罚银一两入会，方准做艺。值年首人倘有不理事、不打传单者，罚银二两入会，不得推诿，推诿者革出"；"手艺先讲谁家生意，不得强夺侵图，倘有违议者，罚银一两入会"；同行做艺，一日不做二日功夫，一人不代同铺师友，滋乱者众议再罚；每年工资，定以九五足色为准，如有低收者，罚银一两入会。④ 道光年间，重庆烟担子帮也规定：在会师友每人以烟担子只准一付为止，倘有新添一付，上庄银四两正；未入会烟担子上街，须出厘金钱一千文，外帮烟担子上街，出庄银二两正，交首人收足，方可上街；外帮新开作坊，出庄银四两正，交首人收足，方可开张。⑤

行会还规定严格的学徒制度，并控制工艺、技术，以达排斥竞争之目的。道光元年（1821），《板箱铺行规》规定："内行开铺之家，三年只准招徒一人，

① 《道光二十年广扣帮公议章程》，四川大学历史系、四川省档案馆编《清代乾嘉道巴县档案选编》（上册），第242~243页。
② 《道光二十二年永生帮顾绣老板师友公议条规》，四川大学历史系、四川省档案馆编《清代乾嘉道巴县档案选编》（上册），第235页。
③ 《渝城弹新花铺公议单》《巴县档案》6-3-357，嘉庆朝，年代不详。
④ 《嘉庆元年胰染绸绫布匹头绳红坊众艺师友等公议章程》，四川大学历史系、四川省档案馆编《清代乾嘉道巴县档案选编》（上册），第237页。
⑤ 《烟帮担子公议章程行单》，四川大学历史系、四川省档案馆编《清代乾嘉道巴县档案选编》（上册），第244页。

收银一两二钱入会。若外行与内行合伙，不准招徒。”[①] 同年，《广扣帮公议章程》规定：“新招学徒，限一家每年教一位，要上银一两入会，不得多教，查出者罚戏一部”。满师之徒，本店未辞者，别店不能雇请，“学徒以四年为满，如一日未满，重学四年”。[②] 三十年（1850），《冰橘糖房规条》规定：师友携带铺东学徒，三年一个，每名上九五色银十两，厘金银二两；如子继父业，只准一子不上会银，余则弟侄族戚均要上银十两，或次子及抱子折上银五两，治酒入行。[③]

行会制定严格的用工制度以及统一的用工价格，目的仍是垄断市场，维护本行业手工艺人和商人的利益，进而达到控制商品价格及进行利润的“合理”分配。

第三，行会通过划分地盘，实现对城市各区域经济生活的垄断和控制。

城市码头、街道等公共空间因其公众性为“各个阶层的成员都能较为平等地使用”[④]，但由于公共空间的区位差异以及由此带来的商业利润的差别，具有最大利益的空间总是成为商人抢夺的对象。对各类空间的划分，一定程度上凸显出商人对城市经济生活的控制。

重庆朝天门码头货物云集，货物的背运杠抬主要由西南帮掌控，历有规矩。西南帮内又分索、杠两帮。嘉庆二十四年（1819），重庆索、杠两帮为争背货物发生纠纷，诉至县衙后，两帮订立协议，规定：“索帮承应背朝天门各行行李、银钱、米包、丝布、白糖、茶叶、草帽、红花、耳笋、棓，客自代食油食酒，又铺站店一切货物”，铺栈糖油各样杂货等项均为索帮背抬，杠帮不得渗入恃横；其余“朝天门行内货物、应归杠帮抬运，索帮不得渗入恃横背负。铺面白地开行，糖油归杠帮。棉花行索杠两帮均分背抬，山广货轻背重抬。行改店归索帮，店改行归杠帮。内广货重抬轻背，各归天命”。[⑤]

道光二年（1822），重庆川、茶两帮也为争夺城市公共空间发生纠纷，经

① 《道光元年十月板箱铺行规》，四川大学历史系、四川省档案馆编《清代乾嘉道巴县档案选编》（上册），第 323 页。

② 《道光二十年广扣帮公议章程》，四川大学历史系、四川省档案馆编《清代乾嘉道巴县档案选编》（上册），第 243 页。

③ 《道光三十年冰橘糖房规条》，四川大学历史系、四川省档案馆编《清代乾嘉道巴县档案选编》（上册），第 245 页。

④ 王笛：《街头文化：成都公共空间、下层民众与地方自治（1870—1930）》，李德英等译，中国人民大学出版社，2006 年，第 31 页。

⑤ 《嘉庆二十四年九月十二日索帮杠帮合同约》，四川大学历史系、四川省档案馆编《清代乾嘉道巴县档案选编》（下册），第 5 页。

县府断定：千厮门正街，上抵新街口，下抵城门洞，并屎巷子、姚家巷、上下城墙边及二郎庙等处，一切花行、花栈、花店，并各铺户棉花及山广、杂货、钱包、行李等件，悉归茶帮背运下河，川帮不得紊乱争背①；千厮门水巷子一街，上至小十字，以及右边梅子坡、元太当等处，下抵巷子口止，一切栈店各铺棉花、山广杂货、钱包、行李等物，悉归川帮背运②。行会通过官府裁决，各自占有不同的地盘，达到了控制该地盘经济生活的目的，以划分公共空间的方式排斥了竞争。

2. 人口管理

行会对行业的垄断实际是通过对行内人口的管理来实现，对公共空间的控制同样是通过对人的控制来完成。19世纪中后期，重庆行会对人口的控制和管理，主要体现于对两个群体（外来人口和下层民众）的管理上。地方政府则利用行会组织约束各类群体、管理民众，达到管理城市、巩固地方政权的目的。

清初，重庆官府即在移民之中设置客长管理客民，客长往往是老成谙练、正直端方之人。客长经客民公举之后，由官府颁发执照以取得合法性。客长的主要职责是"场内公事"，"不时稽查啯噜匪类、娼妓赌博、私宰私铸、邪教端公，以及外来剪绺擂白、面生可疑之人"③。

由于重庆商民多为外省客民，因此，客长往往成为行会的会首，负责处理各省商务。嘉庆六年（1801），重庆官员发现渝城各行户，大率系外省民人领帖开设，一些殷实之户，以小本装饰齐整行面，有意哄骗客商货物，任意花销，及至亏空客本，则潜回原籍，名为"放筏"。为避免此类情况，官府授予八省客长（即会首）具保之权，要求各行须"本省客长联名具保，方准开设"；倘有拐骗放筏，亏空客本，"着落具保之客长分赔"。④ 但客长亦须仔细查清，公同酌议，才能作保。

八省会首也承担处理各省商务纠纷之责。嘉庆十六年（1811），重庆打铁

---

① 《道光二年五月二日陈太恒等结状》，四川大学历史系、四川省档案馆编《清代乾嘉道巴县档案选编》（下册），第8页。

② 《道光二年五月三日王清等结状》，四川大学历史系、四川省档案馆编《清代乾嘉道巴县档案选编》（下册），第9页。

③ 《乾隆三十四年三月二十九日巴县签充场头客长执照》，四川大学历史系、四川省档案馆编《清代乾嘉道巴县档案选编》（下册），第299页。

④ 《嘉庆六年六月二十四日八省客长禀状》，四川大学历史系、四川省档案馆编《清代乾嘉道巴县档案选编》（上册），第253页。

行红炉四厂与南邑铁货行吴广和等发生纠纷，官府批委八省会首与约邻集齐府庙讲理，剖照前规，"凡大小满油空钉、靴钉、□钉、角钉、船锯钉、平钉、船钉、眼钉等项，听广和办卖免差"，至大小尖油钉、癫油钉、条铁归红炉四厂办卖应酬差务。①

此外，行会对人口的管理还体现于行头对行众的管理上，而这方面，又以对下层民众的管理为主。重庆有许多同业行会，制定严格的行规。嘉庆十六年（1811），搬运夫行为维持朝天门码头的生意和秩序，防止"无聊流痞混聚码头恃强抢搬"，特制定行规：①推举"年力精壮，忠实才干"者为"领首"；②领首每日在码头照管，一遇货物拢岸，随即派拨搬运夫上船，"轮挨次搬运，不得恃强争夺"；③领首负责查点货物；④领首置买雨篷，以遇雨遮盖货物；⑤搬运夫所抬货物从码头至各行栈，路途若不远，不得歇肩，以"杜其掏摸"和免"拥塞官街"；⑥搬运货物运价"原有定规，不得以天时晴雨早晚任意勒索"；⑦领首不得恃权"侵蚀散夫血汗"；⑧码头每逢官员往来，一切差务仍照旧规；⑨每日搬运货物从辰至申时，这期间不得"推诿不运"。若因此造成客货堆积码头，损害遗失，由"领首赔还"。②重庆很多下层民众在码头、行栈等场所找寻活路，由行头负责管理会众。

19世纪的重庆社会中，承担同行互助角色、处理商事纠纷的往往还有同乡会馆。同乡会馆为联络乡谊而设，也是旅外同乡商人的互助组织，往往具备同乡兼同业的特性，于本省商人事宜颇多关照。光绪年间成立的云贵公所，由两省居住重庆之绅商组成，在保护同乡人的利益方面，规定"凡来重庆经商之两省同乡，受本地铺户欺诈者，可向首事说明经过，首事定为主张公道"③。云贵公所每年推选"诚实干练会员二位——每省一位——充任会馆首事：负责照料会馆公务，经管帐目等事"，会馆财产及义地所有收益均按数拨为祭祀办会费用，有余则"存放同乡商家按定率生息"，并接受两省同乡捐助"作为基金"。会馆每年春秋两次祭祀关帝及南大将军，推选德高望重的会员主祭，同时祭祀乡贤，会员均要参加。已故会员如其生平未经严格考核者，"其神主不得立于会馆供奉已故会员之厅堂"。会馆还设义地专为安葬两省亡故同乡，他

---

① 《嘉庆十六年四月十一日巴县告示》，四川大学历史系、四川省档案馆编《清代乾嘉道巴县档案选编》（上册），第300页。

② 《嘉庆十六年五月四日巴县告示》，四川大学历史系、四川省档案馆编《清代乾嘉道巴县档案选编》（下册），第4页。

③ ［英］华特森（W. C. H. Watson）《重庆海关1892—1901年十年调查报告》，李孝同译，《四川文史资料选辑》第9辑，1963年，第233页。

省之人不容葬入。① 同乡会馆对同籍人口也承担管理之责。

3. 地方公益事业管理

行会最初的公益之举主要是慈善事业，且仅限于同乡范围，"盖纯正商业，建有公所，虽为同行议事之处，其中仍含有慈善性质，各业类同此旨"②。乾隆以后，重庆行会举办的公益事业逐渐从以地缘、业缘关系为核心向外扩散，并从养生葬死等维生层次逐步向办学、治安等层次扩展，已突破同乡、同行的限制而泽及城市全社区民众。

重庆商人组织先后组建了若干慈善组织。普善堂，成立于同治九年（1870），由京缎匹头帮捐资成立，"岁收田房地租约银 3200 余元，存款息 1300 余元，售卖棺木利息银约 5000 余元，岁支约 11000 至 12000 元，不足之数劝募填补"③。体心堂，成立于道光二十一年（1841），由陈永昌等将旧存吕祖会公项银一百余两而成立，置堂施药。④ 真原堂、体仁堂、存心堂等善堂都借助行会的资金得以创办。这说明，重庆行会济贫恤寡、赈灾、防灾等事项已从小范围的人群扩至整个城市社区。清人吕燮枢曾作渝州竹枝词赞誉八省会馆的善行："存心堂与体心堂，好善无如八省商。掩骼育婴兼送药，不教嫠妇叹无疆。"⑤

19 世纪中后期，重庆行会还广泛涉及救生、赈灾、管理善堂、修建九门码头、办理蚕桑公社等事务，于重庆地方公益事业，"昭昭在人耳目"⑥。

二、行会与政府的关系

彭南生认为，会馆、公所与政府之间的关系是一种控制与利用的关系。专制国家总是要想方设法控制工商团体等民间经济组织，使其不逾越运行轨道，会馆、公所等则必须在政府的庇护下维护其权威，由此构成晚清的工商领域里国家与社会之间的"控制与利用"现象。但在"控制与利用"的关系构架下，

① ［英］华特森（W. C. H. Watson）《重庆海关 1892—1901 年十年调查报告》，李孝同译，《四川文史资料选辑》第 9 辑，1963 年，第 231~232 页。
② 《重修香业公所办理善举碑》，苏州历史博物馆等编《明清苏州工商业碑刻集》，江苏人民出版社，1981 年，第 230 页。
③ 民国《巴县志》卷 17《自治·慈善》，第 4 页。
④ 民国《巴县志》卷 17《自治·慈善》，第 3 页。
⑤ 林孔翼、沙铭璞辑：《四川竹枝词》，四川人民出版社，1989 年，第 2 页。
⑥ 窦季良：《同乡组织之研究》，重庆正中书局，1943 年，第 76 页。

还存在着另一种较隐性的现象，即控制者的放松控制与被控制者的摆脱控制，国家在不损伤统治秩序的前提下必须承认被控制者在某些方面的"合法"性，会馆、公所等也总是力图在政府允许的框架内谋求更大的自主权，一旦这些隐性现象发展成为显性特征，即放松与摆脱达到一个合适的"度"，那么，国家与社会之间就建立起一种良性互动关系。①

清代地方社会的控制者与被控制者之间能够达成良性互动关系，正是依靠了"官绅政治"的良性循环。一方面，官员与地方精英在地方政事上合作，官员依靠精英来治理基层社会；另一方面，官员对地方精英有掌控措施，通过赋予精英在各类组织中的特权，保持对精英和组织的控制。在此基础上，双方构成"控制与利用"的关系，使地方秩序得以正常运行。而双方合作的"度"，即是以地方精英为主的民间力量对官府的统治不构成威胁为前提，如果越过此点，双方的合作即不可能。因此，与重庆地方政府对两党、坊厢、保甲、团练等基层组织的控制相类，地方官员以颁发"执照"的方式承认行会会首在民间社会的权力，行会会首则承担应差、协助政府维持地方社会秩序的职责，双方"互相依靠""彼此互利"，构成地方基层政治的又一图景。

1. 政府保护正式立案的行会的合法性，对行规予以认可

清代废除了工匠应役当差的制度，顺治二年（1645），立法宣布废除匠籍，"除豁直省匠籍，免征京班匠价"②。但对工商业者的管理，仍然长期沿袭明代制度，实行编审之法。工商业者被要求按照经营主业登记，官府发给印信文簿，各行选有行头，接应官府差遣役使，交纳差银额税。乾隆六年（1741）后，编审工商铺户的制度逐渐停止，但官府对工商业者以"行"为单位进行管理和征取税差的做法则沿袭未变。清代经济仍是"由沿袭寻常程序的在官方登记注册的商户组成"③。

一般来说，会馆、公所禀请立案时，官府允准的原则为"是否众意佥同，有无抑勒情弊"，即只要取得同业的一致同意，官府就承认其"合法"并保护行规的有效性；对会馆、公所等同业组织制定或重新整顿的同业规则，官府一般以公文形式予以公布④，有时也允许行会会规以碑刻方式存留，以确认其合法性。在巴县档案中，存有大量的经官府备案的行会章程、条规等，如《道光

① 彭南生：《行会制度的近代命运》，人民出版社，2003年，第63页。
② 彭泽益主编：《中国近代手工业史资料》，中华书局，1962年，第1卷，第391页。
③ ［美］费正清：《伟大的中国革命（1800—1985年）》，世界知识出版社，2001年，第119页。
④ 彭南生：《行会制度的近代命运》，人民出版社，2003年，第60页。

十五年乡城公议割猪章程》《嘉庆六年靛行行规》《渝城弹新花铺公议单》《道光二十一年广扣帮公议章程》等。①

行会条规是处理同业商务纠纷的裁判准则，行规获官府认可，成为民间社会遵循的习惯法。嘉庆七年（1802），楚省客民韩晓亭等状告黄机房手艺工匠违案乱规，加工银两以九二色为准。巴县知县正堂讯明后，要求该帮"照从祖宪讯断，永定立案严禁"，双方遂订立《楚黄机房永定章程碑》，规定"嗣后工价银两遵照九四足兑，不得低毛一、二抵塞。招徒听其自便，每年三皇会期，仍照前例，各归各坊诚敬"。② 道光十五年（1835），重庆客民在广东雇请匠师来渝制造花素广扣发卖，经与渝城纽扣铺首事周晴川等议明行规，分定川、广两帮，客民们制造三系广扣发卖，渝城川帮纽扣铺制造一系、两系钮扣发卖。二十四年（1844）春，川帮姚金贵等紊乱旧规，出外勒要客民每家出银二十两，学徒每名派钱二千，匠师每名派钱四千，归入其会内，客民不允，姚金贵率众人轮流在客民铺滋事。广扣帮以川帮不守行规将其告至县府，知县断令"各还各帮，各做各会，仍照旧规，日后不得紊乱勒派"。③ 这里，官府"照从祖宪""仍照旧归""永定立案"的判罚实际就是遵从民间习惯法，以维护行规的合法性和持久性。

行规因得国家认可在社会生活中具有法律效力，但清代地方政府为何愿意将权力下放至民间，在实际审判中不采清律而遵从习惯？一位光绪初年的署理钱塘知县汤肇熙在上杭州府的禀文中道出了此中缘由：

> 各埠役夫，各行纲首，多属祖遗世业，或有一定股份，外人不能混入，或有一定地界，畛域各自分明，甚而至于乞丐下流，亦分地段，巫医贱业，亦有门市，类难枚举。此皆俗例而非官例，私禁而非官禁，地方官要不能不俯顺舆情。若欲稍事更张，则讼争蜂起。窃恐日坐堂皇，亦有应接不暇之势。④

由于"各行纲首"在社会经济生活中已形成巨大的习俗势力，地方政府遂遵从习惯，默认了这种"约定俗成"。因此，民间习俗以"惯例"的方式上升至地方司法审判中，而官府在实际断案中遵从"惯例""行规"的做法，就成

---

① 四川大学历史系、四川省档案馆编《清代乾嘉道巴县档案选编》（上册），第 233～242 页。
② 《本城楚黄机房永定章程"碑文"》，《巴县档案》6-3-509，1802 年。
③ 《道光二十四年十二月莫信成等供状》，四川大学历史系、四川省档案馆编《清代乾嘉道巴县档案选编》（上册），第 243 页。
④ 汤肇熙：《出山草谱》卷 2，彭泽益主编《中国工商行会史料集》下册，中华书局，1995 年，第 946 页。

为清代地方社会的一种常态。"不理解这种法律精神，把州县调处自理词讼说成是没有规范准则的'息事宁人'的行为，不符合清代司法实践的历史实际"①。

2. 政府授予行会领袖执照，认可会首管理城市商业的权责

清代参加行会组织的工商业铺户被称为"行户"，行户实际就是商业人口户，清代官方为了便于征税，把外省行户作为一个户种载入户籍。行会的头目称为"行头"，历代有"行首""行人""行老"等不同称谓，虽名目不同，但实质相同。行头多由行户推举，"按年更换，办差在案"②，但行头必须获得官府的认可，持有执照才有权责。重庆南纪、金紫、储奇三门柴船帮，"嘉庆三年在汛衙举签廖朝臣充当柴帮首人，承办营伍药局差务，给照办公"，十一年朝臣病故，其子廖洪老诚忠实，"兼伊父在日，随同办差颇熟"，被推举为柴帮首人，仍须"缴照领照"，方得认可。③

不仅行头，重庆的会首、客长、帮董甚至丐头均须官府认可才能承充，官府发放执照或腰牌，承认其地位，会首等的辞退也须获得官府允准。因此，会首、帮董等职务本身即具有半官方的性质。

官府对行会的财产也加以保护。道光十七年（1837）十二月初五日，巴县衙发布告示："江西、湖广义冢，系众客商置买安葬旅榇处所，既已乏随时祭扫之人，理宜作长久保护之计。近有无知乡愚，或纵放牛羊践踏坟土，或砍伐树木损坏坟茔，种种情形，殊堪痛恨。……为此，示谕诸色人等知悉，自示之后，倘有仍蹈前辙，许看守之人，协同会首扭禀本县，以凭惩治，决不姑宽。"④ 官府以告示的形式表明了对会产保护的态度。

3. 政府也参与调解行内和行间纠纷

尽管行会以行规等习惯法管理行户，但政府从未完全"放任自流"地听凭行会对区域或同业的控制，而是经常插手其间，履行政府管理城市的职责。以重庆码头管理为例：渝城各门码头为三江总汇、客商云集之处，朝天门有索、杠两帮、千厮门有川、茶两帮及各行"管行脚夫"总揽了所有客货背运之事，

---

① 陈亚平：《清代法律视野中的商人社会角色》，中国社会科学出版社，2004年，第98页。

② 《嘉庆十一年九月十九日李子达禀状》，四川大学历史系、四川省档案馆编《清代乾嘉道巴县档案选编》（上册），第405页。

③ 《嘉庆十一年六月二十日伍文龙禀状》四川大学历史系、四川省档案馆编《清代乾嘉道巴县档案选编》（上册），第405页。

④ 《道光十七年十二月初五日巴县告示》，四川大学历史系、四川省档案馆编《清代乾嘉道巴县档案选编》（上册），第252页。

但官府并未听任行帮对码头这一重要场所的控制。乾隆年间，重庆官府于七门码头设置七门夫头，规定"凡遇客货抵渝，驳船起载时，自应由该管夫头等指明客货，饬令散夫轮流次第各背各货"，以专责成而免争竞。嘉庆十六年（1811）三月，朝天门码头脚夫不听夫头轮派，"辄敢蜂拥入船，希冀恃强抢搬，乘机透漏，彼此肆闹不堪，以致客货每多倾坏遗失"，巴县知县札该处承管各行栈夫头并码头脚夫人等知悉："嗣后如遇驳船拢岸，无论山广各货，应由各行栈码头专管夫头，派拨妥实散夫背运，勿使无聊流痞仍前强背拥挤肆闹"。① 官府派遣"七门夫头"对重庆码头这一重要的公共空间加强管理。

对于不合理的或未经官府备案的行规，官府也有废除的权力。道光二十二年（1842），渝城铺户谢永兴购买泸州罗合泰黑纽扣两箱，在渝发售，重庆城匠艺李元魁、黄裕成以违背帮规为由，禁止泸州等处纽扣来渝发售，并将谢永兴等人告至县府，知县正堂批示："渝城各帮，除有差务者，不准违规参越外，其余并无帮规之说，且百货流通，尔等敢私设章程把持行市，殊属刁健。"② 重庆官府以不认同"帮规"的方式惩处本城匠人，这说明，官方拥有裁决行内和行间纠纷的最终裁判权。

巴县档案显示，重庆行会的很多纠纷是在地方官员与行会会首共同协商的情况下解决。产生纠纷的双方一般会首先在行内寻求调解，调解无效后再寻求官府解决，但官府又常将纠纷仍发回行会内部，由会首等调查后由官府最后判决（判决的结果往往由调查结果来决定）。道光二十六年（1846）三月，渝城匠师熊立富因不守行规，向汪正兴等勒要工资银两低合价钱，被汪正兴告上县衙，知县批示"批仰八省客长妥议章程"，八省遂邀集双方至府庙调节。但熊立富并不依八省所议，反聚众滋事，被汪正兴等告至县衙，知县仍批示："断令职员们各铺内匠师，仍照八省议定规禀复，每钱一千合银钱六分，定为钱价，以给工资。日后钱价无论高低，亦照合算，永定章程"。③ 这里，八省会首多次介入官府的最终裁决过程，实际上体现出官员与地方精英的良性互动与合作。

① 《嘉庆十六年三月二十七日巴县札》，四川大学历史系、四川省档案馆编《清代乾嘉道巴县档案选编》（下册），第3页。
② 《道光二十二年八月二十三日黄裕成等禀状》、《道光二十二年八月二十三日谢永兴禀状》，四川大学历史系、四川省档案馆编《清代乾嘉道巴县档案选编》（上册），第244页。
③ 《道光二十六年三月十四日汪正兴等供状》，四川大学历史系、四川省档案馆编《清代乾嘉道巴县档案选编》（上册），第249页。

4. 政府依赖和利用行会办理差务、收取厘金

派差是政府对民间工商业者进行徭役剥削的一种方式，政府常常利用行会组织承差，因而，商业行会也有办理差务的义务。清代立法规定，无论"大小衙门公私所续货物，务照市价公平交易，不得充用牙行、纵役私取，即有差办，必须秉公提取，无许借端需索"①。但实际上，地方政府经常勒逼工商业者当差，要他们无偿出资、出物接应官差。由于官府经常给价不足或根本不给，差费亦须行会"赔贴"，有的行业遂有帮差钱的征收，有的行业则以入会金来"赔贴差务"。为了均摊差务，不少行会在共同议定的行规中又把履行差务作为一种强制性手段，使差徭强制和行会强制紧密地结合在一起。各业行规中往往载有所谓"违者禀究"，意指违反行规，禀官究办，这就使行规具有同法令一样的约束力。

清代重庆的县衙差事很多即是由行会来承担。嘉庆九年（1804），重庆大小两河各帮船首均认办县衙差事，并且还常派人员"在衙听差"。其认办的差事分别为：

> 大河帮霍水清、徐仁俸、蒋文忠、卢洪、刘洪川、萧锡品，认办上下日行杂差及官内司差事，每日田大顺在衙听差。
>
> 湘乡帮钟岐山、陈廷献，宝庆帮刘邦龙、张世华，宜昌帮周俸、罗永昌，以上四帮认办下游军米。
>
> 归州帮张锡株、郑以龙。
>
> 宝庆帮刘邦龙认办衣履、账房、锣锅、银鞘差事。
>
> 以上五帮每日钟大开在衙听差。
>
> 忠州帮陈通汉认办枪子、火药、火绳、弓箭、炮军火等项差事。每日彭启贵在衙听差。
>
> 小河帮谭上志、黄元贵、李必贤、邓龙，认办小河上游军米、军火、军装、差官内司日行一切杂务，每日系刘贵在衙听差。
>
> 凡遇大兵过境，下游船只系大、小、下河三河船首协同公办。②

道光年间，重庆小轿行也开始"办差"，不论京官、省官、地方官上任过境，以及随行的眷属，随带的行李，都要由小轿行派"伕"接送。光绪年间，

---

① 马建石、杨育棠主编：《大清律例通考校注》卷15《市廛》，中国政法大学出版社，1992年，第534页。

② 《嘉庆九年六月二十日大小两河各帮船首认办差事单》，四川大学历史系、四川省档案馆编《清代乾嘉道巴县档案选编》（上册），第403页。

花轿行也开始"办差"，每年迎春和春秋二季祭祀孔庙、武庙，学院衙门举行文武考试等等，都由花轿行派出鼓乐应差。及至清末，轿行办差的范围日益扩大，小轿行承担的差务，除了接送大小官吏的短差、长差外，还要担负迎春时所有的大量"执事"和祭祀的"力伕"，甚至拾救火水龙、掩埋死犯、埋葬士兵也由轿行承担。①

傅筑夫认为，中国的行会"始终是为了应付官府的需索科敛，而不得不组织起来，其产生完全是被动的，也就是在政府的强制之下，经过政府的清查审编之后，由政府分别编组起来的"②。从重庆地方政府对行会的利用、控制可以看出，政府对行会确实存在需索、派差的情况，行会也处于政府的严密控制之下；但政府也遵从行会法等习惯法，并将之运用于实际的司法审判中，并且，城市中的一些公共事务，如维修城墙、街道，救治火灾，维护社会治安等，也多是在政府与行会等组织的合作之下共同完成。这样，行会的功能就自然地越过经济领域，越过本行、本帮，而扩展至城市的社会生活，实际承担了地方政府管理城市的部分职能。行会在城市人口管理、社会治安、地方公益等领域的积极介入，弥补了清代地方"小政府"架构在城市管理上的不足，使政府与民间组织在客观上建立了一种"分工—合作"的关系，官方实际默许了"政府"与"民间"的双重管理模式。因此，行会等民间组织的介入，缓解了清代社会矛盾，成为政府与民间的重要过渡地带，使得清代基层社会秩序能够保持相对平稳。

但是，官员与行会之间互相依赖的关系，使得"官商勾结"成为可能。如重庆布匹同业之间发生的债务及其他纠纷，由会董断公道，有的会董凭借这一身份，当上坊长或街正，其在行会和街坊都成为权势人物。至于帮董，因直接与地方官吏发生关系，极易相互勾结。例如，帮里发生的纠纷先要经过帮董的调解，到了必须依法起诉的时候，也先由重庆府衙门召集巴县衙门的有关官员会同帮董进行初判，再移文到巴县衙门进行最后判决，而最后判决又多是走一道过场而已。③也有官员将贪污掠夺来的大量赃款借给别人经商的情况，重庆江西帮经营的布匹字号店就借有这些官吏的赃款。另一种情况是，卸任的官吏用赃款公开地经营布匹字号，如光绪中叶的瑞福隆字号，东家陈子钧，系四川中江人，是一位卸任的道台。瑞福隆字号号称资本十万，开张之日，重庆所有

① 陈宗树：《重庆的轿行》，《四川文史资料集粹》第6卷，四川人民出版社，1996年，第329页。
② 傅筑夫：《中国经济史论丛》（下），生活·读书·新知三联书店，1980年，第476页。
③ 卓德全、王仲鼎、周让伯：《洋货倾销和重庆布匹业的形成》，见重庆市工商联合会等编《重庆工商史料》第1辑，重庆出版社，1982年，第201页。

十八家票号都上门道贺，兜揽生意。① 官、商之间的这种不正常关系，从侧面反映出官员与行会精英共处帝国政治体制下的一种相互依赖的政治生态，而地方政治所展现出的官商"必须合作"的城市管理状态，更使官商勾结成为制度架构下"合理存在"的现象，难以杜绝。

第三节　行会联合体：八省会馆

八省会馆是清代重庆一个既同乡又同业的行会联合体，因其在晚清重庆城市中的显赫势力和影响，在以往的研究中多次被学者提及。② 美国学者施坚雅认为，中华帝国晚期可能存在着一种早期的"非正式的'自治'政府的组织模式"；重庆的联合会，稍后称作"八省会馆"，在城市中的作用"有点像市政府"。③ 日本学者清水泰次与今堀诚二等也曾讨论过重庆的"八省"组织，认为其是一种"行商"组织，是中国城市社会的特征。这种行会联盟，是 20 世纪商会组织的前身。④ 20 世纪 30 年代，窦季良通过在重庆的实地调查发现，在 19 世纪的大部分时间里，重庆最重要的会馆活动都不是单独的，而是以"八省"联盟的名义进行。此外，汉口，广州等商业繁茂的城市也曾出现行会联合体，这说明，清代行会联合体不是一个单独的现象。

一、八省会馆建立及性质

重庆八省会馆是指清代江西、江南、湖广、浙江、福建、广东、山西、陕西八省在重庆所建会馆的总称。康熙三年（1664），湖广省分为湖南、湖北两省；六年（1667）江南省分为江苏、安徽两省。因而，八省实为十省，但约定

---

① 卓德全、王仲鼎、周让伯：《洋货倾销和重庆布匹业的形成》，见重庆市工商联合会等编《重庆工商史料》第 1 辑，重庆出版社，1982 年，第 203 页。
② 王笛：《跨出封闭的世界——长江上游区域社会研究》，中华书局，2001 年，第 569 页；[美] 罗威廉：《汉口：一个中国城市的商业和社会（1796—1889）》，江溶等译，中国人民大学出版社，2005 年，第 402 页；[美] 施坚雅：《导言：清代中国的城市社会结构》，见施坚雅主编《中华帝国晚期的城市》，叶光庭等译，中华书局，2000 年，第 652 页。
③ [美] 施坚雅：《城市与地方体系层级》；《导言：清代中国的城市社会结构》，见施坚雅主编《中华帝国晚期的城市》，叶光庭等译，中华书局，2000 年，第 392 页、第 652~655 页。
④ [日] 清水泰次：《中国的行会》，第 316~319 页；[日] 今堀诚二：《中国的社会结构》，1953 年，第 295~301 页。

俗成，仍称之为"八省"。

清代重庆八省会馆多草创于康熙年间①，兴起于乾隆时期，咸同之际达到鼎盛。湖广会馆于"康熙年间楚人创建，庙后大小莲花山为楚省义地"，至嘉庆二十四年（1819）已"百有余年"。②浙江会馆"自乾隆八年（1743）建修列圣宫武圣庙宇，以为香火诚敬之所"。③

江西、江南、福建、陕西四会馆创建于乾隆二十五年（1760）前。据乾隆《巴县志》载："万寿宫，东水门内，即江西会馆；准提庵，在东水门内，即江南会馆；天后宫，在朝天门内，即福建会馆；三元庙，在朝天门内，即陕西会馆。"④由于此志成于乾隆二十五年，因此，江西、江南、福建、陕西等会馆的建立应在此前。

广东公所创建于乾隆五十一年（1786）前。据近年出土的碑刻资料，该年，南华宫会首韩鼎阳、梅式儒及董事廖初龙、陈三泰等23人，以3800两的价格向张九茎家族购买其祖产巴字园改建广东公所，得大小房屋共34间。由此可知，乾隆五十一年前，南华宫已经存在。⑤

山西会馆创建的时间不详，民国《巴县志》仅记在"人和湾，今废"⑥。但据巴县档案，乾隆五十一年（1786）时已有"八省客长"一词，因此，山西会馆创建的时间也应在乾隆五十一年前。

会馆建立之初，颇多困难，同乡官员的支持至为重要。湖广会馆，最初由于"祭祀宴享""乡亲聚会"之需，一二有志之士欲在重庆倡建家庙，如各公所，但人心不一，随议随息，迄无成约。康熙年间有邓公伯高者出力募捐，得买东水门城内孙姓空院，土木方兴，曾有人从中阻挠，其功遂寝，其原因系禀请府县，均不为楚人做主。适有楚籍方公讳显者升授四川巡抚，邓公不惮跋涉，邀集同人直至巫山迎接，据情实禀，"方公以同乡谊重，温言慰藉……本府本县禀见，惊慌不已，于是趋归，不分昼夜，就我楚所买公地，火速修造一台一殿"，嗣并有"道宪张公讳九镒者来渝监工督造，而功事乃毕"。⑦

江南会馆，乾隆三十三年（1768）仲春之吉，在郡守胡承塈的支持下建

① 窦季良：《同乡组织之研究》，重庆正中书局，1943年，第22页。
② 《廉里七甲僧真耀告黄万茂等强占圣庙，砍伐庙内树案》，《巴县档案》6-3-193，1819年。
③ 《监生章景昌等禀列圣宫武圣庙会首李定安侵吞公款一案》，《巴县档案》6-3-175，1806年。
④ 乾隆《巴县志》卷2《建置·寺观》，第65页。
⑤ 何智亚：《重庆湖广会馆——历史与修复研究》，重庆出版社，2006年，第86页。
⑥ 民国《巴县志》卷2《建置下·庙宇表》，第4页。
⑦ 窦季良：《同乡组织之研究》，重庆正中书局，1943年，第73~74页。

立。八省会馆以外的云贵公所，也因"各省之官于斯，商于斯者，无不创建会馆，以恭桑梓而乐游观"①，光绪年间在川东道黎庶昌（贵州遵义人）的支持下建立。

会馆形成之初，并非完全是会馆形式。窦季良抗战时期在重庆的调查显示，重庆的移民会馆大致来源于三种情况：①由"商栈"演化而来；②由商帮发展而来；③由"宾馆"发展而来。② 这说明，重庆早期会馆的成立多与商人有密切的联系。

嘉庆六年（1801）六月，八省客长何康远、韩小亭等人的调查显示，外地商人垄断了重庆绝大多数的行业。如江西省开行者共40户，集中在药材行、布行、山货行、油行、麻行、锅行；湖广省开行者共43户，集中在棉花行、靛行、杂粮行、麻行、布行、山货行、瓷器行、锅铁行、花板行、猪行、酒行；福建省开行者共11户，集中在山货行和烟行；江南省开行者共5户，集中在纸行、糖行和瓷器行；陕西省开行者共6户，集中在毛货行、油行、山货行和布行；广东省开行者共2户，集中在纱缎行和山货行。③ 浙江、山西两省虽无开行领帖之人，但同年五月，浙江会馆的碑文显示，石碑由瓷器帮众商公建，规定"差徭杂费，归行承办"。④ 浙江会馆是与瓷器帮合一的行会组织，山西商人在重庆则主要经营票号、钱庄。

嘉庆年间，重庆官府不仅令八省会首调查外省在渝之有帖行户情况，还要求外省各行户在渝领帖开行，需"本省客长联名具保，方准开设"。⑤ 八年（1803），八省会首参与议定三河船帮差务章程。九年，参与公议大河船帮差务条规。⑥ 行会特征极其明显。

晚清重庆商会成立时，官府饬令重庆商人"公举商董，每帮二人，以便商议商务"⑦。因过去重庆有关商务等事，都由每省商帮公举一人任首事，"以作该省各行帮之领袖"，共八省首事，负责官商交涉事件。因此，各行帮公举

① 窦季良：《同乡组织之研究》，重庆正中书局，1943年，第74页。
② 窦季良：《同乡组织之研究》，重庆正中书局，1943年，第22~23页。
③ 《嘉庆六年六月二十四日巴县牙行清单》，四川大学历史系、四川省档案馆编《清代乾嘉道巴县档案选编》（上册），第253~256页。
④ 《嘉庆六年五月浙江会馆碑文》，四川大学历史系、四川省档案馆编《清代乾嘉道巴县档案选编》（上册），第251页。
⑤ 《嘉庆六年六月二十四日八省客长禀状》，四川大学历史系、四川省档案馆编《清代乾嘉道巴县档案选编》（上册），第253页。
⑥ 《嘉庆九年三河船帮差务章程清单》《嘉庆九年八省局绅士公议大河帮差务条规》，四川大学历史系、四川省档案馆编《清代乾嘉道巴县档案选编》（上册），第402~403页。
⑦ 《四川官报》，1904年，第21册，"新闻"。

"素晓商务，办事稳妥者八人"，会同八省首事作为重庆商务总会会董。① 此可证明，在商会成立前，八省会首确为重庆各行帮领袖。光绪二十七年（1901），重庆关署税务司华特森的海关调查报告中也将八省会馆称为"八省公所"，将其归入重庆的"同业公所"。②

二、行会联合体形成

乾隆时期，八省会馆逐渐由单一的个体联合成统一的组织。据民国《巴县志》记载，乾隆二十五年（1760），重庆会馆发展至六个。二十八年（1763），巴县档案中已有"七省客长"一词，因渝城锡匠刘起龙与刘域等因秤的砝码发生纠纷，具禀至捕府，知府"批委七省客长公议"。③ 因而，乾隆二十八年前，八省中至少已有七省在重庆建立会馆。

八省会馆的联合当在乾隆中后期完成。乾隆五十一年（1786），巴县档案中出现"八省客长""八省首人"等词。该年，八省因其公捐承买之太平门外上下码头及半边街下坎空地，有搬水之人盖篷踞住，为防火灾，特联合起来禀告县府，"请示禁在太平门外搬水搭篷"，县正堂批"准给示，并饬差驱逐"，差役乃协同八省客长搬移搭棚踞占之人。④ 这说明，在乾隆五十一年前，重庆八省会馆的建立已经完成，并已开始联合起来处理社区公共事务。

促成八省会馆在乾隆中后期联合的具体原因已较难厘清，联系此一时期重庆城市发生的变化，八省会馆结成行会联合体应与以下诸因素有关。

其一，乾隆时期移民人口增多，纠纷日繁，会馆成为调解各省商务纠纷的主要组织。

清初，重庆外省人口大量迁入，城市人口激增，至乾隆中后期，外省移民已历三四代，并出现五世同堂的现象。移民多以经商为生，且大都是一省之人经营一项主要业务，如广东帮做药材，山西帮做票号，陕西帮做当铺和银楼，

---

① 《川东道、川东商务局申报重庆商务总会开会日期并拟定会章禀》，《四川官报》，1905 年，第 1 册，"公牍"。

② ［英］华特森（W. C. H. Watson）《重庆海关 1892—1901 年十年调查报告》，李孝同译，《四川文史资料选辑》第 9 辑，1963 年，226 页。

③ 《乾隆二十八年十一月二十五日刘起龙等供词》，四川省档案馆编《清代巴县档案汇编》（乾隆卷），第 269～270 页。

④ 《示禁太平门外搬水搭篷以防火并饬差逐搬案》，《巴县档案》6－1－82，1787 年。八省会首有韩鼎扬、毕有闻、田文灿、关履亨等。

湖广帮做棉花，江西帮做匹头等。[1] 随着交易日繁，各省商人间纠纷不可避免，据八省会馆的遗老所述，当年各会馆各自推举客长（即会首），并公推二人为"总理首事"。各省会同乡人士间的纠纷，由各该会的客长解决。若两会的同乡人士间有了纠纷，则由八省客长共同集议公断。因此八省会馆才有了联合组织。[2] 由此可知，解决各省人士尤其是商人间的纠纷是促成八省会馆联合的重要因素。

其二，乾隆中后期，八省会馆已积聚雄厚的经济实力。

八省会馆筹建之初，就以会众的名义集聚"上会银"，拥有较多财产，而各省在渝商人的多少及其资产量，决定了会馆的富裕程度。重庆的江西会馆是规模很大的同乡会，包括按府、县、行业组成的一百多个小团体。清代江西省共分十三个府，江西会馆就有八个府，这些小同乡会，各拥有自己的产业，有共同的活动，更多的是分别的活动，一年到头都在办会、演戏，会馆以富有著称，时人有"福建会馆的顶子，江西会馆的银子"之说。著名大商家谢亿泰、汤子敬是江西抚州府临川县人；协盛裕商家、善成堂傅家是抚州府金溪县人。[3] 重庆的陕西商人实力也雄厚，陕西帮所经营的三晋源、大德通、谦敬德等票号，新隆、刘老陕等金店，大有、宏升等当铺皆实力雄厚，资本充足，均集中于此街，形成金融中心，故以陕西街名之。[4] 各省会馆聚会频繁，江西会馆一年聚会多至二百次，湖广会馆在二百余次，福建会馆在百次以上，其他各会馆也有七十至八十次之间。大宴和通宵演戏是特别节日的象征。[5]

除了会员交纳的"上会银"，各省籍官员也向会馆捐款。江南会馆规定：同乡中有任道台或知府，前来拜谒祭祀堂者，根据习惯，该官员及随员应捐钱4000文。如任江北厅或巴县知县，捐2000文。[6] 此外，八省还以买地置业、出租收捐的方式积累财富，曾"置买白象街铺房一间，放佃收租，以作祀神之费"[7]。

乾隆末期，八省会馆已今非昔比，重庆城内"太平门外上下码头及半边街

① 卓德全、王仲鼎、周让伯：《洋布倾销和重庆布匹业的形成》，见重庆市工商联合会等编《重庆工商史料》第1辑，重庆出版社，1982年，第195～196页。
② 窦季良：《同乡组织之研究》，重庆正中书局，1943年，第35页。
③ 彭伯通：《清代巴县城的会馆》，《巴县文史资料》第11辑，1994年，第6页。
④ 陈尔寿：《重庆都市地理》，《地理学报》，1943年第10卷，第133页。
⑤ 彭泽益主编：《中国工商行会史料集》下册，中华书局，1995年，第629页。
⑥ 彭泽益主编：《中国工商行会史料集》下册，中华书局，1995年，第630页。
⑦ 《嘉庆二十三年二月初五日许益顺年禀状》，四川大学历史系、四川省档案馆编《清代乾嘉道巴县档案选编》（上册），第312页。

下坎空地均系八省公捐承买"，"投税可据，不许搬水"。① 可谓在重庆城内之重要地带已确立自己的势力范围。清中期以后，随着八省移民人口增多，八省"财产遍布渝城"，至 1927 年以前尚有房屋及址基九处，仓廒二处，房土一处，土业二处，田业九处。② 正是由于具备雄厚的经济实力，八省会馆才能将其社会控制的触角延伸于会馆外部，成为重庆城市管理的重要民间力量。

其三，八省会馆因社区公共事务有相互联合的必要。

因人口增多而导致的社区事务繁多是乾隆中后期重庆城市的一大变化。在巴县档案中，可以发现此时的重庆各社区已面临维修城墙、修复街道、应付官差等诸多公共事务。窦季良认为，"各省会的客商既同住在一社区之内，同在一个繁复的社区生活里面生活着，必难永远保持其孤立的地位，在某种情势之下遂有互相联合的需要。"③

究竟是何种公共事务导致八省会馆"在某种情势下的互相联合"，此或与当时的火灾有关。"渝城地窄民稠，房皆竹壁，向来易遭失火"④。乾隆三十年（1765）十月十七日，重庆千厮门内胡显达店房失火，"各项人等率多袖手不前"，川东道亲自"驰往该处率同该县等督饬扑救"，并"大声驱策"，火才熄灭。救火全在扑救之人齐心出力，八省会馆因各省民等铺户居多，其受损失必然最为严重，因而极其关注重庆城的防火问题。五十一年（1786），八省会馆因所买"太平门上下码头及半边街下坎空地"的防火之事联合请示过官府。次年三月，八省会首吴西载、冯周南、江汝上、谢昶、闻允忠、赖田庆等为防火患再次联合起来向知县禀乞"示谕四十八坊厢长监督修添水桶，或湾角空地添设大桶蓄水盈沟，上置小提桶十个，照十家牌轮流经管，临事庶无推诿"⑤，对重庆城市预防火灾提出更详细的建议。八省会馆已从关注会馆内部事务逐渐移向会馆外部。

乾隆年间，重庆城内有储奇、朝天两党及 28 坊厢，城市社区属于两党乡约及坊厢长的"管辖范围"。因而，八省会首在向官府表达诉求的同时，仍存"街坊公事原属厢长所管"，"民等系管各省会馆事务"的身份认同，"虽有其

---

① 《示禁太平门外搬水搭篷以防火并饬差逐搬案》，《巴县档案》6-1-82，1787 年。
② 窦季良：《同乡组织之研究》，重庆正中书局，1943 年，第 36 页。
③ 窦季良：《同乡组织之研究》，重庆正中书局，1943 年，第 35 页。
④ 《川东道札巴县奖赏熄火救灾出力人员银两卷》，《巴县档案》6-1-85，1765 年。
⑤ 《省会首吴西载等并两党乡约杨东升等禀请给示添备水桶以防火灾卷》，《巴县档案》6-1-86，1794 年。

心，呼之不应"，只得"禀乞宪天俯赐"。① 八省会馆的建议是否得官府采纳已不可考，但其联合起来并向官府"建议"的举动表明，乾隆中后期，重庆八省会馆已从康熙年间的草创走向成熟，并完成了从独立分割到联合统一的过程。

三、八省会馆与城市管理

八省会馆创建之初，功能仅被于同乡，因此在会馆中极尽故乡之风物，以解思乡之情成为会馆的普遍建筑手法，会馆的主要功能也以"笃乡谊""联乡情"为主。乾隆以后，八省会馆开始广泛涉及重庆社区建设及城市管理，功能由单一走向多元，由会馆内部发展至会馆外部，逐渐发展成为重庆城市管理的一支重要社会力量。

1. 八省会馆订立各行帮规则，协调城市商业纠纷

从清中后期八省会馆处理的纠纷来看，主要以各省间商业纠纷为主。如清代重庆陕、楚商帮向以经营棉业为主，由外省贩运棉花，投渝城千厮、朝天两门，凭行发售。其价固听时市高下，而秤自有一定成规。自乾隆三十六年（1771）始置针秤，以十六两成斤。迄至五十年（1785）外，货物倍多，一遇行情疲钝，买者贪贱，卖者求速，以致行户图销客货，其秤不惟不以对针为度，且额外推叫数斤，遂废旧规。是于五十八年（1793）请凭八省客首将推叫之数斤情愿加入秤内，比较花秤砝码，"以一千七百二十八两为一百斤，铸有铁制，以冀永远无紊"。嘉庆年间，陕、楚两帮又起争端，知县示谕各行户遵照旧规，"倘行户胆敢故违，混乱不遵者，许尔各商民等据实指名具禀"。②

道光年间，重庆川、茶两帮力行因争运客货，互斗构讼，知县亦委托八省会首协同各行户公议，将浙江馆晒厂、仁寿宫晒厂、建丰栈以及恒盛德四处客货归川帮力夫负运，其余别处客货归茶帮力夫运送。③ 值得注意的是，八省会馆订立行规、协调商业纠纷多是在官府的批示下进行，因而，巴县档案中常有知县所批"批仰八省协同行户等复夺""批仰八省客长秉公清查具复"等语。

---

① 《省会首吴西载等并两党乡约杨东升等禀请给示添备水桶以防火灾卷》，《巴县档案》6-1-86，1794年。
② 《嘉庆十四年六月初六日重庆八省客长暨总理首事刊立〈永定章程〉碑记》，见窦季良《同乡组织之研究》，重庆正中书局，1943年，第70页。
③ 《道光二十九年四月五日巴县告示》，四川大学历史学、四川省档案馆编《清代乾嘉道巴县档案选编》（下册），第14页。

2. 八省会馆办理团练、厘金、积谷等，维持重庆社会治安

商人对社会治安怀有一份特殊的期望，在城市遭遇危机时，常常依靠同业、同乡之力协助官府维护行业安全和城市公共治安。

咸丰初年，"太平军兴，蜀接湘鄂，亦汲汲谋防堵"①。八省会首奉令督办川东团练，"于时，茶陵州人者以骁悍名"，两湖客长江宗海"乃遣人招募茶陵健儿五百，而身自训练之，号曰茶勇……于是茶勇之名，赫然震川东"。十年（1860）冬，川东张五麻子之乱，连陷永川、荣昌，逼近重庆。重庆闭城门，无敢言击贼者，"宗海独请率练勇出与贼决死战，当事者壮而许之。贼薄老关口，闻有备，竟还。重庆得屹然无事"。②

八省会首还帮助官府筹集团练经费，先后筹集"老厘""新厘"，历年存储至三万石，办理平粜二十余次。③ 因得八省会馆支持，重庆较好地解决了团练经费的问题，平定了地方叛乱，维系了城市安全。

3. 八省会馆积极参与城市公共事务管理

八省会馆尤重社会慈善事业，清前期多于同乡人士中设有善堂、义地，不许他省人等均沾。清中后期，八省会馆将救助与保障活动延伸至公共生活领域，广泛办理办丧、济盲、育婴、治病、救人、助寡等善事。如八省会馆资助的存心堂"给养孤老二百四十名，节妇二百四十名，设平民小学，兼办施药、施棺、寒衣、济米等项"；体心堂"给养孤老节妇，设义学，义渡，寒衣，济米、施棺、施药及临时灾赈"。④

咸同间，重庆大饥，两湖客长江宗海建议川东道王廷植按斗取息，除供工食外，另储之以备冬时施粥，故重庆每年冬月二十日至正月二十日，常于朝天、金紫、临江三门外，就地设厂，以糜粥济贫，活人无算。主斗者谓之绅董，由川东道札委。⑤

清中后期，官府愈亦重视防火。光绪九年（1883），知府唐翼祖、知县国璋令治城四十八坊厢规设水会，辟水仓、水柜，由绅商集资购置水龙六具，令八省绅商轮管其事，会所设县城隍庙，曰水会公所。⑥ 二十二年（1896），水会公所移附保甲局内，议定水会章程八条，规定"水会所用之麻搭火钩，以及

---

① 民国《巴县志》卷10《人物列传中之下·清迄民国》，第25页。
② 民国《巴县志》卷10《人物列传中之下·清迄民国》，第26页。
③ 窦季良：《同乡组织之研究》，重庆正中书局，1943年，第77页。
④ 民国《巴县志》卷17《自治·慈善》，第3页。
⑤ 窦季良：《同乡组织之研究》，重庆正中书局，1943年，第78页。
⑥ 民国《巴县志》卷15《军警·警察》，第23页。

折火巷应用之器具，皆系巴县县令与八省首事及各坊监正等公同协办应用"；各项人工"由八省首事与保甲局会同备状书押，在道署具领，领出之后，分发监正散给"；各坊救火公捐也"由巴县督同八省首事商量作何生息，作何知放"。① 八省首事按春夏秋冬四季划分，轮流担任水会首事，管理水会公所，整理水会收支账簿，并定期议事协商②，在一定程度上承担了重庆城的消防管理。

19 世纪，类似于重庆"八省会馆"的行会联合体，在中国的其他城市也曾出现，如广州的"七十二行"，沙市的"十三行"以及汉口的"八大行"等。由于民间团体在城市公共事务中的广泛参与，施坚雅认为，中华帝国晚期可能存在着一种早期的"非正式的'自治'政府的组织模式"；重庆的联合会，稍后称作"八省会馆"，在城市中的作用"有点像市政府"。③ 罗威廉研究了汉口行会的情况后也认为："对汉口来说，结果是形成了一个以行会为中心的、实质层面上的市政管理机构"，"在十九世纪的最后几十年里，在汉口，事实上已经形成了一种权力配置，官僚机器在汉口实际进行的所有官方与半官方行动中的作用已大幅度降低"。④ 罗威廉将这类"城市社团"作为中国城市自治的重要特征，以修正马克斯·韦伯关于中国城市并未产生欧洲城市那样的城市自治的观点。⑤

相对于清代汉口的行会联合体，重庆的八省会馆虽然广泛地参与了城市管理，但却始终处于官府的控制之中，并未发展成为"一种实质层面上的市政管理机构"，也未朝欧洲中世纪的"城市自治组织"方向发展。相反，八省会馆对于城市公共事务的参与，更多地体现出清代地方官绅政治的特点以及官府治理城市的一种策略，来自官府的权威始终是清代城市管理中最主要的权力来源。

首先，八省会馆对城市事务的管理始终处于官府的控制之中。

在巴县档案中，对于各类民间纠纷，知县常以"批仰八省客长秉公清查"

---

① 《水会局简明章程和水会局造呈领支银钱各工费用总数清册》，《巴县档案》6－31－1822，1895 年。
② 《管理保甲局等移请巴县转催移还水会生息银及巴县札渝城各坊监保催收欠缴水会钱文等情卷》，《巴县档案》6－31－1842，1898—1902 年。
③ ［美］施坚雅：《导言：清代中国的城市社会结构》，见施坚雅主编《中华帝国晚期的城市》，叶光庭等译，中华书局，2000 年，第 652 页。
④ ［美］罗威廉：《汉口：一个中国城市的商业和社会（1796—1889）》江溶等译，中国人民大学出版社，2005 年，第 418 页。
⑤ ［美］罗威廉：《汉口：一个中国城市的商业和社会（1796—1889）》江溶等译，中国人民大学出版社，2005 年，第 413 页。

等语处理，赋予八省会馆调解各类纠纷及订立行规等特权，并常以其所判作为最后结果。但八省会馆的处理结果（包括调解过程等）均须禀至县府，经知县批示后方能生效。由此可以看出，官府并未放弃对民间纠纷的最终裁决权。

黄宗智认为，由于清代县衙对民间诉讼的开放性，诉讼双方选择民间"调解"还是官方"审判"是比较自由的，因而，大量的民间纠纷实质仍是由官府处理。[①] 八省会馆调解之案件，当事双方如有不服之处，也可不依其审断而告至官府。道光二十六年（1846）三月，渝城匠师熊立富因不守行规，向汪正兴等勒要工资银两低合价钱，被汪正兴告上县衙，知县批示"批仰八省客长妥议章程"，八省遂邀集双方至府庙调节，但熊立富并不依八省所议，反聚众滋事，双方的纠纷最终经官府调解才得以解决。[②] 除了裁决八省会馆不能调解之民间纠纷以外，会馆内部发生的会首贪污公款、会众纠纷等事件，也须官府介入才能解决[③]，官府更是牢牢控制着各类刑事案件的审判权。

其次，八省会馆参与城市管理与重庆商业城市的特质有关，也是重庆地方政府下放部分城市管理权的表现。

清初，重庆历经战乱、灾荒，土著稀少，移民大量迁入，成为典型的移民城市。重庆地处长江、嘉陵江交汇的有利地理位置促成了这座城市的商业发达及商人力量的强大，而各色人等的迁入则使重庆城内风俗各异，争端频繁。乾隆年间，官方因人力有限，已对大量的民间纠纷感觉吃力。如乾隆五十三年（1788），因民间喊冤者过多，重庆府正堂以喊冤者有"串通胥役"，"藉名喊冤，实希索诈"之民，特札饬巴县"严禁无故喊冤"，以免"致滋扰累"。[④] 光绪七年（1881），国璋知巴县时，更明令"民间有小纠纷，即就和解，不能解者，非经里长加盖钤记，不得达县"[⑤]，对民间调解采取鼓励的态度。巴县档案中的民间诉讼，遂常有县正堂批示"是否实情，仰地领查复""仰约邻查理具复""仰乡约查明禀复"等语。[⑥] 这说明，清代重庆官府仰乡约、保长、坊厢长调解民间纠纷在民众的生活中是"常事"，因而"批仰八省客长"并非一

---

① ［美］黄宗智：《清代的法律、社会与文化：民法的表达与实践》，上海书店出版社，2007年，第9～10页。

② 《道光二十六年三月十四日汪正兴等供状》，四川大学历史系、四川省档案馆编《清代乾嘉道巴县档案选编》（上册），第249页。

③ 《监生章景昌等禀列圣宫武圣庙会首李定安侵吞公款一案》，《巴县档案》6－3－175，1806年；《白象街司事徐养初禀控陈履端抗不捐施粥米反而逞凶捣毁案》，《巴县档案》6－3－603，1806年。

④ 《府宪札饬严禁无故喊冤并出示晓谕卷》，《巴县档案》6－1－237，1788年。

⑤ 民国《巴县志》卷9《官师列传下·清政绩》，第24页。

⑥ 四川省档案馆编《清代巴县档案汇编》（乾隆卷），第29页、第56页、第294～295页。

种"特例"，不能说明八省会馆已具备或替代了官府的职能。重庆官府仅仅是在城市人口增加，纠纷日繁的特殊情况下"下移"部分的城市管理权给民间组织，并鼓励了这类组织对民间"细事"的处理。

第三，八省会馆与地方政府之间密切的联系，成为双方相互依赖和利用的基础。

八省会馆是一个叠加了行会性质的民间团体，但八省客长的身份则较为复杂。所谓客长，"役客民之长以约束之，号曰客长"①。清代重庆客长多采"正值端方""老实谙练"之人，客长一经选用，由官府发给执照，予以承认。因而，客长本身是得到官方认可，具有官府所颁执照的客民。

八省会馆首事大多数本身即有功名或官衔，所以也称为"八省绅首"或"八省绅商"。例如，同光时代，重庆江南会馆会首中的"功名人"，有的是"监生"，会首的官衔则有江苏候补道库大使，洪福州同衔，江苏候补经政厅，布理衔江苏补用道库大使，洪福布理衔，州同衔分发江苏府经历等。② 八省会首以捐纳的方式获取功名，获得社会身份认同，缩短了与官府之间交往的距离。

此外，八省同乡在重庆官府中的任职，成为会馆与官府联系的一个重要渠道，也是其维持与发扬的助力。据窦季良统计，自顺治三年（1646）至宣统三年（1911）266 年间，重庆官员任职情况如下：

> 川东兵备道历 95 任，其中：
> 江南籍　21 人　湖广籍　9 人　浙江籍 7 人　陕西籍 4 人
> 江西籍　3 人　福建籍　3 人　贵州籍 2 人　山西籍 1 人
> 共 50 人，约占总数的 53%。
> 重庆府知府历 97 任，其中：
> 江南籍　12 人　浙江籍 12 人　江西籍 6 人　湖广籍 4 人
> 陕西籍　4 人　贵州籍 2 人　福建籍 2 人　山西籍 2 人
> 广东籍 1 人　云南籍 1 人
> 共 46 人，约占总数的 47%。
> 巴县知县历 124 任，其中：
> 江南籍　15 人　浙江籍 14 人　陕西籍 12 人　湖广籍 6 人
> 江西籍　6 人　广东籍 5 人　贵州籍 4 人　福建籍 2 人

---

① 民国《南溪县志》礼俗篇第八，卷 4《礼俗下》，1937 年铅印本，第 1 页。
② 窦季良：《同乡组织之研究》，重庆正中书局，1943 年，第 28 页。

山西籍 2人

共 66 人，约占总数的 53%。[1]

有清一代，外省同乡在重庆官府中大量任职，成为八省会馆势力庞大的力量支撑。如果地方官员在会馆中任职成为董事，或为普通"会众"，其身份则具"官员"和"同乡"的双重性，会馆与官府的联系由此变得密切；如果官员仅仅为官而不具"会众"的身份，其与八省会馆仍然具有同乡的关系。重庆八省会馆，并无抗衡官府"自治"的必要，反而因借助官府的支持获得了更大的势力和活动空间。因而，尽管八省会馆的联合成为清中后期重庆城的一股强大的社会力量，但它始终未成为与官府对抗的"自治组织"，即使是在八省会馆势力鼎盛的咸同之际，重庆的城防、慈善、消防等背后仍然活跃着川东道台、重庆知府及巴县知县的身影，来自官方的鼓励与合作始终是八省会馆实行社会管理的关键所在。正如窦季良所言："八省团体代表之见重于当时，实官绅合作之力有以致之。"[2] 八省会馆之于重庆城市管理，实是清代地方政府"以民治民"之策的最好体现。

---

① 窦季良：《同乡组织之研究》，重庆正中书局，1943 年，第 75 页。
② 窦季良：《同乡组织之研究》，重庆正中书局，1943 年，第 35 页。

第四章 19 世纪末的城市危机

第一节 政治与空间的变化

19 世纪中后期，随着西方列强向中国内地侵入，一批内陆中心城市相继开埠通商。列强依据不平等条约，在内地城市设置领事，划分租界，建立教堂等，从政治、经济、文化等各方面加强对中国的控制，使中国封闭的环境剧变，地方秩序由此发生变动。逐渐产生的中外冲突由于夹杂官绅矛盾、绅洋矛盾、官民矛盾等，使清代延续二百余年的官绅治理模式开始遭受新的冲击，地方官绅政治渐显裂隙。

光绪十七年（1891）重庆开埠通商后，外国官员、商人等进入重庆，并以重庆为据点，将大规模的商品贸易扩展至长江上游，使重庆商业中枢的地位更加突出。但外国势力在重庆设置教堂、划分地皮、开建工厂、插手地方事务等，引发诸多中外争端。外国势力从此成为中国内地城市的一股重要政治势力，使地方政府对城市的管理愈益艰难。因而，努力化解由外国人进入而造成的地方秩序危机，实际成为晚清中国地方政治寻求改革的初衷。

一、外国领事机构驻重庆

最早在重庆设立领事馆的国家是英国。光绪二年（1876）七月二十六日，英翻译官马嘉理被戕于云南，引发"滇案"，中国被迫与英国订立《烟台条约》。约分三端：一曰昭雪滇案；二曰优待往来；三曰通商事务。并另议专案一条，规定添开湖北宜昌、安徽芜湖、浙江温州、广西北海四处为通商口岸，"又四川重庆府，可由英国派员驻寓，察看川省英商事宜。轮船未抵重庆以前，英国商民不得在彼居住，开设行栈。俟轮船能上驶后，再行议办"[1]。按照《烟台条约》所议，光绪三年（1877）九月十五日，英国人贝德禄抵重庆，成为首任"驻寓"领事。十三年（1887）六月，英国使臣华尔称："英商立德自置小轮船，请援照烟台条约，由宜昌试行上驶重庆。"川督刘秉璋拒之，委员到宜昌与英领事论辩年余，复由中国以12万两偿立德，收其船栈，准开重庆为通商口岸，并以华船载运。[2]

光绪十六年（1890）闰二月十一日，中英双方签订《新订烟台条约续增专条》，规定："重庆即准作为通商口岸，与各通商口岸无异。英商自宜昌至重庆往来运货，或雇用华船，或自备华式之船，均听其便。"[3]英国从此取得在重庆开埠通商之特权。同年，英国于重庆设置领事馆，馆址初设方家十字麦家院，后迁至南岸瓦厂湾，二十六年（1900）移至领事巷。首任总领事福禄礼。英国驻渝总领事在对外活动中曾多次自称"四川总领事"，为此，清政府以"通商口岸设立领事馆载在条约，四川省惟重庆地方系通商口岸，英国所派总领事自应照约作为重庆总领事"，据理批驳，英方才不得不承认在领事官衔内叙及"重庆"二字。[4]

表37　1877—1912年英国驻重庆驻寓代表、领事

姓　名	职　务	任职时间	姓　名	职　务	任职时间
贝德禄 E. C. Bader	"驻寓"代表	1877—1880	富仍基 F. A. Frazer	总领事	1899.3—1901.2
庄延龄 E. H. Parker	"驻寓"代表	1880—1881	韦礼敦 F. C. C. Witton	领事	1901.2—1903.6
施本施 W. D. Spenec	"驻寓"代表	1880—1881	斯　来 H. E. Sly	总领事	1903.9—1904.11
贺西（谢立三） A. Hasie	"驻寓"代表	1881.12—1884.12	罗三乐 W. P. Merwssell	总领事	1904.11—1906.4
波　恩 F. S. A. Bourne	开埠前"领事"	1884.12—1887.12	宝士德 H. H. Brisfou	总领事	1906.4—1907.12
戈　颂 H. Cackburn	开埠前"领事"	1887.12—1889.11	费理伯 H. Phillip	总领事	1907.12—1909.4

---

① 王铁崖编：《中外旧约章汇编》，第1册，生活·读书·新知三联书店，1957年，第349页。
② 民国《巴县志》卷16《交涉·重庆通商案》，第12页。
③ 王铁崖编：《中外旧约章汇编》，第1册，生活·读书·新知三联书店，1957年，第553页。
④ 陈世松、贾大泉主编：《四川通史》卷6，"清"，四川人民出版社，2010年，第152页。

姓　名	职务	任职时间	姓　名	职务	任职时间
禄福礼 H. E. Fulfara	首任总 领事	1890.10－1892.6	斯　来 H. E. Sly	总领事	1909.4－1909.11
法磊斯 C. D. H. Fovser	总领事	1892.7－1894.5	施弥德 J. I. Smith	总领事	1909.11－1910.12
谭德乐 S. H. Tralinam	总领事	1894.5－1898.3	陶乐尔 W. StarkTaller	总领事	1910.12－1911.3
列　敦 G. M. L. Littan		1898.5－1899.3	潘乐纳 W. R. Brown	总领事	1911.3－1914.11

资料来源：重庆市地方志编纂委员会编《重庆市志》第14卷《外事志》，西南师范大学出版社，2005年，第625页。

光绪十六年（1890）英国取得在重庆开埠权前，英国驻寓重庆领事有六任；1890 至 1912 年，英国驻重庆领事共十四任。英领事辖区初为四川，后来扩大到贵阳以北的贵州地区，负责川、黔两省的交涉及通商事宜，并负责搜集各类情报。

19 世纪末，法国也将侵略势力渗入重庆。光绪二十一年（1895）12 月 23 日，法国驻渝总领事馆在重庆城内二仙庵成立，原驻汉口副领事哈士被委为重庆首任领事。次年哈士即赴渝上任，重庆地方官员极其重视。二月，川东道、重庆府札饬巴县"准法国在重庆设立领事馆"，哈领事到境"妥为照拂，遇有中法交涉事件查照约章办理"。[①] 3 月 26 日，哈士乘船刚入四川，巴县知县国璋就选派官员，前往迎护。到达重庆那天，国璋亲自前往拜访。[②] 从光绪二十二年至清末，法国驻渝领事共有十任，其中哈士和白达均任职两次。

表 38　1896—1912 年法国驻重庆领事

姓　名	职　务	任职时间	姓　名	职　务	任职时间
哈　士	总领事	1896 年 3 月	葛　兰	代理驻渝领事	1906 年
穆文吉	代理总领事		安　迪	总领事	1907 年 6 月
哈　士	总领事		韦礼德	代理总领事 （由领事代）	1908 年

---

① 《川东道重庆府札饬巴县准法国在重庆设立领事馆哈领事到境妥为照拂，遇有中法交涉事件查照约章办理卷》，《巴县档案》6－32－2313，1896 年。

② 《巴县档案》抄件，四川大学历史系藏。

续表38

姓　名	职　务	任职时间	姓　名	职　务	任职时间
安　迪	总领事	1899年7月	白　达	代理驻渝领事（由副领事代）	1908年
何始康	代理总领事	1906年1月	白　达	领　事	

资料来源：重庆市地方志编纂委员会编《重庆市志》第14卷《外事志》，西南师范大学出版社，2005年，第627页。

光绪二十一年（1895），日本在甲午战争中获胜，通过不平等条约将势力渗入内地，取得在重庆开埠通商之特权。中日《马关条约》规定：现今中国已开通商口岸之外，应添设湖北省荆州府沙市、四川省重庆府、江苏省苏州府、浙江省杭州府，"立为通商口岸，以便日本臣民往来侨寓，从事商业、工艺、制作。所有添设口岸均照向开通商海口或向开内地镇市章程一体办理，应得优例及利益等亦当一律享受"，并且，"日本政府得派遣领事官于前开各口驻扎"。① 二十二年（1896），日本驻渝二等领事加藤义三抵达重庆，设立日本领事馆于重庆小梁子街五公馆。②

光绪二十二年（1896）7月21日，中日双方又签订《中日通商行船条约》，规定：日本可酌视日本国利益相关情形，在中国"设立总领事、领事、副领事及代理领事，往中国已开及日后约开通商各口岸城镇。各领事等官，中国官员应以相当礼貌接待，并各员应得分位、职权、裁判管辖权及优例、豁免利益，均照现时或日后相待最优之国相等之官，一律享受"。③ 对日本领事的特权做了进一步说明。光绪二十二年至清末，日本驻重庆领事共十一任。

表39　1896—1912年日本驻重庆领事

姓　名	职　务	任职时间	姓　名	职　务	任职时间
加藤义三	二等领事	1896年5月	德丸作藏	领　事	1900年11月
高桥德太郎	领事馆事务代理	1897年4月	池永林一	领事馆事务代理	1907年3月
加藤义三	二等领事	1897年11月	白须直	领　事	1907年5月

---

① 王铁崖编：《中外旧约章汇编》，第1册，生活·读书·新知三联书店，1957年，第616页。
② 民国《巴县志》卷16《交涉·附表》，第51页。
③ 王铁崖编：《中外旧约章汇编》，第1册，生活·读书·新知三联书店，1957年，第662页。

姓 名	职 务	任职时间	姓 名	职 务	任职时间
堺与三吉	领事馆事务代理	1898 年 12 月	池永林一	领事馆事务代理	1908 年 4 月
山崎桂	领事代理	1899 年 5 月	河西信	领事代理	1909 年 1 月
富田义铨	领事馆事务代理	1900 年 11 月			

资料来源：民国《巴县志》卷 16《交涉·附表》，第 51 页。

19 世纪末，后起的资本主义国家美国在各国瓜分中国之际，适时抛出"门户开放"政策。光绪二十五年（1899）9 月 6 日，美国国务卿海约翰训令美国驻英、德、俄、法、日、意六国公使，向各驻在国政府提出这一政策照会，其主要内容是：承认和维护列强在华租借地和势力范围中的特殊利益和既得权利的前提下，保证各国机会均等，自由贸易，使整个中国市场对美国商品开放。由于这一政策承认列强在华既得利益，各国皆无力独占中国，所以到光绪二十六年（1900），各国先后表示赞同。美国遂在"门户开放""机会均等"的旗帜下开始实施进入中国的计划。

光绪二十二年（1896）12 月 1 日，美国在重庆设立领事馆，首任领事石密特，馆址初设重庆城内五福宫前桂香阁，后移领事巷。驻渝领事馆主要负责办理四川境内交涉、通商及侨民事宜。领事馆常设领事一人，无馆员。[1] 从光绪二十二年（1896）至清末，美国驻渝领事共五人。

表 40　1896—1912 年美国驻重庆领事

姓 名	职 务	任职时间
石密特	领 事	1896 年 6 月 15 日
密 勒	领 事	1899 年 3 月 29 日
米哲尔	领 事	1905 年 4 月 21 日
潘 生	领 事	1909 年 8 月 10 日
贝 克	领 事	1910 年 12 月 15 日

资料来源：民国《巴县志》卷 16《交涉·附表》，第 50 页。

除了在重庆等地设置领事，三十二年（1906）十一月，美国又在中国派驻

---

[1]　重庆市地方志编纂委员会编：《重庆市志》第 14 卷《外事志》，西南师范大学出版社，2005 年，第 630 页。

五名官员（华盛顿、巴特满、哲士、迪经森、慕而斐），名为"分巡监察领事事务之总领事"，负责巡查各处领事所办之事，若某处领事失职，总领事"有权暂将某领事或总领事撤任，自行署理"。[1] 美国以监察本国领事为名，加派领事，实际加强了对中国地方城市的监督。

20世纪初，另一后起的资本主义国家德国也将侵略势力渗入重庆。光绪三十年（1904），德国驻重庆领事馆设立于城内五福宫，办理四川一省的交涉事务。由副领事米雷尔驻重庆负责处理日常事务，另一副领事卜思常驻成都。[2]

表41 1904—1909年德国驻重庆领事

姓 名	职 务	任职时间
米雷尔	副领事	1904年
卜 思	副领事	1905年
魏 斯	领 事	1907年8月
飞斯尔	副领事	1909年3-4月

资料来源：重庆市地方志编纂委员会编《重庆市志》第14卷《外事志》，西南师范大学出版社，2005年，第632页。

此外，清末，葡萄牙、意大利也曾在重庆设立过领事、领事馆，确切年代无考。[3]

外国领事官员相继进入，在重庆纷纷设置领事馆，使得重庆的政治生态逐渐被打破。外国领事、商人等依仗不平等条约而来，往往伺机干涉中国内政，插手城市事务，掠夺城市利权，对地方官员和民众皆构成威慑，重庆城市秩序开始发生变化。

二、城市空间变化

清初，重庆南面长江南岸一线，只有南坪场、海棠溪、龙门浩等地有一些稀疏的村落，尚未形成完整街区。光绪十七年（1891），英国人好博逊"指定

---

[1] 《重庆府札知巴县外务部咨美国署使称奉本国政府训条新设官五员巡查各处领事名为分巡监察领事事务之总领事文》，《巴县档案》6-32-2318，1906年。
[2] 《外务部咨准德使照称在重庆设立领事文》，《四川官报》，1904年第29册，"公牍"。
[3] 重庆市地方志编纂委员会编《重庆市志》第14卷《外事志》，西南师范大学出版社，2005年，第632页。

城外王家沱为通商界址，取其地旷民稀、易与华商隔别，免生嫌衅"①，终因费绌未建成。同年正月二十一日，重庆开埠，"署川东道张华奎报重庆关开关，旋与税务司刊定南岸王家沱为商埠地址"②。

光绪二十一年三月二十三日（1895 年 4 月 17 日），中日签订《马关条约》，条约规定：日本臣民在中国内地购买经工货件，若自生之物，或将进口商货运往内地之时，欲暂行存栈，除勿庸输纳税钞派征一切诸费外，得暂租栈房存货；日本臣民得在中国通商口岸城邑，任便从事各项工艺制造，又得将各项机器任便装运进口，只交所订进口税。③ 日本由此取得在重庆租地设厂的特权。次年 10 月 19 日，中日签订《中日公立文凭》，规定："添设通商口岸，专为日本商民妥定租借，其管理道路以及稽查地面之权，专属该国领事。"④ 日本最终取得在重庆设立租界的权利。

二十一年（1895）九月，川督鹿传霖因日本领事珍田舍己将至重庆勘办通商界址，而川东道黎庶昌"因病请假一月"而"精神恍惚"，特荐建昌道张华奎接署川东道，负责办理日本通商界址一切事宜。⑤ 十月初六日，张华奎接成都教军、四川总督札："日领事来苏任意指索地段，迄未定议，先曾允将商埠归华官设管理，复又以未奉伊政府之令藉词推托……商埠据城远近宽狭各随地势，相度不必皆同，而地境照宁波章程权归我主，四处必须一律，否则肘腋即成，帝国将来事事棘手，想公忠体国者定能持此议也。"⑥ 特别提醒要力争日租界的管理权。

二十二年（1896），"华奎预与税司勘租界，定王家沱为商埠以待之"⑦，然日本总领事珍田舍己抵重庆，"别索江北厅地"，华奎以非原约拒之。珍田舍己复争场界管辖权，并援各国城居之例，华奎于人数、行栈坚持以限制，"而城内制洋货、川江行轮船，阻之尤力"。论及日船"触沉民船，溺中国人当奈何？"舍己曰："人与五十金"。华奎乃曰：中国木船"触沉轮船，溺外国人当

① 民国《巴县志》卷 16《交涉·重庆开埠案》，第 21 页。
② 民国《巴县志》卷 16《交涉·重庆开埠案》，第 19 页。
③ 王铁崖编：《中外旧约章汇编》，第 1 册，生活·读书·新知三联书店，1957 年，第 616 页。
④ 《光绪条约》卷 40，沈云龙主编《近代中国史料丛刊续辑》，第 78 册，台北文海出版社影印，1983 年，第 1355 页。
⑤ 民国《巴县志》卷 16《交涉·重庆开埠案》，第 20 页。
⑥ 《巴县禀奉府转奉上宪札仰八省首事及阆属绅粮举人遵议日本至渝通商利弊卷》，《巴县档案》6-32-3185，1895 年。
⑦ 民国《巴县志》卷 16《交涉·重庆开埠案》，第 21 页。

奈何?""舍己语塞,遂定合同而去。"① 日本确定以王家沱为日租界。

二十七年（1901）9月24日,川东道宝棻与日本驻重庆领事官山崎桂正式签订《重庆日本商民专界约书》,王家沱日本租界正式确立。《专界约书》共22条,主要内容:①重庆府城朝天门外南岸王家沱,设立日本专管租界。②日本专界者,系专为日本商民之界。专管者,系日本领事官专管界内商民之事。③租界内警察之权,及其余界内一切施政事宜,悉归日本领事官管理,所有界内道路、桥梁、沟渠、码头等,均由日本领事官设法修筑,但于中国水利行船有关之处,须与地方官商定可否,秉公办理。④界内地租,只准日本人民承租执业。⑤界内修码头后,凡在码头停泊揽载,界内货物船只,由日本领事官随宜随时酌定章程,每次应捐若干,以充租界公费。②

《专界约书》尽管认可租界内"道路仍是中国道路,地土仍是中国地土",但将其警察之权、管辖道路之权及其余界内一切施政事宜,"悉归日本领事官管理"③,并且规定:凡界内日本国之外的其他国家人民与中国人民之间的诉讼案件,"由中国地方官理处审办";而凡涉及日本人之间的纠纷,"中国地方官应与日本领事官,或中国地方官所派官员与日本领事官所派官员会同审判。倘中国审判官定谳或有不符,应由日本领事官照会重庆关监督复审"④。中国政府尽可从便建设会审衙门,其未设立会审衙门以前,自可择一公地为会审之所,遇案,两国官员约期秉公审问;倘中国地方官拟派差役前往界内逮捕人犯,须先将逮捕令票移请日本领事官检阅加印,即与领事官所派警察官吏协同拿捕,凡日本人不得故意隐匿中国人犯。尚俟开设会审衙门后,另行议定会审章程,以便照办。⑤ 上述规定使重庆地方政府对王家沱地区的行政管辖权、司法审判权等丧失殆尽。

日本强租南岸王家沱设立专管租界后,在租界内开设有邻公司、大阪洋行、又新丝厂、武林洋行、日清公司等,迅速将其变成"一个四川内地的小日本国"。⑥ 大批日本军舰、商轮、挂旗船停泊在王家沱江面,日货大量涌入重庆,王家沱租界逐渐成为重庆城市中一个新的地域概念。在空间上,长江南岸地区从中国地方政府管辖的区域中被分隔出来,成为日本控制和管理的特殊空

① 民国《巴县志》卷16《交涉·重庆开埠案》,第21页。
② 王铁崖编:《中外旧约章汇编》,第2册,生活·读书·新知三联书店,1957年,第1~5页。
③ 王铁崖编:《中外旧约章汇编》,第2册,生活·读书·新知三联书店,1957年,第2页。
④ 王铁崖编:《中外旧约章汇编》,第2册,生活·读书·新知三联书店,1957年,第4页。
⑤ 王铁崖编:《中外旧约章汇编》,第2册,生活·读书·新知三联书店,1957年,第4~5页。
⑥ 《新蜀报》,1931年10月21日。

间，重庆城市从此被分成南北两个区域。

19 世纪末，除了长江以南被日本占据以外，重庆通远门外原属重庆绿营之打枪坝地也被英国霸占的海关租借，成为海关税务司公所。

重庆城西通远门外，是重庆唯一通陆之处，清以前人烟稀少，为坟冢之地。光绪十六年（1890）重庆开埠后，清政府专门划出通远门外的一片地区作为外国使馆区，名为领事巷。领事巷后面有一片高地叫打枪坝，原为清军驻防营地和训练场所。二十七年（1901），重庆关税务司华特森要求开放打枪坝"以作税关建设"，此要求经重庆关监督申请，未获川督批准。二十九年（1903）十一月，华特森以通远门内打枪坝三营公地"因近外国领事馆，凡有操演，不便实弹射击"① 为由，再请开放此地为税关建筑。川东道等官员此时认为打枪坝已"环筑高墙，亦断难再作操场"，而"该处地势高平，将来为他人所得，转多未便，不如以界税司，租而不卖"，以达"杜他人觊觎，实与中国公地无异"之目的。② 在此前提下，川督锡良乃令海关监督贺元彬会同税务司商议办理。二十九年十一月二十八日（1904 年 1 月 15 日），中英双方签署《永租打枪坝约》，其主要内容是：

（1）重庆三营官员将通远门内打枪坝三营公地永远租与重庆新关，自行建造中国税务司公所。其公所，即系将来历任税务司公所。

（2）打枪坝公地一切修造事宜，概由重庆新关税务司自行建造，与三营无涉。

（3）税务司承租打枪坝三营公地，每年议定库平租银二百两。以光绪三十年（1904）正月一日为始，每年正月由重庆关监督，备文移重庆镇署照收。③

这样，在英国人的反复要求下，重庆通远门外打枪坝一地被英国租借，实际成为英国控制的势力范围。打枪坝与王家沱，因外国势力渗入，逐渐从重庆的城市管理系统中脱离出来，成为外国势力控制之下的"国中之国"。

---

① 民国《巴县志》卷 16《交涉·打枪坝案》，第 45 页。
② 民国《巴县志》卷 16《交涉·打枪坝案》，第 46 页。
③ 民国《巴县志》卷 16《交涉·打枪坝案》，第 46 页。

第二节　多元管理主体的冲突

一、外国教会与民教冲突

在清代重庆历史上，外国教会是一股十分重要的政治势力。正是由于西方宗教的不断传播，中外文化之间的相互摩擦，重庆才不断涌现出教案。

天主教自明代进入四川，早在崇祯十五年（1642），意大利人利类思、葡萄牙人安文思入川传教①，此为外国传教士深入四川腹地传教之始。以后，重庆成为川东北教会的中心，成都成为川西南教会的中心。

康熙三十五年（1696），罗马教廷开始在四川设立宗座代牧区。②法国人梁宏仁、毕天祥被派至四川传教，初于重庆定远坊杨家十字建天主堂，至咸丰十年（1860）重建。当时传教者，往来无定。稍后，主教博方济、徐德新等来重庆传教，道光二十四年（1844），始于临江坊寨家桥建真原堂。③

据记载，道光十五至二十年间（1835—1840），整个四川省教徒达6万左右，远远多于其他省份。④由于此一时期清廷对基督教实行禁止传播之策，外国传教士仅零星进入，对中国民众亦较友善，因而，传教士对地方官员的管理并未造成大的影响。

第一次鸦片战争后，传教禁令取消，清廷允许外国在五口通商之地修建教堂。咸丰八年（1858），中英、中法《天津条约》签订，西方列强获得进入中国内地传教的权利，外国教会势力从此大规模渗入内地，四川再次被罗马教廷扩充为川西与川东两个教区，分别以成都和重庆为主教驻扎之所。随着外国传教活动增加，民教冲突日渐增多，最终发展为导致内地社会动荡的重要因素。

第二次鸦片战争后，外国根据与清廷签订的不平等条约，派遣大量传教士入川，作为其文化渗入的先锋。光绪七年（1881），美国美以美会在重庆创立

① 古洛东：《圣教入川记》，四川人民出版社，1981年，"出版说明"，第2~3页。
② K. S. Lalourette：A History of Missions China，p. 125. 引自吕实强：《重庆教案——1863—1886》，台湾"中央研究所"《近代史研究集刊》第3期（下），1972年12月。
③ 民国《巴县志》卷5《礼俗·宗教》，第66页。
④ K. S. Lalourette：A History of Missions China，p. 183. 引自吕实强：《重庆教案——1863—1886》，台湾"中央研究所"《近代史研究集刊》第3期（下），1972年12月。

教会，后设总堂于此；八年（1882），加拿大美道会入川；十四年（1888），伦敦会在重庆设立教会，信徒增至六百余人；十五年（1889），英美公谊会进入重庆。[①] 各国传教士在重庆很快发展了数量不一的信徒。

表 42　1891 年西方教会势力侵入重庆情况表

教会名称	成立时期	男女教士人数	现时信徒约数	医院、药房、救济院数
美以美会	1882	8	教友 35 受洗者 40	医院 1 药房 1 救济院 1
浸礼会	1890	9	受洗者 12	药房 1
内地会	1877	48	教友 176 受洗者 224	医院 1 药房 2 救济院 3
公谊会	1890	7	会员 2 信徒 11	药房 1
伦敦会	1889	2	教友 9	医院 1 药房 1
巴黎外方传教会	1696	100	教徒 100000	
圣书公会	1879	1	卖书人 6	

资料来源：重庆关税务司好博逊（H. E. Hobson）1892 年 9 月 26 日于重庆海关，周勇、刘景修译编《近代重庆经济与社会发展（1876—1949）》，四川大学出版社，1987 年，第 70 页。

　　上表显示，光绪十七年（1891），重庆的外国教会共有 7 个，外国传教士 175 人，教徒 10.05 万人。其中以法国天主教巴黎外方传教会势力最大，计有传教士 100 人，占全川传教士总数的 57％；有教徒 10 万人，占全川教徒的 99％以上。四川 7 个教会中共有 4 名主教，全部属巴黎外方传教会，其最高领袖四川主教就住在重庆。由于天主教在四川的巩固和发展，"川东各县设堂有似雨后春笋"。[②]

　　开埠通商进一步促使重庆教会势力大发展。据重庆海关统计：至 1892 年 9 月，英、美两国教会在重庆开设西医院 3 个，西药房 5 个，救济院 4 个，育婴堂 1 个。据四川总税务司赫德统计：全川有法、英、美等国教会西医院 19

---

① 民国《巴县志》卷 5《礼俗·宗教》，第 67～68 页。

② 《四川传教士》第 2 册，"增补篇"，第 98 页，法文版。引自张力：《四川义和团运动》，四川人民出版社，1983 年，第 2 页。

个，西药房192个，救济院、孤儿院各1个，西学堂466个。其中法国教会最多，有西医院10个，西药房180个，西学堂425个。[①] 据四川洋务局统计，光绪二十七年（1901），重庆城内外法、英、美三国的教堂已发展至49个、教徒1658人。其中，天主教徒1150人，占69%；耶稣教徒508人，占31%。而此时，全川信教人数已高达18.4万人，其中天主教徒占绝大多数，约有14万人，耶稣教徒约3.7万人。[②] 外国教会进入以及教民大量增加，逐渐使教会形成一股庞大的势力，对城市社会产生若干新的影响。

其一，教会积累财富，加剧了教会与重庆民众的矛盾。

外国教会在重庆不仅发展信徒，而且大肆掠夺土地、房产。咸丰十年（1860），在重庆地区的天主教会已有房产480多处。[③] 宣统元年（1909）洋务局的统计显示，法国教会在重庆拥有房产15处，在江北厅拥有房产8处，地产1亩；英国教会在重庆拥有房产18处，在江北厅拥有房产1处；美国教会在重庆拥有房产12处，在江北厅拥有房产6处。全川135县，各国教堂占有房产高达864所，田地17386亩。[④] 外国教会尤其是天主教将房产、土地佃给农民，收取高额地租，因而农民又称天主教为"地主教"。

一些传教士还通过教堂贩运鸦片、洋货等入川，获取巨额利润。如川东主教范若瑟每年都以教堂应用物品的名义，从上海运输大量洋货入川销售，他还与巴县同含斋合伙开设"西法公号"，做西药和煤油生意。重庆真元堂甚至利用特权，向鸦片烟贩提供贮存鸦片烟的场所，收取高额储存费和保险费，包庇鸦片走私。光绪六年（1880）7月，巴县衙门派员持公文前往教堂查验，遭到教堂无理拒绝。[⑤] 重庆真元堂"俨若官署"，还私设公堂监牢，不把重庆官府放在眼里。[⑥]

19世纪中晚期，传教士在中国聚敛财富已是一个普遍现象。美国公使田贝呈交美国政府的报告中指出了这一问题："不论在哪一个中外条约或协定内，从未允许来华外人，在内地从事各种职业。但是，事实上，在中国各地的传教士，从事各样各色的职业，是非常普遍的……他们设印刷厂、订书局、实业学

---

① 庄燕和：《重庆教案述评》，重庆市博物馆《巴渝文化》编辑委员会编《巴渝文化》，重庆出版社，1989年，第106页。
② 《洋务总局编制四川省外国官员商民统计表》，《巴县档案》6-54-734，1909年。
③ 四川大学历史系编：《四川历史纲要》，1986年1月（未刊稿），第66页。
④ 《洋务总局编制四川省外国官员商民统计表》，《巴县档案》6-54-734，1909年。
⑤ 胡齐畏：《大足人民反洋教斗争》，《大足文史资料选辑》第2辑，1986年，第19～20页。
⑥ 《重庆教区历史资料》，重庆市博物馆藏。

校、工厂、商店及诊疗所。他们充任医生、宗教书售卖人、报纸通讯员，还有开设旅店、饭馆，招待过往客人的。他们制造各种各样的家具，公开售卖。"① 据估计，1900 年仅天主教在中国的地产已达 3700 万法郎（或 540 万美元），而大批房产还未计算在内。② 中国各城市成为外国传教士发财的最好场所。

其二，传教士势力扩张引发重庆地方冲突。

咸丰十年（1860）《中法北京续增条约》签订后，清政府承认康乾时期没收传教士的地产、房产等行为是对传教士的"谋害"，同意"归还"教产，而产业所在地点，由法国教士指定。③ 但康乾时期的教会教产，因年代久远，很多已无可稽查，但"各省地方抵还教堂，不问民情有无窒碍，强令给还，甚至绅民有高华巨室，硬指为当年教堂，勒逼民间让还，且于体制有关之地以及会馆公所庵堂为阖境绅民所最尊最重者，皆任情需索，抵作教堂……而教士分文不出，逼令让还"④，各地士绅深受其害。

十二年（1862），"法兰西奉旨传教，在京请准长安寺地，改修重庆教堂。"⑤ 消息传出后，群情激愤。长安寺地处重庆全城要害之区，"高亘城之脊梁，扑地间阎，翼然俯跨，左环嘉陵、渠、涪，前有塗山屏列，言地利者所必争也"⑥。次年三月，保甲局绅董程益轩、张先钊等人召集团勇千余人，"皆持枪刀"，由陈桂林率领，自长安寺出发，先至姜家巷，打毁法国天主教堂真原堂，将"所存祭器书籍银钱衣物契约，及川黔滇藏四省寄存货物一掠而空"，随即分队四扰，将杨家十字传教士公馆、莲花池男女学堂、医院、育婴堂、孤老院、雷祖庙侧保婴医馆、复苏医馆等十八处房屋全部拆毁，又拆毁二十余处教民住宅，教民刘金光被殴致死。此后两日，各处又连续出现骚扰教民事件，酿成外交巨祸。⑦ 重庆八省绅首，因原在长安寺内办公，被重庆官府"疑为祸首"，派员将绅首傅苍岩、徐秀纯、程益轩、陈桂林等押赴省城治罪。后以八省绅首赔款 20 余万，法国让出长安寺了结了此案。⑧ 八省绅首在教案中不仅

① 美国外交档案，1897 年，第 105 页。引自卿汝楫：《美国侵华史》第 2 卷，生活·读书·新知三联书店，1956 年，第 263 页。
② ［美］雷麦：《外人在华投资》，蒋学楷、赵康节译，商务印书馆，1959 年，第 464～465 页。
③ 王铁崖编：《中外旧约章汇编》，第 1 册，生活·读书·新知三联书店，1957 年，第 147 页。
④ 《清朝续文献通考》卷 350《外交十四》，台北新兴书局，1965 年影印，第 4 册，考 10938 页。
⑤ 民国《巴县志》卷 16《交涉·教案》，第 1 页。
⑥ 民国《巴县志》卷 16《交涉·教案》，第 1 页。
⑦ "中央研究院"近代史研究所编：《教务教案档》，第一辑（三），台北精华印书馆，1974 年，第 1167 页。
⑧ 民国《巴县志》卷 16《交涉·教案》，第 1 页。

损失巨额钱财，而且险遭官府杀头，士绅与教会的矛盾由此加剧。教案结束后，川东道督同重庆知府及巴县知县，"传集绅粮""剀切开导"①，以平其怒火。绅商们则"演戏治酒，结盟贺功，名曰齐心会"②。

二十三年后，重庆再起教案。同治四年（1865）冬，美国传教士嘉腓力、珂罗士等在重庆城郊鹅项颈、亮风垭买得土地，英国传教士李心田在南岸丛树碑也购得土地，准备于次年建立教堂、医馆等。鹅项颈、亮风垭、丛树碑三处，皆为重庆扼要之地，"鹅项颈为后路咽喉，铜锣峡亦前门锁钥，至南岸之亮风垭丛树碑一带，叠嶂层峦，天然保障，为从来守城者尺寸在所必争"③。传教士在险要之处购地，"以致人心惶惶，群疑大启"④，重庆绅民表示愿赎回传教士所买三处地基，与传教士交涉，未得结果。五年五月三十日凌晨，在士绅带领之下，数百民众出现在鹅项颈、亮风垭、丛树碑，将传教士已建房屋全部打毁。当日下午，又将城内英美法教堂、医馆、住宅等全部打毁，次日即发生民众与教民罗元义的流血冲突。五月底，团首石开阳、石汇父子率领民团三千人开赴白果树教堂，与保护教堂的清军发生冲突，石汇怒斩清军杨什长，团民将清军驱散，放火焚烧白果树教堂。⑤ 此后数日，城内外"洋房无一存者"。最后以重庆赔偿英、美、法教会银 261570 两，外加赎回鹅项颈、亮风垭、丛树碑三处的地基银 2680 两，共计银 264250 两，了结此案。⑥ 团首石汇父子被判斩刑。由外国传教士进入所引发的地方冲突，使重庆官绅之间、官民之间出现裂隙。

第三，教会干预词讼，凌驾于地方政府之上，引发官员不满。

对于 19 世纪晚期的中国地方官员而言，传教士"是一个喜欢多事的人，也是一个挑拨是非的人"⑦。传教士本无权干预地方公事，但因其以胜利者的姿态进入，挟不平等条约中的若干条款为特权，常常于民教冲突中袒护教民，威胁地方官员，甚至通过领事向地方官员施加压力，由此造成传教士与地方官

① 民国《巴县志》卷 16《交涉·教案》，第 1 页。
② "中央研究院"近代史研究所编：《教务教案档》，第一辑（三），台北精华印书馆，1974 年，第 1168 页。
③ "中央研究院"近代史研究所编：《教务教案档》，第四辑（二），台北精华印书馆，1976 年，第 953 页。
④ "中央研究院"近代史研究所编：《教务教案档》，第四辑（二），台北精华印书馆，1976 年，第 953 页。
⑤ 四川大学历史系编《四川人民反帝斗争档案资料》，四川人民出版社，1962 年，第 53 页。
⑥ "中央研究院"近代史研究所编：《教务教案档》，第四辑（二），台北精华印书馆，1976 年，第 985 页。
⑦ ［美］马士：《中华帝国对外关系史》，第 2 卷，上海书店出版社，2006 年，第 234 页。

员之间的紧张关系。

同治年间，重庆即发生教会袒护教民、教民行凶杀人的事件。巴县团民何大发与教民刘明钊发生冲突，致死六人。此案迁延六年之久。该案缘于刘明钊入教后，指责何氏父子阻碍了他的传教活动，因而捏造罪名，借助于外国主教的势力，查抄了何大发的家财，并勒令何大发之父去教堂赔罪，使其遭到吊打。官府以刘明钊打人致伤，将其逮捕。后由于法国主教的干涉，地方官员被迫将其释放，刘明钊"从此得势，更肆行无忌"。同治七年（1868）1月，刘明钊率百余教民打至何家，杀死何大发之父等五人，又将何妻"轮奸毙命"，仅何大发一人脱生。刘明钊还不足意，叫嚷要灭绝何氏宗祠，将何家全部田产悉归教堂方才罢休。① 由于有教会的干预，重庆地方官员在此案中无法公正判案。巴县档案亦载，主教"每逢齐民与教民微嫌口角，动辄具片送州，包定输赢。致使教民借此声势讹诈，乡民被其害者甚多"②。

光绪二十二年（1896），清政府颁布《地方官接待教士事宜》章程，进一步加剧了传教士与地方官员的冲突。该章程规定：①总主教或主教品位与督抚同级；摄位司铎、大司铎与司道同级；司铎与府厅州县同级；②分别教中品秩与同级中国官员往来；③教案发生时，主教司铎转请护教国公使或领事，同总理衙门或地方官交涉办理，也可以直接与地方官商办。③ 这样，传教士不仅享有品秩封赏，而且有权与地方官共同解决教务纠纷，并有权越过地方官直接与总理衙门交涉，传教士获得了与中国地方官员同样的特权。

因此，19世纪末，许多外国传教士俨然以中国官员自居，戴花翎，乘花轿，气焰愈发嚣张。如"山东传教士有擅称巡抚之事"④；四川成都教区主教杜昂被"赏"戴花翎，与将军、总督同级；河南省南阳县靳岗教堂"还特别盖了大官厅、二官厅，专为接待各级不同身份官员"，教堂还专门雇了一帮人替他们"走衙门"，这些人都因该教堂主安西满的保举，得到四品花翎都司、五品军功等官衔。⑤

清政府对传教士身份的重新认定以及"授特权"予其处理教务纠纷的做

---

① 四川大学历史系编：《四川人民反帝斗争档案资料》，四川人民出版社，1962年，第33页。
② 四川大学历史系编：《四川人民反帝斗争档案资料》，四川人民出版社，1962年，第32页。
③ 1689年3月18日《总督致直隶纳尔经额咨文》。引自张力、刘鉴唐：《中国教案史》，四川省社会科学院出版社，1987年，第371～372页。
④ 指法国主教顾立爵，见1871年总署与各国大臣商办传教条款。引自张力、刘鉴唐：《中国教案史》，四川省社会科学院出版社，1987年，第372页。
⑤ 廖一中、李德征等编：《义和团运动史》，人民出版社，1981年，第12页。

法，严重威胁了地方官员的权力和利益，使地方官员在处理民教冲突时极其被动，因此，地方官员亦采取一些应对之策。光绪二十六年（1900）七月，川督发布告示，谕令："教士不得丝毫干预词讼，教民原是中国百姓，同在地方官管辖之内，即应一律编入团保册内，与平民同出团保之费。凡有交涉案件，地方官秉公办理，不得畸轻畸重，再启猜嫌，如有偏徇者，即行查咎。如教民不出团费或不遵守工令，并应照例惩办，一面查明何国何教之教民，禀明洋务局知照教会斥革不贷，似此一禀大公。"① 团民因教民身份，对地方社会疏离，川督仍要求将教民纳入地方官员管辖范围，因而强调教民的"团民"身份，以示公允。教会对地方秩序的影响亦由此可见。

二、重庆海关与港口管理

1. 重庆海关设立

重庆开埠后，海关设置一事被迅速提上日程。光绪十六年（1890）7月22日，中国海关总税务司赫德任命时任宜昌海关税务司的英国人好博逊自9月1日起担任重庆海关税务司，负责重庆海关的全部工作。② 赫德还同时任命奥地利人罗士恒为三等帮办后班，英国人鲁富为头等总巡，美国人史多恩为头等钤字手。③ 同年11月4日，好博逊一行抵达重庆，开始重庆海关的选址勘测及筹建工作。④

重庆方面，十六年六月始，开始海关筹备工作。川督刘秉璋上奏总理衙门："川省向无通商口岸，于征收支发一切章程，均未熟悉，属僚中亦少谙习洋务之员"，希望抄录宁波、上海、江汉、宜昌等关开办章程，仿照其办理，并呈请"先铸四川重庆关监督关防一颗，咨发来川，即以川东道兼监督，以便届时转发应用"。⑤ 但时值大足教案之后，"重庆新通海关，讹言岌岌"⑥，建关工作进展迟缓，川东道张华奎遂奏请总理衙门宽限开关时间。

---

① 《四川总督成都督军告示保护洋人通商传教合力兜擒匪徒滋扰焚掠文》，《巴县档案》6-32-2304，1900年。
② 中国第二历史档案馆馆藏海关总署档案，总税务司致重庆关第1号令。
③ 周勇、刘景修译编：《近代重庆经济与社会发展（1876—1949）》，四川大学出版社，1987年，第21页。
④ 重庆关呈总税务司文，第6号。周勇、刘景修译编：《近代重庆经济与社会发展（1876—1949）》，四川大学出版社，1987年，第21页。
⑤ 民国《巴县志》卷21《事纪下·清》，第53页。
⑥ 民国《巴县志》卷16《交涉·重庆开埠案》，第20页。

十二月十八日，李鸿章复电刘秉璋：开关"但便商民，勿泥成见，开关自互换之日为始。经奉谕旨，并载约章，断难商缓"，其认为"民教滋事，乃地方官之责，该道不得因暂行署理，借词延宕"，责成重庆官员"放胆做去，早报开关"。华奎乃"晓譬绅商，躬勘设关及停泊商埠，采长江各关章程，斟酌损益，事汔大定"。① 十七年（1891）正月二十一日，重庆设置海关，川东兵备道监督重庆关，兼办通商事宜，是为办理洋务机关。②

重庆关地址，先在朝天门顺城街，二十七年（1901），重庆关税务司华特森要求开放重庆城西通远门外之打枪坝高地"以作税关建设"，多方权衡之下，二十九年十一月二十八日（1904 年 1 月 15 日），中英双方签署《永租打枪坝约》，重庆将通远门内打枪坝三营公地永远租与重庆新关，自行建造中国税务司公所，租金为每年二百两。③

重庆建关后，报关、纳税在朝天门糖帮公所内，而点验货物则在隔江之南岸狮子山，商人往返极为不便。因此，二十九年（1903）三月二十一日，巴县知县做主，将太平门城内福庆店隔壁房屋的地基以票色价银 1200 两出售给重庆关税务司华特森④，作为点验货物场所，解决了商人往返不便的问题。三十三年（1907），海关于太平门顺城街扩建关所，城外设卡子房一所，对岸狮子山设置顿船验关，唐家沱设分卡。内关设税务司一员，供事六，文案一，司书一，录事五，邮局包裹房供事一，稽查员二。⑤

晚清时期，重庆海关税务司一直由洋员担任，川东道台虽任海关监督，但实际上海关一直被外国人控制，"海关人员之任免权，操诸总税务司一人，政府无权干涉"。⑥ 海关内虽招有部分华人，但华洋职员待遇悬殊。以光绪十七年（1891）的重庆关为例：税务司好博逊年薪 6000 海关两，而华人书办龚明高、任定吉等人每月薪俸只有 10 海关两。且主要职务均由洋人专任，华人只能担任辅助性职务。⑦ 光绪十七年至宣统三年（1891—1911），重庆历任海关总税务司共有 13 人，其中英国人占了一半以上。

---

① 民国《巴县志》卷 16《交涉·重庆开埠案》，第 20 页。
② 民国《巴县志》卷 16《交涉·重庆开埠案》，第 19 页。
③ 民国《巴县志》卷 16《交涉·打枪坝案》，第 46 页。
④ 《川东道札饬巴县谕传渝城太平门卖业主曹太平妥为开导将老契吊阅持平定价及巴县详复重庆关承买基址已交价给领等情卷》，《巴县档案》6-32-2333，1904 年。
⑤ 民国《巴县志》卷 16《交涉·重庆开埠案》，第 19 页。
⑥ 杨德森：《中国海关制度沿革》，商务印书馆，1925 年，第 85 页。
⑦ 周勇、刘景修译编：《近代重庆经济与社会发展》（1876—1949），四川大学出版社，1987 年，第 23 页。

表 43　重庆海关历任税务司一览表（1891—1911 年）

中文名或译名	国　籍	职　务	升任现职年月
好博逊（H. E. Hobson）	英国	税务司	1873 年 4 月
夏德（F. Hirth）	德国	税务司	1892 年 4 月
吴德禄（F. E. Woodruff）	美国	税务司	1872 年 11 月
佘德（F. Schjöth）	挪威	税务司	1896 年 4 月
班谟（J. L. E. Palm）	英国	税务司	1885 年 8 月
韩威礼（W. Honcock）	英国	署税务司	1900 年 7 月
穆厚敦（T. P. Moorhead）	英国	代理税务司	1900 年 1 月
华特森（W. C. H. Watson）	英国	署税务司	1901 年 10 月
李华达（W. T. Lay）	英国	税务司	1877 年 10 月
谭安（C. E. Tanant）	法国	署税务司	1908 年 5 月
麦嘉林（C. A. Mcallum）	英国	代理税务司	1906 年 1 月
阿其苏（G. F. H. Acheson）	英国	署税务司	1908 年 11 月
斯泰老（E. A. W. VonStrauch）	德国	署税务司	1910 年 10 月

资料来源：周勇、刘景修译编《近代重庆经济与社会发展（1876—1949）》，四川大学出版社，1987 年，第 480～486 页。

重庆海关的洋员还奉命收集重庆及西南地区的各种情报，举凡贸易、航运、金融、军事、人口及人民生活等，无所不包。这些调查报告每十年编制一份，成为英国了解和掌控中国西部的重要情报。因而，海关总税务司赫德也认为，虽然叫作海关，但它的范围是广泛的，它确实是一个改革所有海关分支机构行政管理和改进一切帝国行业的应有的核心组织。[①]

2. 海关对重庆城市管理的影响

重庆海关设立以后，新的贸易管理制度随之建立，海关基本取代原有常关的职能，逐渐成为外国掌握重庆进出口贸易，控制重庆商业市场的中枢。十七年（1891）3 月 25 日，税务司好博逊与张华奎仿宜昌海关制定《重庆新关试办章程》，详细规定海关征税，船只进出口手续、洋船洋商报关查验、结关等手续。5 月 4 日，又签订《重庆关船只来往宜昌重庆章程》，对"上江"及

① 1885 年 8 月 15 日总税务司通札（第 2 类）第 317 号，载《厦门大学学报》，1980 年第 1 期，第 145 页。

"下江"货物、船只及征税、停泊等做了明确规定。重庆海关逐渐取代过去由重庆地方官控制的常关，成为外国控制重庆进出口贸易的一把钥匙。

（1）海关设置使厘金征收困难，重庆财政收入受到影响。

19世纪中后期，英国开始逐步控制中国关税。道光二十二年（1842）《中英南京条约》规定英国商民居住通商之广州等五处应纳的进口、出口货税、饷费，"均宜秉公议定则例，由部颁发晓示，以便英商按例交纳……英国货物自在某港按例纳税后，即准由中国商人遍运天下，而路所经过税关不得加重税例，只可按估价则例若干，每两加税不过分。"①咸丰八年（1858）《中英天津条约》规定：外商"已在内地买货，欲运赴口下载，或在口有洋货欲进售内地，倘愿一次纳税，免各子口征收纷繁，则准照此一次之课。其内地货，则在路上首经之子口输交，洋货则海口完纳给票，为他子口毫不另征之据。所征若干，综算货价为率，每百两征银二两五钱"②。基本明确关税缴纳的"子口税"制度及税率。

由于子口税在通商口岸推行，洋商可选择一次性缴纳2.5%的子口税，遂不再缴纳任何内地过路税，以便利洋货进入中国。但子口税的征收，很大程度上消减了中国内地财政收入的主要来源厘金的征收，故遭到内地城市反对。

重庆厘金局就对新的关税制度采取了强硬的态度。光绪十七年（1891），重庆开关后，英国商人即到海关申请向内地进货的子口单，厘金局的官员坚决反对，海关验放的货物初遇关卡即被扣留，直至交付厘金始得放行，后报送更高当局后才最终解决。但对有关的中国商人来说，事情已被弄得极不自在，此后再没发放过子口单，持反对意见的厘金局占了上风，这种局面持续了近五年。③

二十年（1894），川东道禀复川督称：

厘金初设，洋关未开，并无洋纱子口。彼时花布行销，商帆络绎，厘全极形畅旺。近来洋纱盛行，花布稀少，子口日益充斥。不但重庆厘局受其侵占，即近而合州、叙、沪、宁、雅，远而滇黔各厘局，无不交受其困。溯查光绪三、四、五等年，夔厘征至廿七万余金。自开设洋关后，近

---

① 王铁崖编《中外旧约章汇编》第1册，生活·读书·新知三联书店，1962年，第32页。
② 王铁崖编《中外旧约章汇编》第1册，生活·读书·新知三联书店，1962年，第99～100页。
③ 《海关年度报告》，重庆，1896年。周勇、刘景修译编：《近代重庆经济与社会发展（1876—1949）》，四川大学出版社，1987年，第238页。

逐年递减。盖子口增则厘金绌。①

造成重庆"子口增而厘金绌"的原因是多方面的,但厘金繁重是其中的一个重要因素。重庆厘金始于咸丰六年(1856),由绅商设局,凡市埠买卖货品,按值每两抽取六厘,俱由牙行代收,月总其数交于局,局又汇解于川东道库,是为"老厘"。十年十二月,因重庆团练城防之需,于正厘六厘、积谷附加二厘外,再抽九厘。重庆贸易以棉花为大宗,决议每包加征银一钱,买者占二分五厘,卖者占七分五厘,同时又于下游唐家沱设卡,抽出口货厘,兼收船厘百分之二,客商与船户各占半数,是为"新厘"。② 厘金不仅收取行商过路税,也收取坐商交易税及船厘,可谓形式多,税率重。因此,渝城船户"尚有不肯遵办者"。六年十二月五日,船户司三镜、司文灿、魏四九、刘大贵等鸣锣聚众,阻挠厘金,被县府查办,后经八帮作保,才从宽免罪。③

厘金受到商人抵制,在此情况下,各省当政者都认识到这种必要性:如果要控制这一部分税收,就必须把地方税课降低到接近条约规定的子口税水平。因为只要这样做,商人为了避免关卡税吏因货物备有子口税单而常加以细小的麻烦和羁留,便宁愿完纳稍微高一点的厘金。④ 厦门在同治十三年(1874)底就降低了厘金税率,以达与厦门海关争利的目的。⑤ 传统税收制度在海关建立后已显出劣势。

由于重庆厘金局对海关进行强烈抵制,在 1891 年重庆开关以前,川省大批洋货都持汉口和宜昌发放的子口单上运,这个惯例仍然在沿用。但 1893 年,川省厘卡已"不敢制造困难和障碍,否则贸易就会转向海关"⑥。至光绪二十二年(1896)时,和 1891 年一样,海关发放的子口单有的不被厘局理睬。厘局用威胁的办法对一些货物抽了厘,那些拒缴厘金的货物则被扣留了,最终通过谈判,商人得到了补偿。⑦ 截至 1896 年,重庆海关共发放子口单 1107 张,

---

① 《巴县档案抄件》,见鲁子健编《清代四川财政史料》(下),四川省社会科学院出版社,1984 年,第 634 页。
② 民国《巴县志》卷 4《赋役下·征榷》,第 1 页。
③ 民国《巴县志》卷 21《事纪下·清》,第 47 页。
④ 《海关贸易报告》,福州,1876 年。戴一峰:《近代中国海关与中国财政》,厦门大学出版社,1993 年,第 139 页。
⑤ 戴一峰:《近代中国海关与中国财政》,厦门大学出版社,1993 年,第 139~140 页。
⑥ 《海关年度报告》,重庆,1893 年。周勇、刘景修译编:《近代重庆经济与社会发展(1876—1949)》,四川大学出版社,1987 年,第 194 页。
⑦ 《海关年度报告》重庆,1896 年。周勇、刘景修译编:《近代重庆经济与社会发展(1876—1949)》,第四川大学出版社,1987 年,第 238~239 页。

货物价值达 168646 英镑，其贸易的主要货物是印度棉纱和本色市布。[1] 三十一年（1905），重庆合并新、老厘局，更名重庆百货厘金总局。次年，加收陆运，"惟收入尚微，且均以钱完厘"。[2]

重庆进出口贸易和海关收入也随之增加。1891 年进出口贸易总值 628.7 万海关两，1903 年进出口贸易总值 2922.4 万海关两，1910 年进出口贸易总值 3230.8 万海关两。重庆海关关税收入也有相应增加，1892 年为 20.09 万海关两，1903 年为 36.68 万海关两，1910 年为 53.73 万海关两。[3] 由于关税收入成为偿还外债的主要来源，1889—1910 年，重庆海关每年从关税银中划拨 12 万两，作为清廷向英、德、俄、法四国借款的部分偿金，海关税收落入外人之手。

光绪二十七年（1901），清政府与列强签订《辛丑条约》，允许"进口货税增至切实值百抽五"，同时将清政府在战争失败后的赔款来源定为"新关各进款，俟前已作为担保之借款各本利付给之后余剩者"[4]，即关税收入增加之款。由于财政困难，同年，为偿付庚子赔款，巴县始征肉税，每只猪征钱二百文。宣统二年（1910），加增二百文以弥补土税，地方则三次递增附加至四百文。劝工局、三里公所、育婴堂、农会、城乡公益事务所、三里女校、三里工厂、城乡团局、巴县教养工厂、实业女校，凡十一所分成受款。至此，重庆地方税已加至与国家税等额也。[5]

（2）海关替代常关，夺取了重庆的船舶、货物及港口管理权。

康熙四十六年（1707），清政府在重庆设立"渝关"，专门对进出重庆的船舶和货物进行管理，此为重庆港口管理之始。光绪十七年（1891），英国控制重庆海关，设立港务司和理船厅，攫取了重庆的船舶、货物及港口管理权。

重庆海关建立后，实行领事报关制度。手续为：洋商自备船只运货抵渝后，有关征管须交其本国领事官员前往报关，如果无本国领事，委托其友邦领事馆人员代办或直接报关即可。洋商雇用船只由其领事一并报验，但船只执照和船料收据须由该商一并呈交通关。领事报关后，该商得将舱口单、总单以及

---

① 《海关年度报告》，重庆，1896 年。周勇、刘景修译编：《近代重庆经济与社会发展（1876—1949）》，四川大学出版社，1987 年，第 238～239 页，

② 民国《巴县志》卷 4《赋役下·征榷》，第 1 页。

③ 周勇、刘景修译编：《近代重庆经济与社会发展（1876—1949）》，四川大学出版社，1987 年，第 500 页、第 508 页。

④ 王铁崖编：《中外旧约章汇编》，第 1 册，生活·读书·新知三联书店，1957 年，第 1006 页。

⑤ 民国《巴县志》卷 4《赋役上·屠宰税》，第 31 页。

货主标明货物质地、件数、标记等情况的汉文、英文保单全部交上，经查明单货相符后发给验单。该商持验单到银号纳税，起卸货物完毕，交清所有税钞之后，将货物列明细单呈关，查核无误后方能出关。①

光绪二十一年（1895），清政府不再禁止轮船行驶川江，外国商船仍挂海关旗，又称挂旗轮船。因进出港船只增多，所载货物繁杂，轮船木船混杂，极易发生冲突。因此，重庆海关得各国驻渝领事同意以后，颁布《重庆关理船章程》。章程共分为"停泊界限""军事""装油船""传染疾病""保护水道""杂项"六个部分，对进出港轮船木船实行分类管理，以利于港口正常秩序。海关下设理船厅兼管木船的检验。从此，重庆地区的木船注册登记和检验即由海关统一管理，此为重庆木船检验之始。

三十三年（1907），海关再次扩建关所，于城外设卡子房一所，对岸狮子山设置顿船验关，唐家沱设分卡。内关设税务司一员，供事六，文案一，司书一，录事五，邮局包裹房供事一，稽查员二。② 海关将西方验关制度移植到中国，对重庆港口、船只及货物管理产生若干深远影响。

三十四年（1908），海关公布《重庆关停泊章程》。此章程鉴于进出港轮船增多，扩大了挂旗船的停泊范围。规定卸货范围为原有朝天门对岸狮子山，上自太平渡，下至弹子石。在江北装载货物界限为江北城大江一段。又增划唐家沱、平善坝为停靠验卡之地。同时，海关在重庆港设水码，高于本地零点水面（海拔 160.20 米）40 米③，作为行船的助航设施。

从光绪十七年（1891）重庆海关建立后，海关先后建立验货、估价、税务、稽查、理船、巡江等各个机构，制定相应的管理章程和制度，垄断重庆的港务和航务管理，为城市管理带来新特点。但海关脱离重庆地方政府的控制，具有侵略性和独占性，形成城市中代表西方的一股独立而强大的势力。

三、领事裁判权与重庆司法

领事裁判权是指一国通过其驻外领事对于在驻国的本国国民行使司法管辖

① 周勇、刘景修译编：《近代重庆经济与社会发展（1876—1949）》，四川大学出版社，1987 年，第 24 页。
② 民国《巴县志》卷 16《交涉·重庆开埠案》，第 19 页。
③ 重庆市地方志编纂委员会编：《重庆市志》第 5 卷《水上运输志》，成都科技大学出版社，1994 年，第 52 页。

权，并依据其本国法律加以审判的制度。① 19 世纪中叶以后，这项制度逐渐在中国建立、扩展，蓄意侵夺中国的司法主权，成为西方国家侵略中国的一项特权制度。

道光二十三年八月十五日（1843 年 10 月 8 日），清政府钦差大臣耆英与英国全权公使璞鼎查于广东虎门订立《五口通商章程》，就"英人华民交涉词讼"做出专门规定："凡英商禀告华民者，必先赴管事官处投禀。俟管事官先行查察谁是谁非，勉力劝息，使不成讼。间有华民赴英官处控告英人者，管事官均应听诉，一例劝息，免致小事酿成大案。其英商欲行投禀大宪，均应由管事官投递，禀内倘有不合之语，管事官即驳斥另换，不为代递。倘遇有交涉词讼，管事官不能劝息，又不能将就，即移请华官共同查明其事，既得实情，即为秉公定断，免滋讼端。其英人如何科罪，由英国议定章程、法律发给管事官照办。华民如何科罪，应治以中国之法，均应照前在江南原定善后条款办理。"② 根据这一条约，英国人犯罪，"由英国议定章程、法律，交管事官照办"，从此脱离中国的法律制裁，领事裁判权在中国初步确立。

二十四年五月十八日（1844 年 7 月 3 日），美国以"利益均沾"为原则，强迫清政府签订中美《望厦条约》，进一步扩大领事裁判权的范围。该条约规定美国可以在通商五口"设领事等官管理本国民人事宜；中国地方官应加款接"；中国人与美国人之间有争斗、诉讼、交涉事件，"中国民人由中国地方官捉拿审讯，照中国例治罪；合众国民人由领事等官捉拿审讯，照本国例治罪"；美国人在中国各港口的财产诉讼"由本国领事等官讯明办理；若合众国民人在中国与别国贸易之人因事争论者，应听两造查照各本国所立条约办理，中国官员均不得过问"。③ 该条约将领事裁判权的范围进一步扩大至各港口，并且确立了外国人之间的诉讼"中国官员不得过问"的先例。

咸丰八年（1858），中英《天津条约》规定："英国属民相涉案件，不论人、产，皆归英官查办"；"英国人民有犯事者，皆有英国惩办。中国人欺凌扰害英民，皆由中国地方官自行惩办。两国交涉事件，彼此均须会同公平审断，以昭允当"；"凡英国民人控告中国民人事件，应先赴领事官衙门投禀。领事官即当查明根由，先行劝息，使不成讼……间有不能劝息者，即由中国地方官与领事官会同审办，公平讯断"。④《天津条约》确立了中外官员会同审办案件的

① 朱勇：《中国法制史》，法律出版社，1999 年，第 479 页。
② 王铁崖编：《中外旧约章汇编》，第 1 册，生活·读书·新知三联书店，1957 年，第 42 页。
③ 王铁崖编：《中外旧约章汇编》，第 1 册，生活·读书·新知三联书店，1957 年，第 52～55 页。
④ 王铁崖编：《中外旧约章汇编》，第 1 册，生活·读书·新知三联书店，1957 年，第 98 页。

制度，"会审"制得以确立。此时，在中国各个通商口岸，"外国领事建立了他们自己的西方式的新机构，而不是建立由各种造反政权或内地士绅领袖建立的那种中国式的统治机构"①。

重庆自光绪三年（1877）设"驻寓"领事起，各国领事相继进入重庆，领事裁判权遂成为各国领事插手重庆事务、抗衡地方官员的尚方宝剑，重庆的司法主权随之受到破坏。

1. 外国领事官以"致函"方式干涉重庆词讼

巴县档案中的资料显示，晚清时期，"致函"是外国领事干涉重庆司法最普遍的一种方式。"致函"是指以领事官的名义致信中国官员，就其关心的事件提出各种意见。这种方式，对各国领事而言，简单易行，但对中国方面来说却危害极大。

光绪二十七年（1901）二月二十四日，驻渝英国领事官韦礼敦致函川东道台，明确要求"英民一切案件应统归领事官办理，以一事权。以后如有本国民人自赴衙门陈说事件，应饬先禀明领事官核转"②。

二十九年（1903），天津工人吴有顺、李恩第、于长春等十人因熟悉扎猪毛手艺，受聘至重庆鹤龄洋行，随洋行商人来渝。几月以后，因"本地学徒业已做活，比天津匠人高强，工资又短少"，洋行遂使计骗取了天津工人的合同，将其开除。工人们因无合同，无凭无据，既未得到工资，反被英领事娄斯以"把持刁难"、在行内闹事为名函送至县衙。七月，巴县知县只得饬令"将吴有顺等人递解回籍，永不在渝滋事"。③

宣统三年（1911）三月，立德洋行工人与洋行发生纠纷。黄老幺、胡德明、方承富、陈金宝等九人在立德洋行学扎猪毛，学习三年已满，按照洋行规定学三年出师后务要再帮五年，议定每月工钱八两，待五年之后方敢帮外人；每日所扎猪毛六斤，倘若短少一斤，扣银七分，多做一斤，加银五分照算。行内管事周德启居心不善，常常打骂折磨工人。不仅工人出师后不给工价，三年浆洗钱六拾三串亦不给，"扎猪毛工人在立德洋行作工之时，如有病痛祸患，自行当受，概不与立德洋行相涉承担；如扎猪毛工人行为不善，由立德洋行禀

① ［美］费正清、赖肖尔：《中国：传统与变革》，陈仲丹等译，江苏人民出版社，1992年，第303页。
② 《川东道札饬巴县准驻渝英国领事函开重庆英民一切案件应统归由驻渝英国领事官办理文》，《巴县档案》6－32－2315，1901年。
③ 《英国领事娄斯函送雇工吴有顺等帮英商鹤龄洋行选扎猪毛把持刁难滋事一案》，《巴县档案》6－32－2482，1903年。

诸领事官移交地方官讯责"。工人们见如此残酷，"均各甘愿改业，另寻别业图生"。由于英领事韦礼敦从中干涉，巴县正堂只得判决："讯得黄老么等前经讯明立有章程在案，复行檄令饬伊回行将年限学满，再行出外另觅生理。"①

宣统二年（1910），重庆地方审判厅成立，次年九月，重庆地方审判厅审理怡庆、长炳、森荣欠瑞记洋行贷款一案。地方审判厅经过调查，判定欠款一方于八月内缴银四百两与该行了息，完全有能力审理案件。但英国领事项德飞以"案由厅办有不便处"，要求此案"仍归地方官办理"，因此，该案最终移交巴县衙门办理。②

19世纪末20世纪初，外国领事以"致函"的方式干预地方司法主权，这种现象，即使在晚清地方审判厅成立时，也未发生根本改变。

2. "会审—观审"制度对重庆地方司法权的侵蚀

光绪二年（1876），英国借口"滇案"，逼迫清政府签订《烟台条约》，由此确立干涉中国司法主权的"观审制度"。该条约第二部分第三条规定："凡遇内地各省地方或通商口岸有关系英人命盗案件，议由英国大臣派员前往该处观审。……至中国各口审断交涉案件，两国法律既有不同，只能视被告者为何国之人，即赴何国官员处控告；原告为何国之人，其本国官员只可赴承审官员处观审。倘观审之员以为办理未妥，可以逐细辨论，庶保各无向隅，各按本国法律审断。"③ 由此，领事裁判权由"会审"扩至"观审"，外国通过不平等条约逐步建构起符合自己利益的司法审判制度，开始挑战中国旧有的审判制度。

光绪二十七年八月十二日（1901年9月24日），中日签订《重庆日本商民专界约书》，规定："未经派驻领事之外国人民、日本人民暨他外国人民起诉中国人民所违不法等情，或有中国人民在界内违犯章程，中国地方官应与日本领事官，或中国地方官所派官员与日本领事官所派官员会同审判"。若对重庆地方官员的判决不服，"由日本领事官照会重庆关监督复审"。④ 实际规定了中国政府无权审理租界内日本人和其他外国人发生的案件。日本人或其他外国侨民控告中国人的案件，中国法官也不能单独审理，须由中、日两国法官共同会审。如果日本人或其他外国侨民对判决不满时，应由日本领事官照会重庆海关

---

① 《英领事韦函英商聂克省禀立德洋行龙门浩货栈招学扎猪毛屈满违议之学徒卷》，《巴县档案》6—32—2380，1901年。
② 《川东道重庆地方审判厅关于怡庆长炳森荣欠瑞记洋行贷款案的札移交卷》，《巴县档案》6—54—742，1911年。
③ 王铁崖编：《中外旧约章汇编》，第1册，生活·读书·新知三联书店，1957年，第348页。
④ 王铁崖编：《中外旧约章汇编》，第2册，生活·读书·新知三联书店，1957年，第4页。

监督共同复审。

中国方面一直欲废除外国人参与审判的司法状况。三十三年（1907）十二月，上海会审公堂拟变通刑章，以期华洋轻重略均。会审公堂章程载："如案内全系华人归华官审判，毋庸领事干预。近十余年凡经工部局会提之华人，领事派副领于早堂陪审；会审交涉之案，何国原被即由何国派员，又华国犯罪俟会审判定后枷杖以下罪名由华员发落，徒罪以上归上海县办理，此向来大概办案情形也。本年奏定新章变通答杖罪仿照外国罚金颁发，如无力完纳，折为作工。"并且认为，只要洋员陪审，"无论何犯到堂俱直立听审，俟罪名判定饬其跪听判词，似较允当"。[1] 中国传统的审案方式因洋人观审也开始发生变化。

天津为了抵制领事观审，直隶总督也申明定章：凡外国领事，但有观审之权，而无讯问之权，将外国领事之坐席，移于审判官之后，不许其干涉裁判之事，并将其意见告知领事团，请其照办，而各领事援据中美条约第四条第二项之但书内容进行抵制，坚不承认。[2] 宣统二年（1910），各直省省城商埠各级审判厅普遍设立以前，法部颁发《通咨各省维系审判厅法权文》，对于外国领事要求在各级审判厅"观审"提出了统一要求：

> 本部现拟定各省城与商埠审判厅对待华洋互控案件办法：凡已设审判厅之处，无论东西各国商民，如有来厅诉讼者，均照我审判厅新章办理，一切审判方法俱极文明，与待我国人民无异。其愿来厅旁听者，亦准其入厅旁听，但得坐于普通旁听席内，不得援观审之制。如外国人不愿来厅诉讼，则暂由行政官厅照观审条理办理。天下事固不能持保守主义而忘进取之方。惟事关全局，万不可于着手时轻忽相将，致贻后患。再会审制度本系混合裁判之变相，而上海会审公廨章程尤属损失主权……通咨各直省督抚，如有领事要求会审公廨者，当援照烟台条约及中美续补条约严词拒绝，毋稍迁就，庶防患于未然，免生交涉于事后，兹事为司法与外交最重大之问题。[3]

光绪三十三年（1907）七月初一，《各级审判厅试办章程》公布实施，明确了审级、管辖、回避、公判、厅票、起诉、上诉、执行、讼费等制度。宣统二年（1910）十二月初一，重庆地方审判厅成立，受理巴县第一审民刑案件及

---

① 《重庆府札巴县外务部呈递周馥电据称上海会审公堂拟变通刑章以期华洋轻重略均并通饬各属遵照文》，《巴县档案》，6-32-2309，1905年。
② 李启成：《晚清各级审判厅研究》，北京大学出版社，2004年，第183页。
③ 《法部通咨各省维系审判厅法权文》，参见《大清法规大全》法律部之司法权限卷四。

重庆府十五州县未设审判厅之复审、初级审判厅之民刑上诉案件，欲将领事裁判权排除于外，但未达到目的。

宣统三年（1911）四月，英国驻重庆领事要求在重庆审判厅观审卜内门一案，重庆地方初级审判检查各厅以全体人员的名义发电给护理四川总督及提法司，请求转呈法部和外务部力拒英领事的要求。力争无果，最后两部电令仍然要求遵照领事裁判权的相关条约办理，即将该案移送地方官审理。而"重庆审检各厅法官，以损失法权，莫此为甚，将以去就争之矣"。① 尽管重庆法官抗议，甚至以辞职相威胁，但仍不能改变领事裁判权对地方司法主权的侵害，重庆司法独立终未实现。

第三节　"旧秩序"与新问题

19世纪末，中国内地的政治秩序仍然是一种"旧秩序"，变化缓慢。当外国人进入重庆，引发地方社会混乱时，重庆官员仍是以官绅合谋的政治架构来应对，如同四十年前太平天国反叛时曾经尝试的那样，地方官绅政治生态并未发生变化。但外国人进入中国城市内部引发的危机与历次下层民变引发的危机不同，外国因获不平等条约保护，"合法"地分割了地方政府管理城市的部分权力，使地方官绅控制的范围逐渐缩小。而当中外冲突发生时，地方官绅又常常意见不一，出现分歧。凡此种种，都使官方对城市的控制能力渐趋转弱，官绅政治出现松动的迹象。

一、保护"过境"洋人

鸦片战争后，外国人到中国内地传教、游历者日多，为保护其安全，咸丰八年五月十六日（1858年6月26日），中英《天津条约》第九条规定："英国民人准听持照前往内地各处游历、通商，执照由领事官发给，由地方官盖印。经过地方，如饬交出执照，应可随时呈验，无讹放行；雇船、雇人、装运行李、货物，不得拦阻。"② 五月十七日，中法《天津条约》亦定法国人前往内地，"务必与本国钦差大臣或领事等官预领中、法合写盖印执照，其执照上仍

---

① 《法政杂志》，1911年第3期。
② 王铁崖编：《中外旧约章汇编》，第1册，生活·读书·新知三联书店，1957年，第97页。

应有中华地方官钤印以为凭"①。执照经过地方应随时呈验，由地方官盖印放行，沿途派兵役护送交接。

光绪元年（1875），四川设立管理洋务的专门机构洋务局，负责管理外国人游历护照事宜，局址设成都永兴巷。同年，因"滇案"发生，中英关系紧张。川东道接总理衙门函，特晓谕居民人等"如遇英人过境，务当妥为照料，按约保护，是为至要"。②

四年（1878），川督札饬洋务局，将来川游历传教的各国洋人按国别、姓氏、执照号、出入境日期等逐一造册登记，按季咨送总理衙门查照。四川洋务局奉命通饬各府、州、县衙，从当年冬季开始造报季册，摘要叙述查验执照，入、出境时间，沿途护送交接情形等。这是四川官府首次汇总外国人出入境情况。③

二十六年（1900）七月，光绪帝发布上谕："现在各国商民在中国者甚多，均应一律保护，着将军督府查明各国洋商教士在通商各埠及各府州县者，按照条约一体认真保护，不得稍有疏虞。"④

如何保护洋人？重庆凡遇洋人过境，巴县知县须向洋务局、川东道台详细汇报洋人出入境具体日程，然后派兵保护。知县常见的做法是颁布告示，示谕民众洋人过境，莫生事端。光绪五年（1879），重庆府札饬巴县办理民教涉讼及洋人传教游历等事件须"随时禀报"。⑤ 九年（1883），重庆府札巴县留心稽查，遇有洋人过境，仍照向章办理；"如无洋人经过及民教交涉案件，仍按月禀，由该府核明汇转"。⑥ 同年，巴县衙发布告示，"勿在洋人住寓附近聚观喧闹滋事"⑦。

十年（1884）十月，英国驻渝领事谢立山请假回国，由新任领事班德瑞（即波恩）接替。巴县知县国璋不仅向洋务局、川东道台详细汇报其出入境之具体日程，而且先后两次发布告示，劝诫渝城百姓莫生事端，以保护领事官

---

① 王铁崖编：《中外旧约章汇编》，第1册，生活·读书·新知三联书店，1957年，第106页。
② 《重庆府札饬巴县晓谕居民人等如遇英人过境务当妥为照料按约保护是为至要文》，《巴县档案》6—32—2319，1875年。
③ 四川省地方志编纂委员会编：《四川省志·外事志》，巴蜀书社，2001年，第497页。
④ 《四川总督拟发保护各国商教告示及道府县转饬所属认真练团缉匪安靖地方卷》，《巴县档案》6—32—3183，1900年。
⑤ 《重庆府札饬巴县军宪奉命会办民教涉讼及洋人传教游历饬各属凡遇此等事件随时禀报卷》，《巴县档案》6—32—2578，1879年。
⑥ 《重庆府札巴县留心稽查洋人过境及民教交涉案件按月汇禀查核卷》，《巴县档案》6—32—2582，1883年。
⑦ 《巴县告示勿在洋人住寓附近聚观喧闹滋事》，《巴县档案》6—32—2580，1883年。

员。十一月初八日，国璋发布示谕："英国派员驻渝，载在条约准行。现在更换领事，奉有保护明文。住寓公馆重地，禁止过往闲人。谕尔军民人等，毋许聚观纷争。责成约邻监保，随时防护认真。如或疏虞滋事，立即拿案重惩。"初九日，国璋再次示谕："此系官街大道，兼有英商住寓。谕尔附近居民，晒晾衣裤远避。一切秽物渣滓，不准满街倾弃。监保随时稽查，违者拿案究治。"① 官员对洋人过境采取了极其小心的态度。

三十四年（1908）十二月，英国太古洋行也禀请拣派练丁护送，四川省洋务局随即拣派哨长、什长督率练丁于十二月初二日护送起程，除发缮该商护照外，并单传沿途经过州县挨站接送。②

各国领事也会提醒地方官员按约保护。光绪三十二年（1906）闰四月，上海德商礼和洋行分贸重庆太平门城内买卖各项货物，德国驻渝领事特此照会："据此请烦贵监替转重庆关并有应行知会地方官之处，均请一律饬知，妥为保护。"③

但晚清的内地游历签证制度，刻板迂阔，各地官员多视其为繁文缛节，官样文章，往往虚应差事，并不认真执行。各国游历、传教人士入、出省、县境时也多不往当地官衙呈验护照，而且认为兵役护送，沿途围观，有类押解犯人，不愿一起行走。对此，光绪九年（1883）四月，四川省洋务局重新议定各县派兵护送过境洋人事，规定嗣后除外省洋人远来及驻川教士远赴他省传教游历，地方官仍照常派兵丁护送外，省内教士外出准许自行前往，地方官仅查验执照备案。同年九月，总理衙门回复成都将军、四川总督的函件中十分勉强地表示同意。十月，成都将军、四川总督饬令洋务局照办遵行。④

即便如此，外国人仍然觉得"派兵护送"极为不便，仍愿私行入川。光绪十四年（1888）四月，日本商民赤壁次郎等"不愿护送，私行前进"，"迨经探知派差护送已赶不及"。洋务局只得转饬各国领事"嗣后洋人出境务令知会地方官听候派差护送，以免疏虞，系为慎重公事起见。惟日本国现无领事驻渝，无从知会，应候知各国领事一体照办可也"。⑤

① 《巴县禀派差护送英国调署渝城新旧领事官班德瑞谢立山出入境及示谕英官住寓禁止闲人聚观纷争卷》，《巴县档案》6－32－2312，1884 年。
② 《四川商务总局派兵护送太古洋行款项存查一张》，《巴县档案》6－32－2362，1908 年。
③ 《川东道札知巴县上海德商礼和洋行在重庆太平门设立分行应照约妥为保护文》，《巴县档案》6－32－2360，1906 年。
④ 四川省地方志编纂委员会编：《四川省志·外事志》，巴蜀书社，2001 年，第 497 页。
⑤ 《江北理民府移知巴县川东道批示嗣后洋人出境务令知会地方官派差护送并知会各国领事文》，《巴县档案》6－32－2321，1888 年。

洋人不遵条约擅自过境，如无兵丁保护，常会遇到若干阻挠。光绪十八年（1892）六月，有洋人欲在巴县玄坛渡乘渡船过河，玄坛渡渡夫刘福寿"因洋人过河"，"船去不急"，洋人认为刘福寿"不装他"，与其发生口角后将其告至县衙。巴县知县召集玄坛渡小河船帮会首审讯以后，判定"刘福寿不应与洋人口角滋事，将其掌责交曾洪发，保释以后，不得与洋人滋事，倘与洋人滋事，惟保人是究"。巴县知县还要求三河船帮会首李德生等协同玄坛渡船帮妥订"装渡洋人过江钱数"[①]，以免再起类似纠纷。六月初三日，三河船首与玄坛渡船帮仿太古、公泰、立德各洋行及招商局章程订立如下章程：

一、正、二、三月过渡，每渡船一只取钱四十文；

一、四五两月过渡，每渡船一只取钱六十文；

一、六七两月过渡，每渡船一只取钱八十文；

一、八九两月过渡，每渡船一只取钱六十文；

一、十冬腊月过渡，每渡船一只取钱四十文。

章程还定"以上按月分收取，不得加增减少，该渡夫等亦不得稽延揸勒"，同时转告海关税务司查照。[②] 洋人在渝渡船的问题才得以解决。

19世纪中后期，随着大量外国人赴渝游历、传教等，"过境护送"成为重庆地方官员的一项重要职责，增加了地方官员管理城市的事项和难度。这一时期，尽管出现一些外国人私自入渝的情况，但从外籍领事及传教士等入渝情况来看，重庆地方官员较好地履行了"护送洋人"的职责，因此，重庆未出现因过境护送不当而引发的中外纠纷。

光绪三十年（1904），重庆警察局成立，仍奉地方官差遣，对过渝外国人交接护送，并办理外国人失窃事件。

二、处理民教冲突

民教冲突是晚清地方官员最难处理的事件之一，稍不注意，不仅涉及中外条约的破坏，而且可能给洋人以口实，引发新的外交争端。因此，开埠通商后，重庆城市管理的一个新难题即是处理各类民教冲突。在地方政府人力不足

---

① 《巴县玄坛渡船夫与洋人口角及向大关委员移知三河船帮会首李德生协同玄坛渡船首曾洪发等酌议过江章程卷》，《巴县档案》6－32－3186，1892年。

② 《巴县玄坛渡船夫与洋人口角及向大关委员移知三河船帮会首李德生协同玄坛渡船首曾洪发等酌议过江章程卷》，《巴县档案》6－32－3186，1892年。

的情况下，官方仍然只有借助地方精英和团练的力量来维护城市秩序。

1. 以团保等基层组织保护教士、教产

团保是光绪年间在重庆依然发挥重要作用的基层组织，历任地方官员都极为重视。光绪元年（1875）九月，川东道札饬巴县编联保甲、整顿团练，"传集各绅粮监团人等妥为举办"，具体办法是："一面散给门牌，清查户口，慎选牌头甲长认真编连，俾奸匪无托足之地；一面整饬团练按各团户口多寡分别练勇若干名，勤加操演，务使技艺娴熟，人人有勇，设有警信，可资防守。"① 二十一年（1895）后，重庆团练发展为"七团"，地方官员多藉"七团"之力保护教民、教产，以缓和社会矛盾。

光绪年间，成都将军、四川总督还联合发布《保护教堂教民告示》："近闻有等痞棍，藉口中外阅兵，无端造谣纠众，抢毁教堂教民，要知前奉谕旨，实力挑选义团，意在去除匪类，用以保卫闾阎，况查川省各团，早已一律举办，现仍遵旨保教，并饬严办乱民，为此剀切示谕，所属绅民凛遵，务当互相劝诫，以期民教相安，良民不为所惑，自可免罹祸殃，切勿随声附和，身家性命攸关。如有匪徒煽惑，立刻拿获送官，倘敢抗官拒捕，照例格杀勿宽。"② 告示中令川省各团"遵旨保教""互相劝诫"，以期民教相安。

光绪二十六年（1900）七月，川督发布保护各国商教告示，再次重申保护教堂、教士的谕令："查匪徒造谣煽惑藉词打教，抢掠财物，扰害良民，准就各地团保人等拿捕送官究治，倘敢抗拒，即由官兵格杀毋论；该教民等亦宜安分守法，勉为善良。如有□□□强挟嫌诬捏情事，亦必分别惩究，决不曲法从宽。除示晓谕一体周知并派兵勇随时分设巡缉外，合行通饬，为此札仰该府即便遵照一体出示办理，切切毋违"③。这一告示不仅示谕各处"派兵勇分段巡缉"，而且"准就各地团保人等拿捕送官究治，倘敢抗拒，即由官兵格杀毋论"。同时，为防止民众闹教、打教，川督又发布《认真练团缉匪安靖地方告示》，采取若干措施防止民教冲突：①用兵弹压。匪徒抢教而又聚众抗官拒捕，以兵力镇压，照例格杀毋论；②悬赏拿造假旨之人。对于各处白纸贴假上谕言驱逐教士回国及教民返教等语，拿获赏银四百两，各县有示赏十两，以破其

---

① 《川东道札发编联保甲整饬团练告示卷》，《巴县档案》6—31—860，1875年。
② 《成都将军、川督部堂保护教堂教民以期民教相安告示》，《巴县档案》6—32—3005，光绪年间。
③ 《四川总督拟发保护各国商教告示及道府县转饬所属认真练团缉匪安靖地方卷》，《巴县档案》6—32—3183，1900年。

疑惑。①

地方官员将保教、缉捕等权力交与团保，想藉民间之力稳定社会秩序，调和民教关系，但效果并不理想。光绪二十一年（1895）九月，崇因坊总监正陈恒升、监正罗云松、程众金，甲长牛同兴、吴少田，保正郭森明等向知县禀报，其于坊内教堂、道堂及西人医馆寓馆无不协心保护，留意稽巡，但"无如明察易见，暗害难防"，坊内原有福音、道堂两处，一在九井街，一在朝阳街，失教幼童或无知痞匪常于深更静夜用大便糊抹两道堂大门之上，或用刀划烂门板，引起教士的不满。堂内西医梅教士多次向监正等说明，陈恒升等也屡向同街居民谆嘱，"令其父诫兄勉，勿再糊抹刻划"，但"致召查究，殊言之谆谆，听者藐藐"，且"近日仍多糊抹，人皆掩鼻而过"。监正们为如何稽查而发愁，只得恳恩示禁饬差查拿，以免将来设酿祸累，贻害匪浅。县正堂批："候签差查拿，一面出示严禁。"②

团保不仅对上述破坏教堂之事无能为力，而且因有"视打教与彼无干"，不愿出力的心理，对于打教之事，不仅"视之漠然，甚有袖手旁观而笑"者。③ 此种情形，使重庆民教冲突愈演愈烈。

光绪二十四年（1898）十二月，朱灵轩、林截三、梁锡三等聚集数十人，身穿红色号褂，执旗九杆，大书"鲍使"二字，吼称唐匪兵勇，放炮吹号，于本月十二日午时拥入堂内，抢尽器物，不足，复敢放火烧堂，计值银一千八百余两。彼时"团内首人观望不前，欲纵贻祸，欲擒碍难，以致附近教民数家同遭巨害，挨晚齐团弹压，次日匪去。"真原堂首事刘宗华只得禀恳"会营勘拿究办"。④ 重庆地方精英在民众打教时"观望不前"，在一定程度上纵容了民间"放火烧堂"的行为。

为调动地方精英的积极性，四川总督采用如下办法：①开导团保，将打教可能造成的损失交由团保负责。"地方匪徒闹事，本归团保查禁，今众等不理，我官岂能有力赔偿！以后如有打教案，照督宪札办理，官赔一成，尔等赔之三成。以前属闹教案，地方虽不赔，将来须饬州县换团保并先暗查家产，为将来

① 《四川总督拟发保护各国商教告示及道府县转饬所属认真练团缉匪安靖地方卷》，《巴县档案》6－32－3183，1900 年。
② 《川东道重庆府据驻渝英领事函开教士禀请札饬各属查处毁谤洋人揭贴及巴县遵具请获揭贴印结和据禀示禁妄以秽物侮辱教堂大门卷》，《巴县档案》6－32－3184，1895 年。
③ 《四川总督拟发保护各国商教告示及道府县转饬所属认真练团缉匪安靖地方卷》，《巴县档案》6－32－3183，1900 年。
④ 《真元堂首事刘宗华等具禀林截三等奸串恶棍匪徒抢劫烧毁教堂案》，《巴县档案》6－32－3171，1898 年。

赔款地步某处教堂教民即交某处团保是问，我不派兵看守。"②激励团保。将州县记功过，将团保给奖赏，如匾额功牌之类。前日首府许人五品兰翎，均照准。①

此外，四川总督还密令各县两条：①搜捕匪首，见兵即逃窜到别处，又复煽惑，必须将告示多贴，悬赏严拿，使匪首不敢潜踪，自然地方安靖。督宪札内获斩决，斩枭盗犯，每案赏银五十两，军流罪减半云云。如是著名首犯，可再加多。②添练丁。各县有添练丁数十名及一二百名，所分布有教堂及教民多处防范，有明防者，有暗防者，亦可因地制宜也。以上二条，"不可出示，只作劝办之法，恐碍将来认赔办法，使彼教藉口"。②

由于官府的强制性措施，尤其是饬令州县暗查士绅家产、负责赔偿等引起团保重视，"各团保闻之颇动，不言'保教'而'自保'也"。③

2. 努力将教民纳入地方政府的管辖范围

教民原与普通人无异，因信仰不同，获得教会庇护，平添若干特权。尤其当民教冲突发生时，教士对教民的袒护和"包定输赢"的结果使得教民实际已与普通人不同。咸丰十一年（1861），奕䜣即奏称：传教士"每以民间琐事前来干预，致奉教与不奉教之人诉讼不休。……奉教者必因此依恃教众，欺侮良民。而不奉教者亦必因此轻视教民，不肯相下。为地方官者，又或以甫定合约，惟恐滋生事端，遂一切以迁就了事，则奉教者之计愈得，而不奉教者之心愈不能甘"④。19世纪末，教民因得教会保护，逐渐发展成为中国官方难以控制的群体。

但重庆地方官员仍努力将教民纳入自己的管辖范围。光绪年间，四川省洋务局与四川代牧区主教洪广化订立《会议章程》五条，规定：①各处传教士均择端方廉洁之士，并无鄙贱流民可充。地方有司宜厚待保护，倘有作奸犯科任性妄为事件，一经查确，即应知会驻省鉴牧按例究治，不准复充。②各处传教士如遇教务交涉事件，查明确据，立请地方官持平办理，倘于本处屈抑难伸，赴省上控，应先由鉴牧查明所控情节，如果实有偏倚抑屈，即由驻省鉴牧筹办

---

① 《四川总督拟发保护各国商教告示及道府县转饬所属认真练团缉匪安靖地方卷》，《巴县档案》6-32-3183，1900年。

② 《四川总督拟发保护各国商教告示及道府县转饬所属认真练团缉匪安靖地方卷》，《巴县档案》6-32-3183，1900年。

③ 《四川总督拟发保护各国商教告示及道府县转饬所属认真练团缉匪安靖地方卷》，《巴县档案》6-32-3183，1900年。

④ 宝鋆等编：《筹办夷务始末》，同治朝，第2卷，中华书局，1979年，第46~47页。

送局转投遵批候讯，不得违规滥式，致干未便。③传教士除交涉传教事件外，其余一切地方公私事件均不得稍有干预，亦不得回护教民朦控捏饰刁抗官长，致干未便。凡该处教民如有不法情事，立即逐出教外，听凭地方官照例究办，倘有知情不举，责有攸归。④新进奉教之人，该处传教士务须查明来历，必其人素来安分，别无犯案为匪各弊，方准收录。倘有来历不明及有为匪作歹希图免科情弊，即不得仍听从以清教源，其已经奉教而后查有以上情弊者，仍随时逐出教外，不得稍有回护。⑤教民不守规矩，藉教为符招摇撞骗抗违制度，并假借公馆办事名色把持垄断，一经查出或被告发，应由地方官按律惩办，仍即逐出教外以崇教规而安善良。① 四川洋务局与主教所订立的章程对传教士的资格、教民奉教资格均做了具体约束，并且规定传教士不得干预除传教以外的"一切地方公私事件"，教民如有"不法情事"或"不守规矩"等情，亦"听凭地方官查办"。这样，教民除奉教以外，与普通人并无区别。

光绪二年（1876），川东道札饬巴县仿照华阳县所刊刻之《民教章程条约十则》，进一步规范了教民与普通民众的权益，以显"一视同仁"的态度：①此后民教均不得欺压凌辱；②此后民教均不得开场聚赌；③此后民教均不得挟嫌捏情诬控，如一案控虚，讯明即办坐诬；④此后民教均不得及事勒罚银钱，如私罚钱文，查出加倍责罚；⑤此后团民不得向教民滋议詈骂，即有事故，亦不得擅入我堂；⑥此后教民不得向团民诬赖毁坏教具，呈见官亦不得自称教民；⑦此后各团迎神赛会团首不得勒派教民出钱；⑧此后教堂礼拜诵经，团民不得拥挤堂内窥看；⑨此后民教凡有口角细故之事或投团讲理或禀官讯断，不得执持刀棒私行捆打；⑩此后民教凡有户婚田土等案，应即具呈听官勘验审结，不得各招匪类动辄聚众。②

四川官员反复强调在民教冲突中要"持平审办""不偏不倚"，实因其已认识到偏袒教民会导致民众积怨，招致更大的冲突。因此，光绪四年（1878）九月，川东道、重庆府札饬巴县："照得川省民教相争，其妨多因微嫌细故，只须地方官秉公剖断，立时讯结即可无事。乃各州县不明条约，预执成见，一味偏袒教民，以致百姓积忿成仇，又或心存畏怯，凡遇民教涉讼，惟恐贻累及身，多方推诿，任意宕延，以致日久别生枝节，酿成巨案，殊堪痛恨"，要求以后除民教争斗，实有打毁教堂、毁伤教士等事，始得归入教案另行办理。

---

① 《川东道札饬巴县仿照华阳县示词一体出示晓谕务令民教释猜嫌各安生事及华阳县民教示谕卷》，《巴县档案》6-32-2293，1876年。

② 《川东道札饬巴县仿照华阳县示词一体出示晓谕务令民教释猜嫌各安生事及华阳县民教示谕卷》，《巴县档案》6-32-2293，1876年。

"此外寻常词讼只论曲直，不分民教，务当酌情准情，持平审办，一遇报呈立即传讯断结。既省拖累，并免诪张其或甫肇衅端，倘再有偏袒回护推诿宕延等情，无论曾否酿事，一经访闻，定将该员先行详参，决不宽贷"。① 官府再一次表明"不分民教""酌情申办"的态度。

从洋务局与洪广化主教订立《会议章程》五条到巴县刊刻《民教章程条约十则》，可以看出，重庆官方对待教民和民教冲突的态度是鲜明而积极的，极希望把教民重新纳入旧有的管理模式之中，纳入团练控制的轨道。但在实际过程中，这种愿望却往往因执行不力而落空。以迎神赛会摊派银钱一事为例：各地迎神赛会，向由民众摊派出钱，教民也不例外。但同治元年（1862），法国外交大臣照会总理衙门，以"各省民教不协，皆因迎神赛会等项费用向非教民所应出，地方官一律摊派教民，心实不愿"为由，请"行文地方官以后勿再摊派"。总理衙门乃行文各省遵照执行，并刷印谕单送交法国外交大臣发给各教士收执，一面将用印谕单式样通行。同时规定"各项公费如差徭及一切有益地方等项仍照不习教者一律应差摊派"，以"一视同仁"。②

总理衙门虽然明令各地不得向教民摊派迎神赛会的费用，但地方官员执行并不得力。光绪元年（1875），云南府经历彭楷在重庆南纪门城外开设聚昌隆玻璃厂，六月，"突有不识姓名多人"来厂"勒索会资"，滋闹不休，彭楷"理遣不出"遭拒，只得赴辕告状，县正堂发布告示，要求军民诸色人等，自示之后，"务须遵照条约，凡属迎神赛会，教民与平民各有应祀之神，平民不得向教民估索会钱，滋闹，倘敢仍前故违不遵，一经查出或被告发，定行唤案惩治"；但县正堂同时明令教民"亦不得藉有此示，挟嫌妄禀"，教民与平民应"各宜凛遵"。③ 教民彭楷仅是赴衙门告状的例子，在此之外，应有若干被逼缴纳赛会费用而选择沉默的情况。三十二年（1906），英国驻渝领事宝棻即以其伦敦会教士嘉立德仍禀报重庆"各处乡场时有首人勒逼在教民人醵钱演戏酬神修庙等事"为由，要求重庆府"出示晓谕禁止"。④ 这说明，直至清末，重庆"勒逼教民"之事仍有发生。

① 《川东道重庆府札饬巴县嗣后遇有民教交涉事件务须持平办理速为了结，毋得瞻徇偏袒推诿宕延文卷》，《巴县档案》6—32—2577，1877年。
② 《重庆府札巴县总理各国事务衙门咨勿再向教民摊派迎神赛会各项费用至各项公费等仍照不习教者应差摊派文》，《巴县档案》6—32—2297，1881年。
③ 《云南府经历彭楷禀恳示谕各安生理，迎神赛会，平民不得向教民估索会钱滋扰卷》，《巴县档案》6—32—2247，1909年。
④ 《重庆府札饬巴县驻渝领事出示晓谕禁止各处乡场首人勒逼在教民醵钱演戏酬神修庙并札发告示卷》，《巴县档案》6—32—2317，1906年。

19世纪中后期，地方官员夹在"民"与"教民"之间，虽常以公正态度示人，但却无法控制地方社会发生的各类突发事件。而当官员在实际处理过程中因无法"置身事外"难以持平处理时，民教冲突则朝官员无法控制的方向发展，以致愈演愈烈。

三、保护利权

光绪二十一年（1895）《马关条约》签订后，西方国家取得在内地开设工厂的权利。次年，法国借助《俄法借款》的优势，获得修建从越南同登经镇南关到广西龙州的铁路特权。同年，美国率先和中国"合办"门头沟煤矿，外资从此进入中国矿业。此后，各国纷纷效尤，先后诱迫清政府和各地方政府签订各类"铁路""矿务"合同，攫取中国铁路修筑权和矿山开采权。19世纪末，投资铁路和矿务已成为列强在华输出资本和巩固势力范围的重要手段，在"弱国无外交"的背景下，如何与西方交涉、保护利权，成为地方政府面临的又一难题。

光绪二十四年（1898），因弛禁开矿，美国人在重庆指索真武山、吊洞沟一带矿地。次年，法国人也来重庆，要求获得真武、老君二山矿产开采权。巴县知县张铎急召集城乡士绅会议商量对策。是年八月，举人文国恩等乃设法筹集股金11400两，设立四合公司，呈县通详总督、布政使、道、府及矿务总局立案。四川总督奎俊批示：

> 该绅原禀有真武山在内，此处前御史张承缨奏称：开矿有碍，必须详查确切，绅民乐从，方可照议妥章，呈由矿务局核议详办。[1]

因四川总督对设立公司一事极为谨慎，巴县知县乃传集绅首地邻，亲往吊洞沟一带勘查，再次呈复后，方才定案。重庆官员首次面对的利权争夺问题由于官绅的密切配合，真武山、吊洞沟一带矿地未落入外人之手。

但时隔几年，重庆再次面临外国人争夺矿权之事。光绪三十年（1904），英商立德于重庆江北厅开办华英合办煤铁有限公司，清政府因受其要挟，与之订立合同十六条，将江北厅龙王洞矿产拱手授予华英公司。为方便运输，该公司又提出在龙王洞地方修筑运煤小枝铁路。消息传出后，"全川士绅，海外留学，拍电争执"，"人情汹汹，将酿交涉"[2]，江北士民乃请收回自办。川督一

---

[1] 民国《巴县志》卷16《交涉·南北两岸煤矿公司案》，第29页。
[2] 民国《巴县志》卷16《交涉·南北两岸煤矿公司案》，第39页。

边照会英总领事电商华英公司，一边札饬川东道与驻渝领事暨公司主管筹商，积极斡旋。

在铁路矿产的问题上，重庆官民都力主收回自修，不委之于外人。但自修经费从何而来却是难题。巴县知县耿保煐与江北厅同知袁牖分别召集原来发起"自修"之士绅"集众速筹"，而士绅等以巨款为难，"迟而未覆"。重庆知府瑞龄"旋即卸事"，由巴县知县耿保煐担任知府，吴以刚任知县，定期于三月二十一日在江北之六事公所，邀请驻渝分公司陕西候补道舒钜祥，并集厅、县士绅杨朝杰，刘道荣等，召开特别会议。是日，知府耿保煐亲自到场，以"既欲除害，必先舍利，反复譬谕，劝导诘责，几至唇敝舌焦，以期感动"。① 但经费问题，因分歧太大，终未能解决。

三十一年（1905），川东道陈遹声密嘱川人收石牛沟左右地，正月二十一日，华商江合公司集资成立，将龙王洞四面矿山全行购买，自行开采。英商发现其所得沟与洞"犹石田也"，"不能推广"，与官府交涉。江合公司乃以煤铁公司原订合同第五条载明"华商已开之矿，不得重指"为由，"禀请拒阻"。川东道陈遹声虽遭英人"恫喝百端不为动"，重庆方面，因策略改变，此时已取得谈判的主动权。②

事情遂照重庆官民所希望的发展。川督偕同驻渝英领事介绍江北、江合两公司召开和平会议，江北煤铁公司甘愿将江北所有开矿权利，以及开山修路各种机器材料、窑厂、房屋概行扫卖与江合公司，共银 22 万两，从此"永断葛藤"。③ 在重庆官绅的协同努力下，江北矿产成功收回。

争夺利权是 19 世纪末 20 世纪初中国反抗外国侵略、维护国家主权和民族利益的爱国举措，也是城市管理面临的一个新问题。在上述两次收回利权的斗争中，重庆官员均发挥出积极主动的作用，尤其在收回江北厅煤矿的过程中，官员积极引导并出谋划策，变被动为主动，迫使英方低价卖了矿权，重庆官绅在中外交涉中的"合谋"于此显现。

因而，19 世纪末 20 世纪初，中国内地的政治"旧秩序"在外国进入后，虽然出现松动，但地方政治结构仍然在继续发挥作用。各类中外事件的不同处理结果，恰恰说明，城市秩序仍然在地方精英的掌控之中。外国势力渗入，并不是中国地方政治体系崩解的关键因素。

---

① 民国《巴县志》卷 16《交涉·南北两岸煤矿公司案》，第 34 页。
② 民国《巴县志》卷 16《交涉·南北两岸煤矿公司案》，第 36 页。
③ 民国《巴县志》卷 16《交涉·南北两岸煤矿公司案》，第 37 页。

第五章　精英与城市变革

第一节　官绅倡导新政

　　20 世纪初，中国北方的义和团运动几乎颠覆了清王朝。慈禧等对形势的误判以及在八国联军入京前的仓皇出逃，严重影响了王室的形象，加剧了地方对中央的疏离。光绪二十六年（1900）五月，东南各省上演了一场地方独立于中央的，以"互保"为名的大戏。义和团运动时中国涌现的地方独立之势，使地方不认同于中央的形迹在地方督抚中率先露出端倪，官僚精英显现出在帝国政治变动中的强大实力。

　　清中央政府在深重的统治危机面前，惟有改革一途。因而，慈禧在逃亡西安途中即以光绪帝名义发布"罪己诏"和改革谕旨，要求官员"各就现在情弊，参酌中西政治，举凡朝章国故，吏治民生，学校科举，军政财政"等情，考虑"当因当革，当省当并"，限期奏报。[1]光绪二十七年（1901），清政府成立督办政务处，作为规划"新政"的机构，逐步推出各项改革措施，举凡政治、经济、军事、文化等，无不涉及。

　　僻处西部的重庆在中央的号令下也随即掀起一场新政改革。改革涉及行政机构、工商业、教育、司法等，重庆城市出现从未有过的新气象。但中央政府号召下的各项改革并未能保住江河日下的清王朝，相反，它朝着与统治者意愿相反的方向发展，"结果，这些改革反而促成了王朝的灭亡"[2]。

---

① 朱寿朋：《光绪朝东华录》第 4 册，中华书局，1958 年，总第 4602 页。

② ［美］费正清、刘广京编：《剑桥中国晚清史（1800—1911 年）》下卷，中国社会科学出版社，1985 年，第 404 页。

一、吏治整顿与衙门风气改革

乾隆中后期，川省吏治问题就已暴露，其后更是日积月累，渐成积弊。嘉庆以后，屡有官员上书朝廷指斥这一问题。咸丰四年（1854）十二月，四川学政何绍基奏地方情形折曰："川省近年吏治废弛"，州县中文理明通者甚少，致词讼拖延不结，"甚至积压案件，录送文童未能通顺"，公事废弛已极，若不力求整顿，"尚复成何事体"。[①] 同治七年（1868），皇帝注意到"四川州县共一百余缺，而由捐纳得缺者至六十余员之多，虽系按例叙补，而正途登进无期，于吏治大有关系"，著川督吴棠认真查看。[②] 同年，刘愚上书吴棠，陈述四川吏治之坏，"推其原故，由冗杂而多穷困也。往年捐输减成，三千余金即可捐州县，近则二百余金即可捐……故捐者愈多，毋怪其冗杂也"[③]。十一年（1872），刘愚总结川省吏治之弊有：专事钻营之弊；本地人捐官之弊；差委不公之弊；各局冗员之弊；流品不清之弊。[④]

光绪二年（1876）十月，丁宝桢调任四川总督，发现"四川官方之坏，锢蔽至此，实非一朝一夕之故。各衙门苞苴之盛，本为他省所未有"，有"州县终年不理案件，不讲缉捕，政以贿成"。因此，到任以后，即推行改革："首裁撤各州县夫马，以恤民而固根本；继革除衙门陋规，以恤吏而杜贪婪；又裁各处厘金、清厘亏挪，以裕库藏而供支拨；又收回盐务自然之大利，以为他年裁减本省常年捐输之渐。"[⑤] 次年，丁宝桢发文通饬各府厅州县整顿吏治："嗣后审理词讼案件，无论所犯情罪轻重，一概照例秉公拒实科断，不准藉公为名，擅自科罚，置传案差票尤不准视同买卖，致滋勒索。"若是，"自此次通饬后，倘敢扔蹈积习，借端私罚、私捐及卖差票等弊"，一经查闻或被告发，"无论脏数多寡，是否入己，定即按例分别严惩治罪"。[⑥] 丁宝桢的改革措施极严，却

① 王先谦：《东华续录》咸丰四十三，《续修四库全书》，《史部·编年类》第 377 册，上海古籍出版社，2002 年影印，第 212 页。
② 《大清十朝圣训》，《清穆宗圣训》卷 28《用人》，赵之恒标点，北京燕山出版社，1998 年，第 10635 页。
③ 刘愚：《醒予山房文存》，卷 7。引自鲁子健：《清代四川财政史料》（上），四川省社会科学院出版社，1984 年，第 521 页。
④ 刘愚：《何有录》。引自鲁子健：《清代四川财政史料》（上），四川省社会科学院出版社，1984 年，第 523~524 页。
⑤ 《皇清道咸同光奏议》卷 5《治法类·臣职》，沈云龙主编《近代中国史料丛刊》，第 331 册，台北文海出版社，1973 年影印，第 268 页。
⑥ 《巴县档案》抄件，四川大学历史系藏。

因"皆官绅所不便，怨谤所由起"①，改革的效果并不明显。并且，由于积弊太久，川省仍然"仕途拥挤，吏治糜颓"，加之停止捐纳以后，"各班人员纷至沓来，聚处省垣，一无所事，相率习为游惰，志气日即萎靡"。②

二十七年（1901），清政府推行新政，倡导改革吏治，裁撤冗衙，令各省府州县"将从前蠹吏，尽行裁汰，以除积弊。"③ 二十八年，新任川督岑春煊通饬各地整顿吏治，渐有成效。赵熙所纂《荣县志》载："四川吏治疲顽，自二十八年岑春煊督川刷新之，民有生气。"④

二十八年（1902），重庆根据清廷令裁汰书吏，重庆知府札发各属"严饬蠹吏，痛革差役"，要求各属将原设书役若干名，现汰书役若干名，存留书役若干名，"核实分造名册各三本"。巴县衙原各房书役 229 名，粮捕两班散役 649 名，前者留 100 名，后者留 400 名，"其余概行裁革"。⑤ 同年，巴县知县霍勤炜下车伊始，亦发布文告二十条，以示"爱民如子""嫉恶如仇"。其内容包括：①禁愚民不孝父母，不和兄弟，不教子孙，不修帷薄；②禁富豪逞强倚恃，擅作福威，大利盘剥，雇痞跟押；③禁蠹役藉案开花，私刑吊拷，得财卖放，索诈拖延；④禁团保武断乡曲，滥摆口岸，受贿祖禀，鱼肉善良；⑤禁奸民造谣生事，妄启兴端，煽惑人心，遂其私欲；⑥禁痞匪烧会结盟，带刀游荡，估吃霸赊，掯诈良民；⑦禁棍徒假借衙门，指官撞骗说事，过钱欺诈乡愚；⑧禁讼棍遇事生风，教唆词讼，诬告人命，挟制官长；⑨禁烟馆夜不收灯，窝藏匪类，容留私押，因缘为奸；⑩禁赌棍开场聚赌，放本抽头，窝藏娼妓，引诱良民。⑥ 巴县知县的告示，表明了重庆官员改革的决心。

此外，四川还对各地积习已久的衙门习气进行了改革。光绪元年（1875），四川布政使因"各属文案，每用某令某任字样，不书其名，阅时既（致）含混不清，而缺有两三任同姓者，更属难于查核"，特要求各县"嗣后详禀交代事件，所有前任某令均须直书姓名，不准再以某令某任字样含混书写"。⑦ 三年

---

① 《皇清道咸同光奏议》卷 5《治法类·臣职》，沈云龙主编《近代中国史料丛刊》，第 331 册，台北文海出版社影印，1973 年，第 268 页。

② 《重庆府札知巴县川督具奏遵设课吏馆筹议举办情形折卷》，《巴县档案》6-31-103，1903—1904年。

③ 朱寿朋：《光绪朝东华录》第 4 册，中华书局，1958 年，总第 4669 页。

④ 民国《荣县志》第 15 篇《事纪》，1929 年刻本，第 42 页。

⑤ 《巴县档案》抄件，四川大学历史系藏。

⑥ 《巴县出示严禁聚赌窝匪窝娼指官撞骗诬告藉案开花等卷》，《巴县档案》6-32-2249，1902 年。

⑦ 《重庆府札巴县奉各宪札嗣后详禀交代事件直书两官姓名和申到文件详册清册申文验折详文俱以尺寸为度以归画一以及奉旨条陈事件应由督抚原封代递不准抑格等情卷》，《巴县档案》6-32-2242，1875—1902 年。

（1877）十一月，总督丁宝桢发文通饬："照得办公各有体式，（所）报宜具长详，错误迟延固难辞咎，玩忽遗漏岂免厥愆，本部堂批阅各处详报事件，每日不下百余起"，各该地方官"任听承行书吏苟且塞责，往往漏赍长详以致无凭批发，殊属不成事体"，为此札仰各府饬各属："嗣后凡遇详报时间，毋论是否紧要，均须备具长详同赍以便批发，毋再听任玩书仍前遗漏，至干查究。至通禀通详事件，亦须将所禀所详何衙门何关局之处务要于禀尾一一声叙明白，以凭核批。"①

十一年（1885）十月，丁宝桢又令"各该府厅州县所用详册清册，长以裁尺七寸五分为度，宽以四寸五分为度；详文申文验折，长俱以七寸五分为度，宽俱以三寸为度；其新率所造循环词讼簿长以七寸五分为度，宽以五寸为度"。但办理情形不理想，各地"并不遵照通饬办理"，申详文"仍狃积习长短宽窄不一"。②

二十八年（1902），川督岑春煊继续改革衙门风气，通饬各地"本署督部堂现定章程，凡转行批牍札文有'飞速'字样，不得过本日，立即转行；有'飞'或'速'字，不得过三日；即寻常事件，不得过五日，以免延搁，而期迅速"③。

晚清行政机构改革使重庆政务出现一些新气象，但衙门各吏积习已久，陋习已难遽改，加之此时各衙门书吏吸食鸦片成瘾，无心公务，整顿吏治就更加困难。宣统元年（1909），巴县知县沈克刚令各房书吏在六月底前戒绝鸦片，后经点验，户房经书陈海涵"素行滥烟，行为不轨，致房零星小物屡次被窃无获"，而伊仍"怙恶不改，任意滥吸"；刑房书吏"瘾之轻者，固易戒绝；而瘾之重者，久难遽弃"，故阎富成、陈吉六、苏印泉、杨福田、王正荣等虽经点验，"情形可疑"；书房经书卢礼卿、蒋听齐"自称戒绝，情迹可疑"。④ 衙门禁烟令并未取得实际效果。

并且，由裁撤差役所导致的衙门人手不够的危机很快就暴露出来。宣统元年（1909）八月，巴县知县周庆壬已感觉到"巴县地方冲要，讼狱繁多"，恳

① 《重庆府札巴县奉各宪札饬嗣后详禀交代事件直书两官姓名和申到文件详册清册申文验折详文俱以尺寸为度，以归画一以及奉旨条陈事件应由督抚原封代递不准抑格等情卷》，《巴县档案》6-32-2242，1875—1902年。

② 《重庆府札巴县奉各宪札饬嗣后详禀交代事件直书两官姓名和申到文件详册清册申文验折详文俱以尺寸为度，以归画一以及奉旨条陈事件应由督抚原封代递不准抑格等情卷》，《巴县档案》6-32-2242，1875—1902年。

③ 《重庆府札巴县奉各宪札饬嗣后详禀交代事件直书两官姓名和申到文件详册清册申文验折详文俱以尺寸为度，以归画一以及奉旨条陈事件应由督抚原封代递不准抑格等情卷》，《巴县档案》6-32-2242，1875—1902年。

④ 《巴县衙门各房吏书具状保结吸食洋烟遵示戒断之各吏书卷》，《巴县档案》6-54-103，1909年。

请委候补县丞陶家琦"帮审词讼"①。三年（1911），知县阮开铨因地方事务繁剧，向四川布政使禀报"拟设行政办事处，以为执法机关"，行政办事处下设总务、田赋、学务、自治、警务、实务六科，各设科长、科员。且因"差役裁除，应公乏人"，设立差遣队，"藉供巡缉催科等事"，以辅助行政。行政经费来源于"加抽肉厘"，在各项新政费用项下"每只提钱五十文，拨作行政办事处经费"，布政使批示"准予立案照办"。② 四月，行政办事处新考取的司书长、司书生正式入署办公。自此，巴县衙门发生重大变革，原九房除仓房、盐房、柬房继续保留外，原有吏房改设考绩股、刑房改设调查股、承发房改设承发股，归入总务科；户房改设田赋科；科、礼房改设为学务、自治科；兵房改设为警务科；工房改设为实业科，行政办事处共有办事人员 37 人。包括仓房、盐房、柬房办事人员 9 人，共有办事人员 46 人。③

表 44 1911 年巴县衙门改设行政办事处情况

	各房改设情况	办事人员
总务科 （内分三股）	吏房改设考绩股	典吏周永思，司书长刘嘉猷，司书生卢腾高
	刑房改设调查股	典吏缺，司书长尹成周（暂充），司书生尹德章、陈锡蕃、陈秉钧
	承发房改设承发股	典吏余光灿，司书长余光灿（暂充），司书生刘俊卿、江绍淹
田赋科	户房改设	典吏黄泽沛、张孔修、雒德馨，司书长孔廉骧，司书生雒小泉、张相臣、黄月初
学务自治科	科、礼房改设	典吏苏泽仁、杨敬鲁，司书长杨作朴、谷启祥，司书生程献廷、王旭东、刘启文、严耀卿、樊泽江
警务科	兵房改设	典吏王鸿猷，司书长邹纯武，司书生张振声、李瑞卿
实业科	工房改设	典吏卢鹏霖，司书长林有壬，司书生尚熙之、张盛林、梁凤翔、范少卿

资料来源：《巴县知县阮开铨备文将九房典吏及禀设行政办事处考取之司书长司书生人数造册移交卷》，《巴县档案》6-54-92，1911 年。

---

① 《巴县知县周庆壬禀巴县地方冲要讼狱繁多恳请札委候补县丞陶家琦帮审词讼卷》，《巴县档案》6-54-71，1909 年。

② 《巴县禀知县筹办巴县行政办事处设立差遣队酌拟试办章程恳查核立案卷》，《巴县档案》6-54-58，1911 年。

③ 《巴县知县阮开铨备文将九房典吏及禀设行政办事处考取之司书长司书生人数造册移交卷》，《巴县档案》6-54-92，1911 年。

巴县衙门经机构改革和裁汰冗员后，差役大量减少，官府负担减轻。但所裁差役因无事可做，游荡于社会，极易滋生事端。宣统三年（1911）七月，巴县差遣队成立，而由此裁撤的差役三十余人"均遭遣散，另谋生业"，孙贵因游手无业，"恃前充队东水门散差，不遵遣去"，私窃同庆公所永兴馆牙侩赌博，后又混充差遣队人员"完扯戏捐钱二串"。① 重庆地方政府中因吏治整顿、禁吸鸦片等改革而致无业、游手好闲的差役当不在少数，这部分人，成为地方行政机构改革后的遗留问题。

二、商业精英成立商会

19 世纪中叶以后，清政府加强了对工商业的行政管理，光绪二十八年（1902），在南北洋大臣衙门各设注册牌号局一处，归海关管理。二十九年，设商部，统管全国农、牧、工、商、矿、路各业。同时制定《商会简明章程》，规定："凡属商务繁富之区，不记系会垣、系城埠，宜设立商务总会，而于商务稍次之地，设立分会。"② 重庆开埠后，因商业繁盛，与天津、烟台、上海、汉口、广州、厦门同属应设总会之处，1904 年冬，"始成立总商会"。③ 至1906 年，北京、上海、广东、山西、山东、四川等地大约 46 个城市建立了商会组织。

重庆总商会成立时，重庆商人并不热心，川东道与川东商务局为了取得商人的信任，制定《严惩倒骗章程》，并"逢人开导"，鼓吹兴办商会之利益，"各商等始欢欣鼓舞，渐有来局亲近之人。然一经言之商会，非因事体繁难，艰于虑始；即或别存意见，恐有捐摊，兴办迟迟"。川东道、川东商务局乃会同重庆知府、巴县知县，传集各帮商人开会，"将华商素习涣散之敝害，将兴办商会之利益演说数番，该商等始知所感奋，骎骎有振兴之机"。④ 川东道又饬令重庆商人"公举商董，每帮二人，以便商议商务，统限一星期内复"。⑤由于八省会馆在重庆城市社会的影响，官府认为"今欲兴办商会，不能不先用八省首事，以资其提挈之便，臂助之功"，因而，由各行帮公举"素晓商务，

---

① 《差遣队什长高荣升禀控散差孙贵不遵守裁撤估踞滋事卷》，《巴县档案》6-54-502，1911 年。
② 《奏定商会简明章程》，《东方杂志》第 1 卷第 1 期，"商务"，第 4 页，1904 年。
③ 民国《巴县志》卷 13《商业》，第 1 页。
④ 《川东道、川东商务局申报重庆商务总会开会日期并拟定会章禀》，《四川官报》，1905 年第 1 册，"公牍"。
⑤ 《四川官报》，1904 年，第 21 册，"新闻"。

办事稳妥者八人",会同八省首事作为重庆商务总会会董,各帮又举帮董 1~2 人,公推号称"西南首富"的重庆最大票号"天顺祥"老板,分省补用知县李耀庭为总理,于 1904 年 10 月 18 日正式成立重庆商务总会,订立章程 16 条,并将总理、协理、会董报川督转商部立案。①

重庆总商会选定城内县庙街五忠祠后购地自建商会公所。② 规定会长及会董必须是"手创商业卓有成效",又系"行号巨东或经理,每年贸易往来为一方巨擘",经商已有五年,并年届三十以上,得到各商行推重之人。③ 因此,历任商会会长赵资生、古绥之、舒钜祥等皆商界名流。时重庆商会"主会务者,有总理、协理、会董、帮董诸名,皆商界时望也"。④

重庆总商会是四川成立的第一个商会,在全国也是较早设立的总商会之一。光绪三十一年(1905),在重庆总商会的影响下,成都也设立成都商务总会。三十四年以后,各商帮又相继设立商务总会、分会和分所。如重庆布帮"人众事繁,急宜兴设商会以结团体",公举葛同泰为协董,陈忠元为分董,"拟定规则,呈局核定,并谕各贩商,向总董处报名",当时报名入会者便有600 余家。⑤

宣统二年(1910)十二月,四川通省劝业道宪准八省分会成立,饬"公举商董",分会选举各董 31 人,"以八省历来之办公之长安寺设为会所"。⑥

重庆商务总会的收入来源于各商号缴纳的会费,一为"各商号集入会底金一万两,发交永见、日兴、隆德、大有、荣盛五典,周年一分行息";二为"年中新添商号酌量入会,三五金或十金不等,全年计入不满百金"。⑦

---

① 《川东道、川东商务局申报重庆商务总会开会日期并拟定会章禀》,《四川官报》,1905 年第 1 册,"公牍"。
② 《重庆商务总会填报光绪卅四年分财政收支表册兵移送巴县文》,《巴县档案》6-54-920,1909年。
③ 《历任重庆市商会会长》,重庆市工商业联合会工商史料委员会编《重庆工商史料》第 8 辑《人物专辑》,重庆出版社,1992 年,第 170 页。
④ 民国《巴县志》卷 13《商业》,第 1 页。
⑤ 《广益丛报》,1908 年,第 15 期,"纪闻"。
⑥ 《八省分会牒呈巴县给分董、协董委任状一切照章办理文》,《巴县档案》6-54-927,1911 年。
⑦ 《重庆商务总会填报光绪卅四年分财政收支表册兵移送巴县文》,《巴县档案》6-54-920,1909年。

表 45   1908 年重庆商务总会财政收支表

入款	经常收入	由各商号集入会底金一万两发交永贝、日兴、隆德、大有、荣盛五典，周年一分行息
	补助收入	年中新添商号酌量入会，三五金或十金不等，全年计入不满百金
出款	薪工	文案一席，年修三百金；司书二人，薪水共银九十六两；厅事一名，工资银三十六两；杂役二名，工资共银四十四两，伙食均在内
	伙食	无
	修理制器	培修添置器物及门窗补换玻璃，年约银五十两
	杂项	开会停会万寿庆典酒席及点心，年约百四五十金；油灯烟茶年约五十金；电灯二盏，全年共银元十六两；书籍报章电抄电报邮费年需百四十金；刷印章程传单及纸张呈牍年需百金；年助商学堂银二百两
存款	余存	无
	欠款	除新添商号补助外，略欠百余金

资料来源：《重庆商务总会填报光绪卅四年分财政收支表册并移送巴县文》，《巴县档案》6-54-920，1909 年。

重庆当商会初成立，"一时诩为新政，重庆以商埠故，规制特宏。月有会期，自东川道而下，冠盖骈集，视昔之情势隔阂，多方裁抑而斥以为末业者，迥乎异矣。而商学、商报、商事公断处次第兴起，斥私财而襄义举，又往往有之。"[1] 光绪三十三年（1907）七月，重庆商务总会附设商学堂，由各商号另集基本金 3000 余两，发交妥商周年一分行息，每年由商务总会津贴银 200 两以为补助。次年十二月，商务总会附立"商事公断处"，"一切费用按年由本埠商号酌量捐助"[2]，商会成为一个财政独立的商业组织。

商会的主要职责是调整商业纠纷、协调各方关系等。因此，重庆商事公断处成立后，很快成为重庆商业纠纷的重要裁决处所。根据《商会简明章程》："凡华商遇有纠葛，可赴商会告知，总理定期邀集各董，秉公理论，从众公断"，"华洋商人遇有交涉龃龉，商会应令两造，公举公正人一人，秉公理处，即酌行剖断。"[3] 商事公断处处理商事纠纷时，"重庆知府或亲往参加，或派员出席，并担任监督，商会会长和本帮的帮董则为主要的仲裁者，处理方法决定

---

[1] 民国《巴县志》卷 13《商业》，第 1 页。

[2] 《重庆商务总会填报光绪卅四年分财政收支表册兵移送巴县文》，《巴县档案》6-54-920，1909 年。

[3] 《奏定商会简明章程》，《东方杂志》，1904 年第 1 期，"商务"，第 7 页。

后，则由知府交给巴县县堂执行，商民莫敢违抗。"① 四川曾于光绪二十七年（1901）铸造银元，因遭到各地官吏和票号反对，推行不前，直到宣统元年（1909）由"重庆商会通过一个决议，劝告各票号接受银元"②，银元才得以进入流通领域。三十三年（1907）九月，重庆商人与法商发生商事纠纷，由巴县传讯，但法商拒不到案，法驻渝领事也出面干涉，不准地方官审理，后同意由商事裁判所解决。③ 同年八月，成都商务总会也设"商事裁判处"，拟定裁判章程101条，宣布"专以和平处理商事之纠葛，以保商规、息商累为宗旨"，使工商业者"免受官府之讼累"。④

巴县衙门例有陋规，地方官到任伊始向有验帖规费，重新验证牙帖实则变相向各行收取费用，"各行帮历陈困难不认缴纳"。宣统三年（1911）七月，重庆商务总会召集各行帮商议，以"近来买卖萧索，担任地方捐款亦复繁重，行商中落现已十居六七，前任阮公屈予体验，验费一项，已蒙豁免"为由，移知巴县衙永远取消验帖规费。同时以"工为商之母，提倡工艺正以发展商业，工会开办无款，不能不酌筹挹注集资成立"，再三劝导该行帮等尚明大义，筹银400两以作工会开办经费，声明只此一次，嗣后并不援以为例。此举既解决了工会开办经费，"验帖规费亦从此永远取消，隶属两全"。⑤

除了解决商事纠纷，重庆总商会还倡导实业，主张收回各项利权。商会会长赵资生，光绪三十一年（1905）邀请重庆绅商刘沛膏、李觐枫等，共同筹资三十万两，创办"烛川电灯公司"，是为重庆电力工业之始。三十三年（1907），为争夺川江航权，重庆成立官商合办的川江轮船股份有限公司，额定资本二十万两，官股占四成，商股占六成，由成渝商人分摊。赵资生极力促成此事，由重庆商帮认购四万五千两，由货帮每件进出口货摊认银三钱，累计至四十两为一股，照此进行筹集。在商股未筹齐之前，赵资生等向天顺祥借款三万元开办，使公司得以顺利成立。⑥ 重庆总商会会所挂有一副楹联："古人忠

---

① 刘闻非等：《重庆钱帮公所的由来》，载重庆市工商业联合会等编《重庆工商史料选辑》第5辑，第128页，1964年。

② 《1902—1911年重庆海关十年报告》，周勇、刘景修译编《近代重庆经济与社会发展（1876—1949）》，四川大学出版社，1987年，第152页。

③ 《商务局详商事裁判所著有成效请咨部立案文并批》，《四川官报》，1908年，第3册，"公牍"。

④ 《四川成都商会商事裁判所规则》，《华商联合报》第17期，1909年。

⑤ 《重庆商务总会移知巴县取消各行验帖规费及筹助工会开办费卷》，《巴县档案》6—54—1236，1911年。

⑥ 《历任重庆市商会会长》，载重庆市工商联合会文史委员会编《重庆工商史料》第8辑，《人物专辑》，重庆出版社，1992年，第179~181页。

愤，异代略同，借垫情规划商情，要与前人分一席；天下兴亡，匹夫有责，望大家保全时局，莫教美利让诸邦"①，显示了重庆商人的志向与实力。

此外，重庆商会集中重庆商界精英，历任会长和协董多思想趋新，赞成改革。光绪二十三年（1897），宋育仁在重庆创办四川第一份报纸《渝报》，宣传改革，抨击清政府腐败，商会会长李耀廷曾捐款支持，解决办报经费。南方革命兴起后，李耀廷与同盟会重庆支部负责人杨沧白、张培爵、朱之洪等人常有来往。其子李和阳在日本留学，结识孙中山先生，参加了同盟会，回国后，和阳在李耀廷同意下，捐三万银元支持孙中山作海军起义经费，并雇请一勇士，协助爆破清廷"肇和"号军舰。孙中山特亲书"高瞻远瞩"条幅相赠。②

商会成立是 20 世纪初清政府振兴商务，奖励实业的重要举措。重庆商会成立后，将分散的行帮组成新的社会组织，并依赖这一组织协调商事纠纷，保商振商，收回利权等，既维护了商人的权益，又大大提高了商人的社会地位。商会成为表达商人意志、从事政治和经济活动的新式组织。

重庆商人自乾隆以来就有"八省会馆"的行会组织，在行业及社区发挥重要作用。商会比之八省会馆这一"旧式"商人联合体，具有更强的官方色彩，商会成立本身就含政府振兴商务的愿望。晚清新政时期，重庆官员不仅以商会来整合商业精英，还走到实业发展的前台，大力倡办地方实业。"图变"已成为此一时期中国地方精英寻求改革的共识。

三、巴县劝工局与实业进步

振兴实业是新政的一个重要内容。光绪二十九年（1903），清政府设商部，三十二年（1906）与工部合并，改为农工商部，掌全国农工商政并森林、水产、河防、水利、商标、专利诸事。又于各省设立劝业道，下设劝业公所，专管各省实业；于州县设立劝业员，下设劝业分所，以指导、倡办、统计当地各项实业活动。

二十八年（1902），清政府设立京师工艺局，以"树全国艺事之模型，为各省劝工之倡导，现招生徒 500 人，分隶各科，责成工师，认真指授，就所学之难易，分别二年一年毕业。"同时局内附设讲堂，对学徒授以普通教育，学

---

① 《历任重庆市商会会长》，载重庆市工商联合会文史委员会编《重庆工商史料》第 8 辑，《人物专辑》，重庆出版社，1992 年，第 176 页。

② 《历任重庆市商会会长》，载重庆市工商联合会文史委员会编《重庆工商史料》第 8 辑，《人物专辑》，重庆出版社，1992 年，第 176~177 页。

徒毕业之后，"除由本局留用外，凡顺直各属所设工艺等局，准其聘往传授，以振工业，而广师资。"[①] 在农工商部工艺局的带动下，20世纪初，各省掀起一股创办工艺传习机构的热潮。据《世界年鉴》记载，1913年直隶、奉天、吉林等22省共有各级工艺厂、所523处，如果加上具有工艺传习性质的各种工艺局，总数多达751处。[②]

1. 光绪三十一年（1905）正月，巴县劝工局成立，成为重庆推行实业之样板

早在光绪二十八年（1902），川督岑春煊就于成都创设四川通省劝工局，设工艺厂、副厂、迁散所、养病院，另在华南招募工匠、购置机器，首先开办工艺厂。[③] 三十年（1904），又设劝工总局，从事各项工艺活动，以为全省工厂之表率，并"以兴设迁善、劝工为急务"，通饬各州县创立劝工局、迁善局。[④] 三十一年（1905），四川"官办者为各属劝工局、制革、肥皂、火柴、印刷等专厂，兵工厂、工艺学堂、工业化学试验所共计七十余处"[⑤]。至宣统二年（1910），川省各属设劝工局63处，从事织布、纺线、编织、木工、铁工、制铁、制鞋、印刷等各种工艺。工匠、艺徒及办事员共2864人。[⑥]

光绪三十一年（1905）正月，巴县劝工局成立，地址设于莲花坊。[⑦] 劝工局设有宁绸科、香水科、葛巾科、线毯科、棉布科、洋布科、木器科、卤漆科、洋漆科、雕花科、铜器科、机械科、信笺科、洋钱科、景泰瓷科、成衣科、藤器科等17科。局内设员绅1人、提调1人、收支1人、医士1名、监厂2人，售货2人，收发1人，采买1人，共有人员10名。[⑧] 三十三年（1907），四川设立通省劝业道，归督抚统率，秉承农工商部、邮传部及督府指示，管理全省农工商矿及交通事务。各州县设劝业员，受劝业道及地方官的指挥，掌管本地实业、交通事务等。新政时期，四川各州县多成立劝工所（局）或劝业所，直接创办实业。

① 《农工商部工艺局扩充试办章程》，彭泽益编《中国近代手工业史资料（1840—1949）》，第2卷，生活·读书·新知三联书店，1957年，第511页。
② 《各省工艺局所比较表》，彭泽益编《中国近代手工业史资料（1840—1949）》，第2卷，生活·读书·新知三联书店，1957年，第576页。
③ 《前署督部堂岑奏劝工局折》，《四川学报》，1905年，第5期，"奏议"。
④ 《通省劝工局饬各州县推广工艺札》，《四川官报》，1904年，第10册，"公牍"。
⑤ 《清朝续文献通考》卷384《实业七》，台北新兴书局，1965年影印，第4册，考11311页。
⑥ 《四川第四次劝业统计表》，第29表，四川劝业道署编印，1910年。
⑦ 《巴县奉札申报劝工局办理情形卷》，《巴县档案》6-54-1297，1909年。
⑧ 《巴县奉札申报劝工局办理情形卷》，《巴县档案》6-54-1297，1909年。

巴县劝工局创办经费来源于三个部分：一为城乡猪肉厘捐款，二为渝城牛羊肉捐款，三为房租（每年收银六十余两，由巴县案内拨局）。[①] 光绪三十二年（1906），巴县奉督宪批准加抽猪牛羊肉捐，每只猪抽钱 100 文，每只牛抽钱 300 文，每只羊抽钱 50 文。其所抽猪羊牛捐"三里冬防三成，本城育婴二成，劝工局应领六成"。同年八月至十二月，劝工局领得经费约 1949 两，三十三年领得经费约 4916 两，三十四年领得 4473 两。此外，劝工局的收入还包括：光绪三十一年巴县知县拨仁里十甲五布场贞女蔡琼琰暨弟蔡庆祥等乐捐田租 27 石，每年约售谷价银 60 余金；三十三年，巴县知县拨来治平坊何品三、何荣森等罚款铺房两间，每月共收租钱 2500 文；三十四年，巴县知县拨来烟膏红息银 2400 两，存当商生息，每年收息银 240 两。[②]

巴县劝工局创办以来，"开办各科工艺，力求进步"，"学徒试手虽不免费材，而出货精良，颇能畅销"。[③] 其所出之货有宁绸、洋布、葛巾、棉布、杭缎、镜妆、香水、信笺、线毯、如意、椅、宽布、坐屏、朝笏、蜡灯等[④]，亦有仿洋西洋之玫瑰香水、兰花香水、百花香水等。[⑤]

光绪三十二年至宣统三年（1906—1911），巴县劝工局多次组织产品参加各地举办的赛会，以此宣传重庆工艺品。三十二年（1906）二月初十，成都第一次商业劝工会召开，巴县劝工局选送的"提花绸""紫色缎""铜龙头壶"获奖。[⑥] 光绪三十四年（1908）春，成都举行第三次商业劝工会，巴县劝工局选送的"宽布机""织稻机""升降壶"获得"二等镀金荷花奖牌"。[⑦] 宣统元年（1909）八月，为准备成都第五次劝业会，巴县正堂专门出台奖励措施：如果有能推陈出新，造成特别珍品，以备明春赴会并得头等奖者"给大洋一百元"。[⑧] 次年十月，成都第五次劝业会召开，四川通省劝业道规定评比标准：以各地呈送物品分为"种类""装潢""选择""说明"四项逐加考核，以百分法核计分数，定以平均，得八十分以上者为一等，得七十分以上者为二等，得

---

① 《巴县奉札申报劝工局办理情形卷》，《巴县档案》6-54-1297，1909 年。
② 《巴县造呈劝工局收入各项款经费一案清册稿》，《巴县档案》6-54-1077，1909 年。
③ 《巴县劝工局绅董古秉钧禀请减价出售滞销陈货文》，《巴县档案》6-54-1324，1909 年。
④ 《四川布政使司等札饬巴县镇填报经征钱粮等项并自治及一切保息善政等及巴县申报卷》，《巴县档案》6-54-86，1910 年。
⑤ 《巴县劝工局赍呈成品名单》，《巴县档案》6-54-1328，宣统年。
⑥ 《四川成都第一次商业劝工会调查表》，光绪丙午（1906）刊本，四川大学图书馆藏。
⑦ 《四川成都第三次商业劝工会调查表》，四川商务总局，1908 年印。
⑧ 《巴县劝业道札巴县计发筹办成都第五次劝业会改订办法章程搜集物品及巴县移知劝业分所卷》，《巴县档案》6-54-1317，1909 年。

六十分以上者为三等，至六十分以下者概不列等。并且，如列在一等，该州县地方官及劝业员各记大功二次；列在二等，该州县地方官劝业员各记大功一次；列在三等，该州县各州县官概不给奖。[①] 巴县仅获 62.23 分，列为三等，未获奖；江北厅仅获 53 分，不列等，"从宽暂免"，"仍由职道严饬该州县下届务须先期认真筹办，如再草率即予以加倍详请处罚"；不及 40 分之松潘厅、开县地方官、劝业员"各予记大过二次，以示儆戒"。[②]

重庆选送的产品虽然在成都第五次劝业会上表现不佳，但宣统元年（1909），重庆工业品赴南阳赛会获得佳绩，其中劝工局选送的产品"香皂""线毯""紫罗兰白玫瑰"等分别获得"超等""金牌""银牌"的好成绩，在川省选送产品中处于前茅，仅有成都制革官厂选送的"各种制革"产品超过重庆，获得"头等"的最好奖励。[③]

表 46　1909 年重庆赴南洋赛会陈列品获奖情况

奖　别	物　品	产　地	出品人
超　　等	各种玻璃器具	重庆	鹿蒿厂
	香皂	重庆	劝工局
金　牌	各种酒罐诘	重庆	建馨工厂
	线毯	巴县	劝工局
银　牌	巴鱼	巴县	劝业分所
	紫罗兰白玫瑰	巴县	劝工局
	渝酒	巴县	谭麟
	官纱	巴县	兴盛局
	白色线毯	巴县	劝工局

　　资料来源：《四川劝业道重庆府札巴县领取川省送南洋劝业道陈列品获奖工品卷》，《巴县档案》6－54－1319，1909 年。

　　宣统二年（1910），为筹备成都第六次劝业会，巴县劝工局成立"巴县工

① 《四川劝业道札知巴县抄发成都第五次劝业会各厅州县送物品核定分数评列等级表文》，《巴县档案》6－54－1285，1910 年。
② 《四川劝业道札知巴县抄发成都第五次劝业会各厅州县送物品核定分数评列等级表文》，《巴县档案》6－54－1285，1910 年。
③ 《四川劝业道重庆府札巴县领取川省送南洋劝业道陈列品获奖工品卷》，《巴县档案》6－54－1319，1909 年。

业分会筹办处"，筹集开办费二百金，以劝工局为会所，定期召集工界开会。[①]
次年，劝工局选送"各式木器"62件，各式藤器32件，擂棉花机器1架，各色花线毯420床，铁架椅床3架，本局制造葡萄酒210瓶，各式铜器6件，本局制造宽布15尺，景泰蓝瓷32件，玻璃1箱赴会。[②] 此次"巴县劝工局新出物品，如花布、洋布、线毯、藤器、木器，均能逐渐改良，允非他县所及"[③]。

新政时期创办的劝工局等工艺局所还有"以教代养""教养兼施"的性质，因此，在巴县劝工局创办的同时，光绪三十三年（1907）五月二十日，重庆还创办幼稚工厂于觉林寺，十月十五日创建贫民工厂于城外柱香坪，负责生产各类手工艺品。[④] 各类工艺局、厂在劝民为业，以开风气的同时，广招工匠，一定程度上解决了部分贫苦民众的生计问题。

2. 宣统元年九月初四日（1909年10月16日），巴县劝业分所成立，成为重庆倡导实业的新机构

劝业道和劝业员是新政时期推进实业的重要人物。晚清四川通省劝业道的职责为"研究全省物产，以谋改进"[⑤]，但由于机构初创，各地急需"劝业"人才，因此，宣统元年（1909），通省劝业道设立劝业员养成所，"饬各厅州县选送合格绅士送省学习"，第一班即毕业188人，回到各所在厅州县充当劝业员，分布在129个州县。[⑥] 重庆士绅王承烈于宣统元年七月十五日从劝业养成所卒业，经考核合格后派充至巴县充当劝业员。八月二十七日，王承烈抵达重庆，巴县知县周庆壬指挥"由四事公所腾出闲房数间，暂作成立处所"。九月初四日，巴县劝业分所成立，王承烈入所任事。[⑦]

重庆举办实业、培养劝业员的经费从何而来？按照四川通省劝业道的规定，各州县劝业员的公费银两以各州县农工商矿邮传事务之繁简分为一二三四等，一等州县劝业员岁给薪水火食银480两，公费银400两；二等各州县岁给薪水火食银360两，公费银300两；三等各州县岁给薪水火食银240两，公费

---

① 《巴县档案》抄件，四川大学历史系藏。
② 《巴县劝工局折呈赴省赛会各货总数文》，《巴县档案》6-54-1318，1910年。
③ 《成都商报》，1911年4月8日，"新闻"。
④ 《四川布政使司等札饬巴县镇填报经征钱粮等项自治及一切保息善政等及巴县申报卷》，《巴县档案》6-54-86，1910年。
⑤ 周询：《蜀海丛谈》，巴蜀书社，1986年，第59页。
⑥ 《督宪批劝业道详第一次拟派各地方劝业员并各员卒业成绩分别列表文》，《四川官报》，1909年，第21册，"公牍"。
⑦ 《巴县劝业分所劝业员王承烈禀报到任成立情形及启用图记日期及川东道札委王承烈为川东劝业会筹办处议事员卷》，《巴县档案》6-54-1283，1909年。

银 200 两；四等各州县岁给薪水火食银 120 两，公费银 100 两。添派帮办薪水另由劝业道定给。劝业道认为，"瘠苦州县虽岁筹二百金亦有所难，然劝业乃当今急务，设员为奏定专章，但使用得其人，不难为地方兴相当倍蓰之利"，应饬各州县"筹可筹之款，或节可节之费"，"尤不可使各劝业员越俎代筹，致使理财行政合而为一，复生种种之流弊"。① 重庆列为"一等"县，劝业员薪水火食银应为 480 两，公费银应为 400 两。

"制造机器专利改良土货，仿造洋货工厂，皆属劝业员应行所管。"② 宣统年间，重庆劝业员在通省劝业道的指导之下，开展了关于重庆农务、商务、器量、驿站、邮驿等大量调查统计工作。

表 47　重庆劝业员奉劝业道令调查重庆农工商等情况表

奉文时期	限　期	奉文事项	办理情况
宣统二年七月十八日		奉饬补造船户学童壮丁	
宣统二年七月十九日	宣统三年三月内	调查农务统计表	未办
宣统二年八月	宣统二年九月初一日开所	改良蚕丝传习所	已办
宣统二年八月初五日	宣统三年三月内	饬查商务统计表	未办，已饬劝业员调查
宣统二年八月初五日	宣统二年十二月初一日实行	改革器量	已办
宣统二年八月二十三日		奉饬查填官私桑秧	文到即办
宣统二年九月二十日		饬改秤制	已办
宣统二年十月初二日	十一月内	调查土质符号农产品物表	已办
宣统二年十月初七日	五日	调查驿马驿站	已办
宣统二年十月二十三日	一月内	调查商务矿务表	已办
宣统二年	按月填报	饬填农务分会并农业界实业表	已办
宣统二年十二月二十三日		饬填邮驿对照表	未办，移交新任办理

　　资料来源：《四川布政使司札委巴县江安县知县阮开铨等接署巴县印务卷》，《巴县档案》6—54—93，1910 年。

---

① 《川省通饬筹定各州县劝业员公费银两卷》，《巴县档案》6—54—1154，1909 年。
② 《巴县札知劝工局绅董劝业员应营事项文》，《巴县档案》6—54—1293，1909 年。

四川劝业道在一年之内连下十二道调查指令，涉及范围极广，有的需时较长，尚未及办理，但其中几项事务办理得较好。如宣统二年（1910）八月，巴县"奉饬改良蚕丝传习所"，九月初一日乃设校于浮图关、南城坪两处，"后先期出示招生，饬令里总监正医生考验，合格取录入堂。大加改革，分两班教授其科学，以经验、学理考查蚕种及种桑情形，并讲习桑园肥料"。九月，巴县"奉饬改秤制"，"遵即传谕境内秤匠自赴劝业分所注册并投县，以后为人制秤照局制正九七砝码十六两为一斤，不得违式制造"。十一月，重庆筹办农事讲习所，调查县属种植物品及收获情形，并召集各乡农董开特别会议筹办农业试验场及农事讲习所。[1]

此外，劝业道还要求地方废除行业陋规，以保护工商业者利益。宣统元年（1909）五月，劝业道札饬巴县将每年应解司库之铁厂陋规银125两"永远裁免，以恤商艰"，并"随时严查书役人等，不准再行需索分文"。[2] 二年（1910）十一月十一日，劝业道札饬巴县取缔对茶商的苛索："照得各属茶商于每年三节或新官到任及新商顶岸之时，每有于府厅州县级汛捕各衙门缴纳陋规之事，现值整顿茶务，此项陋规亟应饬属查报。"[3] 对于劝业道的要求，巴县敷衍塞责，次日即回复曰"查明县属茶商无丝毫规费"。十二月初七，劝业道再次要求巴县"随手认真稽查，毋任厂书人等藉端需索，以恤商艰缴"。[4]

重庆的一些新式工业也得到劝业道的大力支持。如重庆鹿蒿玻璃厂在创办之初即蒙受巨大损失，几遭歇业，幸得劝业道周善培介绍向川汉铁路公司借款两万元，才得以维持。周又饬令巴县硝商按照售与官厂之低价火硝供应该厂，以降低成本。后因局卡林立，有碍销售，周又代拟呈稿请清政府援照江苏耀徐玻璃公司成例，予以免税三年，结果"产品畅销空前"。[5] 宣统二年（1910），重庆绅商石蕴元创办蜀眉丝厂，因雇用女工招来非议，通省劝业道认为"川省女工缫丝风气尚未大开，亟应提倡"，要求巴县出示晓谕保护该厂。十一月，巴县知县晓谕民众："蜀眉丝厂招雇女工学习缫丝，实于地方有益，该厂厂规亦极严正，勿论何人，不得妄造谣言，倘敢故违，准由该厂指名禀官，处罚不

① 《四川布政使司札委巴县江安县知县阮开铨等接署巴县印务卷》，《巴县档案》6—54—93，1910年。
② 《四川布政使司劝业道札饬巴县奉督宪批本司道会洋核议裁革各属缺厂陋规及垦免拨还银两一案》，《巴县档案》6—54—1334，1909年。
③ 《四川省通省劝业道札饬巴县取缔各衙门对茶商苛索卷》，《巴县档案》6—54—896，1910年。
④ 《四川省通省劝业道札饬巴县取缔各衙门对茶商苛索卷》，《巴县档案》6—54—896，1910年。
⑤ 何鹿蒿：《记重庆鹿蒿玻璃厂》，载《四川文史资料集粹》第3卷，"经济工商编"，四川人民出版社，1996年，第51页。

贷。"① 由于官方大力推行实业，从宣统元年（1909）八月二十七日到宣统三年（1911）三月，重庆还成立了丝业保商公所、改良蚕丝传习所、农事试验场、农事讲习所等机构②，对重庆的实业推进起到了示范和鼓励作用。

四、官绅举办新式教育

咸丰十一年（1861），清政府设立"总理各国事务衙门"，办理对外交涉事务。因翻译人才缺乏，次年，恭亲王奕䜣以"欲识各国情形，必先谙外国语言文字，方不受人欺蒙"为由，奏请设立同文馆，获清廷批准。从同治元年（1862）起，洋务派先后在全国设立二十多所洋务学堂，以倡西学或西艺，重庆洋务学堂在此背景下应运而生。

光绪十八年（1892），川东道黎庶昌创设洋务学堂，为四川创办的第一所新式学堂。"考选学生正副额各二十人，其学程于国文外增置科学，而以英语、数学为主科。在四川未废科举以前，此为官立学校之始。"③ 黎曾问业于湘乡曾国藩，"能为古文辞，暇则为诸生讲授，循循如也。经费不外索，皆出自黎，黎去职，遂即停止。"④ 洋务学堂虽然开办时间不长，但其在学科设置上于国文之外增设西学，在教育方式和教学内容上增添了若干新的气息。

同一时期，西方传教士所创之教会学校也给重庆带来若干新鲜空气。19世纪末，随着西方传教事业在重庆的发展，教会学校作为其传播宗教的重要渠道也逐渐创办起来。光绪十七年（1891），美国美以美会于重庆曾家岩创办私立求精中学校，此为重庆最早的教会学校。二十年（1894），英国基督教公谊会于城内都邮街创立广益书院，后于南岸文峰塔侧建校舍，更名广益中学校，三十年（1904）正式开学。二十一年（1895），美以美会教士鹿依士倡设私立启明小学，经费由每年除世界美以美会总会规定经常费 400 元外，余由校董会筹备，校址设于戴家巷。⑤ 教会学校以传播福音、培养宗教人才为目的，但因所设科目有外国语、物理、化学、动物、植物、体操、图画等课程，打破了传统教育以四书五经和八股文为主的教学内容，进一步扩大了西学在重庆的传播范围，为重庆新式教育制度的建立起到了一定的示范作用。

---

① 《四川劝业道札饬巴县出示晓谕保护蜀眉丝厂卷》，《巴县档案》6－54－1361，1910 年。
② 《巴县牍知劝业道分所填呈劝业员成绩表式卷》，《巴县档案》6－54－1286，1911 年。
③ 民国《巴县志》卷 21《事纪下·清》，第 53 页。
④ 民国《巴县志》卷 7《学校·学校表》，第 21～22 页。
⑤ 民国《巴县志》卷 7《学校·学校表》，第 32 页。

二十一年（1895），中国在甲午战争中失败，进一步刺激了各地向西方学习的热潮。二十四年（1898），川东副使在重庆"兴设中西学堂"，"延订巴县汪桂武孝廉为中文教习，其课西文者则向司翻译之吴君平伯，屠君仙根也"。[①]重庆中西学堂的建立，对四川学界影响较大，"川东向无学堂，巡使宜兴任公始立焉，下县之承风而起者方接踵"，荣县等地官绅"亦集万金，踵设中西学堂，风教渐开，蜀学当日兴起"。[②]这一时期，重庆相继兴办的学堂还有弹子石小学堂（1894）、西文学堂（1898）、算学学堂（1898）等。

二十四年（1898）五月，清廷令各省大小书院改为学堂。二十七年（1901）八月，又谕令各省所有书院属于省者，改为大学；属府直隶厅、州者，改为中学；属州、县者，改为小学。凡毕业者，赐出身，天下应之，而重庆"公私各学校，亦蔚若云兴矣"。[③]

表48　晚清重庆新式学校一览表

名　称	创办情况
开智小学	1901年，许云龙、曾纪瑞等捐资成立，校址在道冠井，旋迁来龙巷
光国小学	原名正蒙公塾，1902年县人杜成章等创办，校址在方家十字报恩堂
巴县高等小学堂	1903年，巴县知县霍勤炜奉令开办，初在来龙巷渝郡书院旧址，后迁方家十字字水书院旧址，改名巴县县立高等小学校，后又改名巴县第一高级小学校
重庆府中学校	1904年，重庆知府张铎倡议兴办，原名重庆府中学校，初以东川、经学、渝郡三书院旧款为开办费
私立依仁小学校	1904年，杨隽、杨芳倡议，杨鹤龄赞助，杨焕斗出资开办
私立泰邑小学校	1905年，江西泰和县旅渝同乡创办，以泰和同乡会购置田业、街房，租金为基金
重庆公立法政专门学校	1906年，重庆知府高增爵倡议兴办，校址来龙巷
川东师范学校	1906年，川东道张铎倡议兴办
私立游艺树坤女子学校	游艺、树坤两校，原系分办。游艺乃1907年罗绍康创办，设保节院内；树坤乃绍康女陈罗怀清于1909年典质簪珥创办，设保节院侧

① 《渝报》，"本省近闻"，1897年，第12册。
② 《渝报》，"蜀事近闻"，1897年，第2册。
③ 民国《巴县志》卷7《学校·学校表》，第22页。

名　　称	创办情况
巴县县立初级中学校	1907 年创办，原在机房街
私立昭武小学校	1907 年创办，以原有宾兴会产及赣省抚州各汇款划拨，年均四千余元，以作经常费
巴县县立经纶淑慎小学校	1910 年创，淑慎系女生部
重庆甲种商业学校	1910 年，重庆知府耿保煃倡议兴办

资料来源：根据民国《巴县志》卷 7《学校·学校表》第 22～32 页制。

上表显示，20 世纪初，重庆新式教育有官办和民办两种形式。官办是由官府拨款修建的学校，如巴县高等小学堂，光绪二十九年（1903）由巴县知县霍勤炜奉令开办；重庆府中学校，三十年（1904）由重庆知府张铎倡议兴办，初以东川、经学、渝郡三书院旧款为开办费；川东师范学校，三十二年（1906）由川东道张铎倡议兴办，"初拨道库银五万两发商生息，又征每名官费生银六十两作为经费"①，为重庆最早的师范学校；重庆公立法政专门学校，三十二年由重庆知府高增爵倡议兴办，为重庆最早的法律专门学校。官办学校多由书院、庙宇等改建而来，如重庆府中学堂由城区炮台街东川书院旧址改建；巴县高等小学堂由城区来龙巷渝郡书院旧址改建，后又迁字水书院。

新式民办学校分为两类，一类由私人捐款兴建。如开智小学，光绪二十七年（1901），由许云龙、曾纪瑞等捐资成立，校址在道冠井，旋迁来龙巷；私立光国小学堂，二十八年（1902）由县人杜成章等捐资兴建；私立依仁小学校，三十年（1904），由杨隽、杨芳倡议，杨鹤龄赞助，杨焕斗出资开办，设于重庆蹇家桥。另一类由社会组织、寺院等捐资兴建。如私立泰邑小学堂，三十一年（1905）由江西泰和县旅渝同乡会出资兴建；私立昭武小学堂，三十三年（1907）由原有宾兴会产及赣省抚州各会款拨款兴建。至辛亥革命前夕，重庆已有官立和私立小学堂 24 个，中学堂 4 个。在四川全省创办的新式学校中，"渝城地居冲要，得风气之先，通省学校亦以彼处为占多数"②。

二十七年（1901），清政府还发布上谕，规定学堂"其法当以四书五经纲常大义为主，以历代史鉴及中外政治艺学为辅"。③ 主导思想仍未脱离"中体西用"的范围，但兼采"中外政治艺学"的提倡给地方办学提供了广阔的空

---

① 民国《巴县志》卷 7《学校·学校表》，第 29 页。
② 《四川官报》，1904 年，第 20 册，"新闻"。
③ 朱寿朋：《光绪朝东华录》第 4 册，中华书局，1958 年，总第 4719 页。

间，西学遂因教育制度的改革得到更大范围的传播。

重庆府中学堂是 20 世纪初重庆传播西学的一个重要阵地。三十三年（1907），重庆知府张铎于炮台街原川东书院创建重庆府中学堂，学制五年，课程设置修身、经学、国文、英文、历史、地理、数学、博物、物理、化学、图画、体操等。各科教学都由教师自定标准，自编教材，形形色色，得失互见。初创期间，因国内理化科教师极缺，学堂只得聘请日本教师藤川勇吉授课。日本教师比中国教师待遇高，且又请翻译，买仪器设备，故理化科花钱最多，但因教学方法是启发式教学，故效果最好。① 学堂学生均由重庆府辖各县、州、厅荐送考生。在辛亥革命前夕，革命党人杨沧白出任该学堂监督，张培爵出任监学。在他们的影响下，重庆府中学堂成为重庆辛亥革命的中心。

清政府教育创新的另一举措是派遣学生出国留学，以达培养人才之目的。三十一年（1905），日本在与俄国的战争中取胜后，舆论皆以此为"立宪战胜君主"之故，日本遂成为甲午战后国人留学的主要国家。"在 20 世纪的最初10 年中，中国学生前往日本留学的活动很可能是到此为止的世界史上最大规模的学生出洋运动。"②

光绪二十七年（1901），川省选派首批官费留日学生 22 人，由候补知府李立元率领赴日，"入其国家工学堂肄业"③，重庆考生邹容、陈崇功、胡景伊、龚秉权前往赴考并被录取，但邹容因不满政府，临赴日前，被当局"以其聪颖而不端谨，不合条件"④ 为由，取消其官费留日资格，转而自费留日。二十八年（1902）八月，邹容赴东京同文书院就读。⑤

三十年（1904），重庆为解决创办新式学堂缺少人才之窘境，选派曾吉芝、李映同、杨霖、邓鹤丹等一批秀才到日本学习师范。随后，官费、自费留学生接连不断。三十二年（1906），四川留日学生达 800 余人⑥，占全国留日学生总数的 1/10 左右。四川各州县都有留学生，其中成都最多，重庆次之。

留日学生为寻求救国真理而东渡扶桑，很多学生回国后，积极组织社团、

① 陆殿舆：《清末重庆府中学堂》，载《四川文史资料选辑》第 13 辑，1964 年。
② ［美］费正清、刘广京编：《剑桥中国晚清史（1800—1911 年）》下卷，中国社会科学出版社，1985 年，第 341～342 页。
③ 《前督部堂奎奏派学生赴日本肄业片》，载《四川学报》，1905 年，第 2 册，"奏议"。
④ 朱必谦：《〈对四川学生官费留日考订〉之商榷》，载《四川文史资料选辑》第 15 辑，1980 年，第 221 页。
⑤ 何一民：《邹容留学日本时间考》，见廖伯康、李新、隗瀛涛等《重庆地方史资料丛刊·论邹容》，西南师范大学出版社，1987 年，第 50 页。
⑥ 《四川留沪学生同乡会留学预备科简章叙》，载《广益丛报》，1906 年第 12 期，"新章"。

传播西方思想文化，在中国各城市倡导改革或革命，促使地方社会更加朝"变"的方向发展。

邹容于光绪二十九年（1903）年底返回中国，在日本的全部时间不过 7 个月，但其在日本阅读大量西方思想家的著作，"录达人名家言印于脑中"①。二十九年正月初一，近一千名留学生在东京神田骏河台留学生会馆举行新年团拜大会，邹容登台讲演，慷慨陈词，"大倡排满主义"②，赢得热烈掌声。此后"凡遇留学生开会，容必争先演说，犀利悲壮，鲜与伦比"③。邹容很快成为留日学生中的反清激进分子。同年 5 月，邹容所著《革命军》在上海出版，在中国思想界引起极大反响，重庆青年学生也受到极大鼓舞。

二十九年（1903），首批留日的巴县学生陈崇功、朱蕴章、童宪章等回到重庆。同年，在杨庶堪、梅际郇二人倡导下，秘密成立重庆第一个革命团体公强会，"倡言革命"④，重庆先后加盟于公强会者，"日益浸盛"⑤。三十一年（1905）7 月 14 日，在东京的重庆公强会代表童宪章、陈崇功等人，由孙中山主盟，加入同盟会，成为四川最早的同盟会员。他们回渝后，倡导革命，发展会员，将公强会改组为同盟会重庆支部，为反清武装起义做积极准备，重庆形成以学生为主体的革命群体。

20 世纪初，中国各城市中以学生为主构成的新式精英群体，以天下为己任。官方已不能将其整合于旧有的保甲、团练组织之中，精英脱离官方的控制遂成必然之势。

第二节　新式管理体制：警政

清代警察制度，发轫于戊戌变法时期。光绪二十四年（1898）六月初九日，主张维新的湖南按察使黄遵宪在巡抚陈宝箴的支持下，于长沙创设湖南保卫局，是为中国警察制度之萌芽。

---

① 邹容：《革命军》，中华书局，1971 年，"自序"，第 4 页。
② 章太炎：《狱中答新闻报》，汤志钧编《章太炎政论选集》上册，中华书局，1977 年，第 233 页。
③ 邹鲁：《中国国民党史稿》第 5 册《列传·邹容略传》，中华书局，1960 年，第 1242 页。
④ 赖肃：《杨沧白先生行状》，重庆地方史资料组编《重庆蜀军政府资料选编》，重庆地方史资料组，1981 年，第 134 页。
⑤ 赖肃：《杨沧白先生行状》，重庆地方史资料组编《重庆蜀军政府资料选编》，重庆地方史资料组，1981 年，第 134 页。

光绪二十六年（1900），八国联军侵入北京，在其各自占领的区域内设立"安民公所"，雇用中国人担任巡捕，以维持秩序。次年，联军退出北京城，清政府为维持秩序，以"安民公所"为模式建立"善后协巡警"，不久改为"工巡总局"，作为维持北京治安的机构。二十八年（1902），直隶总督袁世凯奏请在天津设立巡警局，清政府准奏试办，并通饬各省仿照筹办，由此开启地方警察机构的创设。

一、重庆警察兴办

四川警察创办于20世纪初。光绪二十八年（1902），川督岑春煊在成都试办警察，次年5月，成都警察总局成立，局址设于廉官公所保甲总局内，原保甲局同时撤销。三十二年（1906），清廷设巡警部，次年改称民政部。同时，川督锡良将成都警察总局改为通省警察局，职权范围扩至全川，兼管成都城区警务。

光绪三十三年（1907），清政府为划一地方警察机构，裁撤省巡警总局，改设巡警道，作为一省警政的主管机关，直接由督府节制。次年，四川设立巡警道，原通省警察局改称四川警务公所，作为管理全省警务的执行机构。

重庆于光绪三十年（1904）开始警察创办的准备工作。是年，四川通省警察局要求各地按照给发章程，认真挑选巡警兵丁赴省训练，定重庆招募百名，泸州、叙州、嘉定各招募五十名，共二百五十名，其目的为："将来重庆以上各府州县如欲开办警察，即由省局选派原调熟练之人前往，则人地较熟，办理更易。"① 此次招收巡警的要求颇严，在年龄、身高、视力、家庭等方面均有详细规定：

（1）招兵必须土著；
（2）必有根据保人二名者；
（3）目力能见一里外之标识者，可以假借；
（4）臂力能托一百五十斤以上者，不能假借；
（5）身材四尺六寸以上者，稍不及寸者亦可；
（6）足力一时能行十五里者；
（7）年岁十八岁以上至三十岁以下者；

---

① 《四川警察局札饬按照给发章程认真挑选巡警兵丁赴省考验及巴县遵札办理卷》，《巴县档案》6—31—1053，1904年。

(8) 不食洋烟者；

(9) 非一字不识者。[①]

光绪三十年（1904），巴县知县傅松龄负责办理选送巡警事，二月二十六日，知县示谕县属居民人等，"如有愿充巡警营兵，自揣合格者，即于前一日在三费局报名，届期齐赴考棚听候挑选，一经选定，每人即须邀请有根据保人二名填结申赉，听候派弁管带晋省申送考验"。官方对招收巡警较为乐观，但报名情况却不理想。三月，傅松龄再次晓谕，改变招生办法，饬令由"各乡首人招募足额"，且应募人"自示之后毋庸再赴三费局报名，以免重劳"。[②] 不久，知县觉"本城招募之人未必尽皆游惰，就求其确有根据诚实耐劳者，殊不多得，且恐派弁带省时沿途脱逃"，再三考虑，"惟有选择距城较近之练正十人，每人查照发来章程在所管场内选择有根有据朴实耐劳警兵十名，即在此十名内选什长一名，为之统率"[③]，最终以"挑选"的方法完成了巡警的招募工作。此次招募，重庆城共招收巡警五十名，花去银两一百八十两零九分，在新加税契七厘项下提取。[④]

光绪三十一年（1905）十月，四川通省警察总局咨川东道改重庆保甲局为重庆警察总局，由重庆知府鄂芳任监督，巴县知县霍勤炜任坐办，留日学生王奎元负专责者为会办（后易会办为坐办），先于天符庙设警察传习所，召集治城 48 坊厢保甲委员短期训习即以充任警员。[⑤] 此时重庆城分为七区，每区置团总一人，由巴县县令遴委统辖，"不负组织训练民众之责，只仰承县旨循例办公而已"[⑥]。

光绪三十二年（1906），省会警务公所咨川东道，资遣官绅赴成都高等警务学堂学习，先后派往数十人，得毕业者约六十人，回县服务。改设巡警总局于行台，分城厢为东、西、外三路，各设正局一，每路设四分局，重庆警察体

---

① 《四川警察局札饬按照给发章程认真挑选巡警兵丁赴省考验及巴县遵札办理卷》，《巴县档案》6－31－1053，1904 年。

② 《四川警察局札饬按照给发章程认真挑选巡警兵丁赴省考验及巴县遵札办理卷》，《巴县档案》6－31－1053，1904 年。

③ 《四川警察局札饬按照给发章程认真挑选巡警兵丁赴省考验及巴县遵札办理卷》，《巴县档案》6－31－1053，1904 年。

④ 《四川警察局札饬按照给发章程认真挑选巡警兵丁赴省考验及巴县遵札办理卷》，《巴县档案》6－31－1053，1904 年。

⑤ 民国《巴县志》卷 15《军警·警察》，第 18 页。

⑥ 《九年来之重庆市政》第 9 编《团务》，1936 年 10 月，重庆。

制于是乃备。① 按照定章，重庆应设警务长一员，受巡警道及地方官之指挥监督，办理本管巡警事务；重庆改设巡警总局，以坐办主之，与定章不合，"惟重庆通商口岸，商务繁盛，应变通办理，将坐办名称改为局长"，遂改坐办名警务长。②

宣统元年（1909）冬，重庆警察总局改名为重庆巡警总局。次年，又改名为重庆府城巡警总署。③ 二年（1910）十月，知县筹设乡镇巡警教练所，饬各里总监保报送土著良民挑选合格者三百余名入所训练，从十月初一起至十二月初一日止，修业毕业，逐日分科试验后给予修业凭照。三年（1911），巴县乡镇巡警分区设署，全区共设总署一，分署六，分驻所十二。④

宣统三年四月，巴县衙门改革，设立行政办事处，将兵房改设为警务科，原吏房改设考绩股，刑房改设调查股，承发房改设承发股，总称为总务科，⑤警察职能得到进一步加强。

但重庆警察创办后，行于重庆社会150余年的保甲组织从此被取消，地方士绅因脱离组织，呈现边缘化的态势。团总虽仍然存在，但不再负责"组织训练民众之责，只仰承县旨循例办公。"这一改革，使得团练这一地方基层组织从此衰败。而重庆警察因初办，仅几百人，尚不能与此前声名显赫的"七团"势力相比，地方官绅政治架构因"士绅缺失"，受到极大冲击，官方对城市的控制能力由此减弱。

二、警察与城市管理

重庆未置警察时，"诘奸清盗之事，责归保甲局"。咸同间，兵事起，重庆镇标于城中分设堆卡，又置专城汛，以千总领之，"颇能整饬市廛，严禁令"。⑥ 宣统二年（1910），重庆设立九门盘查所，将堆卡及城门楼房屋作为员警住所，间有一二间破烂余房由巡警总署招佃租钱，备作培修房屋之用。⑦ 警

① 民国《巴县志》卷15《军警·警察》，第19页。
② 民国《巴县志》卷15《军警·警察》，第19页。
③ 民国《巴县志》卷15《军警·警察》，第18页。
④ 《四川布政使司札委巴县江安县知县阮开铨等接署巴县印务卷》，《巴县档案》6-54-93，1910年。
⑤ 《巴县知县阮开铨备文将九房典吏及禀设行政办事处考取之司书长司书生人数造册移交卷》，《巴县档案》6-54-92，1911年。
⑥ 民国《巴县志》卷15《军警·警察》，第17~18页。
⑦ 《巴县重庆府城巡警总署函商九门城楼锁钥执管及在五福宫长安寺设立报警火炮卷》，《巴县档案》6-54-574，1911年。

察逐渐替代保甲和营兵成为城市社会控制的新机器。20 世纪初，为加强对重庆城市秩序和社会治安的维系，重庆警察主要承担了以下职责。

调查户口　清厘人口是城市社会治安的前提。光绪三十四年（1908），民政部颁布《调查户口章程》，要求于宣统二年（1910）十月前将各项户口统计数字报部，并令该项工作由巡警道主持。川督赵尔巽亦认为：“清厘户口，为实行宪政之始基，关系匪轻，责成綦重，臣惟有督同巡警道，严饬各调查监督，将一切未尽事宜认真办理，并随时派员抽查，分别奖罚，务除从前奉行故事之积习，以立将来户籍制度之规模。”①

重庆人口调查由警察总局负责。其步骤有二：①立户登记。将重庆的居民户口以街道门面及院落依次编号立户；两户以上同住一院宅的，以其中一户为主户，其余为附户；每户均登记住址、户主姓名、共计男女人数，并按尊属、亲属、同居、雇工等类别记载。②编订门牌号，制发户口证（簿）。按户依次编订，每户编一个号，有附户的编写“附户”二字，再发给“查口票”，作为交每户填报人口的登记项目。经户口管理机关审核后发给“调查证”，以作户口核查凭证。户口调查人员再造具《户数册》和《口数册》，并附记年满 7 岁的“学童”数和年满 16 岁的壮丁数字。②宣统元年（1909）十二月十六日，巡警道札饬巴县改定门牌式样：“前因部颁门牌式样其中绘有指定方向针，诚恐愚民误会，不免对于钉牌之事稍生阻力。业经由道改定办法，饬令不绘指定方向针，专就门牌内画一横线以为隔别上下之用”，门牌准用木质，“定章虽饬用油白色中用红字，各属若为便民起见，亦无妨径用木质本色上书红字，惟式样须归一律，填注贵贱明确”。③

同年，川督饬令各地将寺庙户口、衙署户口与居民户口分开，另行管理。

重庆城市人口调查的具体人数已不可考，但宣统年间的户口登记和调查，涉及城市人口的数量、性别、年龄、职业、行业、知识和民族等，较此前的保甲登记不同，一定程度上推动了重庆的户籍人口管理。

加强社会治安　光绪三十二年（1906），四川通省警察总局发布禁令规定：各庙宇设台演戏，不准妇女及无大人带领的十岁以下的小孩入内看戏，违者传责家长。凡在街上搭台演唱影戏，要事先报经该管分局许可，按指定地方演出，不准夜间演唱，违者处罚。影戏班子要到本管分局报名注册。重庆警察总

---

① 《广益丛报》，1910 年，第 235 期，“文牍”。

② 重庆市地方志编纂委员会编：《重庆市志》第 14 卷《公安志》，西南师范大学出版社，2005 年，第 105～106 页。

③ 《重庆府札饬巴县调查户数编定门牌式样文》，《巴县档案》6－54－557，1909 年。

局乃遵照执行。① 宣统二年（1910）五月，法政毕业生幸宏銈、巡检郭承泰创办戏园，巴县饬令警局"昼夜派警兵二名在园巡望，以杜聚观喧哗拥挤之弊。"② 同年八月，重庆商人陈定安、江巨源设立会芳、萃芳茶园，以"改良戏曲，开通风气"。开园之际，因渝城五方杂处，良莠不齐，巴县知县"于开园值日派差四名常川弹压"。③

渝城九门为警政重点。宣统二年，巡警总署令每门设探访一员，酌派巡警稽密出入，以各城门、堆卡作所也，城楼为巡警宿舍，员警有"盘查之责"。④

三年（1911），重庆设立川江水道巡警。由于"川江上下游绵延三千余里，中间港汊纷歧，险滩林立，盗贼易于出没，行旅咸有戒心"，川督决定将原来的水师、水保、水甲等"统筹编寓水师于巡警之中"⑤，但水道警察开办不久即废除。

除公共场所以外，警察还加强对特定行业的管理。光绪三十二年（1906），四川通省警察总局发布《检禁军器规则》，规定：除各衙门、军队和武备学堂外，凡公馆、住户家藏有洋枪者，限期携赴本管分局呈验，报明置备缘由，由总局发给准用凭据。隐匿不报者，查出照"私藏军火"治罪。禁止挟带军器上街，深夜在家试枪。一切商民不得私自进行枪炮交易贩卖，违者拘留治罪，枪支充公。⑥ 同年，四川通省警察总局发布禁令，禁止火药铺在街面炒火药和在店铺内存放火药。规定凡收藏火药者须报告警察局查明，教以存贮之法，不报查出，其物充公，处以罚款；开设火药铺须经警察局查验批准。⑦

三十二年（1906），四川通省警察总局还对书坊、书摊等进行限制。规定：大小书坊、书摊不得出卖淫书。已刻版者，限十日内将刻版并印成之书销毁，违者查封拿办。戏本悖逆淫荡，有伤风化者，应行禁止。在演唱时变异为淫荡言词的由警察官兵禁止。禁止在街市游唱淫词小调，违者告诫。查禁后又再唱

① 重庆市地方志编纂委员会编《重庆市志》第14卷《公安志》，西南师范大学出版社，2005年，第71页。
② 《重庆府札饬巴县派警兵昼夜在戏院巡望以杜喧哗拥挤卷》，《巴县档案》6-54-1637，1910年。
③ 《丁象寅、魏凡余、陈定安等禀请设立会芳、萃芳茶园，并订园规改良戏等情卷》，《巴县档案》6-54-1635，1910年。
④ 《巴县重庆府城巡警总署函商九门城楼锁钥执管及在五福宫长安寺设立报警火炮卷》，《巴县档案》6-54-574，1911年。
⑤ 《四川官报》，1909年，第16册，"公牍"。
⑥ 重庆市地方志编纂委员会编：《重庆市志》第14卷《公安志》，西南师范大学出版社，2005年，第86页。
⑦ 重庆市地方志编纂委员会编：《重庆市志》第14卷《公安志》，西南师范大学出版社，2005年，第90页。

的，罚款五角至一元。不服者拘送掌责。① 出版、印刷、书坊、雕刻铺、浴室等行业已属警察的管理范围。

办理消防　重庆创立警察时将消防列为警务要政。光绪三十三年（1907），重庆警察局内设亲兵管带一人，负责取保专案及救护火灾之责。②

宣统三年（1911）六月，重庆府城巡警总署与巴县正堂会衔示禁："凡有于城垣重地搭盖篾篷凉厅，支出檐者，务即一律撤去，以便添修太平水池，倘有不遵，即由该管监保约甲联名禀究。其现在城内之篾匠人等，并由监保等限令从速迁出城外，以保治安而防不虞。"③

同年，商会会绅阳子元等声称：渝城千厮门外户口繁多，房屋鳞集，上年曾被火灾，施救颇觉为难。经八省绅耆筹款特于该处买修火巷数条，立有契纸，以备遇有火警，水龙易于转旋，员警等亦便入内扑救。但"为日既久，居民不免侵占"，巷口越来越窄。为此，六月，警务长会同府城巡警总署行政股股长等前往该处传集监保将火巷界址"逐一查勘"，查明结果是"未被人侵占"。④

重庆城"每值火警，五福宫即烧警炮，通告全城，管理之责向归三营……警告之法仍以警炮为最善"⑤。宣统三年，五福宫警炮由府城巡警总署派人经管，并经该宪在道库请有火药一匣交其领用。⑥ 因五福宫偏于城西，又于长安寺设炮一尊，两处各居上下半城最高之地，一有火警，即"互相点放，全城皆可周知。"官府规定瞭望人员昼夜监视，"看守警炮须各设卒一人，日夜照管，不能远离，每卒一名，每月约给钱三四千文"⑦。

晚清重庆警察兼管城市消防，承担救火职责，将以前民间团保组织的功能

---

① 重庆市地方志编纂委员会编：《重庆市志》第 14 卷《公安志》，西南师范大学出版社，2005 年，第82 页。

② 重庆市地方志编纂委员会编：《重庆市志》第 14 卷《公安志》，西南师范大学出版社，2005 年，第149 页。

③ 《重庆府巡警总署巴县据禀会衔出示禁止城垣搭盖篾棚及添修水池卷》，《巴县档案》6－54－572，1911 年。

④ 《重庆府城巡警总署移请巴县将千厮门内侵占原修火巷界址的民房清出卷》，《巴县档案》6－54－573，1911 年。

⑤ 张洁梅：《谈清代重庆消防》，见李仕根主编《四川清代档案研究》，西南交通大学出版社，2004年，第 326 页。

⑥ 《巴县重庆府城巡警总署函商九门城楼锁钥执管及在五福宫长安寺设立报警火炮卷》，《巴县档案》6－54－574，1911 年。

⑦ 张洁梅：《谈清代重庆消防》，见李仕根主编《四川清代档案研究》，西南交通大学出版社，2004年，第 326 页。

统于官方，官方对基层社会的直接控制，渐起端倪。但此一时期，传统的民间水会组织还未取消，宣统元年，水会复与警察通力合作，然"中间多故"。[①] 1916 年，因军事戒严，民间水龙由警察监管，消防开始完全处于警察的管理之下。

改良风气 19 世纪末，重庆是西南地区鸦片贸易的主要集散地。光绪十七年（1891），重庆城内开设的土膏店、烟馆有 928 家，其中江北有 301 家，民众"沉溺于吸食鸦片之深"。[②]

光绪三十二年（1906），清廷下"禁烟谕旨"，命令鸦片栽种和买卖在十年内禁绝。次年，重庆开始对烟馆登记办照，向烟民发放许吸证，"在重庆登记并获准吸食者约 2.2 万人，分属社会各个阶层。许可证书由警察机构颁发，上面写明持证人的姓名和年龄，规定了每天的吸食量。"同时，设立烟土专卖机构"官膏总局"，对烟土进行专门销售，"为瘾君子们和官方烟场提供许可证"，日均销售烟土 1000 两左右。[③] 但重庆海关调查显示，"1907 年，尚无厉行限制栽种和批发交易的企图，仅只开始办了烟民登记和烟馆须领执照，无执照者不准营业"[④]。

光绪三十四年（1908），川督赵尔巽决定缩短禁烟期限，要把这个任务在两年内完成，下令完全禁种鸦片。"1600 个以上的旧烟窟已被真正查封，但还有 73 个已登记注册的'官膏分销店'继续营业。"烟膏在总局制作，在分局销售，月销售量达三万两。[⑤] 宣统元年（1909）七月，重庆警察局为禁止私售鸦片，特出示晓谕："现将本城分段设立官膏批发店，悬有号牌，所有吸烟之户，应即自赴该店买食。其未悬有官膏批发店号牌者，概系私开吸烟之户，即不得私行购买，并不准私自煮食"，"私开烟馆久经严禁，近闻私自开设者，处处皆是。特再出示禁止，速自关闭，倘再不遵，一经查处，立即加倍罚惩，房主徇情容隐，房屋一并充公。"[⑥]

---

① 民国《巴县志》卷 15《军警·警察》，第 23 页。

② 重庆关税务司好博逊（H. E. Hobson）1892 年 9 月 26 日于重庆海关。周勇、刘景修译编：《近代重庆经济与社会发展（1876—1949）》，四川大学出版社，1987 年，第 57 页。

③ 重庆关税务司谭安（C. E. Tanant）1908 年 3 月 19 日于重庆。周勇、刘景修译编：《近代重庆经济与社会发展（1876—1949）》，四川大学出版社，1987 年，第 301～302 页。

④ 《1902—1911 年重庆海关十年报告》。周勇、刘景修译编：《近代重庆经济与社会发展（1876—1949）》，四川大学出版社，1987 年，第 151 页。

⑤ 重庆关署理税务司阿其荪（G. Acheson）1909 年 2 月 27 日于重庆。周勇、刘景修译编：《近代重庆经济与社会发展（1876—1949）》，四川大学出版社，1987 年，第 310 页。

⑥ 《巴县重庆警察总局出示晓谕官膏专卖严禁私开烟馆私熬私售卷》，《巴县档案》6-54-236，1909 年。

宣统二年（1910）初，赵尔巽又派出四个道台和 48 个委员下乡察看，以勘明确无栽种。人们得知政府认真起来了，很少有人企图继续种植。并且，除了一二处曾派去军队铲烟外，大都无须强迫就服从了。①

同年，四川通省巡警道派员至各县设戒烟分会。巴县知县令将"已戒、现戒人数分别男女各若干填造详细清册，申府记转"。十一月，与府城巡警商定合并办理戒烟分会，设三所附入各正局内，由府宪另委所长一员，分驻进戒，"供给药食，并不取资，按月汇报"。②

新政时期，重庆警察还协同官府禁诫缠足，以改良社会风气。宣统二年（1910）十二月，四川巡警道及巴县知县以白话文的方式出示晓谕禁诫妇女缠足：

> 想一个法子，派官员绅，拿着册子，挨家注写，一有女不缠脚，二不娶缠脚之女为妻，三已经缠的依限解放。如今注写的人，已有七八千户了，那有放不出的女儿。因为警察直接人民，才叫警察限定期限。先从省城禁革起来，然后推及各厅州县，一律禁止。除已派员分赴各区，详细演说劝导外，应明定限期，剀切晓谕，从本年闰二月初一日起，凡年满四十以上的妇女，如能遵谕放脚，固于自家有益，不放亦姑听其便；若年在四十以下，已缠的都要一律放脚，未缠的小女儿，即永远不许缠脚。到三个月后，省内先由各街街正，乡下由各乡乡保，查有多少放脚之家，多少不放脚的小女儿，报明各地方官，便将那放了脚的，分别记奖。不放的按户另注一册，以便随时派人再为切实劝导，再宽一个月，连前共是四个月，若还有不放脚的，可就要分别议罚，那议罚的章程，随后再为宣布，所罚钱文，每月月底将受罚的姓名，罚了钱的数目，列一个表，登在日报上传观。此项钱文，为办女学堂、办女工场的经费，仍然用在你们妇女身上去。禁之后，再敢将幼女的脚照旧缠裹，查出定将该父母传到公堂切实申饬。若幼女没有父母，则养的亲属是究。言出法随，决不宽恕。③

此外，重庆警察还对摆赌、窝赌、参赌者，一律稽查；在街上摆赌、参赌者，当场拘留惩治。

20 世纪初警察创立后，在城市中扮演的角色是多样的，为城市管理带来

---

① 《1902—1911 年重庆海关十年报告》。周勇、刘景修译编：《近代重庆经济与社会发展（1876—1949）》，四川大学出版社，1987 年，第 151 页。
② 《四川布政使司札委江安县知县阮开铨等接署巴县印务卷》，《巴县档案》6-54-93，1910 年。
③ 《四川巡警道及巴县出示晓谕禁诫妇女缠足卷》，《巴县档案》6-54-647，1910 年。

一种新模式，"可以说超越了现代意义上的警察职能，更类似近代城市政府，也可以说是传统官衙门向近代城市政府转变的一种过渡型管理机构。"[1] 警察管辖的范围很广，劝诫缠足、改良风气等属于新的管理内容，带有很强的新政色彩，但警察的大多数职能，如调查户口、严查盗匪、防范火灾等，却是传统保甲、团练组织本身就具备的，并不属于警察的创举。警察对于地方社会的控制作用，在新旧更替之际，很难达到传统保甲组织的功能。宣统三年（1911）四月，巴县栋青场白玉田、钱元兴等私开烟馆，得该场监保钱梗祥等庇护，"警畏不敢拿"；[2] 六月，石龙场发生斗殴事件，经巡长"和平排解"后，该场里正张茂祥认为巡长"侵伊权利"，唆使场民抗断，并"估逼巡长到茶馆讲理"，巡长"不敢入茶社"。[3] 由上可见，警察进入中国民众生活后，尚不能替代士绅在地方社会的影响力。

因而，晚清创立新式警察的同时，取缔保甲团练组织，由此也取消了地方官绅政治中的重要一极，士绅精英从此退出地方控制的舞台，从制度层面上动摇了清代地方政治结构的基石，使官绅政治朝着瓦解的趋势发展。而以警察为主的新的管理体系，在短时期内并不能完成城市控制的重任，新式精英群体倡导的革命，遂在官绅政治失控的"地方"爆发。

第三节　司法独立

一、审判机构设立

晚清以前，中国城市并无专门的司法审判机构，而是由知县兼理司法，实行司法与行政合一的体制。光绪二十七年（1901），清政府实行改革，实行司法与行政分立的原则。三十二年（1906），将刑部改为法部，管理全国民事、刑事、监狱及一切司法行政事务，此为中国司法独立之始。

司法独立的一个重要举措是专设审判机构。光绪三十二年（1906），清政

---

[1] 何一民主编：《变革与发展：中国内陆城市成都现代化研究》，四川大学出版社，2001年，第329页。

[2] 《巴县乡镇巡警拿获白玉田开烟馆案》，《巴县档案》6－54－366，1911年。

[3] 《清和镇石龙场监保杨金华等具禀巡警熊其巽等调戏妇女搕诈民财图取贿赂等情卷》，《巴县档案》6－54－499，1911年。

府颁布《大理院审判编制法》，规定设立城谳局、城内外地方审判厅、京师高等审判厅、大理院四级审判机构。三十三年（1907），清政府颁布《各级审判厅试办章程》，规定审判厅分高、中、初级三等。

光绪三十二年（1906），重庆开始设置专门审判机构，称城谳局，办理民事物产价值 200 两以下、田地疆界、占据、雇佣等诉讼，刑事违警罪、罚金 15 两以下、非人命的诉讼。宣统元年（1909），废城谳局为初级审判厅，仍受理一般民事、刑事案件。① 二年（1910）十二月一日，重庆地方审判厅成立，受理巴县地方第一审民、刑诉讼及所辖 15 州县未设审判厅之复审及初级管辖之民、刑上诉事宜，首任厅长罗玉鉴。②

清末《筹办审判厅意见书》规定了川省各级审判厅的权限：①各级审判厅专审民事刑事诉讼，初级审判厅兼管非讼事件，概不受理行政诉讼。但行政官厅之人役"于其行政权限外为犯罪之事件者，仍归审判厅审判，本管官厅，不得干涉"。②凡初级审判厅判决之案件，如有不服，只能向地方审判厅上诉；地方审判厅判决之案件，如有不服，只能向高等审判厅上诉；高等审判厅判决之案件，如有不服，只能向大理院上诉，本省自州县以及州县以上一切行政官厅，皆不能受理此种诉讼。③凡由厅州府道衙门所判决之民刑案件，若诉讼当事者不服，限于判决之日起三个月内向高等审判厅上诉，以高等审判厅之判决为有效。④巡警官厅于其管辖区域内之犯警罪者，可即决之。如其人不服而请求正式审判时，巡警官应于 24 小时内将原案送交初级检查厅。⑤未设审判厅之厅州县衙门所生之民刑诉讼，如其原被告、证据、证人等在已设审判厅之区域内，而派人役传提、逮捕、搜查者，须先行以公文及印票，通知该管检查厅协同行之。⑥商事公断处之公断事件，如当事人不服，即可自向该管审判厅起诉，以审判厅之判决为有效。③

宣统元年（1909），川督颁布审判厅新定之讼费、呈费章程，规定："嗣后呈费、讼费，悉照后开新定章程收缴，其章程所不载者，不许书差格外需索分文，违即禀候尽法惩办。"④ 主要内容有：①递状者须用官商合股之乐利纸厂专制之纸，定价六十文。②厅、州、县自理词讼状费，每状缴费钱八百文。③司、道、府、直隶厅、州上控状费，每状缴费钱一千六百文。④每案审结后，

① 重庆市地方志编纂委员会编：《重庆市志》第 14 卷《审判志》，西南师范大学出版社，2005 年，第 272 页。
② 民国《巴县志》卷 6《职官》，第 60 页。
③ 《筹办审判厅意见书》，四川省档案馆编《四川档案史料》，1984 年第 1 期。
④ 《四川官报》，1909 年，第 24 册，"公牍"。

缴讼费钱十千文。⑤凡系债帐田房案件，关系财产者，如价在四百两以上，由得受者按百两缴银二两，免缴审案费；其在四百两以下，仍饬专缴审案费。俱以一半作审判厅经费。⑥凡罚款，无论多寡，皆以所罚之数提一半归审判厅经费。① 地方审判厅逐渐行使司法独立之权。

晚清又设检察厅监督审判权，光绪三十三年（1907）《各级审判厅试办章程》规定，"预审或公判时，均须检察官莅庭监督，并得纠正公判之违误"；"检察官对于民事诉讼之审判，必须莅庭监督者如下：婚姻事件、亲族事件、嗣续事件。以上事件如审判官不待检察官莅庭而为判决者，其判决为无效"；"凡不服审判厅之判决，于上诉期限内声明不服之理由呈请上诉者，检察官应即送上级检察厅"；"检察官得随时调阅审判厅一切审判案卷，但须于二十四小时内缴还"；"各级审判厅审判统计表，非经各该检察厅查核，不得申报。"② 依照清廷陆续颁布的《大理院审判编制法》《各级审判厅试办章程》《法院编制法》的规定，审判厅审判案件实行辩护、陪审、合议、回避、上诉、公开审判等制度。宣统二年（1910）十二月，重庆设地方检察厅于绣壁街右营都司旧址，首任检察长周芹孙。重庆地方检察厅管理巴县地方一审刑事及重庆府属州、县、厅初级管辖的刑事上诉案件③，为重庆地方审判检察制度之始。

二、培养法政人才

预备立宪时期，清廷要求各级审判厅于宣统四年一律成立，各地相继筹办审判厅，而法政人才匮乏的危机很快显现出来，各地方政府意识到此问题，随即举办各类法政学堂加以弥补。光绪三十二年（1906），直隶总督袁世凯奏请清廷批准在天津创办北洋法政学堂，为中国最早的法政学校。

四川最早的法政学堂设于成都。光绪三十四年（1908），四川省法政学研究会倡办公立四川通省法政学堂，七月，学堂于成都文庙前街罗氏祠内开学，六个月为一学期，三学期卒业。四川通省法政学堂招生广告拟定的入学资格为：①年在二十以上中学有根柢者；②无劣迹嗜好而精力健全者；③有保送人者；④试验合格者。并且，对保送人亦要求："府州县教育会视学员，劝学所暨高等小学以上监督、校长，方得为此学员保送之人"。巴县华静西等六人符

---

① 《四川官报》，1909 年，第 24 册，"公牍"。
② 中国人民大学法律系法制史教研室编《中国近代法制史资料选编》第 1 分册，1980 年，第 170～171 页。
③ 民国《巴县志》卷 6《职官》，第 62 页。

合要求，均表示"甘愿自费前往学习"①，巴县即保送华静西等六人赶赴成都。

表 49　1908 年巴县保送至公立四川通省法政学堂学生情况表

姓　名	年　龄	主要经历	保　人
华静西	27 岁	系师范卒业生，本城人	姚秉衡
罗纯	36 岁	系重庆法政研究休业生，永盛场人	吕方谷
李启铭	25 岁	龙岗场人	徐月亭
徐师邵	25 岁	龙岗场人	徐月亭
徐士成	18 岁	龙岗场人	李芝九
徐绍文	20 岁	龙岗人	李成瑞

资料来源：《四川通省法政学堂添招新班广告及巴县录呈保送学生姓名年龄住址三代名单卷》，《巴县档案》6—54—1588，1908 年。

四川通省法政学堂的课程既有大清商律、大清会典、大清律例等清律，也有法学通论、宪法、国际公法、裁判所构成法、民事诉讼法、刑事诉讼法、近世政法史等西方法学课程，还开设有政治学、经济学、应用经济学、财政学、警察学、监狱学等相关课程。② 宣统二年（1910）六月，四川通省法政学堂讲习科第二班、第三班学生毕业，按照学部奏定法政讲习科奖励章程第二条："凡在法政讲习科毕业学院考列最优等，优等，中等者，均由本学堂造册汇送各该管衙门，分咨巡警审判各局所听候委用"。巴县因毕业学生徐昌贻、韦布二人获"优等"，"学科均属及格"，通省法政学堂遂将二人姓名及毕业等第移送巴县，"以备量材器使"。③

另一创设于成都的法政学堂四川"绅班法政学堂"成立于光绪三十二年（1906）。宣统元年（1909）六月，该学堂续开新班，招生规定各地送考办法有二：① "申送"。由地方官及劝学所或学堂备文申送。② "介绍"。由在省学界之公正绅士以切实之介绍书介绍之。其入学资格为：必须符合"举贡生员""职官贡监""中学堂及初级师范学堂毕业生"三项条件之一方能应考；入学条件包括：年龄在 22～45 岁之间；无不良嗜好，无劣迹者；中学有根柢而国文

---

① 《四川通省法政学堂添招新班广告及巴县录呈保送学生姓名年龄住址三代名单卷》，《巴县档案》6—54—1588，1908 年。

② 《四川通省法政学堂添招新班广告及巴县录呈保送学生姓名年龄住址三代名单卷》，《巴县档案》6—54—1588，1908 年。

③ 《公立四川法政学堂移送巴县籍优等毕业学绅徐昌贻等请查明以便量材器使文》，《巴县档案》6—54—1652，1910 年。

优长者；精力健全足任勤劳者。① 是年，四川提学使札饬巴县劝学所绅董按要求选送，巴县共选送 14 名学生入学。

表 50　1909 年巴县选送至四川绅班法政学堂学生情况表

姓　名	年　龄	资　格	姓　名	年　龄	资　格
彭金瑄	23 岁	监生	向日熙	25 岁	监生
周君汉	28 岁	师范毕业，监生	文振邦	26 岁	监生
潘禀元	31 岁	监生	向介勋	26 岁	监生
王士钦	29 岁	县丞职衔，原籍浙江，寄籍四川成都，向在川东等处衙学习刑名法学	马梦琦	28 岁	监生
李钟灵	26 岁	监生，重庆法政研究所毕业	柯树珊	23 岁	监生
罗承钦	32 岁	监生	邓鸣珂	35 岁	冷水场府学增生
孟为钦	33 岁	监生	饶天燮	34 岁	监生

资料来源：《四川提学使司札发巴县省绅班法政学堂续开新班招生广告饬传谕劝学所绅董明规保荐申送以厘选取及巴县选送等情卷》，《巴县档案》6-54-1654，1909 年。

　　重庆虽选送若干学生赴成都学习法政，但由于"地广人众，难期普及"②，况赴成都路途遥远，极为不便。因此，宣统二年（1910）五月十四日，重庆士绅梅际郁、举人殷先庚呈请川东道成立公立川东法政学堂，校址设于重庆城内凤凰台，十二月学堂开始招生，报名者众。

　　法政学堂的招生广告曰："各属报名赴考，尚且纷纷云集。兹拟再开丙班，通学不寄宿食。立宪年限缩短，求学时不可矣。咨部立案请奖，学生重在成绩。川东公立法校，现届第二学期。管理学科一切，办法原无两歧。"招生广告体现出办学者"求学时不可矣"的紧迫心情。川东法政学堂师资力量雄厚，重庆士绅 31 人担任该校教员，朱之洪、陈崇功、杨庶堪、江藩等均列入其中。学堂的奖励专章规定："别科最优等内官奖以八品录事、二等书记官，分部补用外，以直州判分省补用最优等并加升衔；中等内官奖以九品录事，用三等书记官分部补用外，以道库大使按司狱县三等分省补用"；"讲习科最优等、优等、中等者，如系有职人员，京官咨明本衙门尽先派委差事；外官咨明本省督

---

① 《四川提学使司札发巴县省绅班法政学堂续开新班招生广告饬传谕劝学所绅董明规保荐申送以厘选取及巴县选送等情卷》，《巴县档案》6-54-1654，1909 年。

② 《川东道重庆府札发巴县川东公立法政学堂招生广告并饬考取合格学员申送等情卷》，《巴县档案》6-54-1594，1910 年。

抚照考职系生员咨明本省，尽先考选优拨；及考职系监生给予八品职衔。"① 奖励章程将学习与"做官"直接联系在一起，提高了学生入学的积极性。至宣统三年（1911）二月，该学堂招考乙班已收录 300 余人。②

宣统三年，法部奏设官立临时法官养成所，规定："凡京师省会及繁盛商埠之地，准予推广设立。"重庆因是川省通商巨埠，且距省城遥远，如果赴省城学习则士人"求学维艰"，"有阻士人向学之意"，官府于是特遵部章于重庆设立法官养成所，拟命名为"四川分设临时法官养成所"，后命名为"川东临时法官养成所"，租定冉家巷第 5 号公馆为校地，招生学生培养法政人才。③

川东临时法官养成所招收的学生必须具备下列资格之一者方能入选：①中学堂□□毕业生；②中学堂同等之学堂毕业生；③生员以上资格者；④京外候补候选人员不论品级惟以实官为限；⑤旧充及现充刑幕者；⑥曾经学习法政警察监狱年半以上毕业者。川东临时法官养成所拟招收百人，以六个月为一学期，三期毕业，毕业后由法宪派员监考发给凭照，一律得应明年冬季法官考试。④ 尽管要求极高，但招生广告一经贴出，报名者众，巴县特申送七人来所学习。七人主要经历见表 51：

表 51　1911 年巴县申送考取川东临时法官养成所合格员绅情况表

姓　名	年　龄	主要经历	保举人
文　经	36 岁	光绪戊戌至癸卯年在邛州于堂庆幕中襄办刑钱事件。品端学裕，幕游皆五年以上	巴县贡生周辛铤，举人龚秉枢、黄体中，廪生傅炳文、吴传芳等
马绍愈	35 岁	光绪庚子至丙午年在龙安府彰明县郭连成幕中办刑钱事件。品端学裕，幕游皆五年以上	同上

① 《川东道重庆府札发巴县川东公立法政学堂招生广告并饬考取合格学员申送等情卷》，《巴县档案》6-54-1594，1910 年。
② 《川东道重庆府札发巴县川东公立法政学堂招生广告并饬考取合格学员申送等情卷》，《巴县档案》6-54-1594，1910 年。
③ 《重庆府札发巴县四川临时法官养成所招生广告选取合格员绅申送及巴县申送等情卷》，《巴县档案》6-54-1599，1911 年。
④ 《重庆府札发巴县四川临时法官养成所招生广告选取合格员绅申送及巴县申送等情卷》，《巴县档案》6-54-1599，1911 年。

姓　名	年　龄	主要经历	保举人
邓祖禹	35 岁	光绪乙未年起在涪州陈天骥幕中襄办刑钱事件二年，余又在重庆府刘朝宗幕中襄办刑钱事件二年，又在犍为县孙卿幕中襄办刑钱事件一年余。品端学裕，幕游皆五年以上	巴县廪生周骏声，蒋楷，生张鸿宾、陈嘉诶等
秦　迁	38 岁	光绪乙巳年在安徽芜湖县萧德骥任内曾充刑幕	自荐
唐培德	34 岁	光绪乙巳年在湖北黄冈县知县丁开寅署内充当刑幕，继续至丙午年辞事；复于光绪丁未年在河南洪县知县廖文濂署内充当刑幕，继续至宣统二年庚戌二月辞事。曾充刑幕五年	巴县儒学正堂
戴文鼎	28 岁	原游幕入川，宣统元年曾经长寿刘敬聘，因省亲来渝，辞幕未就	
余展忠	25 岁	先年游幕在黔，历充仁怀先知县事庆橄、龙里先知县廖映旭、印江县知县刘贞安刑幕，已有五年	

资料来源：《重庆府札发巴县四川临时法官养成所招生广告选取合格员绅申送及巴县申送等情卷》，《巴县档案》6-54-1599，1911 年。

上表显示，巴县推荐的七人，皆有幕僚经历，并且多由重庆士绅推荐，符合报考资格。由此可以看出，熟悉清代刑律及官府判案程序的幕僚在晚清司法改革时凸显出自身优势。

成都、重庆两地多所法政专门学堂的创立，一定程度上解决了重庆审判厅、检察厅创立遇到的人才匮乏问题，为重庆培养了一批法律专业人才。

20 世纪初，重庆地方审判厅开始独立审案，其案件所涉既有钱债、族制、市廛等民事案件，也有奸拐等刑事案件，海关调查注意到其"法庭程序较为合于人道，被告人在许多情况下都许取保释出，宣布的判决一般都比旧制度之下的判例为轻"①。

表 52　重庆地方审判厅审判案件一览表

案件号	案件名称	案件类别	审判厅	所适用的法律	判决结果
44	亲谊通财，后嗣不承认	民事（钱债门）	重庆地方审判厅	查亲谊通财，本人情之所常有。惟以出嫁之女与母家借垫银钱，亦应凭众算明书立约券，以作信据	据理判决偿还

---

① ［英］克鲁滨（G. Klubien）：《重庆海关 1912—1921 年十年调查报告》，李孝同译，《四川文史资料》第 12 辑，四川人民出版社，1964 年，第 217～218 页。

续表52

案件号	案件名称	案件类别	审判厅	所适用的法律	判决结果
45	亲谊通财，责令后人偿还	民事（钱债门）	重庆地方审判厅	查父债子还，天下公理。有帐权者不应于姻亲尊长追索滋嫌	判决七成偿还债务
54	绝灭之家无人承继	民事（族制门）	重庆地方审判厅	《现行刑律》：查绝灭之家无人承继例，应将其财产入官，不能听外人侵吞	三年之后无消息充公
59	局骗工资	民事（市廛门）	重庆地方审判厅	习惯：辗转承包在商场已成习惯，当即质之原日证人，均称实有其事，自属非虚	据理判决，被告对原告从厚帮给
144	捏情妄控	刑事（奸拐门）	重庆地方审判厅	情理	调解结案
166	恶佃朋凶	民事（杂犯门）	重庆地方审判厅	执行巴县官署的既定判决	限十二日各具切结完案
167	藐抗欺吞	民事（杂犯门）	重庆地方审判厅	主持调解	调解成功

资料来源：引自李启成《晚清各级审判厅研究》，北京大学出版社，2004年，第225～247页"表二"《各级审判厅判牍》中的判决书一览表。

上表显示，重庆地方司法厅开始独立审判案件，已显司法独立之精神。但尤须注意的是，此时地方审判厅的"独立"仍有相当局限。表中的"恶佃朋凶"一案即是由巴县衙门审判，重庆审判厅只不过"执行巴县官署的既定判决"而已。另外，由于领事裁判权的存在，外国领事对审判厅之断案也多方干涉。宣统三年（1911）九月，重庆地方审判厅依法审理怡庆长炳森荣欠瑞记洋行贷款案，迭经讯判，审判厅饬令牟善周、刁炳兴"限于八月内缴银四百两与该行了息"，但该民等"逾限无缴"，刁炳兴又"藉保逃匿"，审判厅遂将牟、刁二人之保人邓炳忠收禁严追在案。重庆审判厅的判罚并无不当之处，但德国领事项德飞认为华洋互控案件由厅办"有不便处"，要求"仍归地方官办理"。在领事的干预下，该案又重新移送巴县衙门办理。[①] 20世纪初，各级审判厅的司法独立在领事裁判权的阴影之下终未实现，但重庆终于迈出司法独立于行政的步伐，开启了司法变革的新篇章。

---

① 《川东道重庆地方审判厅关于怡庆长炳森荣欠瑞记洋行贷款案的札移文卷》，《巴县档案》6—54—742，1911年。

第四节　地方自治

　　光绪三十一年（1905）九月，在君主立宪思潮的影响下，清廷派遣五大臣出洋考察各国政体，次年，经与出洋大臣反复讨论后，决定仿行西方宪政，指出立宪的原则是"大权统于朝廷，庶政公诸舆论"，将议政的权力交与士人，并以九年为立宪预备期。三十四年（1908）八月初一，清廷颁布《钦定宪法大纲》，明确规定"君上大权"和"臣民权利义务"，第一次以宪法的形式规定民权、限制君权，至此，新政改革达到高潮。

　　光绪三十四年（1908）11月14日、15日，光绪皇帝和慈禧太后在20小时内先后驾崩，不满三岁的溥仪继位，改元宣统，由其父载沣摄政，清朝的权力中枢发生剧变。为展示朝廷"除旧布新"的新气象，载沣宣布"预备立宪、维新图治"的宗旨，诏令各地成立各省咨议局，作为省议会的"预备"，继续改革。

　　四川于光绪三十四年（1908）底成立咨议局筹办处，要求各选区于该年十二月三十日前一律成立选举事务所，自行筹措选举经费。[①] 咨议局的成员由具有选举权的公民按自己的志愿选举产生，其程序体现了一定的民主性。选举分为初选（县一级选举）和复选（府一级选举）两个过程，议长则按民主程序公选。由于议员和议长都由选举产生而非官吏委任，士绅等地方精英得以跻身权力中枢，由此揭开士绅参与政治的新篇章。

一、巴县议员选举

　　巴县作为选区之一，亦于光绪三十四年（1908）成立选举事务所，开始咨议局议员代表的推举工作。根据《各省咨议局章程》规定，具有以下资格之一者方有参选权：①曾在本省办理学务及其他公益事务满三年以上卓有成效者；②曾在国内外中学堂及与中学同等或中学以上之学堂毕业得有文凭者；③有举贡生员以上功名者；④曾任实缺职官文七品或五品以上未被参革者；⑤在本省地方有五千元以上营业或不动产者。

---

① 《筹办处章程》，四川省档案馆编《四川保路运动档案选编》，四川人民出版社，1981年，第96~98页。

在上述条件的基础上，巴县选举事务所对选举议员的参选资格做了更详细的规定：①凡学籍毕业仕宦曾办过公益事件各项皆就本身为定，惟资产一项，毋论多少，每一户籍仅得以家长一人承受选举权；②凡不动资产系田土者，必以每年收租谷一百石以上方得适用五千元以上之例；③凡城乡办理公事之人必承充监生以上之职务方得适用公益事项之例；④凡承充各局司事之人不得适用公益之条，凡身家清白一条即适用旧日考试各例。[①] 选举规定为士绅参政设置了明确的"财产""出身""办过公益"等条件限制，各地实际只有上层士绅等"名流"才具选举资格。

巴县初选工作从三十四年十二月初十日开办。[②] 选举按重庆城七区设七个投票所，每处设管理员和监察员，每区管理员多由巡抚、县丞、警长等官吏担任，程序合法。

表 53　1908—1909 年巴县初选投票开票管理监察等情况表

各　区	投票所	管理员	监察员
第一区	本城万寿宫	巴县典史方洺，亦为开票管理员	汪伪慕、张俊臣、邓茂修、文伯鲁
第二区	木洞场万天宫	木洞司巡抚何三吾	周冕龄、王星阶、罗任贤
第三区	太和场前义学处或万天宫	西三局警长杨润之	徐见三、周作孚、李太和
第四区	鹿角场前书院	西五局警长徐学渊	周凤鸣、张维桢、卢小培
第五区	一品场禹王庙	西二局警长刘立棠	穆连城、徐德余、封春瀛
第六区	白市驿分县署	白市驿县丞惠树乡	杨权知、文辉堂、彭夔生
第七区	龙隐场万寿宫	西四局警长邹静甫	项友陶、向甫臣、李与九

资料来源：《巴县禀遵札保荐投票开票管理监察各员恳请核派示遵卷》，《巴县档案》6－54－32，1908—1909 年。

从光绪三十四年（1908）十二月初十日至宣统元年（1909）六月初十，巴县初选工作历时半年，终于完毕，共选出 27 名代表，合共支用票银一千零二

---

① 《巴县遵饬设立选举事务所，依限筹款分区选派调查员各情形并申赍选举图一案》，《巴县档案》6－54－31，1908—1909 年。
② 《四川谘议局筹办处札巴县申报初选议员经费及申赍禀呈卷》，《巴县档案》6－54－17，1908—1909 年。

十九两四钱六分。^①当选 27 人中，其中 30~39 岁的有 13 人，占 48％；30 岁以下 1 人，占 4％；40~49 岁 9 人，占 33％；50 岁以上 3 人，占 11％；60 岁以上 1 人，占 4％。办过学务 13 人，办过公益 15 人，两项均办过 7 人。有举贡生监功名者 18 人，有营业资本或不动产者 24 人，士绅何鸿恩^②以 126 票获最高票，其余当选者也均为重庆城有资产的名流。

表 54　巴县各区选举初选当选员绅情况表

姓名	年龄（岁）	籍贯	住所	办过学务	公益事务	出身	官阶	营业资本（元）	不动产（元）	票数
何鸿恩	46	巴县	第二区木洞场	劝学员并学堂绅董九年	榨捐育婴酒肉厘等局兼练正里正八年	文生	无	无	5000	126
周作孚	40	巴县	第三区清和场	无	监正兼仓十年	贡生	无	无	5000	84
李政齐	42	巴县	第三区跳石场	高等学堂绅董四年	里正善堂绅董二十年	增贡生	无	14000	30000	84
周辛铤	64	巴县	第二区五布场	无	里正练正并监正三十二年	附贡生	无	无	无	81
冯秉钧	44	巴县	第七区虎溪场	无	无	增生	无	无	5000	78
刘信孚	54	巴县	第二区丰盛场	无	监生三年，里正十三年	无	无	无	12000	77
杨权之	33	巴县	第六区彭家场	学董三年	总监正三年	无	无	1000 元	5000	75
周德先	46	巴县	第四区界石场	劝学所学务三年	济仓保甲六年	举人	无	无	20000	72
王宗清	40	巴县	第二区二圣场	高等小学堂学董四年	监生三年，济仓首事六年	增生	无	无	8000	72
傅炳文	52	巴县	第七区虎溪场	学堂绅董劝学七年	里正十年	廪生	无	无	6000	72
牟贡三	38	巴县	第二区迎龙场	无	监正四年	无	无	无	5000	65
龚秉权	32	巴县	第七区龙凤场	官立教育五年	无	举人	无	无	无	64

---

① 《四川谘议局筹办处札巴县申报初选议员经费及申赍禀呈卷》，《巴县档案》6—54—17，1908—1909 年。

② 宣统元年，何鸿恩已捐得同知衔五品，见《四川布政使札巴县办理光绪三十二、三十三年本县捐输议叙请奖卷》，《巴县档案》6—54—1097，1909 年。

续表54

姓名	年龄（岁）	籍贯	住所	办过学务	公益事务	出身	官阶	营业资本（元）	不动产（元）	票数
严荣昌	32	巴县	第二区冻青场	学董三年	无	无	无	2000	4000	62
牟渐达	46	巴县	第五区石马场	无	里正八年	无	无	10000		62
王大霖	35	巴县	第五区石龙场	无	练正三年	无	无	5000	5000	62
孟竹君	32	巴县	第六区圆明场	学务教员三年	无	文生	无			61
周少伯	30	巴县	第四区长生场	无	无	文生	无		6000	250
江潘	31	巴县	第一区杨柳坊	无	无	附贡生日本法政学堂卒业	无	无	5000	249
文辉堂	35	巴县	第六区走马场	学董三年，现任职于高等小学堂	无	无	无		40000	199
洪泽普	54	巴县	第七区蔡家场	无	总监正、里正、三费局等十六年	无	无		50000	156
杨芬	29	巴县	第六区彭家场	无	无	东洋法政学堂卒业	无		6000	132
刘道荣	49	巴县	第一区定远坊	中小学堂劝学师范等项六年	戒烟工厂医学团练等项十年	副榜	无		10000	131
李琼林	36	巴县	第六区冷水场	无	无	无	无		15000	131
周述官	48	巴县	第一区金紫坊	无	无	廪生	无	5000	无	115
徐昌裕	32	巴县	第五区龙冈场	无	练正二年，监正三年	文生	无			112
文道明	38	巴县	第五区龙冈场	校长兼教员四年	无	贡生	无	2000	3000	110
胡为桢	31	巴县	第四区黄葛场	劝学员三年，高等学堂管理三年	无	文生	无	1000	5000	108

资料来源：《巴县奉札申贵筹办初选举人名册及初选当选人姓名职衔清册卷》，《巴县档案》6—54—33，1908—1909 年。

表中资料显示，巴县议员 27 人，14 名皆有举办保甲团练的经历，曾担任里正、监正等，这说明，重庆团保等地方精英，虽因保甲制废除被排挤出地方政治舞台，旋又因咨议局的创办，转身重回政治前台，且从此有了一个新的、公开合法的议政机构，士绅风貌为之一变。

宣统元年（1909），重庆府在巴县等各县初选代表的基础上进行复选，共推举出咨议局代表 16 名，其中巴县 2 名（其余涪州、江津县、璧山县各 2 名；定远县、大足县、长寿县、綦江县、江北厅、合州、永川县、铜梁县各 1 名）。候补代表 8 名，巴县 3 名（其余合州 2 名，南川县 1 名，铜梁县 1 名，定远县 1 名）。[①]

表 55　1909 年入选四川省咨议局议员的巴县代表

姓　名	年龄（岁）	籍　贯	出　身	票数（票）
江藩	31	巴县	附贡生	8
龚秉权	32	巴县	举人	7
王宗清（候补）	40	巴县	增生	17
何鸿恩（候补）	46	巴县	附生	13
周德先（候补）	46	巴县	举人	5

资料来源：《四川复选当选人名表四川咨议局议员表》，《巴县档案》6－54－40，1909 年。

宣统元年（1909）10 月，四川省咨议局在成都成立，选举产生正式议员 107 名（原定 105 名，另有 2 名八旗专额），候补议员 54 名，计 161 名。[②] 议员多数具有举贡生监资格，其中进士 3 人，举人 45 人，贡生 28 人，生员 68 人，监生 1 人，其他 16 人。[③] 立宪派人士蒲殿俊当选为议长，萧湘、罗纶当选为副议长。川督赵尔巽提出"咨议局既经成立，则官所困难者，绅得而共谅之；绅所疾苦者，官得而维护之"[④]。四川省咨议局实际成为全省士绅参与政治的合法机构，而"一旦有了这一法定形式，地方绅士对各省督抚的压力无疑

① 《四川复选当选人名表四川咨议局议员表》，《巴县档案》6－54－40，1909 年。
② 《四川咨议局议员表》，四川省档案馆编《四川保路运动档案选编》，四川人民出版社，1981 年，第 111～118 页。
③ 《四川咨议局议员表》，四川省档案馆编《四川保路运动档案选编》，四川人民出版社，1981 年，第 111～118 页。
④ 《四川咨议局第一次议事录·纪事》，隗瀛涛、赵清主编《四川辛亥革命史料》（上），四川人民出版社，1981 年，第 3 页。

就增加了"①。地方士绅由此进入权力中枢，迈出民权政治的第一步。

二、地方自治效果

在清廷预备立宪，设立各省咨议局的同时，光绪三十三年（1907），清廷通谕各省试行地方自治。② 次年，颁布《城镇乡地方自治章程》和《城镇乡地方自治选举章程》，以指导城镇乡一级的地方自治活动。宣统二年（1910），清廷又颁布《府厅州县地方自治章程》及《府厅州县议事会议员选举章程》，用以规划府州县一级的地方自治活动。自宣统元年至三年（1909—1911），各省依章相继完成调查选举工作，渐次成立各级自治机构，其中全国各地成立的城自治公所已达千余属，约占当时清政府所设府厅州县城厢数的 60%。③

按照自治章程，各省应"先就省城设立自治研究所一处"，由各府厅州县选送"素孚众望之士绅"入所学习，待其毕业后回原所分设传习所。④ 因此，光绪三十四年（1908），川督赵尔丰设立成都自治局，同年成立通省自治研究所。后赵尔巽到任后，鉴于"川省一百四十余州县，仅此数百学绅犹虑不敷分布，故又为之酌定通则，令所属各设一自治研究所，选绅授课"⑤。四川各地自治研究所次第成立，各州县先后成立自治研究所计 127 个，肄业的人数千。⑥

光绪三十四年（1908）底，重庆绅商学界在官府的支持下，成立重庆自治会，订简章 12 条。重庆府、巴县、警察会衔出示："朝廷预备立宪，各省均设立自治会，民智日开、程度渐进于文明。渝城为繁盛之区，自治要政未可因循，所幸绅商学界现已各举绅董筹办，其局业经设定，地方有人，实堪嘉慰。"⑦

宣统元年（1909），重庆又设立城自治研究所二，其一设于城内朝天观，其二设于城内凤凰台，佃刘姓房，宣统元年四月初十日开堂。重庆城内名流江

---

① ［美］费正清、刘广京编：《剑桥中国晚清史（1800—1911 年）》下卷，中国社会科学出版社，1985年，第 390 页。

② 民国《巴县志》卷 17《自治》，第 1 页。

③ 梁景和：《清末国民参政意识研究》，湖南教育出版社，1999 年，第 172 页。

④ 《民政部咨自治事先拟先就省城设所选绅学习文》，《四川教育官报》，1908 年，第 7 册，"公牍"。

⑤ 《督宪奏办川省自治研究所并暂没全省地方自治局折》，《四川官报》，1909 年，第 23 册，"奏议"。

⑥ 中国人民政治协商会议全国委员会文史资料研究委员会编《辛亥革命回忆录》，第 7 集，文史资料出版社，1981 年，第 152 页。

⑦ 《广益丛报》，1908 年，第 27 期，"纪闻"。

藩、周常昭、谢毓枬、潘慎、周晓峰、周代本等六人担任"教育"，学绅 124
名。同年闰二月，重庆镇乡自治研究所成立，三月三日开堂，由董全蓉、陈
纪、杨其、周晓峰、唐杰五人担任"教育"，"学绅"83 名。①

二年（1910）六月，重庆成立城会及城董事会，选举议员 34 人，董事 4
人，名誉董事 7 人。② 同时开始筹备各镇、乡会。三年，重庆各镇议事会成
立，十月初十日，以"无记名单记法选定正副议长"各 1 人，十月十二日举行
镇董事会选举，董事会设总董 1 人，董事以议员二十分之一为额，名誉董事，
以议员十分之二为额，重庆七镇议事会、董事会于本年十二月一律开会。除城
区外，划全县属境为 7 镇 14 乡。③

二年九月，巴县成立县议参会。按照清廷规定：县属人口在 20 万以下者，
得选出议员 20 人，20 万以上，增多 2 万，则多选议员 1 人，以此递增。是
时，巴县调查人口数为 98.474 万人，得选出议员 59 人。开会之时，互选正副
议长外，复选出 12 人为参事员，成立参事会。议会为代议机关，全县一切兴
革事宜，由会议议决，交行政官吏执行。年开常会一次，会期至长不得过 40
日。参事会为监督执行机关，督促官吏执行议会议决各案，常川住会，遇有碍
难执行之事，以备官吏咨询。④ 至三年（1911）十二月，巴县各级自治会已成
立完毕。

表 56　巴县各级自治会情况表

自治会	地　址	会长姓名	会员人数
县会	朝天观	梅际郁	59 人
城会	乐善堂	周培元	34 人

① 《四川布政使司等札饬巴县填报经征钱粮等项并自治及一切保息善政等巴县申报卷》，《巴县档案》
6—54—86，1910 年。
② 民国《巴县志》卷 17《自治·城镇乡会》，第 2 页。
③ 《四川布政使司札委江安县知县阮开铨等接署巴县印务卷》，《巴县档案》6—54—93，1910 年；民
国《巴县志》卷 17《自治·城镇乡会》，第 2 页。
④ 民国《巴县志》卷 17《自治·县议参会》，第 1 页。

续表56

自 治 会	地 址	会长姓名	会员人数
木洞镇会	木洞镇	何鸿猷	共 146 人
白市镇会	白市镇	文昺辉	
清风镇会	清风镇	董伯翔	
清和镇会	清和镇	张如山	
环江镇会	环江镇	熊正伦	
聚奎镇会	聚奎镇	谢少瞻	
集思镇会	集思镇	杨成栋	

资料来源：《四川布政使司等札饬巴县填报经征钱粮等项并自治及一切保息善政等巴县申报卷》，《巴县档案》6-54-86，1910 年。

《城镇乡地方自治章程》规定："凡府厅州县治城厢地方为城"，设城自治公所。宣统三年，四川设城自治公所（议事会、董事会）110 个，镇自治公所（议事会、董事会）177 个，乡自治公所（议事会、乡董）112 个。[①]

《城镇乡地方自治章程》的"自治范围"很多，包括：①本城镇乡之学务：中小学堂、蒙养院、教育会、劝学所、宣讲所、图书馆、阅报社，其他关于本城镇乡学务之事；②本城镇乡之卫生：清洁道路、蠲除污秽、施医药局、医院医学堂、公园、戒烟会，其他关于本城镇乡卫生之事；③本城镇乡之道路工程：改正道路、修缮道路、建筑桥梁、疏通沟渠、建筑公用房屋、路灯，其他关于本城镇乡道路工程之事；④本城镇乡之农工商务：改良种植牧畜及渔业、工艺厂、工业学堂、劝工厂、改良工艺、整理商业、开设市场、防护青苗、筹办水利、整理田地，其他关于本城镇乡农工商务之事；⑤本城镇乡之善举：救贫事业、恤嫠、保节、育婴、施衣、放粥、义仓积谷、贫民工艺、救生会、救火会、救荒、义棺义冢、保存古迹，其他关于本城镇乡善举之事；⑥本城镇乡之公共营业：电车、电灯、自来水，其他关于本城镇乡公共营业之事；⑦因办理本条各款筹集款项等事；⑧其他因本地方习惯，向归绅董办理，素无弊端之各事。[②]

地方自治范围主要涉及教育、卫生、慈善、农工商及公共事业，实际规定并限定了士绅提议和参政的内容。从重庆议员的提案来看，也大多以上述内容

---

① 《政治官报》，宣统三年四月初七日。
② 故宫博物院明清档案部编：《清末筹备立宪档案史料》下册，中华书局，1979 年，第 728～729 页。

为主（如表）。

表 57　1910 年巴县议事会"议员提案"情况表

提案内容	提案时间	两会议决情况	执行情况
维持风化	宣统二年十月十五日	呈请禁止师巫邪术	当即编演白话告示张贴晓谕，并责成各首人查拿
改良风俗	宣统二年十月十五日	呈请禁止凡兄弟转房，临丧嫁娶作乐	业已示谕，并责成各首人查拿
卫生事宜	宣统二年十月初十日	呈请禁售各乡瘟死猪牛，母鷄秽浊	业已示禁
革除义渡恶习	宣统二年十月二十日	县属海棠溪义渡由廖绅捐办有年，船夫日久弊生，多方勒索，不便行旅，由会建议禁革	知县即札饬该首士及捐生妥订规则，逐一更正并出示刊石以为久远

资料来源：《四川布政使司札委江安县知县阮开铨等接署巴县印务卷》，《巴县档案》6
－54－93，1910 年。

　　重庆士绅的提案内容包括"维持风化""改良风俗""卫生事宜"和"革除义渡恶习"四个方面，表明士绅对重庆风俗、习惯等问题的关注。四项提案均获采纳并得到妥善处理。这说明，巴县议事会建立后，重庆士绅借议会这一合法场所已能发表自己的意见，对官府的执政产生一定的影响。但值得注意的是，重庆士绅的力量并未因此而扩张，绅权服膺于官权的状况也未发生变化。

　　首先，士绅参政的积极性和其议政的能力远不如想象的那么高。宣统二年(1910)，重庆各镇议事会选举后，按照规定，镇会当选者须在五日之内向官府答复"愿否胜任"，重庆各镇大多数的士绅对当选议员回复为"生（绅）以不才忝列，理合应选，勉襄义务"，表示愿意担任议员。但仍有部分士绅以各种理由加以拒绝，其理由有两类：①以身体不适婉辞。如清和镇员绅何从龙称自身"多病又兼家务羁身"，"实不得已，理合辞退另选"；聚奎镇谢少瞻也称"精神衰弱，不能勉襄义务，恳另选补充"。① ②以"不能胜任"加以推辞。清和镇员绅蒋少兰"知会来临，不胜惶汗。生学力不深，新政罔闻，扪心自问，自当辞退"；清和镇员绅刘照普则以"既未闻宪政之范围，又不识自治之关系，

---

① 《巴县各镇议会选举及当选议员卷》，《巴县档案》6－54－29，1910 年。

恐误要公"予以推辞。① 上述两种情况说明，晚清重庆士绅参政议政的积极性并不如想象的那么高，而部分士绅中确有不知自治、宪政为何物的现象（还不包括当选议员中并不懂得宪政的议员），普通士绅对新政的了解程度可见一斑。

其次，从重庆议事会的议案情况来看，来自官方的"知县提案"占了相当大的比重。宣统二年（1910），重庆议事会提案共 12 项，其中议员提案 4 项，知县提案 8 项，在提案中占了绝大部分。就提案内容来看，"知县提案"内容涉及经费、预算、流民、农业、工艺、水利以及妇女放足、统计流民册等项，较之议员提案内容更为宽泛（如表）。

表 58 1910 年巴县议事会"知县提案"情况表

提案内容	提案时间	两会议决情况	执行情况
筹集经费	宣统二年九月二十日	经议会议决遵照章程附捐方法于税契酒捐项下加捐十分之一为建筑常年两端经费，业经据详情奉批交司核议在案	准否尚未批准
实行放足	宣统二年九月二十日	经两会议决刊表造册并就各自治公所设立禁止缠足会，实行放足，自本年正月起至三月止分为三届，逐一解放	知县当即示谕城乡并刊发表册规则饬其分届造设以资实行
筹办水利	宣统二年九月二十日	办法业由两会筹定	因事属繁琐，知县交卸，故未实行
设阅报社	宣统二年九月二十日	拟定先由城镇入手，昨已传谕城镇总董每镇择出厂茶馆二家为设社处	现已办设数处
拟定各种规则及预算表	宣统二年九月二十日	除自治委员规则由县拟定外，所有应订各规则于十月十二日由会议订	当即照章详请核定，嗣后奉批饬令改正
改良农业	宣统二年九月二十一日	1. 筹办农业研究所；2. 举办镇乡农务分所；3. 筹措经费；4. 驱除害虫；5. 治疗兽疫	均经议会议复并隶知劝业分所
编制流民册	宣统二年九月二十二日	两会议决就县中旧有之三里习艺所，从今年举办，已刊就表册式样，发交白事镇董事会先行办理，因该镇路当孔道，故饬遵办以示标准	
考较工艺	宣统二年九月二十五日	议决今年多制通用物，少制奢侈品	

资料来源：《四川布政使司札委江安县知县阮开铨等接署巴县印务卷》，《巴县档案》6－54－93，1910 年。

---

① 《巴县各镇议会选举及当选议员卷》，《巴县档案》6－54－29，1910 年。

第三，从提案的执行程序及执行情况来看，地方自治大大提高了士绅参政议政之权，但作为一县的地方首领，知县并非被排挤出自治活动之外，而是借自治之名进一步扩大了政府控制城市的权力。此时，知县摇身一变，兼"巴县城镇乡自治监督"，举凡城镇乡议员选举、人员审查、开会日期等筹备事宜均由知县制定。议员当选以后，亦须由自治监督发给执照，才具合法性，下面是巴县知县廷继给白市镇当选议员所颁发的执照。

> 筹办城镇乡自治监督调署巴县正堂廷为给与执照事。按照奏定城镇乡地方自治选举章程第四十八第六十三第六十七各条，当选者由地方官给与执照等因，兹查六品衔刘子康在白市镇得票当选为董事会总董，核与定章相符，为此给与执照，须至执照者。
>
> 右给与　收执
>
> 宣统　年　月　日①

由官方颁发"执照"以确认议员的合法身份，此一程序与此前官府对地方精英身份的认同有惊人的一致性，这说明，重庆这座西部城市虽然已在仿行宪政，但程序上却与传统的统治手法相类，地方官员对"议员由选民选出即合法"、"议员对选民负责"等认识还有相当的距离。同时，自治章程规定，"各自治会均有议事办事旁听规则，由地方官核定转详"，因而"所有巴县各会规则均由知县随到随核"②，议案的具体执行亦由知县负责。如"实行放足"一案的执行，是由知县"当即示谕城乡并刊发表册规则饬其分届造设以资实行"；"革除义渡恶习"的提案，亦是由"知县即札饬该首士及捐生妥订规则，逐一更正并出示刊石以为久远。"知县以"示谕"的方式处理提案，成为提案能否最终得以落实的关键所在，这使得知县在士绅广泛参与地方政事的过程中仍然成为城市管理的唯一权力来源。地方自治的程序和实践说明，源于西方的宪政已落入"旧秩序"的政治框架之中，呈现"中国化"的特色，此一现象，使清廷尝试君宪政体的失败已可预期。此时中国的地方精英，无论官员还是士绅，很多尚未有宪政的知识储备，也未得民权政治的精髓和实践，他们只得以他们所熟悉的那一套来理解和应对政体改革，别无他法。

结果，光绪三十二年（1906）后，中国的政体改革在地方呈现出这样一幅画面：一边是士绅在新的机构咨议局参政议政，热闹无比；一边是士绅被迫退

---

① 《巴县各镇议会选举及当选议员卷》，《巴县档案》6-54-29，1910年。
② 《四川布政使司札委江安县知县阮开铨等接署巴县印务卷》，《巴县档案》6-54-93，1910年。

出自身依托的"保甲—团练"组织，失去控制地方的能力。新政改革竟使官绅政治向官僚政治的方向回溯，此一现象颇为吊诡。

费正清认为，"清末的地方自治实际是绅士之治。然而，政府官僚政治对这种自治制度施加了强大的压力。知府、州官和知县有权解散地方自治会。董事会的决议没有这些地方政府官员的批准不能实施。知县能够免除镇乡的董事的职务，而且可以不同意有关自治会选出的自治会办事人员。结果，这种自治会很像咨议局和资政院的情况，实际就是一个政府的辅助机构或咨询团体。"① 将士绅置于官员的控制之下，以此来巩固统治，正是帝制时期专制政治的惯常做法。对此现象，雷德斐尔德也认为，20 世纪初，中国各地实行新政改革，咨议局给地方精英一种直接参政的感觉，这是他们从未体验过的，很少有人想到这是他们长期以来帝国时期就有的要求。② 士绅要求参政，已是士绅边缘化的表征。

20 世纪初，中国地方秩序的混乱状况终于在官绅政治崩解的过程中显现出来。光绪三十年（1904），重庆民众为反清政府苛索，全城罢市。③ 三十一年（1905），成都民众反对征收房捐罢市，同年冬，余切等人联络会党起兵于彭县，称"大同军"，打击堂勇团练，焚毁教堂。三十三年（1907），垫江民众反对土药捐，邛州民众反对征收纸捐。宣统元年（1909），威远发生会党领导的反门牌捐起义。二年（1910），铜梁、大足等县民众反抗收纸捐罢市，各纸厂工匠"群起滋事"，"与官为敌"，占据多宝寺，袭击清军。④ 三年（1911），西昌城又发生反对知县章庆勒收茶铺捐的罢市斗争。而此时，有的团练头目，"不特本团习拳之人，该团首不肯举发，甚至暗中接济别处匪徒之军火钱米。及至官军将股匪击败，该匪等佯为平民装束，混入各团。各团又复容留，民与匪不能分"⑤。向来被官绅控制的地方团练，已不再是官方控制城市的有效武装，反而成为各派可以渗透和反正的力量。

宣统三年（1911）五月，四川革命党人以"保路"为名掀起政治革命的风潮。八月，端方奉旨入川，率鄂军过重庆，川绅施际云代表端方召集官、绅、

① ［美］费正清、刘广京编：《剑桥中国晚清史（1800—1911 年）》下卷，中国社会科学出版社，1985年，第 392 页。
② 费孝通：《中国绅士》，罗伯特·雷德斐尔德"序"，惠海鸣译，中国社会科学出版社，2006 年，第20 页。
③ 《东方杂志》第 2 年第 1 期，杂俎。
④ 《东方杂志》第 7 年第 7 期，中国时事汇录。
⑤ 四川大学历史学原藏《岑春煊告示》。

学于总商会，同盟会会员朱之洪、江潘等乘机以"今各地盗匪窃发，不练无以资抵御"为由，提议举办团练。知府钮传善欲防民，以无火器拒绝办团。同盟会会员简达西曾管川东团枪械簿册，声称尚有团枪、铁炮、刀矛数千，并出一纸示传善，革命党人办团之建议遂得通过。于是，"商会谋办商团自卫，士绅亦倡办民团保治安，皆先以党人实其额"。[①] 重庆再次举办的团练被革命党人渗透，不再为官方所掌控。

不仅如此，重庆革命党人还"往来于诸会党间"[②]，在工商界、教育界、军界发展革命势力。此种情势，已为地方政治动荡提供了契机。

十月初二，革命党人召集重庆绅商学界代表二三百人在朝天同开会，军队、商勇均列队抬炮入会场，重庆知府钮传善、巴县知县段荣嘉缴印投降，革命在重庆不费一兵一卒就获得了成功。

因而，若从地方政治的层面观察清帝国的覆亡，可以发现，光绪三十二年（1906），由精英倡导的中国政体改革，不仅未能挽救清廷的统治危机，反而改变了官方原有的控制手段，使地方社会渐渐脱离官方控制的轨道，革命风潮由此在"地方"率先爆发。宣统三年八月十九日（1911 年 10 月 10 日）武昌起义以后，革命在"地方"逐一上演的多米诺骨牌场景，就不完全是革命的结果，同时也是中国传统地方官绅政治体系变动的结果。

宣统三年前的中国，已准备好了"旧秩序"崩解的内部土壤。

---

① 民国《巴县志》卷 22《蜀军革命始末》，第 6 页。
② 邹鲁：《中国国民党史稿》（中），"四川诸役"，东方出版中心，2012 年，第 866 页。

结　语

　　自秦始皇统一中国以来，皇帝就以官员精英管理地方，以适应"大一统"之下广土众民的新国情，帝制由此获得制度支撑，显示出强劲的生命力。迄于清代，中国广土众民的特点达到高峰。斯金纳的研究显示，中国从汉朝到清代中叶的 2000 年间，相继各朝代的地方行政机构并未增加，而中国的人口却增长了 5 倍。在各朝全盛时期，基层单位"县"的数目是：汉朝 1180，隋朝 1255，唐朝 1235，宋朝 1230，元朝 1115，明朝 1385，清朝 1360。而帝国的总人口是：180 年 6000 万，875 年 8000 万，1190 年 1.1 亿，1585 年 2 亿，1850年 4.25 亿。因此，在汉朝末年，一个县官管辖 5 万人，而到清末却要管辖 30万人。[①] 清帝国仅仅依赖官僚体系已不能管理幅员辽阔的中国，广泛地依赖官员以外的各类精英管理地方，成为清代大一统政治体制的唯一选择。

　　因而，清代的专制皇权，在地方政治层面呈现出官绅政治的架构，而不仅仅是官僚政治。地方官员依赖士绅、商人为主的精英管理城市，维持城市秩序，通过调适政治体制，使专制呈现出一定活力。官僚体制以外的大批精英活跃于中国的城市和乡村，他们成为清代地方社会在"小政府"的政治架构下还能保持正常运转的主要力量。

　　但清代统治的秘密还不仅限于此。大量的精英浮于官僚体制之外，他们既可能是官僚体制的补充，亦有可能演化为对立面，构成政权的威胁。因而，控制各类精英，使其向前一个方向发展，才是帝制获得成功最关键的一环。

　　清帝国统治的秘密是"精英组织化"。帝国将一千多个城市的地方精英以"组织"的方式加以整合。清代的组织系统有两类，一类是各朝都有的官僚系统，它体现为一种层级体系，官员在各层级中因权力大小不一，所发挥的作用各不相同，但官员的"位"却因层级而清晰，官员与政治体制之间相互依赖的关系就极为显明。韦伯认为发达的"官僚体系"稳固了中国的专制政体，确是如此。官员常被视作"体制内"的代表，尽管他们的思想和言行并不整齐

---

① ［美］费正清：《美国与中国》，张理京译，世界知识出版社，1999 年，第 37 页。

划一。

清代的另一组织系统是由士绅精英为主体构成的各类组织，主要包括坊厢组织、保甲组织、团练组织和行会组织，有的城市如重庆，还有朝天党和储奇党这类基层组织。官员依恃各类组织划分城市空间，调解民间纠纷，使城市社区和行业内部都形成一定程度的"自治"，有效地弥补了官方统治力量的不足，使地方官绅政治架构有了明确的、可操控的一套系统，它们构成官僚组织以外专制政体的另一块重要基石。

如此，清帝国通过各类组织同样明确了官员以外各类精英的"位置"。如重庆历史画面所展现的那样：无论哪一个群体的精英，无论其对文化的垄断程度如何，无论其由"公举"抑或"荐举"产生，精英身份的最后认同总是要由官府来确认。官府授予客长、乡约、坊厢长、保甲长、会首、监正等各类"执照"，作为对其身份的官方认可，保证其在民间的领袖地位。这样一来，官府不仅通过各类组织保持与民间的沟通，而且巧妙地使各类社会精英的位置变得确定和清晰起来。官员以外的地方精英被帝国镶嵌于各个组织之中，他们和官员一道，共同维系并稳固了帝国政治秩序。因而，官员与地方精英之间，其实并非体制内外的差别，而是体制内系统的差别，官绅实同属一个政治体系之内。正因为如此，如费孝通所言，"一种由下而上的'民主'在专制社会里形成"。精英对政治体制的认同终因"组织"这种技术的手段得以施行，由此也构筑出一条精英对帝国认同的"自下而上的轨道"，它使传统中国的专制体制代代延续。

一个随之而来的问题是：各类精英能否不被整合，而游离于政治体制之外呢？从帝制的发展轨迹，或可寻到一些蛛丝马迹。公元前213年，秦始皇以诸生"不师今而学古，以非当世"，令"天下敢有藏诗、书、百家语者，悉诣守、尉杂烧之"。次年，将犯禁者四百六十余人坑杀于咸阳，"使天下知之，以惩后"。[①] 汉武帝时，从董仲舒之议，"诸不在六艺之科孔子之术者，皆绝其道，勿使并进"。统一更趋于一律。此后，士人因文字、言说获罪者历代皆有，但以清代最多。清初为消除"异端"思想，强化统治的合法性，大兴文字狱，仅庄廷鑨《明史》一案，"所诛不下千余人"。乾隆朝文字狱高达130多次。在严酷的思想控制下，士人悟得"奴才只能奉行，不许言议；评论固然不可，妄自颂扬也不可，这就是'思不出其位'"[②]。思想言论皆不自由，士人遂自屏于政

---

① 《史记·秦始皇本纪》。

② 鲁迅：《且介亭杂文·隔膜》，《鲁迅杂文全集》（下），北京燕山出版社，2011年，第1077页。

治之外，埋头考据，著书立说多不涉当世之务，或科举应试做官，或退而求其次为"地方士绅"。嘉道时期，士林已呈"万马齐喑"之态，龚自珍乃发出"避席畏闻文字狱，著书都为稻粱谋"的叹息。19世纪中叶以后，中国因受西方侵略的大刺激，以士绅为首的精英才冲破"祖宗的成法"①，大谈时政，结社办报，不惜以热血来促进中国政体变革，士人风气才为之一变。

因而，在国家机器的高压和控制之下，除非做一个隐士，自避于社会和人群，大概才谈得上能否不被整合的问题。但清代对和尚、道士之流皆控制甚严，"隐"终不可能成为读书人选择的主流。而一旦在政治体制之内，除了配合和适应体制，并尽可能地从中寻出个人和家族发展的渠道和空间外，几乎别无前途。梁启超曾将中国人努力跻身官僚队伍，以扩大个人自由为目的的人生态度斥为"奴性"，认为这正是中国专制政体长期存在的根源。而"奴性"的改变，仅仅依靠政治革命是不够的，还需要精神革命和文化革命。读书人"奴性"的背后，其实是帝国对精英思想、行动的严密控制和两套组织系统齿轮般的相互配合。

清帝国以官绅政治为基础的专制政体与精英的关系如此密切，这就决定了帝国"政体的变动"与"精英的变动"息息相关。清代帝制崩溃前，有三个因素促成了中国精英的变动：

（1）一个危机。西方侵略所引发的帝国统治危机是专制政体变革的前提。如果帝国本身能够化解危机，如同应对历次下层反叛一样，专制政体就有存续的合理性，不会受到质疑。但19世纪中叶以来由外国侵略所引发的危机与以往任何危机不同，帝制无法化解，反使危机愈演愈烈。20世纪初，最高统治者尝试以"政体的调适"来挽救危机，成为晚清政治变革的一大因素，而此助力来源于中国精英的自省自觉。外国的刺激，并不能使中国直接跨入现代化的行列。

（2）一个共识。19世纪末，中国精英逐渐形成改革的共识。这个精英群体，既包括官员，也包括士绅、商人；既包括全国名流，也包括地方名流。精英在政体的选择上虽有君主立宪和民主立宪之别，但"变"却是精英的共识。在立宪思潮影响下，1906年，中国尝试预备立宪，改良已是一场革命。随后的暴力革命，是部分精英抛弃清廷后对政体改革的另一场尝试。精英达成共

---

① 鲁迅曾记述清代文字狱对士人的影响："他那里要这被征服者做儿子呢？于是乎杀掉。不久，儿子们吓得不再开口了，计划居然成功；直到光绪时康有为们的上书，才又冲破了'祖宗的成法'。然而这奥妙，好像至今还没有人来说明。"鲁迅：《且介亭杂文·隔膜》，《鲁迅杂文全集》（下），北京燕山出版社，2011年，第1077页。

识，是帝国政体变革的必要条件。

（3）政治体系失控。清帝国统治的活力建立于官绅政治之上，地方秩序因官员与精英的合力得以维系，但外国势力渗入地方后，官绅政治渐显裂隙，"地方"不仅出现不认同中央的迹象，精英控制地方的能力也渐趋减弱。20 世纪初，清廷废除保甲团练，以警察代行控制地方之职，此一基层组织的剧变，迫使官绅政治中的"绅"一方退出原有的组织系统，帝国于地方统治的基石垮塌，官绅政治体系失控，帝制率先在"地方"崩解。

上述三个因素在晚清重庆城市管理变革之中均反映出来，且都与精英的变动密切相关。精英的动向深刻地影响了 19 世纪中叶以后中国的政治变动，而"精英"作为一个群体从思想到行动的转变正是晚清中国政治体制变革的"内部因素"。但 1906 年后，中国的改革竟使士绅在地方政治中呈现边缘化的趋势，地方官绅政治向官僚政治的方向回溯，此一改革结果颇为吊诡。

1912 年，精英在"旧秩序"崩塌的基础之上，终于建构了一个"新秩序"。

参考文献

一、档案、家谱

四川省档案馆藏：《巴县档案》，乾隆朝至宣统朝，清全宗 6。

故宫博物院明清档案部编：《清末筹备立宪档案史料》，中华书局 1979 年版。

四川省档案馆编：《四川教案与义和拳档案》，四川人民出版社 1985 年版。

《宫中档乾隆朝奏折》，台北故宫博物院 1986 年版。

四川省档案馆编：《清代巴县档案汇编》（乾隆卷），档案出版社 1991 年版。

四川省档案馆、四川大学历史系主编：《清代乾嘉道巴县档案选编》，四川大学
　出版社 1996 年版。

中国第一历史档案馆编：《乾隆朝上谕档》，档案出版社 1991 年影印。

钱志超：《钱氏家谱》，贵州桐梓，钱氏家族自印。

二、地方志、笔记、官修史书

蔡毓荣等修，钱受祺等纂：《四川总志》，康熙十二年（1673）刻本。

黄廷桂等修，张晋生等纂：《四川通志》，乾隆元年（1736）刻本。

王尔鉴纂：《巴县志》，乾隆二十六年（1761）刻本。

常明等修，杨芳灿等纂：《四川通志》，嘉庆二十一年（1816）刻本。

福珠朗阿修，宋煊、黄云衢纂：《江北厅志》，道光二十四年（1844）刻本。

徐栋辑：《牧令书》，道光二十八年（1848）刻本。

宋灏修，罗星等纂：《綦江县志》，同治二年（1863）刻本。

霍为棻等修，熊家彦等纂：《巴县志》，同治六年（1867）刻本。

高维岳修，魏远猷等纂：《大宁县志》，光绪十一年（1885）刻本。

黄六鸿撰：《福惠全书》，光绪十九年（1893）京都文昌会馆刻。

聂述文等修，刘泽嘉等纂：《江津县志》，1924 年刻本。

彭文治等修，卢庆家等纂：《富顺县志》，1931 年刻本。

中央研究院历史语言研究所编：《明清史料》，商务印书馆 1936 年版。

朱之洪等修，向楚等纂：《巴县志》，1939 年刻本。

朱寿朋：《光绪朝东华录》，中华书局 1958 年版。

王铁崖：《中外旧约章汇编》，生活·读书·新知三联书店 1962 年版。

陈子龙：《明经世文编》，中华书局 1962 年影印。

嵇璜、刘墉：《清朝文献通考》，台北新兴书局 1965 年影印。

刘锦藻：《清朝续文献通考》，台北新兴书局 1965 年影印。

文孚纂修《钦定六部处分则例》，沈云龙主编《近代中国史料丛刊》，第 332
册，台北文海出版社 1973 年影印。

贺长龄辑：《皇朝经世文编》，沈云龙主编《近代中国史料丛刊》，第 731 册，
台北文海出版社 1973 年影印。

葛士浚辑：《皇朝经世文续编》，沈云龙编《近代中国史料丛刊》第 741 册，台
北文海出版社 1973 年影印。

何良栋辑：《皇朝经世文四编》，沈云龙编《近代中国史料丛刊》，第 761 册，
台北文海出版社 1973 年影印。

昆冈等奉敕撰：《钦定大清会典》，光绪二十五年（1899）刻本，台北新文丰出
版公司 1976 年景印。

昆冈等奉敕撰：《钦定大清会典事例》，光绪二十五年（1899）刻本，台北新文
丰出版公司 1976 年景印。

上海人民出版社编：《清代日记汇抄》，上海人民出版社 1982 年版。

邵之棠辑：《皇朝经世文统编》，沈云龙编《近代中国史料丛刊续辑》第 714
册，台北文海出版社 1983 年影印。

席裕福、沈师徐辑：《皇朝政典类纂》，沈云龙编《近代中国史料丛刊续辑》，
第 875 册，台北文海出版社 1983 年影印。

顾炎武著，黄汝成集释：《日知录集释》，上海古籍出版社 1984 年版。

《清实录》，中华书局 1985 年影印。

王庆云著：《石渠余记》，谢国桢所藏刻本，北京古籍出版社 1985 年版。

费密《荒书》，吴世济等：《太和县御寇始末》，浙江古籍出版社 1985 年版。

允祹纂修：《钦定大清会典则例》，文渊阁《四库全书》"史部·政书类"，第
621 册，台湾商务印书馆 1986 年景印。

彭泽益主编：《中国工商行会史料集》，中华书局 1995 年版。

官箴书集成编纂委员会编：《官箴书集成》，黄山书社 1997 年版。

赵尔巽等撰:《清史稿》,中华书局1998年影印。

王先谦:《东华续录》,《续修四库全书》,《史部·编年类》第373册,上海古
    籍出版社2002年影印。

求是斋校辑:《皇朝经世文编五集》,沈云龙主编《近代中国史料丛刊三编》,
    第271册,台北文海出版社2003年影印。

三、论著、论文

盛俊:《海关税务纪要》,商务印书馆1919年版。

杨德森:《中国海关制度沿革》,商务印书馆1925年版。

王振先编:《中国厘金问题》,商务印书馆1927年版。

窦季良:《同乡组织之研究》,正中书局1943年版。

费孝通:《乡土重建》,上海观察社1948年版。

古洛东:《圣教入川记》,四川人民出版社1981年版。

廖一中、李德征等编:《义和团运动史》,人民出版社1981年版。

鲁子健编:《清代四川财政史料》,四川省社会科学院出版社1984年版。

周询:《蜀海丛谈》,巴蜀书社1986年版。

任乃强:《张献忠》,陕西人民出版社1986年版。

张力、刘鉴唐:《中国教案史》,四川省社会科学院出版社1987年版。

周勇、刘景修译编:《近代重庆经济与社会发展(1876—1949)》,四川大学出
    版社1987年版。

隗瀛涛主编:《重庆城市研究》,四川大学出版社1989年版。

周勇主编:《重庆:一个内陆城市的崛起》,重庆出版社1989年版。

隗瀛涛主编:《四川近代史稿》,四川人民出版社1990年版。

张仲礼:《中国绅士——关于其在19世纪中国社会中作用的研究》,上海社会
    科学院出版社1991年版。

隗瀛涛主编:《近代重庆城市史》,四川大学出版社1991年版。

王纲:《清代四川史》,成都科技大学出版社1991年版。

金观涛、刘青峰:《兴盛与危机:论中国社会超稳定结构》,(香港)中文大学
    出版社1992年增订本。

罗澍伟:《近代天津城市史》,中国社会科学出版社1993年版。

戴一峰:《近代中国海关与中国财政》,厦门大学出版社1993年版。

马敏、朱英:《传统与近代的二重变奏——晚清苏州商会个案研究》,巴蜀书社

1993 年版。

熊月之：《西学东渐与晚清社会》，上海人民出版社 1994 年版。

刘子扬：《清代地方官制考》，紫禁城出版社 1994 年版。

马敏：《官商之间：社会剧变中的近代绅商》，天津人民出版社 1995 年版。

谢俊美：《政治制度与近代中国》，上海人民出版社 1995 年版。

孙晓芬编著：《清代前期的移民填四川》，四川大学出版社 1997 年版。

吴吉远：《清代地方官府的司法职能研究》，中国社会科学出版社 1998 年版。

张晋藩：《清代民法综论》，中国政法大学出版社 1998 年版。

戴逸主编，秦宝琦、张研著：《18 世纪的中国与世界》，辽海出版社 1999 年版。

郭建：《帝国缩影：中国历史上的衙门》，学林出版社 1999 年版。

周荣德：《中国社会的阶层与流动：一个社区中士绅身份的研究》，学林出版社 2000 年版。

王笛：《跨出封闭的世界——长江上游区域社会研究（1644—1911）》，中华书局 2001 年版。

张小劲、景跃进：《比较政治学导论》，中国人民大学出版社 2001 年版。

马小泉：《国家与社会：清末地方自治与宪政改革》，河南大学出版社 2001 年版。

张德泽：《清代国家机关考略》，学苑出版社 2001 年版。

何一民等：《变革与发展——中国内陆城市成都现代化研究》，四川大学出版社 2002 年版。

何锐等校点：《张献忠剿四川实录》，巴蜀书社 2002 年版。

张研、牛贯杰：《19 世纪中国双重统治格局的演变》，中国人民大学出版社 2002 年版。

韩秀桃：《司法独立与近代中国》，清华大学出版社 2003 年版。

彭南生：《行会制度的近代命运》，人民出版社 2003 年版。

瞿同祖：《清代地方政府》，范忠信等译，法律出版社 2003 年版。

柏桦：《明清州县官群体》，天津人民出版社 2003 年版。

张驭寰：《中国城池史》，百花文艺出版社 2003 年版。

桑兵：《庚子勤王与晚清政局》，北京大学出版社 2004 年版。

何一民等：《近代中国城市发展与社会变迁（1840—1949 年）》，科学出版社 2004 年版。

陈亚平：《清代法律视野中的商人社会角色》，中国社会科学出版社 2004 年版。

李书敏、蓝锡麟主编，吴涛等编著：《巴渝文物古迹》，重庆出版社 2004 年版。

李启成：《晚清各级审判厅研究》，北京大学出版社 2004 年版。

唐力行主编：《国家、地方、民众的互动与社会变迁》，商务印书馆 2004 年版。

萧一山编：《清代通史》，华东师范大学出版社 2005 年版。

周松青：《上海地方自治研究（1905—1927）》，上海社会科学院出版社 2005 年版。

胡昭曦：《四川书院史》，四川大学出版社 2006 年版。

邓正来、［美］杰弗理·亚历山大主编：《国家与市民社会：一种社会理论的研究路径》，上海人民出版社 2006 年版。

王笛：《街头文化：成都公共空间、下层民众与地方政治，1870—1930》，李德英、谢继华、邓丽译，中国人民大学出版社 2006 年版。

李柏槐：《现代性制度外衣下的传统组织：民国时期成都工商同业工会研究》，四川大学出版社 2006 年版。

那思陆：《清代州县衙门审判制度》，中国政法大学出版社 2006 年版。

何智亚著：《重庆湖广会馆——历史与修复研究》，重庆出版社 2006 年版。

谭红主编：《巴蜀移民史》，巴蜀书社 2006 年版。

张利民：《艰难的起步——中国近代城市行政管理机制研究》，天津社会科学院出版社 2008 年版。

涂文学：《城市早期现代化的黄金时代》，中国社会科学出版社 2009 年版。

周执前：《国家与社会：清代城市管理机构与法律制度变迁研究》，巴蜀书社 2009 年版。

王亚南：《中国官僚政治研究》，商务印书馆 2010 年版。

郭世佑：《晚清政治革命新论》，中国人民大学出版社 2010 年增订版。

郭世佑：《记问沉浮：近代史的求真之旅》，北京师范大学出版社 2011 年版。

田凯：《清代地方城市景观的重建与变迁：以 17—19 世纪成都为研究中心》，巴蜀书社 2011 年版。

何炳棣：《明清社会史论》，徐泓译注，台北联经出版事业公司 2013 年版。

张朋园：《中国民主政治的困境：晚清以来历届议会选举述论 1909—1949》，生活·读书·新知三联书店 2013 年版。

萧公权著：《中国乡村：论 19 世纪的帝国控制》，张皓、张升译，台北联经出版事业公司 2014 年版。

［日］仁田井升：《中国法制史研究》，东京大学出版社 1964 年版。

［美］费正清、刘广京编：《剑桥中国晚清史（1800—1911 年）》，中国社会科

学出版社 1985 年版。

［美］柯文：《在中国发现历史——中国中心观在美国的兴起》，中华书局 1989
　　年版。

［美］孔飞力：《中华帝国晚期的叛乱及其敌人（1796—1864 年的军事化与社
　　会结构)》，谢亮生等译，中国社会科学出版社 1990 年版。

［德］马克斯·韦伯：《经济与社会》，林容远译，商务印书馆 1997 年版。

［日］滋贺秀三、寺田浩明等：《明清时期的民事审判与民间契约》，法律出版
　　社 1998 年版。

［美］黄宗智：《民事审判与民间调解：清代的表达与实践》，中国社会科学出
　　版社 1998 年版。

［美］乔·萨托利：《民主新论》，冯克利、阎克文译，东方出版社 1998 年版。

［美］费正清：《美国与中国》，张理京译，世界知识出版社 1999 年版。

［美］哈罗德·D. 拉斯韦尔：《政治学：谁得到什么？何时和如何得到?》，杨
　　昌裕译，商务印书馆 2000 年版。

［美］施坚雅主编：《中华帝国晚期的城市》，叶光庭等译，中华书局 2000
　　年版。

［美］列文森：《儒教中国及其现代命运》，郑大华、任菁译，中国社会科学出
　　版社 2000 年版。

［意］加塔诺·莫斯卡：《统治阶级》，贾鹤鹏译，译林出版社 2002 年版。

［日］山本进：《明清时代の商人と国家》，研文出版社 2002 年版。

［意］维尔弗雷多·帕累托：《精英的兴衰》，刘北成译，上海人民出版社 2003
　　年版。

［日］织田万：《清国行政法》，李秀清、王沛点校，中国人民大学出版社 2003
　　年版。

［日］小浜正子：《近代上海的公共性与国家》，葛涛译，上海古籍出版社 2003
　　年版。

［美］杜赞奇：《文化、权力与国家——1900—1942 年的华北农村》，江苏人民
　　出版社 2004 年版。

［日］夫马进：《中国善会善堂史研究》，伍跃、杨文信、张学锋译，商务印书
　　馆 2005 年版。

［美］罗威廉：《汉口：一个中国城市的商业和社会（1796—1889)》，江溶，鲁
　　西奇译，中国人民大学出版社 2005 年版。

［美］刘易斯·芒福德：《城市发展史：起源、演变和前景》，宋俊岭译，中国

建筑工业出版社 2005 年版。

［美］马士：《中华帝国对外关系史》，上海书店出版社 2006 年版。

［美］周锡瑞：《改良与革命：辛亥革命在两湖》，杨慎之译，江苏人民出版社 2007 年版。

［英］伊莎贝拉·伯德：《1898：一个英国女人眼中的中国》，卓廉士、黄刚译，湖北人民出版社 2007 年版。

［美］黄宗智：《清代的法律、社会与文化：民法的表达与实践》，上海书店出版社 2007 年版。

［美］韩书瑞、罗友枝：《十八世纪中国社会》，陈仲丹译，江苏人民出版社 2008 年版。

［日］佐藤慎一：《近代中国的知识分子与文明》，刘岳兵译，江苏人民出版社 2011 年版。

李国祁、周天生：《清代基层地方官人事嬗递之量化分析》，载《台湾师范大学历史学报》，1973 年第 2 期。

傅衣凌：《中国传统社会：多元的结构》，载《中国社会经济史研究》，1988 年第 3 期。

李荣忠：《清代巴县衙门书吏与差役》，载《历史档案》，1989 年第 1 期。

谢放：《辛亥革命前的四川富农经济》，载《近代史研究》，1992 年第 3 期。

李映发：《清代州县陋规》，载《历史档案》，1995 年第 2 期。

郑秦：《清代县制研究》，载《清史研究》，1996 年第 4 期。

白钢：《二十世纪的中国政治制度史研究》，载《历史研究》，1996 年第 6 期。

赵秀玲：《50 年中国政治制度史研究及其展望》，载《政治学研究》，1999 年第 4 期。

彭南生：《晚清无业游民与政府救助行为》，载《史学月刊》，2000 年第 4 期。

邱捷：《清末民初地方官府与社会控制：以广州地区为例的个案研究》，载《中山大学学报》，2001 年第 6 期。

王敏：《政府与媒体：晚清上海报纸的政治空间》，载《史林》，2007 年第 1 期。

周保明：《清代的地方吏役、地方政府与官僚政治》，载《史林》，2007 年第 2 期。

［美］爱德华·麦科德：《清末湖南的团练和地方军事化》，载《湖南师范大学社会科学学报》，1989 年第 3 期。

［日］江夏由树：《1989 年日本中国近代史研究》，见中国社科院近代史研究所

编《国外中国近代史研究》第 21 辑，中国社会科学出版社 1992 年版。

［美］爱德华·麦科德：《地方的军事化力量与权贵的形成：贵州兴义的刘氏家族》，见中国社会科学院近代史研究所编《国外中国近代史研究》第 25 辑，中国社会科学出版社 1994 年版。

［日］山田贤：《中国移民社会中地方秩序的形成》，见中国社科院近代史研究所编《国外中国近代史研究》第 24 辑，中国社会科学出版社 1994 年版。

后 记

我对重庆有一份特殊的感情。

我的外公钱志超先生，民国二十九年从巴县移居贵州桐梓。外公的老家在今重庆巴南区，尚有亲人，偶有往来。我童年的快乐时光，大多是与随母亲回外公外婆家连在一起的。不过，最难忘的，还是我三岁那一年，在桐梓街头玩耍时走丢，在好心人家中住了一晚之后，我被带到街上，外公路过，认出我，牵着我回了家。谢谢外公！

1991年夏，怀揣四川大学的录取通知书，与陪同我入川的母亲从遵义凤冈途经重庆，重庆成为我此生所见的第一座大城市，从此留下无法抹去的印痕。对于从贵州山区走出的我而言，重庆高低不平、爬坡上坎的地势并无稀奇之处，反倒有一种熟悉的感觉；但第一次见到在中学地理书上时常出现的长江时，面对波澜不惊的江水，心里竟生出若干失落。在此之前，我一直以为，长江之水，不是"惊涛拍岸，卷起千堆雪"的宏阔气象，就是"不尽长江滚滚来"的壮丽美景，但我在重庆城内并未见到诗人笔下的景色，遗憾之余，才发现所想与所见之间，总有一段距离。

但重庆终以其独特的魅力征服了我，那魅力，是重庆的夜景。夜幕降临之时，这座喧闹的城市安静下来，神秘的星星布满清澈的苍穹，朝下望着这座城市。当你偶然转身之际，高低不平的城市景观就在万家灯火的映照下，突然朝你涌过来，让你来不及迎接。站在窗前，俯身朝下一探，群山、灯火、房屋都在你的脚下，你竟立于山巅；抬头一望，那些山呀、灯呀，树呀，连同房屋与数不清的星星又高悬于山顶，而你又置身山谷。恍兮惚兮之间，重庆就以那海市蜃楼般的夜景震撼了我，在高低置换的场景中，竟生出不知身在何处的迷惘。

在这样的夜晚，自然要出去逛一逛，在重庆工作的光永六舅建议我们到扬子江假日饭店附近去看看。那时，重庆南岸区尚处于刚刚开发的新区，已有一些高楼大厦，扬子江假日饭店矗立于长江边上，很是气派。六舅带我们参观的原因不仅因为这座酒店的高度，而且因为"那里常要升旗、降旗，很壮观"。

我在夜色中仰望这座酒店时，果然见到三面旗帜高高飘扬，一大片绚烂的光照射着旗帜及后面的酒店墙壁，分外闪亮。时隔多年，那几面旗帜的图案早已记不清了，但六舅带我们去参观的理由，我却一直记得。2008 年底，当我偶然在《重庆晨报》上看到扬子江假日饭店即将关门的消息时，怀着好奇心查询了这座酒店的历史，才发现在我心底留下若干印迹的这栋高楼，竟然是 1989 年重庆引资修建的第一家涉外星级酒店，一度被业内誉为重庆酒店业的"黄埔军校"。斗转星移，在不经意间，我以特殊的方式见证了这座酒店的兴衰，而这座酒店，见证了重庆改革开放的历程。

重庆就以这样的印迹深刻于我的心里。在随后于成都求学的岁月里，我时常想起这座城市，并拿它与省城成都进行比较，不仅比较二者的异同，还比较两座城市人不同的个性和风格。

四川大学历史系教授，中国著名历史学家隗瀛涛先生就是重庆开县人。隗先生才思敏捷，性格豪爽，幽默风趣，20 世纪 80 年代起，即带领门下弟子从事对重庆的相关研究。1991 年，隗先生的《近代重庆城市史》一书出版，与同期的关于上海、天津、武汉的"四城市史"，共同开创了中国城市史研究的先河。这四本书，成为此后中国城市史研究者的必读书籍。在川大求学期间，我有幸聆听过隗先生授课，目睹大家风采。2001 年秋，我在川大继续求学，隗先生是我的博士面试老师，在我回答完抽到的题目后，隗先生提醒我"在中国城市史的研究中，要尤其注意政治因素的作用"，对此，我一直铭刻于心。2005 年，隗先生以 74 岁高龄承担国家大型文化工程《清史·城市志》编纂时，我又有幸成为课题研究人员，再次得到隗先生的教诲。在那段辛苦而难忘的岁月里，隗先生常常召集课题组成员在川大桃林村二楼的书房里讨论课题，虽是几人的小型会议，他却每次必备有提纲类的稿纸，逐一讲解，绝不漏过一个细节，隗先生谨严的治学态度深深地感染了我。惜 2007 年 1 月，书稿尚未纂修完毕，隗先生就因病驾鹤西去，留下若干遗憾。此后每当经过隗先生旧宅时，常朝桃林村二楼阳台望去，那些聆听隗先生教诲的场景，深记于心，历历如昨。

何一民先生是隗先生的门下高足，也是我的授业恩师。从 1998 年起，我师从一民先生从事中国城市史研究，参与其主持的多项国家社科课题。一民先生不仅提倡读万卷书，还带领我们行万里路。十余年来，一民先生多次带领我和师兄妹们，游访中国各地城市，既有深圳、杭州、上海等沿海城市，也有哈密、伊犁、包头、大同、汉中等内地城市。每到一地，与当地学者交流后，少不了将川人饮酒痛快的作风带去，留下一路欢歌笑语。一民先生系成都人，治学严格但性情温和，教授学生常以鼓励为主。我的成长，凝聚着一民先生的智慧和心血。我的师母田亚沙女士，早年执教于中国花样游泳队，是把花样游泳从日本引入中国的第一位教练。师母秀外慧中，贤惠有加，退出一线教练岗位后，倾力支持老师的研究工作，对我们作弟子的也极好。在《城市志》编纂最紧张的一个暑期，我与师兄邱国盛①几乎天天到老师家蹭饭，不仅吃午饭，还要吃晚饭，师母总是熬汤炖肉，做出一桌好菜款待我们，有时还变换花样，给我们做煎饺，熬稀饭。我们有时开一民老师的玩笑，说老师将师母关在家里属于浪费一流人才，师母听后总是莞尔。那一笑背后，其实是老师与师母之间那份相濡以沫、年久弥深的感情。

在川大求学的漫长岁月里，我遇到了很多好老师，包括讲授"中国近代史"并指导了我本科学年论文、毕业论文的谢放老师；讲授"中国文化史"并利用业余时间指导我们编排歌舞剧《屈原》和《普罗米修斯》的周九香老师；讲授"俄苏文化史"并花费精力联系三教演播厅让我们看苏联电影的高淑媛老师；教授"中国国民党史"，教我们做专题论文写作，常于课间十分钟赶紧抽一支烟的曾瑞炎老师；讲授"世界现代史"，教我们正确分辨"苏联"与"前苏联"概念的陈必录老师；讲授"魏晋南北朝史"，以流行歌曲生动讲解骈体文的方北辰老师；讲授"中国茶文化史"，教我们优雅品茶的缪元朗老师……正是这些好老师对史学的坚守，对学生的辛勤付出，才使我和同学们在川大的青春没有虚度。2012 年 6 月，已 77 岁高龄的周九香老师托人将他的新著《郭沫若论与九香随吟》赠予我，收到书的那一刻，我知道周老师还记得我这个普通的学生，心里充满了感激和温暖。

1995 年本科毕业留校工作后，我得到过很多老师的关心和帮助。我的领导毛建华老师、李柏槐老师、杨秀春老师，不仅指导我工作，而且对我的学业关心有加，与他们共事的那段日子，愉快而令人难忘。学院的陈廷湘老师、刘世龙老师、粟品孝老师、周鼎老师等，也给予我很多帮助和支持。艾南山老师、鲜于浩老师、段渝老师、周波老师、申晓蓉老师均对书稿修改提出很多中肯的意见。川大出版社的何静女士在本书出版过程中认真编辑了书稿。在此一并致以深切的谢意！

本书能够顺利完成，还要感谢我的父母和家人。父亲谯康宁先生和母亲钱光霞女士，20 世纪 60 年代毕业于贵州师范学院数学系。父亲一生从事中学数学教学工作，也是我高中三年的数学老师；母亲从中学教师转岗到基层行政单

---

① 邱国盛师兄，四川郫县人，生于 1974 年，2012 年 3 月因病过世。

位后，在完成烦琐的行政工作之余，还要操心一大家人的衣食琐事，辛苦不已。父母退休后，在我工作、学习最为繁重的 2005 年到 2007 年间，为支持我的工作，把我年幼的儿子林小树接到遵义，从四个月大一直带到两岁半，默默承担了本应由我自己担当的抚养之责。我的先生林春柏，是我大学同系师兄，毕业后先后供职于建筑、媒体及律师行业，无论知识面及各方面能力皆胜于我，可谓良师益友。先生承担了养家的主要职责，使我在十余年里能够不为五斗米折腰，安心向学。对父母和家人，我充满了感激之情。

我的高中同学李登洪，在重庆求学、创业，是我多年的挚友。每次途经重庆，我常因他在这座城市，偶尔驻足、停留，不愿匆匆而过。2005 年盛夏，重庆的气温 40 多度，暑气逼人，我到重庆收集论文资料，登洪兄给予我大量帮助，带我观摩碑文，考察湖广会馆，参观朝天门码头。2012 年秋我因事回家路过重庆时，见我未及买到回家的车票，登洪兄竟撇下晚上的大单生意，亲自开车将我送回遵义。这份同学之情，也使我对这座城市念念不忘。

我的大学同学郭永彬、肖军、扶小兰、任学丽也在重庆工作。他们给予我热情的接待和帮助，为我的资料收集工作提供了极大便利。

重庆，这座火热无比的山城，曾因它独特的魅力吸引了我，我又因若干的情谊牵挂着它。我有时想，我的第一本书，关于重庆的研究，或许正是因为了这些情谊，这份偶然。

2013 年 5 月 6 日夜记于成都锦江畔东湖花园